中国近代科学先声

张柏春 高峰 陈晓珊 编

山东科学技术出版社
·济南·

图书在版编目（CIP）数据

中国近代科学先声 / 张柏春，高峰，陈晓珊编. -- 济南：山东科学技术出版社，2024.12
ISBN 978-7-5723-2006-4

Ⅰ．①中⋯ Ⅱ．①张⋯ ②高⋯ ③陈⋯ Ⅲ．①科学家—列传—中国—近代 Ⅳ．①K826.1

中国国家版本馆 CIP 数据核字（2024）第 057293 号

中国近代科学先声
ZHONGGUO JINDAI KEXUE XIANSHENG

责任编辑：刘玉莹　位　彬　屈　毅
装帧设计：侯　宇

主管单位：	山东出版传媒股份有限公司
出 版 者：	山东科学技术出版社
	地址：济南市市中区舜耕路 517 号
	邮编：250003　电话：（0531）82098088
	网址：www.lkj.com.cn
	电子邮件：sdkj@sdcbcm.com
发 行 者：	山东科学技术出版社
	地址：济南市市中区舜耕路 517 号
	邮编：250003　电话：（0531）82098067
印 刷 者：	山东新华印务有限公司
	地址：济南市高新区世纪大道 2366 号
	邮编：250104　电话：（0531）82091306

规格：16 开（184 mm×260 mm）
印张：31.75　　字数：520 千
版次：2024 年 12 月第 1 版　印次：2024 年 12 月第 1 次印刷
定价：79.00 元

走向近代科学

历史表明，要合理地发展科学和技术，并使其充分发挥作用，就必须深刻理解其本质，认识并尊重科学和技术的发展规律以及科学探索、技术发明和创新等活动的规律。19世纪中叶以来，中国人对近现代科学和技术的认识经历了一个由表及里的过程，通过曲折复杂的实践才洞悉它的本质，并逐步形成关于它的真知灼见。今天，我们尝试梳理晚清和民国时期的宝贵科学遗产，聆听先贤们关于科学的先声，以期从中获得启示，思考当下和谋划未来。

受限于个人学识和篇幅，本文集既不着眼于系统展示晚清和民国关于科学技术的思想及其源流，又无意辑录关于近代科学技术在中国发展的基本文献，而是选编魏源、李善兰、容闳、李鸿章、张之洞、梁启超、詹天佑、蔡元培、任鸿隽、竺可桢、侯德榜、徐特立、钱学森等有代表性的重要历史人物的作品[1]，做一次抛砖引玉

---

[1] 奕䜣、曾国藩、李鸿章、左宗棠、张之洞等官员不同于一般的人文学者和科学家，他们的见识在某种程度上也反映了晚清社会对近代科学和技术的认知水平。因此，《近代科学先声》的编者选录了他们的若干文章。

的尝试。为了便于阅读，我们为一些关于科学和技术的文句加了下划线。因导言"走向近代科学"中的引文均来自本文集，故不再一一注明出处。

一、仿效夷之长技

中国是人类文明发源最早的国家之一，是一个发明的国度。中国古代科学和技术在秦汉时期形成独特体系，在宋元时期发展到高峰，并且在许多领域长期居于世界领先地位或先进行列。中华民族作出了众多科学发现、技术发明和工程创造，对世界古代农业社会的进步，乃至人类文明的演进产生了深远影响。到了近代，世界科学和技术发生了重大变革。欧洲在16—17世纪发生了第一次科学革命，18世纪又发生了第一次工业革命和技术革命，与之相伴地发生了农业社会向工业社会的转变。随着欧洲的不断扩张，科学革命和技术革命的浪潮逐步涌向世界各地，促进了科学知识和技术的全球化。

明末清初发生了规模较大的西学东渐。以利玛窦（Matteo Ricci）为代表的欧洲传教士及以徐光启为代表的中国学者通过翻译或编译《几何原本》《崇祯历书》等论著，介绍枪炮、钟表和仪器等技术，将西洋古典科学和技术传入中国，以补当时中国知识的不足。徐光启在1629年开始主持修改历法，提出"镕彼方之材质，入《大统》之型模"的修历方针，以及由"翻译"到"会通"再到"超胜"的赶超西洋科学的路径。明清学者虽然在掌握欧洲古典科技方面取得了一定的成效，但并未实现"超胜"的理想，也不了解欧洲发生的科学革命和工业革命。

19世纪中叶，英、法等欧洲工业国和美国强力向东亚扩张，以工业社会的技术战胜农业社会的技术。林则徐受命赴粤查禁鸦片，并率先主张"师敌之长技以制敌"，以应对西洋的武力威胁。魏源编写《海国图志》，让中国读者了解世界。他提出"师夷长技"的具体建议：设馆翻译"夷书"，建厂仿造西洋战舰和火器，甚至仿造量天尺、千里镜、龙尾车、风锯、水锯、火轮机、火轮车、千斤秤等"有益民用者"；选巧匠精兵向洋匠学习，在闽粤武试中增水师一科，选用"能造西洋战舰、火轮舟，造飞炮、火箭、水雷、奇器"的人才。他预计民间将效仿官方购造船械，乐观地认为"我有铸造之局，则人习其技巧，一二载后，不必仰赖于外夷"。魏源的确有先见之明，其建议虽然未被朝廷采纳，但影响了后来的学者和官员。

第二次鸦片战争失败后，清朝面对着更为严峻的西方冲击。1860年12月

19日,两江总督、湘军首领曾国藩在《覆陈洋人助剿及采米运津折》中提道:"将来师夷智以造炮制船,尤可期永远之利。"次年(1861),他在另一份奏折中明确提出购进西洋船炮之后,"访募覃思之士、智巧之匠,始而演习,继而试造,不过一二年,火轮船必为中外官民通行之物,可以剿发逆,可以勤远略"。他建议的内容虽未超出魏源的观点,却在清朝再次战败的危局中得到恭亲王奕䜣的理解和支持,变成了朝廷的决策。可见,观点很重要,提出观点的时机也很重要。

曾国藩创办安庆内军械所,修造洋枪洋炮,试制中国第一艘轮船,成为"师夷长技"策略的践行者。1863年,容闳得知曾国藩正在考虑建立西式机器厂,就根据自己留学美国所见,建议先建立一个"母厂",它有车床等"制造机器之机器",以立一切制造厂之基础,即"母厂"为各种机器分厂造"根本机器"。应多设各种机器厂,借助"根本机器",分别制造枪炮、农具、钟表等产品。容闳憧憬到:"以中国原料之廉,人工之贱,将来自造之机器,必较购之欧美者价廉多矣。"曾国藩对上述建议"不甚了了",遂找徐寿、华蘅芳商议,不久就派容闳出国购买"制造机器之机器"。容闳在美国工程师哈金司(John Haskins)的协助下,去美国找厂家订购机器。1865年这些机器运抵上海后,装备了李鸿章和曾国藩在上海创建的江南机器制造总局。

值得注意的是,继"坚船利炮"之后,"机器"和"制器之器"在19世纪60年代初开始成为西洋"长技"的代名词,受到自强运动(洋务运动)提倡者的特别重视。1864年,恭亲王奕䜣称李鸿章向他建议"中国欲自强,则莫如学习外国利器;欲学习外国利器,则莫如觅制器之器,师其法而不必尽用其人"。1866年,左宗棠力主仿造蒸汽机驱动的舰船,创办福州船政(造船厂)。他认为"机器既备,成一船之轮机即成一船,成一船即练一船之兵"。李鸿章和左宗棠都认为西洋机器在中国还可以用于生产耕织、刷印、陶埴、治水等方面的民用机具。

随着自强运动的展开,机器局和造船厂等对机器、煤炭、钢铁、水泥、运输等的需求日渐增加,海防问题引起了是否采用电报和修筑铁路的讨论,轮船运输、煤铁矿藏开发以及机器纺织、水泥生产等成为中国官商试办的事业,工业化在某种程度上从"求强"的军工向"求富"的民用工业扩展。1898年,康有为甚至奏请为新艺、新法、新书、新器、新学设立"特许专卖","准其专利数十年",并对那些自创学堂、自修道路、自开水利,有功于民的人"给以世爵"。

然而,晚清工业和技术的结构并不合理,甚至说有些畸形。江南机器制造总局和其他二十多个机器局并非容闳所说的"母厂",而是各种"分厂",主要仿制枪炮和舰船,没有一家以机床和普通蒸汽机等为主要产品。因此,直到20世纪前叶也没有出现左宗棠期许的"以机器制造机器,积微成巨,化一为百"的局面,中国成为工业大国的大用户,国家工业发展所需要的机器设备不得不长期依赖进口,正如化工专家孙学悟在1930年所断言:"中国许多工业不能成立,原因固然复杂,但没有基本工业作一起点,实系一大原因。"

二、渐识格致之学

早在1626年底或1627年初,中国学者王徵就邀请邓玉函(Johannes Schreck)、龙华民(Niccolo Longobardi)等来华的传教士帮助将欧洲的机械图说译成中文。邓玉函建议王徵先学习数学,并提出同时介绍欧洲力学(译为"重学"或"力艺")的想法,以力学去理解机械技术。于是,邓玉函和王徵在1627年编译成《远西奇器图说录最》,此书是世界上第一部将力学知识与机械图说合编在一起的专著[1]。到19世纪50年代,英国传教士艾约瑟(Joseph Edkins)向中国数学家李善兰解释说:西洋国家"制器考天皆用重学矣,故重学不可不知也"。于是,李善兰和艾约瑟合译《重学》,将经典力学介绍给中文读者。李善兰还与传教士合作翻译了包括微积分在内的科学书籍,成为中国近代科学启蒙的先行者。自19世纪60年代末起,徐寿、华蘅芳和傅兰雅(John Fryer)等人在江南机器制造总局合译"有裨制造之书",包括自然科学书籍。

明末清初,天文学、数学、力学、逻辑学等被来华传教士称作"格物穷理之学"或简称为"格致",这个重要概念后来被晚清学者所沿用。1861年冯桂芬在《采西学议》中说道:西洋"算学、重学、视学、光学、化学等皆得格物至理"。徐寿和华蘅芳在中国仿制轮船和翻译西方科技书籍方面作出了开创性贡献,成为晚清科学家的主要代表人物。徐寿和傅兰雅等人于1874年在上海筹办格致书院,书院成立后他们创编《格致汇编》。1876年,徐寿在《格致汇编序》中为"格致"做了颇宽的概念界定:"所谓格致之有益于人而可施诸实用者,如天文、地理、算数、几何、力艺、制器、化学、地学、金矿、武备等,此大宗也。……顾惟泰西格致之学,天文、地理、算数而外,原以制器为纲领,而制器之中又以轮船为首

---

[1] 张柏春,田淼,马深孟等.传播与会通:《奇器图说》研究与校注,上篇:《奇器图说》研究.南京:江苏科学技术出版社,2008年,第154-163页.

务，故新译《汽机发轫》，所以明汽机之致用。"如此，工学也属于"格致"。徐寿同时还简要阐述了"格致"各分支之间的关系，如"惟冶炼熔铸之事，其源出于化学，原质分剂可考其数，分合变化能详其理"。当然，学者和官员们对"格致"的内涵有不同的理解，比较狭义的理解是将"格致"与算学、化学、天文、船政、农政、舆图、医学等并列。

在自强运动中，李鸿章、张之洞、刘坤一等重臣以及冯桂芬、郑观应、郭嵩焘、薛福成、王韬、康有为、梁启超和严复等涉足或关注洋务的人物对欧美工业社会和西学有了越来越多的间接甚至直接的了解。他们提倡发展轮船运输、铁路、电报、采煤、矿冶、纺织等产业，不时还讨论到轮船、火器、蒸汽机、电机、制钢等技术背后的算学、力学、汽学、光学、声学、电学、化学、矿学、地质学、动植物学等"格致之学"，甚至提到培根、伽利略、牛顿、法拉第、瓦特等"格致之士"以及伦敦皇家学会等科学组织。例如，李鸿章1864年致函恭亲王奕䜣称："查西士制器，参以算学，殚精覃思，日有增变，故能月异而岁不同。"郑观应在1875年说道："泰西所制铁舰、轮船、枪炮、机器，一切皆格物致知"。严复在1895年坚称"富强之基，本诸格致"。他翻译《天演论》，以社会进化论解释国家之间的竞争，为求强求富、变法提供理论依据。显然，"格致"通过洋务活动而逐渐显露出重要性，特别是对技术和工业的基础作用。

到20世纪初，中国学者和洋务官员们已经大致了解"格致"的学科结构，正如1901年刘坤一、张之洞在《变通政治人才为先遵旨筹议折》中介绍英、法、德、日等国学制，提议先设七门类——经学、史学、格致学、政治学、兵学、农学、工学，缓设医学，但军医先附于兵学之内。其中，格致学包括天文学、化学、力学、光学、电学等学科，工学包括测算学、绘图学、道路、河渠、营垒、制造军械、火药等。

康有为早在1897年11月之前曾编《日本书目志》，书中列有《科学入门》和《科学之原理》，这意味着他由日文书名接受了"科学"这个新术语[1]。1898年，康有为在《请废八股试帖楷法试士改用策论折》中提道："外求各国科学，以研工艺、物理、政教、法律，则为通方之学。"1903年的《科学世界》发刊词指出了科学与哲学的关系："欧洲理科之学，在前世纪，不别为专家，惟推寻概要，包函于哲学之内。犹吾古代儒者，亦有言阴阳五行、金石蛇虫之说也。中

---

[1] 樊洪业. 从"格致"到"科学". 自然辩证法通讯，第10卷（1988年）第3期，第39-50页.

世以还，名贤辈出，尊观察，重实验，自然科学始渐自哲学分离。"自20世纪初起，"科学"一词逐步流行，取代了"格致"。

三、研习格致之学

徐光启的"超胜"始于"翻译"以及魏源关于设馆翻译"夷书"等想法在自强运动中得以实践和发展。1861年，冯桂芬在《采西学议》中建议在广东和上海设"翻译公所"，选十五岁以下颖悟文童住院学习，"聘西人课以诸国语言文字，又聘内地名师，课以经史等学，兼习算学"，此外，也选译外文书籍。由此，逐渐学会历算之术、格致之理、制器尚象之法等。三年之后，"诸生如有神明变化，能实见之行事者，由通商大臣请赏给举人"。他甚至主张请西人教授"善运思者"，并酌情给予功名，即"工成与夷制无辨者，赏给举人，一体会试；出夷制之上者，赏给进士，一体殿试"。总理各国事务衙门曾在1887年议定算学取士，虽然试办了算学科，但并未取得预定的效果。

李鸿章在1864年意识到中国工匠传统与学者传统的分离："盖中国之制器也，儒者明其理，匠人习其事，造诣两不相谋，故功效不能相并，艺之精者，充其量不过为匠目而止……"他认为中国不仅应学习西洋轮船枪炮，而且要学习作为其知识基础的"天文算学"。这样的意见得到了部分官员和学者的认同。在教育实践方面，左宗棠比李鸿章等人更进一步，在福州船政附设一所技术学校——船政学堂（求是堂艺局）。该学堂的前学堂聘法国"师匠"教授造船技术及相关的"格致之学"，学生"所重在学造西洋机器，以成轮船，俾中国得转相授受"。二十多年后，薛福成在出使欧洲的日记中写道："宜设制造学堂，以教学生而谋富强，收回洋商所夺之利者"；对工艺的讲求当"以格致为基，以机器为辅"。

李鸿章和奕䜣在19世纪60年代就议论过派人出国学习制造，以探西洋"技巧造作之原"。在容闳一再向朝廷建议派遣留学生之后，曾国藩、李鸿章在1871年奏请选派聪颖幼童，"送赴泰西各国书院，学习军政、船政、步算、制造诸学"。获得朝廷批准之后，容闳在1872年带领首批30名幼童前往美国留学。清朝先后派出120名留美幼童，不过在1881年下令将他们悉数撤回。

自强运动进行到19世纪70年代，已经显现出中国制器和育才均跟不上国外发展步伐的弊端，正如1876年李鸿章等人所说："官厂艺徒虽已放手自制，止能循规蹈矩，不能继长增高。即使访询新式，孜孜效法，数年而后，西人别出新奇，中国又成故步。所谓随人作计终后人也。若不前赴西厂观摩考索，终难探制作之源。"福州船政的少数学生被选派到法国船厂继续学习造船，然而，他们未能实现朝廷预想的学习目标。

事实上，直到19世纪90年代，中国人对以"格致"为代表的西学和西学教育仅有皮毛般的认识，或者说把形成于西方的近代科学和技术想得过于简单。在所采取的举措中，翻译远不足以系统传播西方近代的技术与格致，对于制造往往远水不解近渴；为制器之人或通格致者授予功名，则未找到可行的办法；各种学堂主要追求眼前实用目标，定位和层次都比较简单。自强运动后期，特别是甲午战败之后，办新式学堂和变通科举的呼应增高，如薛福成在1893年认为"欲劝百工，必先破去千年以来科举之学之畦畛"。1900年之前，朝廷先后支持创办了培养本科生的大学，包括天津西学学堂（后改称北洋学堂）和京师大学堂。

晚清学者和官员早已注意到西洋的制器、格致等西学与中国传统学问的关系，且在承认技不如人的条件下，找到了西学和中学的调和办法。1861年，冯桂芬提出"以中国之伦常名教为原本，辅以诸国富强之术"，这种理念后来被许多洋务提倡者和参与者所遵循，还概括为"中学为体，西学为用"。其中，李鸿章在1868年为《增订格致入门》所写的序文中声称："余喜西学格物之说不背于吾儒。"八年之后，徐寿在《格致汇编序》中为格致做的定位是"致知格物之学，乃修齐治平之初级工夫"。1896年，孙家鼐向朝廷说明了立学宗旨："今中国京师创立大学堂，自应以中学为主，西学为辅；中学为体，西学为用；中学有未备者，以西学补之；中学有失传者，以西学还之。"本质上，"中学为体，西学为用"与徐光启的"镕彼方之材质，入《大统》之型模"的理念是一致的。

在张之洞、刘坤一等重臣的鼓动下，朝廷进行学制改革，在1902年和1903年分别制订《钦定学堂章程》和《奏定学堂章程》，规定了小学、中学、大学及实业教育和师范教育的学制，科学技术遂成为中国的主流教育内容，首次与文科比肩，其地位上升到了空前水平。1905年，科举考试被正式废除。学制改革具有非同寻常的历史意义，它为知识体系的转变创造了制度条件，标志着中国开始发生一场"地域性的科学革命"或者说"知识革命"，其内容涉及到了人文社会科学[1]。

---

[1] 张柏春，田淼，张久春. 科技革命与中国现代化. 济南：山东教育出版社，2020年，第163-164页.

四、深度理解科学、技术和工业

如上文所述,晚清洋务官员和学者们已经认识到技艺的背后是格致。清末和民国初期,学者们对科学与技术的关系有了更深刻、更准确的理解和阐释。1911 年,梁启超在《学与术》一文认为:"我国之敝,其一则学与术相混,其二则学与术相离"。他对二者做了简要的解析:"近世泰西,学问大盛,学者始将学与术之分野,厘然画出,各勤厥职,以前民用。试语其概要,则学也者,观察事物而发明其真理者也;术也者,取所发明之真理而致诸用者也。"他引用国外学者的观点作为进一步解说:

"善夫生计学大家倭儿格之言也,曰:'科学(英 Science,德 Wissenschaft)也者,以研索事物原因结果之关系为职志者也。'事物之是非良否非所问,彼其所务者,则就一结果以探索其所由来,就一原因以推断其所究极而已。术(英 Art,德 Kunst)则反是,或有所欲焉者而欲致之,或有所恶焉者而欲避之,乃研究致之避之之策以何为适当,而利用科学上所发明之原理原则,以施之于实际者也。"

关于科学的特征,梁启超说道:

"今世各科学中,每科莫不各有其至精至确之原则若干条。而此种原则,大率皆经若干人之试验,累若干次之失败,然后有心人乃参伍错综以求其原因结果之关系,苦思力索而乃得之者也。故遵之者则必安荣,犯之者则必彫悴。盖有放诸四海而皆准,俟诸百世而不惑者。"

他在 1922 年发表的《科学精神与东西文化》中明确地将科学的知识范围延展至政治学、经济学、社会学等社会科学,称"只要彀得上一门学问的,没有不是科学"。这与蔡元培对"学"的理解一致。1918 年蔡先生对"学"与"术"的关系有如下论说:

"鄙人之意,学与术虽关系至为密切,而习之者旨趣不同。文、理,学也。虽亦有间接之应用,而治此者以研究真理为的,终身以之。……法、商、医、工,术也。直接应用,治此者虽亦可有永久研究之兴趣,而及一程度,不可不服务于社会;转以服务时之所经验,促其术之进步。与治学者之极深研几,不相侔也。鄙人初意,以学为基本,术为支干,不可不求其相应。"

一些在国外和国内攻读理、工、农、医学位的新一代学人(青年科学家)对科学和技术较非科班出身的学者和官员有更为专业化的认识和理解。他们将自己的见识传递给国人，并在新文化运动中崭露头角。任鸿隽就是其中一员。他在1911年发表《说中国无科学之原因》，区分了广义的科学和狭义的科学：

> "科学者，智识而有统系者之一大名。就广义言之，凡智识之分别部居，以类相从，井然独绎一事物者，皆得谓之科学。自狭义言之，则智识之关于某一现象，其推理重实验，其察物有条贯，而又能分别关联抽举其大例者谓之科学。是故历史、美术、文学、哲理、神学之属非科学也，而天文、物理、生理、心理之属为科学。今世普通之所谓科学，狭义之科学也。"

新文化运动在科学启蒙方面发挥了重要的作用，中国科学家和学者们已经能够把握科学的基本内涵和精髓。任氏所提出的狭义的科学，即指关于一切自然现象及其相互关系的有系统的知识，而广义的科学则指将这种有系统的知识应用于一切事物。他们相信科学，尤其指实验科学是客观的和经验的。

中国科学家注意到近代科学不同于古代科学，呈现出有组织研究的特征。1935年，顾毓琇强调："近世纪的最大发明，无疑地是发明了怎样发明的方法。这发明的方法便是'有组织的研究'。这些研究的组织普通便是'研究所'。"他还以美国奇异电机制造公司的研究所为例，说明"有组织的研究"并不全是为纯粹的学术研究，各国国立科学工业研究院的设立大半是希望利用科学来富国强兵。

在某种程度上，工程师或者说工学家对科学的看法有所不同，他们更看重科学在工业上的应用以及科学与技术、工程的关系。侯德榜在1917年发表《科学与工业》，言明工业就是"应用科学学理之事业"。他解释了科学与工业的关联："科学家能将其所得施诸实用，即成工业家；工业家在其事业考求新法，发明新理，亦即科学家，科学、工业体同而用异耳。""无科学不能振兴工业；无工业无以促进科学，科学、工业两者辅车相依，莫能脱彼此而独立。"

全面抗战爆发后，应用科学和工程技术因与国防及经济建设直接相关而受到政府和学界的格外重视。徐特立在1940年发表《怎样进行自然科学的研究》一文，主张"科学的方法应该与科学的任务一致，实际上就是理论与实践的一致"。他以马克思主义的观点分析了科学、技术和生产的相互关系：

> "一切科学都是建筑在产业发展的基础上，科学替生产服务同时生产又帮助了科学正常的发展，技术直接的和生产联系起来，技术才会有社会内容，才会成为生产方法和生产方式的一部分，才会使科学家的眼光放大，能照顾

全局。科学替抗战建国服务并不是缩小科学的范围也不是降低研究的程度，相反的，而是加强理论的物质基础和加强技术的理论指导，同时把理论和技术在生产上与大众联系起来……"

五、阐释科学的方法、精神和文化

在民国时期的科学家们看来，科学不仅是系统化的知识，而且还是方法、精神和文化，它与中国的前途息息相关。任鸿隽在1911年讲道："论理学之要术有二，一曰演绎法，一曰归纳法。二者之于科学也，如车之有两轮，如鸟之有两翼，失其一则无以为用也。"1916年，胡明复做了较为系统的解说："盖科学必有所以为科学之特性在，然后能不以取材分。此特性为何？即在科学之方法。""科学方法特异之处何在？为演绎乎？抑为归纳乎？""科学之精神，即科学方法之精神。""科学方法之惟一精神，曰'求真'。"后来，胡明复的胞弟胡刚复也探讨了方法、精神和知识之间的关系，认为："科学方法与精神，实为做事不可少的最低条件，否则虽有知识或经验，仍无所用也。"

1933年，中国科学化运动协会提倡：以科学的方法，整理中国固有文化，使之发扬光大；以科学方法解释一切生活状态和自然现象，使一般人生活渐于科学化；引导国人趋于科学研究，利用科学求得全人类的福利。其实，胡适早在1920年前后就对中国的治学传统做了梳理和新的阐发。他将清代学者的治学方法概括为大胆的假设和小心的求证，强调："假设不大胆，不能有新发明。证据不充足，不能使人信仰。"

关于科学精神，梁启超在1922年写道："有系统之真智识，叫做科学；可以教人求得有系统之真智识的方法，叫作科学精神。""其实，科学精神之有无，只能用来横断新旧文化，不能用来纵断东西文化。若说欧美人是天生成科学的国民，中国人是天生成非科学的国民，我们可绝对的不能承认。……直到文艺复兴以后，渐渐把思想界的健康恢复转来，所谓科学者才种下根苗。讲到枝叶扶疏，华实烂漫，不过最近一百年内的事。"

竺可桢在1934年和1935年先后发表文章指出伽利略、刻卜勒、牛顿、达尔文等人研究科学的目的是求真理、认识大自然的真面目，这就是"近代科学的精神"，它导致了"科学上第一个大革命"。他提出"为什么中国不能产生实验科学"的问题，并且给出两个答案，即"一是不晓得利用科学工具，二是缺乏科学精神"。后来的"李约瑟之问"和竺可桢之问大体相同，属于见仁见智的文化难题。

20世纪30年代，科学也被学者们视为一种文化，叫作"科学文化"或"科学的文化"。罗家伦在1928年出任清华大学校长的就职演讲中说："我们既是国立大学，自然要研究发扬我国优美的文化，但是我们同时也以充分的热忱，接受西洋的科学文化。"1935年，九三学社创始人之一卢于道认为现代文明是科学之文明，中国所急需的是科学文化（Scientific Culture），国人应尽力于科学、科学文化之建设。关于科学与人文的关系，我们不能不提及张君劢与丁文江发起的科学与玄学的论战或称人生观论战，梁启超、陈独秀等学者和科学家参与了这场论战，在20世纪初的中国思想界产生了重要的影响。

当然，人文学者对科学的效用和局限性也颇为重视，如梁启超在1920年所说："欧洲人做了一场科学万能的大梦，到如今却叫起科学破产来。""我绝不承认科学破产，不过也不承认科学万能罢了。"相比之下，科学家对科学的社会功能往往更为乐观，如地质学家翁文灏就认为"科学是人类进步的最大原因，人类的进步亦几乎全靠科学"。

六、研究科技与前瞻科技发展

科学家和工程师在近现代工业社会中扮演了越来越重要的角色。詹天佑在1905年开始主持京张铁路及1912年发起成立中华工程师会，这标志着中国工程师登上近现代技术和工程科学的舞台，而1913年地质调查科（后改称地质调查所）和1915年中国科学社的成立则是中国科学家登上近现代科学舞台的重要标志。

科学家和工程师认识到了自己的社会角色和历史使命。詹天佑在1914年发表《敬告青年工学家》，指出国家富强"首赖工学"，工程事业"必学术经验相辅而行"，工学家"皆以发扬国人技术，增进国家利益为目的，各宜同心协力"，要以"精研学术以资发明""崇尚道德而高人格""循序以进，毋越范围""筹画须详，临事以慎"为立身之要则。五年后，任鸿隽撰文申明："科学家是个讲事实学问、以发明未知之理为目的的人。""唯其要研究事实，所以科学家要讲究观察和实验。"1932年，化工学家范旭东称赞："工程师还有祖先传来的创造精神，他不为环境所困，并且耐苦任重，不尚虚荣。""不能实行的事，他不仅不肯动手，而且不肯轻易开口。如果一旦担当下来，他就生死都不顾，尽力干下去。"

自新文化运动起，科班出身的中国科学家和工程师积极谋划自己国家的科学技术事业，政府开始摆脱主要依赖外国专家主持工业、技术、科学和教育的被动局面。例如，中央研究院既通过自办研究所开展科学研究，又要促进、指导和协调全国科学研究活动。它在1946年提出《发展应用科学十年计划（草案）》，试图设立一个非实体的应用科学促进委员会，"培植科学学理研究人材"，为中国发展应用科学奠定基础。当然，1956年制定的《1956—1967年科学技术发展远景规划纲要》在格局上要远远超过中央研究院的《十年计划（草案）》。

20世纪前半叶，中国已经有钱学森、陈省身等科学家和工程师在科技前沿研究领域取得高水平的成果，同时注意把握科技发展态势，展露出前瞻科学技术发展的洞察力。钱学森于1939年在美国加州理工学院获得博士学位，之后在力学研究等领域作出突出贡献。1947年，他在母校上海交通大学做题为《怎样研究工程科学和研究些什么》的报告，其中追溯了应用力学，特别是流体力学、空气动力学、材料力学和超声速学的由来，探讨了工程科学（Engineering Science）的发展方向、主要问题、研究方法和"所需用的基本学识"。

总之，中国学者和官员在19世纪逐渐认识到欧美坚船利炮、机器等技术和工业基于所谓的"格致"，即基于自然科学。学制改革促使近代自然科学、工程科学、农学和医学成为中国的主流教育内容。此后，新一代科学家、工程师和其他学者消化吸收了近现代科学知识和思想，在此基础上形成了对科学的全面理解，例如：（1）狭义的科学指关于一切自然现象及其相互关系的有系统的知识，尤其是近代兴起的实验科学（自然科学）；（2）广义的科学包括应用科学（或工程科学）、人文社会科学；（3）科学方法包括演绎法和归纳法，而科学精神的要义是求真；（4）近代科学表现为"有组织的研究"，其普遍形式是"研究所"；（5）科学是一种文化，有必要建设科学文化；（6）科学有力地推动着人类文明进步，但也有局限性。显然，这些见识预示着中国科学技术将在20世纪下半叶进入一个新的发展阶段。

张柏春　高　峰　陈晓珊

2024年7月2日

目录 CONTENTS

上篇　晚清

01	魏　源	道光洋艘征抚记上（节录）（1842）	/ 003
02	魏　源	海国图志叙（1843）	/ 005
03	魏　源	海国图志·筹海篇·议战（节录）（1843）	/ 009
04	曾国藩	覆陈洋人助剿及采米运津折（1860）	/ 014
05	曾国藩	覆陈购买外洋船炮折（1861）	/ 017
06	冯桂芬	采西学议（外一篇）（1861）	/ 019
07	容　闳	西学东渐记·与曾文正之谈话（节录）（1863）	/ 025
08	奕䜣等	奏请派京营弁兵往江苏学制火器折（附李鸿章函）（1864）	/ 028
09	李鸿章	置办外国铁厂机器折（1865）	/ 035
10	李善兰	重学序（1866）	/ 039

11	左宗棠	拟购机器雇洋匠试造轮船先陈大概折（1866）	
			/ 043
12	左宗棠	详议创设船政章程并艺局章程折（1866）	/ 049
13	奕䜣等	请添设一馆讲求天文算学折（1866）	/ 055
14	奕䜣等	酌拟学习天文算学章程呈览折（1867）	/ 057
15	李鸿章	增订格物入门序（1868）	/ 059
16	曾国藩、李鸿章	拟选幼童赴外国肄业章程呈览折（1871）	
			/ 061
17	奕䜣等	议覆曾国藩等幼童赴泰西习艺折（1871）	/ 065
18	郑观应	易言六篇（1875）	/ 067
19	郭嵩焘	条陈海防事宜疏（1875）	/ 080
20	李鸿章等	闽厂学生出洋学习折（1876）	/ 087
21	徐　寿	格致汇编序（1876）	/ 091
22	郭嵩焘	郭嵩焘日记八则（1877—1878）	/ 094
23	薛福成	创开中国铁路议（1878）	/ 098
24	李鸿章	请设南北洋电报片（1880）	/ 104
25	郭嵩焘	与友人论仿行西法	/ 106
26	王　韬	变法（外七篇）（1883）	/ 109
27	张之洞	筹设炼铁厂折（1889）	/ 131
28	张之洞	遵旨筹办铁路谨陈管见折（1889）	/ 134
29	张之洞	增设洋务五学片（1889）	/ 138
30	薛福成	出使英法义比四国日记二十则（1890—1894）	
			/ 140
31	薛福成	振百工说（1893）	/ 151
32	沈毓桂	救时策（1895）	/ 153
33	康有为	公车上书（1895）	/ 157

34	严　复	救亡决论（1895）	/176
35	严　复	原强（1895—1901）	/189
36	盛宣怀	拟设天津中西学堂请奏明立案（1895）	/203
37	李端棻	请推广学校折（1896）	/209
38	孙家鼐	官书局议覆开办京师大学堂折（1896）	/215
39	沈桐生	东西学书录提要总叙自叙（1897）	/219
40	康有为	请废八股试帖楷法试士改用策论折（1898） /225	
41	康有为	请以爵赏奖励新艺新法新书新器新学设立特许专卖折（1898）	/229
42	刘坤一、张之洞	变通政治人才为先遵旨筹议折（1901） /235	
43	刘坤一、张之洞	遵旨筹议变法谨拟采用西法十一条折（1901）	/246
44	林　森	《科学世界》发刊词（1903）	/262
45	张　謇	请设工科大学公呈（1905）	/264
46	梁启超	学与术（1911）	/267
47	任鸿隽	说中国无科学之原因（1911）	/270

下篇　民国

01	章鸿钊	中华地质调查私议（1912）	/277
02	丁文江	工商部试办地质调查说明书（1913）	/290
03	詹天佑	敬告青年工学家（1914）	/295
04	陈独秀	敬告青年（1915）	/299
05	任鸿隽	科学与工业（节选）（1915）	/304

06	**科学社**	《科学》发刊词（1915）	/ 307
07	**胡明复**	科学方法与精神之大概及其实用（1916）	/ 311
08	**侯德榜**	科学与工业（1917）	/ 317
09	**蔡元培**	读周春岳君《大学改制之商榷》（1918）	/ 321
10	**任鸿隽**	何为科学家（1919）	/ 325
11	**梁启超**	科学万能之梦（1920）	/ 330
12	**胡　适**	清代汉学家的科学方法（节选）（1919—1921）	
			/ 333
13	**梁启超**	科学精神与东西文化（1922）	/ 345
14	**梁启超**	人生观与科学——对于张丁论战的批评（1923）	
			/ 353
15	**陈独秀**	科学与人生观序（1923）	/ 358
16	**茅以升**	工业与近世文明（1923）	/ 364
17	**中国工程学会**	《工程》发刊词（1925）	/ 369
18	**科学月刊社**	科学月刊社缘起（1929）	/ 370
19	**竺可桢**	希望科学也能说中国话（1930）	/ 373
20	**孙学悟**	中国化学基本工业与中国科学之前途（1930）	
			/ 375
21	**中华科学文化社**	中华科学文化社缘起（1931）	/ 377
22	**梅贻琦**	就职演说：所谓大学者，有大师之谓也（1931）	
			/ 381
23	**范旭东**	中国古代工程的创造和近代工程师的表现（1932）	
			/ 385
24	**自然学会**	自然学会会刊发刊词（1932）	/ 389
25	**中国科学化运动协会**	中国科学化运动协会发起旨趣书（1933）	/ 391
26	**翁文灏**	中国的科学工作（1933）	/ 394
27	**竺可桢**	科学研究的精神（1934）	/ 399
28	**顾毓琇**	科学研究与中国前途（1934）	/ 403
29	**中国科学化运动协会**	中国科学化运动协会第二期工作计划大纲（1935）	/ 409

30	**卢于道**	科学的文化建设（1935）	/ 415
31	**顾毓琇**	"中国科学化"的意义（1935）	/ 421
32	**竺可桢**	中国实验科学不发达的原因（1935）	/ 430
33	**秉　志**	科学精神之影响（1935）	/ 436
34	**胡刚复**	科学研究与建设（1935）	/ 440
35	**蔡元培**	中国的中央研究院与科学研究事业（1936）	
			/ 445
36	**徐特立**	怎样进行自然科学的研究（1940）	/ 455
37	**蔡元培**	自写年谱（节选）（1940）	/ 460
38	**翁文灏**	科学与人类进步（1941）	/ 463
39	**中央研究院**	发展应用科学十年计划（草案）（1946）	
			/ 468
40	**钱学森**	怎样研究工程科学和研究些什么？（1947）	
			/ 473
41	**陈省身**	最近五年来数学研究的若干进展（1948）	
			/ 479

编后记 　　　　　　　　　　　　　　　　　　/ 487

上篇　晚清

01

魏　源
道光洋艘征抚记上（节录）[1]
（1842）

林则徐自去岁至粤，日日使人刺探西事，翻译西书，又购其新闻纸，具知西人极藐水师，而畏沿海枭徒及渔船、蛋户。于是招募丁壮五千，每人给月费银六圆，赡家银六圆。其费洋商、盐商及潮州客商分捐。又于虎门之横档屿设铁练木筏，横亘中流。购西洋各国洋炮二百余位，增排两岸。又雇同安米艇、红单船、拖风船，共备战船六十。又备火舟二十，小舟百余，以备攻剿。并购旧洋船为式，使兵士演习攻首尾、跃中舱之法。使务乘晦潮，据上风，为万全必胜计。林则徐亲赴狮子洋校阅水师，号令严明，

---

[1] 魏源（1794—1857），字墨深。原名远达，字良图。湖南邵阳人。道光二十五年（1845）进士。官至高邮知州，晚年弃官归隐。此文最早见于光绪四年（1878）上海申报馆排印本《圣武记》，分上下两篇，今据《魏源集》上册（中华书局，1976年，第174-177页）标点节录。该文记述鸦片战争经过，起于道光十八年（1838）鸿胪寺卿黄爵滋奏请严禁鸦片，迄于二十二年（1842）签订《南京条约》。记叙道光二十一年事时，曾用"去岁""去夏"字样，推测此文撰于道光二十二年（1842）。其中记载了林则徐禁烟事迹，引述林氏奏言"师敌之长技以制敌"，是魏源提出"师夷长技以制夷"之先声。林则徐（1787—1850），字元抚，一字少穆。福建侯官（今属福州）人。嘉庆十六年（1811）进士。官至湖广总督、两广总督。道光十九年（1839），以钦差大臣赴广东查禁鸦片，收缴英人烟土二万余箱，于虎门销毁。

声势壮甚。至是又下令，每杀白洋人者赏银二百圆，黑洋人半之，斩首逆义律者银二万圆。其下领兵头目，以次递降，获兵艘者，除火药炮械缴官外，余尽充赏。于是洋船之汉奸，皆为英人所疑忌，不敢留，尽遣去。

【略】

诏以琦善为钦差大臣，赴粤查办，革林则徐、邓廷桢之职，留粤听勘，并勒沿海各省，不得开炮。八月，洋船自天津起椗，以中国无决允之语，不肯归我定海，惟撤兵船之半赴广东。先是林则徐奏言："自六月以来，各国洋船愤贸易为英人所阻，咸言英人若久不归，亦必回国各调兵船来与讲理，正可以敌攻敌，中国造船铸炮，至多不过三百万，即可师敌之长技以制敌。此时但固守藩篱，即足使之自困。若许臣戴罪赴浙效力，必能殚竭血诚，克复定海，以慰圣廑。"不报。九月，义律回浙，入见伊里布于镇海城，索俘酋安突德。及七月间，余姚知县汪仲洋陷软沙之洋舟及黑白夷数十人，至是索之，不果而去。伊里布遣其奴张喜赴洋船馈牛酒，首贺以林、邓革职之事，洋酋伯麦摇首曰："林公自是中国好总督，有血性，有才气，但不悉外国情形耳！断鸦片可，断一切贸易不可。贸易断则我国无以为生，不得不全力以争通商，岂仇林总督而来耶？"

02
魏　源
海国图志叙[1]
（1843）

　　《海国图志》五十卷，何所据？一据前两广总督林尚书所译西夷之《四洲志》，再据历代史志及明以来岛志，及近日夷图、夷语，钩稽贯串，创榛辟莽，前驱先路。大都东南洋、西南洋增于原书者十之八，大小西洋、北洋、外大西洋增于原书者十之六。又图以经之，表以纬之，博参群议以发挥之。何以异于昔人海国之书？曰：彼皆以中土人谭西洋，此则以西洋人谭西洋也。是书何以作？曰：为以夷攻夷而作，为以夷款夷而作，为师夷长技以制夷而作。

　　《易》曰："爱恶相攻而吉凶生，远近相取而悔吝生，

---

[1] 道光二十二年（1842），魏源曾受林则徐委托，以《四洲志》为基础，编成《海国图志》五十卷。魏源在本书中详细叙述世界舆地及各国历史政制、风土民情，倡导经世致用，主张学习西方科学技术，提出著名的"师夷长技以制夷"口号，是中国近代"睁眼看世界"首批知识分子的代表。《海国图志》初刻于道光二十二年（1842），凡五十卷。道光二十七年（1847）增补为六十卷。后又辑录徐继畬撰于道光二十八年（1848）的《瀛寰志略》及其他材料，增补成一百卷，刻于咸丰二年（1852）。今据道光甲辰（1844）古微堂聚珍活字五十卷本《海国图志》录文，标点参考《魏源集》（中华书局，1976年）上册、《魏源全集》（岳麓书社，2020）第四册《海国图志》。

情伪相感而利害生。"故同一御敌，而知其形与不知其形，利害相百焉；同一款敌，而知其情与不知其情，利害相百焉。古之驭外夷者，谀以敌形，形同几席；谀以敌情，情同寝馈。

然则执此书即可驭外夷乎？曰：唯唯，否否！此兵机也，非兵本也；有形之兵也，非无形之兵也。明臣有言："欲平海上之倭患，先平人心之积患。"人心之积患如之何？非水，非火，非刃，非金，非沿海之奸民，非吸烟贩烟之莠民。故君子读《云汉》《车攻》，先于《常武》《江汉》，而知二《雅》诗人之所发愤；玩卦爻内外消息，而知大《易》作者之所忧患。愤与忧，天道所以倾否而之泰也，人心所以违寐而之觉也，人才所以革虚而之实也。

昔准噶尔跳踉于康熙、雍正之两朝，而电扫于乾隆之中叶。夷烟流毒，罪万准夷。吾皇仁勤，上符列祖。天时人事，倚伏相乘。何患攘剔之无期，何患奋武之无会？此凡有血气者所宜愤悱，凡有耳目心知者所宜讲画也。去伪，去饰，去畏难，去养痈，去营窟，则人心之寐患祛其一；以实事程实功，以实功程实事，艾三年而蓄之，网临渊而结之，毋冯河，毋画饼，则人材之虚患祛其二。寐患去而天日昌，虚患去而风雷行。《传》曰："孰荒于门，孰治于田；四海既均，越裳是臣。"叙《海国图志》。

  以守为攻，以守为款，用夷制夷，畴司厥楗。述筹海篇第一。
  纵三千年，圜九万里，经之纬之，左图右史。述各国沿革图第二。
  夷教夷烟，毋能入界，嗟我属藩，尚堪敌忾。志东南洋海岸各国第三。
  吕宋爪哇，屿埒日本，或噬或驯，前车不远。志东南洋各岛第四。
  教阅三更，地割五竺，鹊巢鸠居，为震旦毒。述西南洋五印度第五。
  维暂与黔，地辽疆阂。役使前驱，畴谘海客。述小西洋利未亚第六。
  大秦海西，诸戎所巢。维利维威，实怀泮鸮。述大西洋欧罗巴各国第七。
  尾东首西，北尽冰溟。近交远攻，陆战之邻。述北洋俄罗斯国第八。
  劲悍英寇，恪拱中原。远交近攻，水战之援。述外大洋弥利坚第九。
  人各本天，教纲于圣。离合纷纭，有条不紊。述西洋各国教门表第十。
  万里一朔，莫如中华。不联之联，大食欧巴。述中国西洋纪年表第十一。
  中历资西，西历异中。民时所授，我握其宗。述中国西历异同表第十二。
  兵先地利，岂间遐荒。聚米画沙，战胜庙堂。述国地总论第十三。
  虽有地利，不如人和。奇正正奇，力少谋多。述筹夷章条第十四。

知己知彼，可款可战。匪证奚方，孰医瞑眩。述夷情备采第十五。

轨文匪同，货币斯同。畴师艘械，涛驶火攻。述器艺货币[1]第十六[2]。

道光二十有二载，岁在壬寅嘉平月，内阁中书邵阳魏源叙于扬州。时夷艘出江甫逾三月也。

---

[1]货币，"货"原作"贷"，形近而讹，据文意改。
[2]六十卷本增为十八条，其十六至十八条作："水国恃舟，犹陆恃堞。长技不师，风涛谁慑。述战舰条议第十六。五行相克，金火斯烈。雷奋地中，攻守一辙。述'火器火攻条议'第十七。轨文匪同，货币斯同。神奇利用，盍殚明聪。述'器艺货币'第十八。"

海國圖志原敘

海國圖志六十卷何所據，一據前兩廣總督林尚書所譯西夷之四洲志，再據歷代史志及明以來島志及近日夷圖夷語鉤稽貫串，創榛闢莽，前驅先路，大都東南洋、西南洋增於原書者十之八，大小西洋、北洋、外大西洋增於原書者十之六，又圖以經之，表以緯之，博參群議以發揮之。何以異於昔人海圖之書？曰彼皆以中土人譚西洋，此則以西洋人譚西洋也。是書何以作？曰為以夷攻夷而作，為以夷款夷而作，為師夷長技以制夷

03

魏　源
海国图志·筹海篇·议战（节录）[1]
（1843）

今日之事，苟有议征用西洋兵舶者，则必曰借助外夷恐示弱；及一旦示弱数倍于此，则甘心而不辞。使有议置造船械师夷长技者，则曰糜费；及一旦糜费十倍于此，则又谓权宜救急而不足惜。苟有议翻夷书、刺夷事者，则必曰多事；嘉庆间，广东有将汉字、夷字对音刊成一书者，甚便于华人之译字，而粤吏禁之。及一旦有事，则或询英夷国都与俄罗斯国都相去远近，或询英夷何路可通回部。甚至廓夷效顺，请攻印度而拒之；佛兰西、弥利坚愿助战舰，愿代讲款而疑之。以通市二百年之国，竟莫知其方向，莫悉其离合，尚可谓留心边事者乎？汉用西域攻匈奴，唐用吐番攻印度，用回纥攻吐番，圣祖用荷兰夹板船攻台湾，又联络俄罗斯以逼准噶尔。古之驭外夷者，惟防其协寇以谋我，不防其协我而攻寇也；止防中华情事之泄于外，不闻禁外国情形之泄于华也。然则欲制外夷者，必先悉夷情始；欲悉夷情者，必先立译馆翻夷书始。欲造就边才者，必先用留心边事之督抚始。

---

[1] 此文出自《海国图志》卷三。今据道光甲辰（1844）古微堂聚珍活字五十卷本《海国图志》录文。标点参考《魏源全集》（岳麓书社，2020）第四册《海国图志》。

问曰：既款之后，如之何？曰：武备之当振，不系乎夷之款与不款。既款以后，夷瞰我虚实，蔑我废弛，其所以严武备、绝狡启者，尤当倍急于未款之时；所以惩具文、饰善后者，尤当倍甚于承平之日。未款之前，则宜以夷攻夷；既款之后，则宜师夷长技以制夷。夷之长技三：一、战舰；二、火器；三、养兵练兵之法。请陈国朝前事。康熙初，曾调荷兰夹板船以剿台湾矣，曾命西洋南怀仁制火炮以剿三藩矣，曾行取西洋人入钦天监以司历官矣。今英夷既以据香港、拥厚赀，骄色于诸夷；又以开各埠、裁各费，德色于诸夷。与其使英夷德之以广其党羽，曷若自我德之以收其指臂？考东、中二印度据于英夷，其南印度则大西洋各国市埠环之，有荷兰埠，有吕宋埠，有葡萄亚埠，有佛兰西埠，有弥利坚埠，有英吉利埠。每一埠地各广数百里，此疆彼界，各不相谋。各埠中皆有造船之厂，有造火器之局，并鬻船鬻炮于他国，亦时以兵船货船出租于他国。其船厂材料山积，工匠云萃，二三旬可成一大战舰，张帆起柁，嗟咄立办。其工匠各以材艺相竞，造则争速，驶又争速，终年营造，光烛天，声殷地。是英夷船炮在中国视为绝技，在西洋各国视为寻常。广东互市二百年，始则奇技淫巧受之；继则邪教毒烟受之，独于行军利器则不一师其长技，是但肯受害不肯受益也。请于广东虎门外之沙角、大角二处置造船厂一、火器局一，行取佛兰西、弥利坚二国各来夷目一二人，分携西洋工匠至粤，司造船械，并延西洋柁师司教行船演炮之法，如钦天监夷官之例，而选闽、粤巧匠精兵以习之。工匠习其铸造，精兵习其驾驶、攻击。计每艘中号者，不过二万金以内，英夷有军器之冦船，每艘值银二万余员。大兵船三桅者，每艘值银四万员，见澳门新闻纸。凡侈言每艘需十万金者，皆妄也。现在广东义士请弥利坚人造二桅兵船，果仅费银万九千两。计百艘不过二百万金。再以十万金造火轮舟十艘，以四十万金造配炮械，所费不过二百五十万，而尽得西洋之长技为中国之长技。每艘配兵三百人，计百艘可配三万人，靖逆将军奕山奏：夷三桅大兵船三百人，二桅中号兵船二百余人，火轮船八九十人，杉板船大者六七十人，小者二三十人。广东一万，福建一万，浙江六千，江苏四千。其所配之兵必凭选练，取诸沿海渔户枭徒者十之八，取诸水师旧营者十之二。尽裁并水师之虚粮冗粮，以为募养精兵之费。必使中国水师可以驶楼船于海外，可以战洋夷于海中。不增一饷一兵，而但裁并冗滥之兵饷。

此其章程可推广者，尚有六焉。我有铸造之局，则人习其技巧，一二载后，不必仰赖于外夷，如内地钟表亦可以定时刻，逮二十五年大修之期，即可自行改造，一也。夷艘例二十五年一修。

有铸造之局，则知工料之值、工食之值，每艘每炮有定价，然后可以购买。凡外夷有愿以船炮售官抵税者听；闽商粤商出贩南洋，有购船炮归，缴官受值者听。不致以昂价赝物受欺，二也。

沙角、大角既有船厂、火器局，许其建洋楼、置炮台，如澳门之例。英夷不得以香港骄他夷，生觖望，而我得收虎门之外障，与澳门鼎峙，英夷不敢倔强，广东从此高枕。嘉庆中，澳夷曾备兵船二，英夷备兵船[1]四，愿助剿海盗，今更得佛、弥二夷效顺。彼贪市舶之利，我收爪牙之助，守在四夷，折冲万里，三也。

鸦片趸船敢于蔓延者，欺我水师之不敢攻剿。今水师整饬，鸦烟自不敢来，纹银自不透漏，以用财为节财，四也。

官设水师米艇，每艘官价四千，已仅洋艘五分之一，层层扣蚀，到工又不及一半。靖逆将军奕山奏言：水师例修之船，新造二只，覆以藤棉，加以牛皮，外施鱼网七层，演试千斤之炮，打穿两面，不能适用。今制海舰，不拘例价。若不善立章程，则将来修造之期，必仍有名无实。考洋艘所以坚固，皆由驶犯风涛，遍行万里。今官艘终岁停泊，会哨徒有具文，自后即无事之期，而战艘必岁护海运之米，验收天津。闽广则护运暹米、吕宋米、台湾米，江浙则各护苏、松、杭、嘉、湖之米。凡承造之人，即皆驾驶之人，倘内地出洋之商，愿禀请各艘护货者听。凡水师提镇大员入京陛见，必乘海艘，不许由驿陆进；其副将参游以下入京引见，或附海运之舟北上，总禁由陆；其文吏愿乘海艘入京者听。惟不许承办船工，五也。

国家试取武生、武举人、武进士，专以弓马技勇，是陆营有科而水师无科。西洋则专以造舶、驾舶，造火器、奇器取士抡官。上之所好，下必甚焉；上之所轻，下莫问焉。今宜于闽粤二省武试，增水师一科。有能造西洋战舰、火轮舟，造飞炮、火箭、水雷、奇器者，为科甲出身；能驾驶飓涛，能熟风云沙线，能枪炮有准的者，为行伍出身。皆由水师提督考取，会同总督拔取送[2]京验试，分发沿海水师教习技艺。凡水师将官，必由船厂、火器局出身，否则由舵工、水手、炮手出身，使天下知朝廷所注意在是，不以工匠、柁师视在骑射之下，则争奋于功名，必有奇材绝技出其中。昔李长庚剿海贼，皆身自持柁，虽老于操舟者不及。

---

[1] 兵船，原作"船兵"，今乙正。
[2] 送，原作"迭"，据百卷本（《续修四库全书》第743册影印光绪二年刻本）改。

故知水师不能舍船械而空谈韬略，武备不能舍船炮而专重弓马，六也。

天下有不可强者三：有其人，无其财，一难也；有其财，无其人，二难也；有其人，有其财，无其材，谓材料。三难[1]也。自用兵以来，所縻费数千万计，出其十之一二以整武备有余，则财非不足明矣。海关浮费，数倍正税，皆积年洋商与官吏所肥蠹，起家不赀。其费皆出自鸦片，岂不当派数百万之军饷，则财又非不足明矣。中国智慧，无所不有，历算则日月薄蚀，闰余消息，不爽杪毫；仪器则钟表晷刻，不亚西土；至罗针、壶漏，则创自中国，而后西行。罗针始自中国，见《华事夷言》。穿札扛鼎，则无论水陆，皆擅勇力，是人才非不足明矣。船桅船舱所需铁力之木，油木、櫶木、梾木，皆产自两广；蓬帆浸以晋石，火不能焚，出自山西；火药配以石油，得水愈炽，出自甘肃；关外玉门县赤金卫迤南之石油河，本年二月陕甘总督解至石油三千六百斤。火箭参以江豚油，逆风更猛，出自四川。军符所下，旦夕可至。硝提数次而烟白，铁经百炼而钢纯，皆与西洋无异，则材料又非不足明矣。飞炮、火器皆创自佛兰西，而英夷效之，以及船械相等之葡萄亚、荷兰、吕宋、弥利坚等国，皆仰我茶、黄，贪我互市。欲集众长以成一长，则人争效力；欲合各国以制一国，则如臂使指。诚欲整我戎行，但得一边才之两广总督，何事不可为哉？

或曰：五十艘之船械，且造且购，一年而可集；百艘之船械，且造且购，二年而毕集。即其制造施用之法，以我兵匠学之，亦一年而可习，二年而可精。是二年后，已无铸造之事，尚远重修之期，更何局厂之设乎？曰：是何言也！夫西洋惟英吉利国兵船五百余艘，佛兰西国兵船三百余艘，盖为分守各国埠头而设。其余各国战舰，亦各不过数十艘，而皆有船厂、火器局，终年不息者，何哉？盖船厂非徒造战舰也。战舰已就，则闽广商艘之泛南洋者，必争相效尤；宁波、上海之贩辽东、贩粤洋者，亦必群就购造，而内地商舟皆可不畏风飓之险矣。西洋火轮舟之受数千石者，止为远越重洋，其在本国内河、内港之火轮舟，皆不过受五百石至九百石而止。以通文报，则长江、大河，昼夜千里，可省邮递之烦；以驱王事，则北觐南旋，往还旬日，可免跋涉之苦；以助战舰，则能牵浅滞损坏之舟，能速火攻出奇之效，能探沙礁夷险之形。诚能大小增修，讵非军国交便？战舰有尽，而出鬻之船无尽，此船厂之可推广者一。

---

[1] 难，原缺，据百卷本补。

火器亦不徒配战舰也。战舰用攻炮，炮台、城垒用守炮，此外各省绿营之鸟铳、火箭、火药，皆可汇造运送。又此外量天尺、千里镜、龙尾车、风锯、水锯、火轮机、火轮车[1]、千斤秤之属，凡有益民用者，皆可造。是造炮有数，而出鹜器械无数，此火器局之可推广者二。

古之圣人，刳舟剡楫，以济不通；弦弧剡矢，以威天下，亦岂非形器之末？而《睽》《涣》取诸《易·象》，射御登诸六艺，岂火轮、火器不等于射御乎？指南制自周公，挈壶创自《周礼》[2]。今西洋奇器[3]，无非借风力、水力、火力，夺造化，通神明，岂非皆竭耳目心思之力，制神物以前民用者乎？因其所长而用之，即因其所长而制之。风气日开，智慧日出，方见东海之民，犹西海之民。云集而鹜赴，凤熙而暮攘，又何暂用旋辍之有？昔汉武欲伐南越，爱习楼船水战于昆明湖。乾隆中，以金川恃碉险，乃命金川俘卒建碉于圆明园香山，简羽林欻飞之士习攻碉，遂立健锐营。又命西洋人南怀仁在养心殿造办处行走，制西洋水法。而西史言俄罗斯之比达览王[4]聪明奇杰，因国中技艺不如西洋，微行游于他国船厂、火器局学习工艺，反国传授，所造器械反甲西洋，由是其兴勃然，遂为欧罗巴洲最雄大国。故知国以人兴，功无倖成，惟厉精淬志者能足国而足兵。

---

[1] 火轮车，百卷本作"火轮舟、自来火、自转碓"。
[2] 百卷本此处有"有用之物即奇技而非淫巧"十一字。
[3] 奇器，百卷本作"器械"。
[4] 比达览王，百卷本作"比达王"，即彼得一世。

04 曾国藩

覆陈洋人助剿及采米运津折[1]
（1860）

咸丰十年十一月初八日

奏为遵旨覆陈，仰祈圣鉴事。窃臣于十月二十五日承准军机大臣密寄十月十一日奉上谕：本年秋间，哄、咈两国带兵扑犯都城，业经换约退兵，俄罗斯使臣伊格那替业幅亦即随后换约。该酋见恭亲王奕䜣等面称，发逆在江南等处横行，请令中国官军于陆路统重兵进剿，该国拨兵三四百名在水路会击，必可得手。又称，明年南漕运京，恐沿途或有阻碍。伊在上海时，有咪国商人及中国粤商，情愿领价采办台米、洋米运津。如令伊寄信上海领事官，将来洋船、沙船均可装载，用俄、咪旗帜，即保无虞等语。中国剿贼、运漕，断无专借资外国之理。惟思江浙地方糜烂，兵力不敷剿办，如借俄兵之力帮同办理，逆贼若能早

---

[1] 曾国藩（1811—1872），原名子城，字伯涵，号涤生，谥文正。湖南湘乡人。道光十八年（1838）进士。官至两江、直隶总督。咸丰间组建"湘军"，讨伐太平军，镇压捻军。最先倡导洋务运动，引进西洋技术，主张"自强""御侮"，创建安庆内军械所，翻开中国近代军事工业第一页，是"晚清中兴四大名臣"之一。今据光绪二年（1876）传忠书局刊《曾文正公全集·奏稿》卷十三录文。标点参考《筹办夷务始末·咸丰朝》（中华书局，1979年）卷七十一、《曾国藩全集·奏稿二》（岳麓书社，2011年）。

平，我之元气亦可渐复。但恐该国所贪在利，藉口协同剿贼，或格外再有要求，不可不思患预防。咈郎西在京时，亦有此请。着曾国藩等公同悉心体察，如利多害少，尚可为救急之方，即行迅速奏明，候旨定夺。至代运南漕一节，江浙地方沦陷，明岁能否办理新漕，尚无定议。然漕粮为天庾正供，自不可缺。该酋所称采办运津之说，是否可行，应如何妥议章程办理之处，并着曾国藩、薛焕、王有龄酌量情形，迅速具奏。将此由六百里各密谕知之。钦此。

具仰皇上圣虑周详，驭夷之方，达变之略，无微弗至，钦服莫名。臣就俄酋所陈二事思之。其请拨夷兵三四百名助剿金陵发逆一节，<u>查大西洋嘆、咈、咪各国，恃其船坚炮大，横行海上。俄罗斯国都紧接大西洋，所用船炮及所习技艺均足相抗，近始由重洋以通中国。该夷与我向无嫌怨，其请用兵船助剿发逆，自非别有诡谋。</u>康熙年间进攻台湾，曾调荷兰夹板船助剿，亦中国借资夷船之一证。惟长江二千余里，上游安庆、芜湖等处有杨载福、彭玉麟之水师，下游扬州、镇江等处有吴全美、李德麟之水师。臣现又在长沙、吴城等处添造师船，为明年驶赴淮扬之用。是皖、吴官军之单薄，在陆而不在水；金陵发逆之横行，亦在陆而不在水。此时我之陆军，势不能遽进金陵。若俄夷兵船即由海口上驶，亦未能遂收夹击之效。应请饬下王大臣等，传谕该夷酋，奖其效顺之忱，缓其会师之期。俟陆军克复皖浙、苏、常各郡后，再由统兵大臣约会该酋，派船助剿。庶在我足以自立，在彼亦乐与有成。咈郎西亦有此请，亦可奖而允之。许其来助，示以和好而无猜；缓其师期，明非有急而求救。自古外夷之助中国，成功之后，每多意外要求。彼时操纵失宜，或致别开嫌隙。似不如先与约定兵船若干只，雇价若干，每船夷兵若干，需月饷若干，军火一切经费若干，一一说明。将来助剿时，均由上海粮台支应，庶可免争竞而杜衅端。

至所称咪商领价采米运津一节。江浙各郡县地方沦陷既多，明年新漕势难赴办。咪商、粤商情愿领价采办台米、洋米，由海道运至津沽，实亦济变之要着。俄酋既以此为请，似即可因而许之。除粤商采办之米，应由该商自行经理，毋庸插用俄、咪旗帜外，所有咪商采办运津之米，亦请饬薛焕在上海就近与该商订明。粤商领价，须取保户。咪商则听咪酋经理，当可无误要需。为时局计，似亦舍此别无良策。伏乞圣明察酌行之。

抑臣窃有请者，驭夷之道，贵识夷情。以大西洋诸夷论之，嘆咭唎狡黠最甚，咈郎西次之，俄罗斯势力大于嘆、咈，尝与嘆夷争斗，为嘆所惮。咪唎㗊人性质醇厚，其于中国素称恭顺。道光十九年，喽夷因鸦片肇衅之始，兵船闯入广州省河。咪酋曾于参赞大臣杨芳处递禀，愿为居间调处。喽酋义律旋出亲笔，有只求通商、不讨别情等语，是并烟价亦不敢索也。杨芳曾据以入奏，而不敢专主其议会。官军烧抢洋行，误伤咪夷数人，其事遂寝，而夷患遂炽。咸丰三年，贼踞金陵，闻咪酋亦曾于向荣处托人关说，请以兵船助剿。未知向荣曾据以入奏否？喽、咈两夷犯广东省城时，咪酋未尝助逆。上年天津击败夷船时，咪酋即首先赴京换约，并无异词。是咪夷于中国，时有效顺之忱，而于喽、咈诸夷，并非固结之党，已可概见。此次俄夷既称咪商情愿领价采米，似可即饬薛焕与咪酋面订章程，妥为筹办。庶几暗杜俄夷见好中国、市德咪夷之心，而咪夷知中国于彼毫无疑忌，或且输诚而昵就于我，未可知也。此次款议虽成，中国岂可一日而忘备；河道既改，海运岂可一岁而不行。如能将此两事妥为经画，无论目前资夷力以助剿济运，得纾一时之忧；将来师夷智以造炮制船，尤可期永远之利。区区愚虑所及，合并陈明，伏乞皇上圣鉴训示。谨奏。

05
曾国藩
覆陈购买外洋船炮折[1]
（1861）
咸丰十一年七月十八日

奏为遵旨筹议，恭折覆陈，仰祈圣鉴事。窃臣承准军机大臣字寄咸丰十一年五月三十日奉上谕：前因恭亲王奕䜣等奏，法夷枪炮现肯售卖，并肯派匠役教习制造，当谕令曾国藩、薛焕酌量办理。本日复据奕䜣等奏，请购买外洋船炮一折。据称：大江上下游设有水师，中间并无堵截之船，非独无以断贼接济，且恐由苏、常进剿，则北路必受其冲。据赫德称：若用小火轮船十余号，益以精利枪炮，不过数十万两。至驾驶之法，广东、上海等处，可雇内地人随时学习，亦可雇用外国人，令其司柁司炮。其价值先领一半，俟购齐验收后再行全给。并称：洋药一项，如照所递之单征收华洋各税四十五两之外，于进口后，无论贩至何处销售，再由各该地方官给予印票，仿照牙行纳帖之例，每帖输银若干。如办理得宜，除华洋各税外，岁可增银数十万两。此项留为购买船炮，亦足裨益。现在赫德已回天津，令其将船炮洋枪价值，分晰开单呈递等语。

东南贼氛蔓延，果能购买外国船炮剿贼，必能得力。

---

[1] 此折据光绪二年（1876）传忠书局刊《曾文正公全集·奏稿》卷十七录文。标点参考《筹办夷务始末·同治朝》（中华书局，2008年）卷一、《曾国藩全集·奏稿三》（岳麓书社，2011年）。

惟各路军饷不足，必须预筹银款以资购办。奕䜣等现拟于上海、广东各关税内先行筹款购买，俟将来洋药印票税收有成数，再行归款。并给赫德札文，令其购买，运到时即交广东、江苏各督抚，雇内地人学习驾驶。着劳崇光、耆龄、薛焕，并传谕毓清，即按照所奏预为筹计。其应酌配兵丁并统带大员，及陆路进攻各事宜，并着官文、曾国藩、胡林翼先行妥为筹议。一俟船炮运到，即奏明办理。内患既除，则外国不敢轻视中国，实于大局有益。该督抚等务当悉心妥议，期于必行，不得畏难苟安。奕䜣等折，着抄给阅看等因。钦此。

　　仰见皇上圣虑周详，安内攘外之至意。臣查发逆盘据金陵，蔓延苏、浙、皖、鄂、江西等省。所占傍江各城为我所必争者有三：曰金陵，曰安庆，曰芜湖；不傍江各城为我所必争者有三：曰苏州，曰庐州，曰宁国。不傍江之处，所用师船，不过舢板、长龙之类。其或支流小港，岸峻桥多，即舢板小划尚无所施其技，断不能容火轮船，想在圣明洞鉴之中。傍江三城，小火轮船尽可施展，然亦只可制水面之贼，不能剿岸上之贼。即欲阻其北渡，断其接济，亦恐地段太长，难于处处防遏。目下贼氛虽炽，然江面实鲜炮船，不能与我水师争衡。臣去冬覆奏一疏有云：金陵发逆之横行，在陆而不在水；皖、吴官军之单薄，亦在陆而不在水。系属实在情形。

　　至恭亲王奕䜣等奏请购买外洋船炮，则为今日救时之第一要务。凡恃己之所有，夸人以所无者，世之常情也；忽于所习见，震于所罕见者，亦世之常情也。轮船之速，洋炮之远，在英、法则夸其所独有，在中华则震于所罕见。若能陆续购买，据为己物，在中华则见惯而不惊，在英、法亦渐失其所恃。康熙、雍正年间，云南铜斤未曾解京之时，皆给照商人，采买海外之洋铜，以资京局之鼓铸。行之数十年，并无流弊。况今日和议既成，中外贸易，有无交通，购买外洋器物，尤属名正言顺。购成之后，访募覃思之士、智巧之匠，始而演习，继而试造，不过一二年，火轮船必为中外官民通行之物，可以剿发逆，可以勤远略。谕旨期于必行，不得畏难苟安。仰见圣主沈几独断，开物成务，曷胜钦服。

　　至于酌配兵丁及统带大员，应俟轮船驶至安庆、汉口时，每船酌留外洋三四人，令其司柁司火。其余即配用楚军水师之勇丁学习驾驶，炮位亦令楚勇司放，虽不能遽臻娴熟，尽可渐次教习。其统带大员，即于现在水师镇将中遴选。臣与官文、胡林翼商定，届时奏明办理。惟期内地军民，智者尽心，勇者尽力，无不能制之器，无不能演之技，庶几渐摩奋兴，仰副圣主深远无穷之虑。所有遵旨筹议缘由，恭折由驿覆陈，伏乞皇上圣鉴训示。谨奏。

06

冯桂芬

采西学议（外一篇）[1]

（1861）

咸丰十一年七月十八日

《传》称左史倚相能读三坟、五典、八索、九丘，孔安国曰："九州之志，谓之九丘。"《诗》列十五国之风，郑康成《谱序》云："欲知源流清浊之所处，则循其上下而省之；欲知风化芳臭气泽之所及，则旁行以观之。"孔子作《春秋》，有取于百二十国宝书。伊古儒者，未有不博古而兼通今，综上下纵横以为学者也。

顾今之天下，非三代之天下比矣。《周髀算经》有四极、四和与半年为昼、半年为夜等说，后人不得其解。《周礼·职方疏》神农以上有大九州，后世德薄，止治神州。神州者，东南一州也。驺衍谈天，中国名曰赤县神州，中国外如赤县神州者九，当时疑为荒唐之言。顾氏炎武不

---

[1] 冯桂芬（1809—1874），字林一，号景亭，江苏吴县（今属苏州）人。道光二十年（1840）进士，授编修。同治初，入李鸿章幕府。通经史，精历算，尤重经世致用之学。先后主讲金陵、上海、苏州诸书院。著有《校邠庐抗议》，主张采西学，制洋器，是晚清改良主义先驱，最早表达了洋务运动"中体西用"思想。此文出自《校邠庐抗议》卷下，今据光绪甲申（1884）豫章刻本《校邠庐抗议》录文，据《近代中国史料丛刊》第六十二辑（台湾文海出版社）影印光绪丁酉（1897）聚丰坊本校。标点参考上海书店点校本《校邠庐抗议》（2002年）。

知西海，夫西洋即西海，彼时已习于人口，《职方外纪》等书已入中国，顾氏或未见，或见而不信，皆未可知。今则地球九万里，莫非舟车所通、人力所到。《周髀》《礼疏》、骓衍所称，一一实其地，据西人舆图所列，不下百国。此百国中经译之书，惟明末意大里亚及今英吉利两国书凡数十种，其述耶稣教者率猥鄙无足道，此外如算学、重学、视学、光学、化学等皆得格物至理，舆地书备列百国山川阨塞、风土物产，多中人所不及。昔郑公孙挥能知四国之为，子产能举晋国实沈、台骀之故，列国犹有其人，可以中华大一统之邦而无之乎？亦学士之羞也。

今之习于夷者曰"通事"，其人率皆市井佻达游闲，不齿乡里，无所得衣食者始为之。其质鲁，其识浅，其心术又鄙，声色货利之外，不知其他。且其能不过略通夷语，间识夷字，仅货目数名与俚浅文理而已，安望其留心学问乎？惟彼亦不足于若辈，特设义学，招贫苦童稚，兼习中外文字。不知村童沽竖，颖悟者绝少，余尝于吾乡村塾、义塾中物色异敏之士，数十年无所得。而又渐染于夷场习气，故所得仍与若辈等。

今欲采西学，宜于广东、上海设一翻译公所，选近郡十五岁以下颖悟文童，倍其廪饩，住院肄业，聘西人课以诸国语言文字，又聘内地名师，课以经史等学，兼习算学。一切西学皆从算学出，西人十岁外，无人不学算。今欲采西学，自不可不学算。或师西人，或师内地人之知算者，俱可。闻英华书院、墨海书院藏书甚多，又俄夷道光二十七年所进书千余种，存方略馆，宜发院择其有理者译之。由是而历算之术，而格致之理，而制器尚象之法，兼综条贯，轮船、火器之外，正非一端。如历法，从古无数十年不变之理，今《时宪》以乾隆甲子为元，承用已逾百年，渐多差忒。甲辰修改，墨守西人旧法，进退其数，不足依据，必求所以正之。闻西人见用地动新术，与天行密合，是可资以授时。又如河工，前造百龙搜沙之器，以无效而辍。闻西人海港刷沙，其法甚捷，法用千匹马大火轮置船旁，可上可下，潮退时下其轮，使附于沙而转之，沙四飞随潮而去。凡通潮之地皆宜之，黄河水性湍急，更无处不宜。自下流迤逦而上，积日累月，锲而不舍，虽欲复由地中行之旧不难。此不特黄河可用，北河亦可用，即南运河徒阳等处亦可用。且东南水利久不治，数日之霖，积月不退，宜于通潮各海口，如法浚之，使下流迅驶，则上流虽不浚，而自有一落千丈强之势，可收事半功倍之效。是可资以行水。又如农具、织具，百工所需，多用机轮，用力少而成功多，是可资以治生。其他凡有益于国计民生者，皆是奇技淫巧，不与焉。三年之后，诸文童于诸国书应口成诵者，许补本学。诸生如有神明变化，能实见之行事者，由通商大臣请赏给举人。如前议中国多秀民，必有出于夷而转胜于夷者，诚今日论学一要务矣。

夫学问者，经济所从出也。太史公论治曰："法后王，本《荀子》。为其近己而俗变相类，议卑而易行也。"愚以为在今日又宜曰"鉴诸国"。诸国同时并域，独能自致富强，岂非相类而易行之尤大彰明较著者？如以中国之伦常名教为原本，辅以诸国富强之术，不更善之善者哉？且也通市二十年来，彼酋之习我语言文字者甚多，其尤者能读我经史，于我朝章、吏治、舆地、民情，类能言之。而我都护以下，之于彼国则瞢然无所知，相形之下，能无愧乎？于是乎不得不寄耳目于惷愚谬妄之通事，词气轻重缓急，转辗传述，失其本指，几何不以小嫌酿大衅。

夫驭夷为今天下第一要政，乃以枢纽付之若辈，无怪彼己之不知，情伪之不识，议和、议战汔不得其要领，此国家之隐忧也。此议行，则习其语言文字者必多，多则必有正人君子通达治体者出其中，然后得其要领而驭之。《地理全志》作于癸丑年，书中于日本国记其欺侮亚墨利加触石渔船时思报复，于安南国极恶其讥防之严、榷税之重，于缅甸国亦有骨吏横征之怨。未几，日本、安南皆有兵端。可见彼国书不可不观，若能知其未译之书，所得必倍多。绥靖边陲，道又在是。如谓六合之内，论而不议，封故见而限囿闻，恐古博物君子必不尔也。

制洋器议

有天地开辟以来未有之奇愤，凡有心知血气莫不冲冠发上指者，则今日之以广运万里、地球中第一大国而受制于小夷也。以地球三百六十度，每度二百五十里，或云二百里，或云二百三十里。如圆周积计之，大海三分去一，实为方一里者十三亿五千万。我大清国北自兴安岭，南至厓州，距四十三度，计万七百余里；东自库页岛，西至噶什喀尔，距七十七度，计万九千余里。截赢补缩，约南北八千里，东西万一千里，为方一里者八千八百万，是一国而居地球十有五分之一也。余百许国，俄、英、法、米为大。据英人《地里全志》稽之，我中华幅员，八倍于俄，十倍于米，百倍于法，二百倍于英，但就本国言，属部不与。地之大如是。五洲之内，日用百需，无求于他国而自足者，独有一中华，地之善又如是。虽彼中舆地书，必以中华首列，非畏我，非尊我，直以国最大，天时、地利、物产无不甲于地球而已。

而今顾靦然屈于四国之下者，则非天时、地利、物产之不如也，人实不如耳。彼人非俱首重瞳之奇，我人非僬侥三尺之弱，人奚不如？且中华扶舆灵秀，磅礴而郁积，巢、燧、羲、轩数神圣，前民利用所创始，诸夷晚出，何尝不窃我绪余，人又奚不如？则非天赋人以不如也，人自不如耳。天赋人以不如，可耻也，可耻而无可为也；人自不如，尤可耻也，然可耻而有可为也。如耻之，莫如自强。

夫所谓不如，实不如也。忌嫉之无益，文饰之不能，勉强之无庸。向时中国积习长技，俱无所施，道在实知其不如之所在，彼何以小而强，我何以大而弱？必求所以如之，仍亦存乎人而已矣。以今论之，约有数端：人无弃材不如夷，地无遗利不如夷，君民不隔不如夷，名实必符不如夷。四者道在反求，以上诸议备矣。惟皇上振刷纪纲，一转移间耳，此无待于夷者也。

至于军旅之事，船坚炮利不如夷，有进无退不如夷，夷人练兵，首重行步，先较定远近若干丈尺，行若干步，又较定钟表若干分秒，行若干步，千[1]人一律。行军时两胯齐举，其间虽流矢洞穿，无碍阵法之整，实胜于我。然岂我不能为之事乎？《书》曰："不愆于六步七步，乃止齐焉。"古法本如是，亦礼失求野之一证。又以《左传》"视其辙乱"之说言之，则古时车战，虽乘马之步亦齐也。而人材健壮未必不如夷。是夷得其三，我得其一，故难胜。北兵亦能有进无退，是我得其二，故间胜。粤人军械半购诸夷而不备，并能有进无退，是我得其二有半，故半胜。然即良将劲兵，因械于敌，如天之福，十战十胜，而彼能来我不能往，犁庭扫闾，固无其事，后患正无已时，而况乎胜负未可知也。得三与得二有半，究有间也，何如全乎其为得三之相当也。果全乎其为得三，不特主客异形，劳逸异势，且我有可以穷追之道，彼有惧我报复之心，殆不啻相当焉，斯百战百胜之术矣。夫得三[2]之效，亦道在反求而无待于夷，然则有待于夷者，独船坚炮利一事耳。

魏氏源论驭夷，其曰："以夷攻夷，以夷款夷。"无论语言文字之不通，往来聘问之不习，忽欲以疏间亲，万不可行。且是欲以战国视诸夷，而不知其情事大不侔也。魏氏所见夷书、新闻纸不少，不宜为此说，盖其生平学术喜自居于纵横家，故有此蔽。愚则以为不能自强，徒逞谲诡，适足取败而已，独<u>"师夷长技以制夷"</u>一语为得之。

---

[1]千，原作"十"，据聚丰坊本改。
[2]三，聚丰坊本作"二"。

夫九州之大，亿万众之心思材力，殚精竭虑于一器，而谓竟无能之者，吾谁欺？惟是输、倕之巧至难也，非上知不能为也；圬镘之役至贱也，虽中材不屑为也。愿为者不能为，能为者不屑为，必不合之势矣，此所以让诸夷以独能也。道在重其事，尊其选，特设一科以待能者。宜于通商各口拨款设船炮局，聘夷人数名，招内地善运思者，从受其法，以授众匠。工成与夷制无辨者，赏给举人，一体会试；出夷制之上者，赏给进士，一体殿试，廪其匠倍蓰，勿令他适。

夫国家重科目，中于人心久矣。聪明智巧之士，穷老尽气，销磨于时文、试帖、楷书无用之事，又优劣得失无定数，而莫肯徙业者，以上之重之也。今令分其半，以从事于制器尚象之途，优则得，劣则失，划然一定，而仍可以得时文、试帖、楷书之赏，夫谁不乐闻？且其人有过人之禀，何不可以余力治文学、讲吏治，较之捐输所得，不犹愈乎？即较之时文、试帖、楷书所得，不犹愈乎？即如另议，改定科举，而是科却可并行不悖，中华之聪明智巧必在诸夷之上，往时特不之用耳。上好下甚，风行响应，当有殊尤异敏，出新意于西法之外者，始则师而法之，继则比而齐之，终则驾而上之。自强之道，实在乎是。

昔吴受乘车战阵之法于晋而争长于晋，赵武灵为胡服而胜胡。近事俄夷有比达王者，微服佣于英局三年，尽得其巧技，国遂勃兴。安南、暹罗等国，近来皆能仿造西洋船炮。前年西夷突入日本国都，求通市，许之。未几，日本亦驾火轮船十数遍历西洋，报聘各国，多所要约，诸国知其意，亦许之。日本蕞尔国耳，尚知发愤为雄，独我大国，将纳汙含垢以终古哉？孟子曰："国家闲暇，及是时明其政刑。"又以敌国外患同于法家、拂士。尹铎曰："委土可以为师保。"今者诸夷互市，聚于中土，适有此和好无事之闲隙，殆天与我以自强之时也。不于此急起乘之，只迂天休命，后悔晚矣。

或曰：管仲攘夷狄，夫子仁之；郑用夷礼，《春秋》贬之。今之所议，毋乃非圣人之道耶？是不然，夫所谓攘者，必实有以攘之，非虚憍之气也。居今日而言攘夷，试问其何[1]以攘之？所谓不用者，亦实见其不足用，非迂阔之论也。夫世变代嬗，质趋文，拙趋巧，其势然也。时宪之历，钟表、枪炮之器，皆西法也。居今日而据六历以颁朔，修刻漏以稽时，挟弩矢以临戎，曰"吾不用夷礼也"，可乎？且用其器，非用其礼也，用之乃所以攘之也。以经费言之，军械之价常十倍，

---

[1] 其何，原作"何貝"，据聚丰坊木改。

然利钝所分,胜败系之,固当别论。轮船亦然。然彼则一年而一运,此则一年而一二十运,移往时盐船、粮船费用改造轮船,即百船已不止千船之用。无事可以运盐转粟,有事可以调兵赴援,呼应奔走无不捷,岂特十倍之利哉?

或曰:购船雇人何如?曰:不可。能造、能修、能用,则我之利器也;不能造、不能[1]修、不能用,则仍人之利器也。利器在人手,以之转漕,而一日可令我饥饿;以之运盐,而一日可令我食淡;以之涉江海,而一日可令我覆溺。仓卒有隙,幡然倒戈,舟中敌国遂为实事。而购值不赀,岁修不赀,赏犒不赀,使令之不便,驾驭之不易,其小焉者也,是尚不如借兵雇船之为愈也。借兵雇船皆暂也,非常也。目前固无隙,故可暂也,日后岂能必无隙?故不可常也,终以自造、自修、自用之为无弊也。夫而后内可以荡平区宇,夫而后外可以雄长瀛寰,夫而后可以复本有之强,夫而后可以雪从前之耻,夫而后完然为广运万里、地球中第一大国,而正本清源之治,久安长治之规,可从容议也。

夫穷兵黩武,非圣人之道,原不必尤而效之。但使我有隐然之威,战可必克也,不战亦可屈人也,而我中华始可自立于天下。不然者,有可自强之道,暴弃之而不知惜;有可雪耻之道,隐忍之而不知所为计。亦不独俄、英、法、米之为虑也,我中华且将为天下万国所鱼肉,何以堪之?此贾生之所为痛哭流涕者也。

---

[1] 能,原作"用",据聚丰坊本改。

07 容 闳

西学东渐记·与曾文正之谈话（节录）[1]
（1863）

今更回述予在安庆之事：当时各处军官，聚于曾文正之大营中者，不下二百人，大半皆怀其目的而来。总督幕府中亦有百人左右。幕府外更有候补之官员、怀才之士子，凡法律、算学、天文、机器等等专门家，无不毕集，几于举全国人才之精华，汇集于此。是皆曾文正一人之声望道德，及其所成就之功业，足以吸引之罗致之也。文正对于博学多才之士，尤加敬礼，乐与交游。予来此约两星期，在大营中与旧友四人同居，长日晤谈，颇不寂寞。一日，予偶又询及总督招予入政界之意。诸友乃明白告予，谓彼等曾进言于总督，请于中国设一西式机器厂，总督颇首肯，议已成熟，惟厂之性质若何，则尚未决定耳。某夕诸友邀予晚餐，食际即以此机器厂问题为谈论之资。在座诸君，

---

[1] 容闳（1828—1912），字萌达，号纯甫，广东香山南屏村（今珠海南屏镇）人。曾就读澳门马礼逊学堂，后随校长布朗夫妇赴美求学，成为中国首位毕业于耶鲁大学的留美学生。同治间入曾国藩幕府，提议兴办"制造机器之机器"，受托为筹建江南制造局赴美采买机器。又提议派遣官费留学生，组织第一批官派留美幼童。晚年著有英文回忆录《西学东渐记》（又译《容闳回忆录》）。今据徐凤石等译《西学东渐记》（中国文库，三联书店，2011年，第66-68页）录文。

各有所发表，既乃询予之意见。盖诸友逆知总督第二次接见予时，必且垂询及此，故欲先知予之定见若何也。

予乃告之曰："予于此学素非擅长，所见亦无甚价值。第就予普通知识所及，并在美国时随时观察所得者言之，则谓中国今日欲建设机器厂，必以先立普通基础为主，不宜专以供特别之应用。所谓立普通基础者无他，即由此厂可造出种种分厂，更由分厂以专造各种特别之机械。简言之，即此厂当有制造机器之机器，以立一切制造厂之基础也。例如今有一厂，厂中有各式之车床、锥、锉等物；由此车床、锥、锉，可造出各种根本机器；由此根本机器，即可用以制造枪炮、农具、钟表及其他种种有机械之物。以中国幅员如是之大，必须有多数各种之机器厂，乃克敷用。而欲立各种之机器厂，必先有一良好之总厂以为母厂，然后乃可发生多数之子厂。既有多数子厂，乃复并而为一，通力合作。以中国原料之廉，人工之贱，将来自造之机器，必较购之欧美者价廉多矣。是即予个人之鄙见也。"诸友闻言，咸异常欣悦。谓愿予于总督询及此事时，亦能如是以答之。

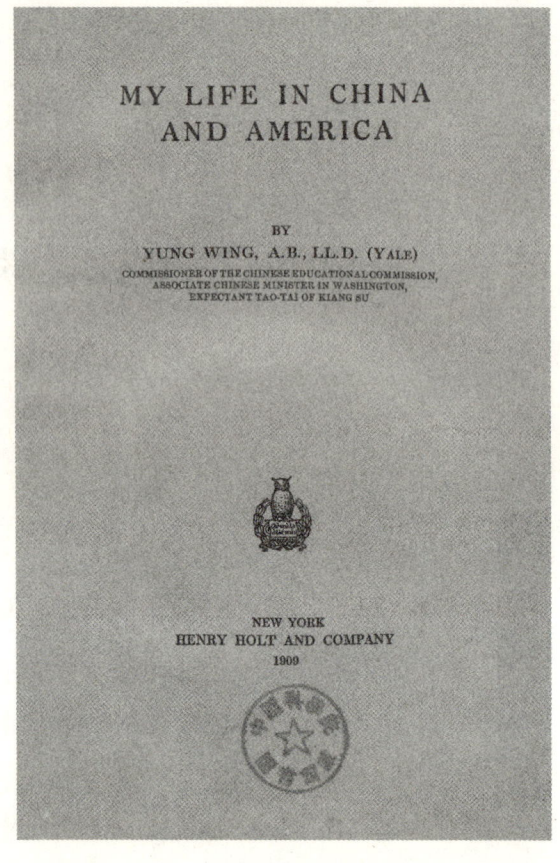

数日后，总督果遣人召予。此次谈论中，总督询予曰："若以为今日欲为中国谋最有益最重要之事业，当从何处着手？"总督此问，范围至广，颇耐吾人寻味。设予非于数夕前与友谈论，知有建立机器厂之议者，予此时必以教育计划为答，而命之为最有益最重要之事矣。今既明知总督有建立机器厂之意，且以予今日所处之地位，与总督初无旧交，不过承友人介绍而来，此与予个人营业时，情势略有不同，若贸然提议予之教育计划，似嫌冒昧。况予对于予之朋友，尤当以恪守忠信为惟一之天职。予胸中既有成竹，故对于此重大问题，不至举止失措。以予先期预备答辞，能恰合总督之意见，欲实行时即可实行也。于是予乃将教育计划暂束之高阁，而以机器厂为前提。予对总督之言，与前夕对友所言者略同，大致谓应先立一母厂，再由母厂以造出其他各种机器厂。予所注意之机器厂，非专为制造枪炮者，乃能造成制枪炮之各种机械者也。枪炮之各部，配合至为复杂。而以今日之时势言之，枪炮之于中国，较他物尤为重要，故于此三致意焉。总督闻言，谓予曰："此事予不甚了了，徐、华二君研此有素，若其先与二君详细讨论，后再妥筹办法可耳。"

予辞出后，即往晤诸友。诸友亟欲知予此谈之结果，闻予所述情形，咸极满意。自此次讨论后，诸友乃以建立机器厂之事，完全托付于予，命予征求专门机器工程师之意见。二星期后，华君若汀告予，谓总督已传见彼等四人，决计畀予全权，先往外国探询专门机器工程师，调查何种机器于中国最为适用。将来此种机器应往何国采购，亦听予决定之。

建立机器厂之地点，旋决定为高昌庙。高昌庙在上海城之西北约四英里，厂地面积约数十亩。此机器厂，即今日所称"江南制造局"，其中各种紧要机器工程，无不全备者也。自予由美国采购机器归国以来，中国国家已筹备千百万现金，专储此厂，鸠工制造，冀其成为好望角以东之第一良好机器厂。故此厂实乃一永久之碑，可以纪念曾文正之高识远见。世无文正，则中国今日，正不知能有一西式之机器厂否耶？

08 奕䜣等

奏请派京营弁兵往江苏学制火器折（附李鸿章函）[1]
（1864）

  同治三年甲子四月戊戌，总理各国事务恭亲王等奏：查治国之道，在乎自强。而审时度势，则自强以练兵为要，练兵又以制器为先。自洋人构衅以来，至今数十年矣。迨咸丰年间，内患外侮，一时并至，岂尽武臣之不善治兵哉？抑有制胜之兵，而无制胜之器，故不能所向无敌耳。外洋如英、法诸国，说者皆知其惟恃此船坚炮利，以横行海外，而船之何以坚，与炮之何以利，则置焉弗讲。即有留心此事者，因洋人秘此机巧，不肯轻以授人，遂无从窥其门径。臣等于咸丰十年冬间，曾有训练八旗兵丁之请，折内声明：洋枪炸炮等件，外国均肯售卖，并肯派人教导铸造各种火器。上海等处应如何设法雇用洋人铸造教导，请饬该督抚酌量等因。仰蒙谕旨允行在案。经臣等历次函致该省，嘱其设法访求，以得实用。适值近年江苏用兵，

---

[1] 奕䜣（1833—1898），道光帝第六子，咸丰帝异母弟，封恭亲王。咸丰帝病逝后，与慈禧合谋发动辛酉政变，授议政王。曾主持军机处及总理各国事务衙门二十余年，是洋务运动在清廷的重要领导者。此折据1930年故宫博物院影印内府抄本《筹办夷务始末·同治朝》卷二十五录文，拟题与标点参考中华书局整理本《筹办夷务始末·同治朝》（中华书局，2008年）第三册。

雇觅英、法洋弁教练兵勇，该洋弁遂将该国制胜火器运营应用，取我厚值。抚臣李鸿章不惜重赀，购求洋匠，设局派人学制，源源济用。各营得此利器，足以摧坚破垒，所向克捷。大江以南逐次廓清，功效之速，无有过于是也。

臣等闻其制造此器业有成效，随即专函往询，兹据覆称：短炸炮与各种炸弹均能制造，尚有长炸炮等件犹待推求。惟制器之器，中国所作者，一时不能如法，现亦设法购求，以期一体学制。至于各项运用之妙，与洋人之贵重此器，及日本视中国之强弱以为向背各情形，李鸿章函中言之甚详，其虑患防微，与臣等所筹适相符合。因思咸丰九年，僧格林沁在大沽击败英、法两国，得其所遗炸炮炸弹，苦心研思，督令火器营弁兵依样仿制。现在臣奕訢及管理火器营王大臣，亦均极力讲求，并经定有惩劝章程，以期日习日熟。惟是无师之学，仅能得其大概，而不克究其精微。若于此项弁兵内酌拣数十名，派往江苏学习，可期事半功倍，且有洋人指授，必能精益求精。现在江、浙尚在用兵，托名学制以勦贼，亦可不露痕迹，此诚不可失之机会也。若于贼平之后始筹学制，则洋匠虽贪重值而肯来，洋官必疑忌而挠阻，此又势所必至者。是宜趁南省军威大振，洋人乐于见长之时，将外洋各种机利火器实力讲求，以期尽窥其中之秘。有事可以御侮，无事可以示威，即《兵法》所云"先为不可胜，以待敌之可胜"者此也。

臣等每于公余之际，反复筹维，洋人之向背，莫不以中国之强弱为衡，固非独一日本为然。我能自强，可以彼此相安，潜慑其狡焉思逞之计。否则我无可恃，恐难保无轻我之心，设或一朝反复，诚非仓猝所能筹画万全。今既知其取胜之资，即当穷其取胜之术，岂可偷安苟且，坐失机宜。惟此项精秘之器，京营学成后，祇可推之各省驻防旗兵学制。缘旗人居有定所，较易防闲，仍禁民间学习，以免别滋流弊。

相应请旨饬下火器营，于曾经学制军火弁兵内，拣派心灵手敏之武弁八名、兵丁四十名，发往江苏，交抚臣李鸿章差委，专令学习外洋炸炮炸弹及各种军火机器与制器之器。如能留心学习著有成效者，准该抚臣从优请奖，越级保升；其有怠惰偷安不听约束者，准该抚臣按照军法治罪。务期各弁各兵，尽心尽力，朝夕讲求，务得西人之秘。如此则御侮有所凭藉，庶国威自振，安内攘外之道不外是矣。如蒙俞允，除该弁兵川资由京发给外，其应给薪水等项，拟由苏省酌定支给，准其作正开销。谨将李鸿章来函录呈御览。

江苏巡抚李鸿章原函

承询外国火器洋枪、火药、铜帽等，其最能制胜者乃系炸炮，上年尊处募外国人在营教制各种火器，近日是否已有成效；我中国人学制此项火器，何项易于入门；所用外国匠头几名，工食每月若干，买制一切需银若干。均望查明示覆等因。奉此。伏查泰西各国，明于制器尚象之理而得其用，所凭藉以横行海外者，尤以轮船与火器为最，火器之得力者，尤以炸炮为最。鸿章自抵沪以来，购买外洋各种军火，尽心研究，略知端倪。又雇募精巧匠人，留心仿制，近来稍有把握。试将各局制造施放之有成效者，约略言之。

一曰长炸炮。大者吃子至百余磅，小者吃子十余磅。造炮之法，先铸一实心大铁块，头大尾小，外如塔形。铸就后，锉削炮质，先定何处为炮耳，何处为浮线，外面锉磨光滑，然后用铁车对准中线，车空炮腹。由小而大，由浅而深，至近头之处，铁皮极厚。缘此处药气紧闭，其力甚猛，比药在空地然者，其力约加三十倍，愈近尾则力愈松，是以近口处铁可稍薄。降而至受二十四磅弹、三十二磅弹之炮，则铜铸钢铸者尤妙。弹有空腹者，有实心者。空腹之弹，先制内模，抟沙为球，蒂系铁丝，炭焙令沙燥则内模成。次制外模，和泥为之，揉以稻穗，底盖如一。刳其中令空，宽过内模二三寸，盖端穿小穴，置内模于底而加盖，则蒂端铁丝贯出穴上。匠人将镕就铁汁斜倾入穴内，俟满然后决去弹心内模之泥，而弹以成。弹口必用螺旋，冒以锡盖，以免潮湿。弹口用引，或以铜，或以黄杨木。外国人击远敌用铜引，击近敌用木引，中国仿制，则用木引较灵。木引长二寸至四寸不等，首尾皆平圆，形如锥柄。引首圆径约一寸，尾圆径约七分，引首中鏇陷二分许，外备轮廓，中通而不到底。中通处入缓药，陷深处施药线，引旁穿细眼或九，或十七，或二十一，其及远之可稽算者，以二百步起，至二千一百步止。弹入炸药后，木引配好舂紧，其口朝外。炮药然时其火焰包出弹子之外，初而然及木引首之药线，继而然及木引中之缓药。如击近，则就靠上之细眼钻穿，火力行至此，即斜穿然及炸药，而弹炸矣。击稍远，则就中间之细眼钻穿；再远，则就靠下之细眼钻穿。时时较试，自有效验。凡长炸炮之弹，皆下施木座，络以马口铁，出口时势方直而不偏。

一曰短炸炮。身短而口哆，炮耳在后，形如怒蛙，俗名田鸡炮。其口斜昂向天，故外国人又名天炮。分周天三百六十度八分之一为四十五度，炮口测准四十五度，不可时高时低。但以药之多寡，定弹之远近，从高坠下，落地开花。敝处内地炉所制短炸炮，有受十八磅之弹，炮重不满五十斤，用药仅三两许，远及千余步，最为轻便。其次有受四十八磅之弹，有受一百零八磅之弹，用药递加，弹亦递重。大约洋人轰坚城，破炮台，则用长炸炮，雷奔电掣，累累贯珠，击厚攻坚，殆同摧枯；惊敌心，散敌阵，则兼用短炸炮，砉然中坠，势若下石，洞垣穿堋，虽趋莫避。

炮有不同，而用弹则一律，惟以莹滑合腔为主。大约炮口径一寸，弹必径九分六厘，所争不过一皮纸厚，药气不外泄，弹方能及远有力。其余各弹，有椭圆者；有顶锐而底平者；有首尾俱尖如橄榄形者；有双层上实药而下实子，中间以铁皮者；又有洋铁盒内藏群子者；又有菩提子弹，用绳络大子，涂以漆，击远则四散者；又有腰包锡，中施铁柱，内藏自来火，触物而机自发者；又有三眼喷火子，用以烧物者。以上各种炸弹，皆可仿铸。至如英、法近来新出之炮，有炮尾开门，决去螺旋以受弹者，其炮腹亦有螺旋，药然则弹子旋转而出，势最猛烈而及远，名曰来福炮；又炮腹有火药房，比长炮较短，而比短炮较长，名曰蒿勿惹炮；又有无双耳腹下有一圈，此乃击近所用，名曰加弯力炮。此皆妙品，外国不肯轻售与人，亦最难仿制。

敝处顷购有西人汽炉、镟木、打眼、铰螺旋、铸弹诸机器，皆绾于汽炉，中盛水而下炽炭，水沸气满，开窍由铜喉达入气筒，筒中络一铁柱，随气升降俯仰。拨动铁轮，轮绾皮带，系绕轴心，彼此连缀，轮旋则带旋，带旋则机动，仅资人力之发纵，不靠人力之运动。惜所购机器未齐，洋匠未精，未能制造轮船、长炮，仅可锉铸炸弹而已。敝处去年所延法国人勒日尼色教习铸炮，原欲推广尽利，奈渠回国购器，至今未来。现在汽炉则以英人马格理、委员刘佐禹综理其事。所用外国匠人四五名，每月工食多者三百圆，少者一百数十圆。汽炉机器购自外国，约须万金，然未能全备。所用中国匠人五六十名，每月工食多者三十圆，少者七八圆不等。所出大小炸弹，每月约可四千余个。此外国炉开铸炸弹之大略也。

至于内地泥炉以及锉磨螺旋器皿，每套不过数百金，每炉约须工匠五六十名，一局每日可开数炉，一炉可得炮子五六十个，工紧时每日可得炮子三百余个。工匠须三百余人，匠目工食每月三十圆至二十圆不等；散匠五六圆至十余圆不等。所出大小炸弹每月约可得六七千个，大小短炸炮约可得六七尊。铜帽及铜自来火引门均能仿制，铜帽每个约钱三文，铜引门约钱二十余文，尚不及洋人之精，略可使用，但必须采办外国煤铁、硝磺、药料，方制得成。委员直隶州丁日昌、副将韩殿甲综理其事，并未用外国匠人经手。此内地炉仿铸短炸炮及各色炸弹之大略也。

目前火器，自以炸弹为能制胜，而长炸炮尤为得力。然非用外国全副机器，延请外国巧匠，不能入手。即长短炸炮，非用外国火药不能得劲。敝处各局尚未能试铸长炮，但购英、法之长炸炮大小数十尊，自铸炸弹源源济用。至所制受十八磅弹之铁短炸炮，连架制就，不过四十金；受四十八磅弹之铁短炸炮，连架制就，不过八十金。炸弹大者每个须洋二三圆，小者须洋一圆零。中国人初学入门，自以短炸炮为较易。查西士制器，参以算学，殚精覃思，日有增变，故能月异而岁不同。中国制炮之书，以汤若望《则克录》及近人丁拱辰《演炮图说》为最详，皆不无浮光掠影，附会臆度之谈，而世皆奉为祕本，无怪乎求之愈近，失之愈远也。

夫器不精，则有器与无器同；用不审，则有精器与无精器同。炮不能施放，弹不能炸裂，此制造者之过也；弹之远近疾徐，炮之高下缓急，此用炮者之事也。其中皆有至当一定之理，非可浅尝而得。鸿章窃以为天下事穷则变，变则通。中国士夫沈浸于章句、小楷之积习；武夫悍卒又多粗蠢而不加细心，以致所用非所学，所学非所用。无事则嗤外国之利器为奇技淫巧，以为不必学；有事则惊外国之利器为变怪神奇，以为不能学。不知洋人视火器为身心性命之学者已数百年，一旦豁然贯通，参阴阳而配造化，实有指挥如意从心所欲之快。其演习之弁兵，使由而不必使知；其创制之员匠，则举国尊崇之，而不以曲艺相待。中国文武制度，事事远出西人之上，独火器万不能及，其故何由？盖中国之制器也，儒者明其理，匠人习其事，造诣两不相谋，故功效不能相并，艺之精者，充其量不过为匠目而止；洋人则不然，能造一器为国家利用者，以为显官，世食其业，世袭其职。故有祖父习是器而不能通，子孙尚世习之，必求其通而后止。上求鱼，臣干谷，苟荣利之所在，岂有不竭力研求，穷日夜之力以期至于精通而后止乎？

前者英、法各国以日本为外府，肆意诛求，日本君臣发愤为雄，选宗室及大臣子弟之聪秀者，往西国制器厂师习各艺，又购制器之器，在本国制习，现在已能驾驶轮船，造放炸炮。去年英人虚声恫喝，以兵临之，然英人所恃为攻战之利者，彼已分擅其长，用是凝然不动，而英人固无如之何也。夫今之日本，即明之倭寇也，距西国远，而距中国近。我有以自立，则将附丽于我，窥伺西人之短长；我无以自强，则将效尤于彼，分西人之利薮。日本以海外区区小国，尚能及时改辙，知所取法，然则我中国深维穷极而通之故，夫亦可以皇然变计矣。抑犹有虑焉者，中国残寇未灭，外国不拘官民，窃售利器，傥山陬海隅，有不肖之徒，潜师洋法，独出新意，一旦辍耕太息，出其精能，官兵陈陈相因之兵器，孰与御之？鸿章所为每念及此，不禁瞿然起立，慨然长叹也！

　　杜挚有言曰："利不百，不变法；功不十，不易器。"苏子瞻曰："言之于无事之时，足以有为，而恒苦于不信；言之于有事之时，足以见信，而已苦于无及。"鸿章以为中国欲自强，则莫如学习外国利器；欲学习外国利器，则莫如觅制器之器，师其法而不必尽用其人；欲觅制器之器与制器之人，则或专设一科取士，士终身悬以为富贵功名之鹄，则业可成，艺可精，而才亦可集。京城火器营，尤宜先行学习炸炮，精益求精，以备威天下，御外侮之用。鸿章去年四月覆书，曾拳拳及此，今又详布颠末者，亦以明问所及，必有鉴于已然，而防其未然，且思尽其所以然也。

中国近代科学先声
ZHONGGUO JINDAI KEXUE XIANSHENG

總局大門

江南机器制造局

09

李鸿章
置办外国铁厂机器折[1]
（1865）
同治四年八月初一日

奏为置办外国铁厂机器并局制造，并饬奉派京营弁兵分起到厂学习，恭折具陈，仰祈圣鉴事。窃自同治元年臣军到沪以来，随时购买外洋枪炮、设局铸造开花炮弹，以资攻剿，甚为得力。上年春间，蒙总理各国事务衙门函询学制各种火器成效何如，当即详细具覆，以短炸炮与各种炸弹均能制造，其长炸炮及洋火药非得外国全副机器不能如法试造，现亦设法购求，以期一体学制。至于各项运用之妙，与洋人之贵重此器，暨日本视中国之强弱以为向背各情形，亦推阐陈明，经总理衙门钞函恭呈御览，并以臣函中所言虑患防微，与该衙门所筹适相符合，宜趁南省军威大振、洋人乐于见长之时，将外洋各种机器实力讲求，

---

[1] 李鸿章（1823—1901），本名铜章，字渐甫，一字子黼，号少荃，谥"文忠"。安徽合肥人。道光二十七年（1847）进士。官至直隶总督、北洋通商大臣、文华殿大学士。早年随业师曾国藩镇压太平军与捻军，受命组建"淮军"，组建北洋水师，主张大办洋务，创建江南制造总局、上海轮船招商局、开平矿务局、天津电报总局等近代企业，派遣留学生前往欧洲学习军事。是洋务运动主要领导人之一，"晚清中兴四大名臣"之一。此折据光绪乙巳（1905）金陵刻本《李文忠公奏稿》卷九录文。标点参考《李鸿章全集·奏议二》（安徽教育出版社，2008年）。

期得尽窥其中之秘，有事可以御侮，无事可以示威等语。于同治三年四月二十八日奏蒙谕旨，饬由火器营派拨护军参领萨勒哈春等官兵四十八员名到苏，经臣酌派在丁日昌、韩殿甲及洋人马格里等三局分习制造，专折覆奏在案。

查制造船炮军火各种机器，有通用者，有专用者，若买制齐全，须数十万金。雇觅中外匠工，采购外洋铜铁木炭等料，亦需费不赀。臣处所设西洋炮局，其机器仅值万余金，不全之器甚多，只可量力陆续添购，以求进益。前由曾国藩派人赴英、美各国探访该处船厂机器实价，臣并议及此物若托洋商回国代购，路远价重，既无把握；若请派弁兵径赴外国机器厂讲求学习，其功效迟速与利弊轻重，尤非一言可决。不若于就近海口访有洋人出售铁厂机器，确实查验，议价定买，可以立时兴造。进退之权既得自操，尺寸之功均获实济。拟饬海关道丁日昌在沪访购，如制器之器已可购得若干，仍应添补若干，或宜另择妥口试办，容通盘筹议，略有端倪，方可入告。

以上各情均经节次函陈总理衙门，一面饬访购办。此臣处前此议办铁厂机器之原委也。又去年十二月初九日钦奉寄谕：昨据御史陈廷经奏，绿营水师废弛，请饬整顿营伍、制造军火一折，着曾国藩、李鸿章会同商酌奏明办理，原折着钞给阅看等因。钦此。遵查原奏所议军火一节，大意以夷情叵测，恃有战舰机器之精利，逞其贪纵。然彼机巧之器，非不可以购求学习，以成中国之长技，请于广东等处海口设局，行取西洋工匠置造船炮，以期有备无患等语。虽语焉不详，未得要领，而大致与总理衙门暨臣所筹议不谋而合，曾国藩平时亦持此论，自应遵旨商酌办理。

兹据丁日昌禀称，上海虹口地方有洋人机器铁厂一座，能修造大小轮船及开花炮、洋枪各件，实为洋泾浜外国厂中机器之最大者。前曾问价，该洋商索值在十万洋以外，是以未经议妥。兹有海关通事唐国华，历游外国多年，熟习洋匠，本年因案革究，赎罪情急，与同案已革之扦手张灿、秦吉等，愿共集资四万两购成此座铁厂，以赎前愆。厂内一切机器俱精，所有匠目照旧发价，任凭迁移调度。其余厂中必需之物如铜、铁、木料等件，另值银二万两，由该关道筹借款项给发采买，以资兴造，先行请示前来。当查唐国华一案既情有可原，报效军需赎罪亦有成案可援。此项外国铁厂机器觅购甚难，机会尤不可失，批饬速行定议禀候分别具奏，并饬该厂一经收买，即改为江南制造总局，正名辨物，以绝洋人觊觎。其丁日昌及韩殿甲旧有两局即归并总局，一切事宜责成该关道丁日昌督察筹画，会同总兵韩殿甲暨素习算造之分发补用同知冯焌光、候选知县王德均，熟谙洋军火之候选直隶州知州沈保靖，一同到局总理。所有出入用款，收发器具，稽查工匠，分派委员数人各司其事，分饬遵照去后。旋据丁日昌等查造该厂机器物料件数清册，拟具开办章程约有数端：

一、核计局用房租、薪水及中外匠工等有定之款，月需银四千五六百两。其添购物料多寡不能预定，大约每月总在一万两以外。

二、查原厂所用之洋匠计留八人，其匠目科而一名，技艺甚属精到，所有轮船、枪炮、机器俱能如法制造。现拟于华匠中留心物色，督令操习，如有技艺与洋人等者，即给以洋人工食；再能精通，则拔为匠目，以示鼓励。

三、现造洋枪器具尚未全备，已令匠目赶制全副，约大小四十余件，数月可以成功，如式仿制，即省功力。惟已制洋枪则必需铜帽，既得铜帽，又必需洋药，皆系相因而至之物，不容偏废。但闻制药机器工料尤为繁重，容再设法购求，俾可推行尽利。

四、查铁厂向以修造大小轮船为长技。此事体大物博，毫厘千里，未易絜长较短，目前尚未轻议兴办，如有余力试造一二，以考验工匠之技艺。其铸钱、织布、挖河、犁田诸器虽可仿制，但其法式同中有异，触类引伸，尚须考究，尤当权其轻重缓急，庶不致凌躐无序。

五、前奉议饬以天津拱卫京畿，宜就厂中机器仿造一分，以备运津，俾京营员弁就近学习，以固根本。现拟督饬匠目随时仿制，一面由外购求添补。但器物繁重，非穷年累月不能成就，尚须宽以时日，庶免潦草塞责。

六、查本厂现在虹口，每年房租价银六七千两，实为过费。兼之洋泾浜习俗繁华，游艺者易于失志。厂中工匠繁多，时有与洋人口角生事，均不相宜，应请择地移局。其他所议，如机器宜择人指授，工匠不令随意去留，费用宜实报实销，赏罚宜明定章程。

以上各条均属切实。臣查此项铁厂所有，系制器之器，无论何种机器，逐渐依法仿制，即用以制造何种之物，生生不穷，事事可通。目前未能兼及，仍以铸造枪炮藉充军用为主，月需经费容臣随时于军需项下通融筹拨。如将来各种军器仿造洋式造成，取携甚便，即可省购买洋军火之费。上海虹口地方设局，于久远之计殊不相宜，稍缓当筹款另建房屋，移至金陵沿江偏僻处所，以便就近督察。曾国藩采办西洋机器俟到沪后，应归并臣处措置。至前次派在丁日昌、韩殿甲两局之护军校达咙阿等四员、京营兵二十名，已饬入厂学习。其尽先参领萨勒哈春、副参领崇喜等所带弁兵本在苏州西洋炮局，该局机器与上海铁厂亦自同源，仍可互相观摩。惟此事形下不离形上，与规矩不能与巧，将来各弁兵所得之浅深，恐难以一例绳也。

机器制造一事为今日御侮之资、自强之本，总理衙门原奏言之甚详，已在圣明洞鉴之中。抑臣尤有所陈者，洋机器于耕织、刷印、陶埴诸器皆能制造，有裨民生日用，原不专为军火而设。妙在借水火之力以省人物之劳费，仍不外乎机括之牵引，轮齿之相推相压，一动而全体俱动，其形象固显然可见，其理与法亦确然可解。惟其先华洋隔绝，虽中土机巧之士，莫由凿空而谈；迨其久，风气渐开，凡人心智慧之同，且将自发其覆。臣料数十年后，中国富农大贾必有仿造洋机器制作以自求利益者，官法无从为之区处。不过铜钱、火器之类，仍照向例设禁。其善造枪炮在官人役，当随时设法羁縻耳。天下至奇至异之事究必本于平常之理，如或不然，则推之必不能远，行之亦不能久。陈廷经原奏以中国修造钟表推之于机器，虽有精粗大小之别，可谓谈言微中。中国文物制度迥异外洋獉狉之俗，所以郅治保邦、固丕基于勿坏者，固自有在。

必谓转危为安、转弱为强之道全由于仿习机器，臣亦不存此方隅之见。顾经国之略，有全体，有偏端，有本有末，如病方亟，不得不治标，非谓培补修养之方即在是也。如水大至，不得不缮防，非谓浚川浍、经田畴之策可不讲也。事无巨细，乐成固难，而图始尤不易。自来建一议，兴一利，劳臣志士缠绵而经营之。及乎习之既久，相安于无事，或几不察其所由来。而追溯创议之初，于此中难易得失之数，几经审慎，曷敢卤莽而一试哉！臣于军火、机器注意数年，督饬丁日昌留心访求又数月，今办成此座铁厂，当尽其心力所能及者而为之。日省月试，不决效于旦夕；增高继长，尤有望于方来。庶几取外人之长技，以成中国之长技，不致见绌于相形，斯可有备而无患，此则臣区区愚诚之所觊幸者也。除唐国华赎罪一案另片附奏并咨总理衙门外，所有置办外国铁厂机器并局制造并京营弁兵分厂学习缘由，谨会同协办大学士两江总督臣曾国藩恭折由驿具奏，伏乞皇太后、皇上圣鉴训示。谨奏。

10 李善兰
重学序[1]
（1866）

岁壬子，余游沪上，将继徐文定公之业，续译《几何原本》。西士艾君约瑟语余曰："君知重学乎？"余曰："何谓重学？"曰："几何者，度量之学也；重学者，权衡之学也。昔我西国以权衡之学制器，以度量之学考天。今则制器考天皆用重学矣，故重学不可不知也。我西国言重学者，其书充栋，而以胡君威立所著者为最善，约而该也。先生亦有意译之乎？"余曰："诺。"于是朝译《几何》，暮译《重学》，阅二年，同卒业。韩君绿卿既任刻《几何》，钱君鼎卿亦请以《重学》付手民，同时上板，皆印行。无几，同毁于兵。今湘乡相国为重刊《几何》，而制军肃毅伯亦为重刊《重学》，又同时得复行于世。

自明万历迄今，畴人子弟皆能通几何矣，顾未知重学。重学分二科，一曰静重学，凡以小重测大重，如衡之类，静重学也；凡以小力引大重，如盘车、辘轳之类，静重学

---

[1] 李善兰（1811—1882），原名心兰，字竟芳，号秋纫，别号壬叔。浙江海宁人。幼嗜数学。曾入上海墨海书馆，与英人伟烈亚力合译《几何原本》后九卷、《代数学》《代微积拾级》《重学》《谈天》《植物学》等西方近代科学著作。又入曾国藩幕府，任京师同文馆算学总教习。著有《则古昔斋算学》。此序据同治五年（1866）金陵刻本《重学》录文。

歲壬子余遊滬上將繼徐文定公之業續譯幾何原本西
士艾君約瑟語余曰君知重學乎余曰何謂重學曰幾何
者度量之學也重學者權衡之學也昔我西國以權衡之
學制器以度量之學考天今則制器考天皆用重學矣故
重學不可不知也我西國言重學者其書充棟而以胡君
威立所著者為最善約而該也先生亦有意譯之乎余曰
諾于是朝譯幾何暮譯重學閱二年同卒業韓君綠卿旣
任刻幾何錢君鼎卿亦請以重學付手民同時上板皆印
行無幾同燬于兵今湘鄉相國爲重刊幾何而制軍肅毅
伯亦爲重刊重學又同時得復行于世自明萬秝迄今疇

也。一曰动重学，推其暂如飞炮击敌，动重学也。推其久如五星绕太阳，月绕地，动重学也。静重学之器凡七：杆也，轮轴也，齿轮也，滑车也，斜面也，螺旋也，劈也。而其理维二：轮轴、齿轮、滑车，皆杆理也；螺旋、劈，皆斜面理也。动重学之率凡三：曰力，曰质，曰速，力同则质小者速大，质大者速小，质同则力小者速小，力大者速大。静重学所推者力相定，或二力方向同定于一线，或二力方向异定于一点。动重学所推者力生速，凡物不能自动，力加之而动。若动后不复加力，则以平速动；若动后恒加力，则以渐加速动。而其理之最要者有二：曰分力并力，曰重心，则静动二学之所共者也。凡二力加于一体，令之静，必定于并力线；令之动，必行于并力线。且物之定，必定于重心；物之动，必行于重心线。并力线必经过重心也。又凡物旋动必环重心，地动是也；二物相连而相绕，必环公重心，月地相摄而动是也。故分力并力及重心为重学最要之理也。

胡氏所著凡十七卷，益以流质重学三卷，都为二十卷，制器考天之理皆寓于其中矣。呜呼！今欧罗巴各国日益强盛，为中国边患，推原其故，制器精也；推原制器之精，算学明也。曾、李二公有见于此，亟以此付梓。上好之，下必有甚焉者，异日人人习算，制器日精，以威海外各国，令震慑，奉朝贡，则是书之刻，其功岂浅尟哉？同治五年九月李善兰序。

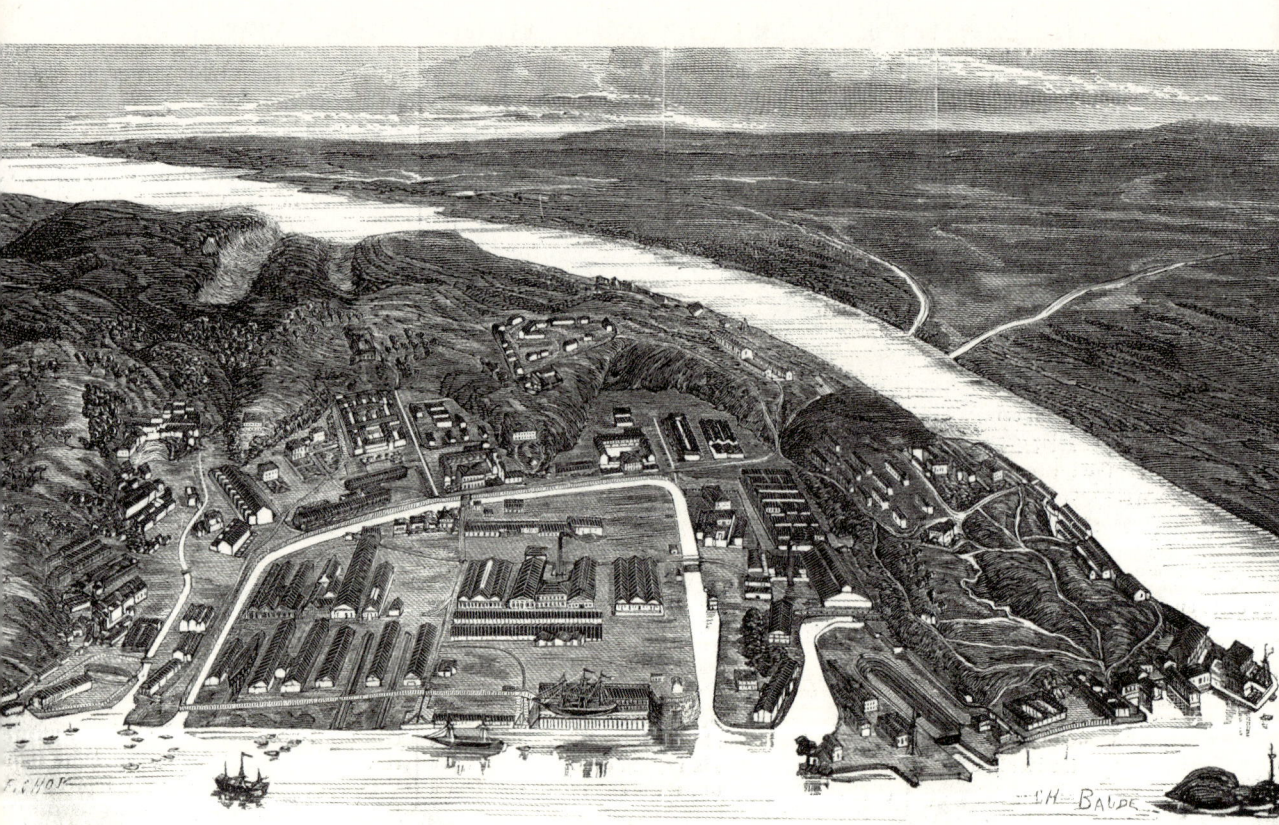

CHINE. — VUE GÉNÉRALE DE L'ARSENAL DE FOU-TCHEOU

11
左宗棠
拟购机器雇洋匠试造轮船先陈大概折[1]
（1866）

同治五年五月十三日

奏为谨拟购买机器，募雇洋匠，设局试造轮船，先陈大概情形，仰祈圣鉴事。窃维东南大利，在水而不在陆。自广东、福建而浙江、江南、山东、直隶、盛京，以迄东北，大海环其三面，江河以外，万水朝宗。无事之时，以之筹转漕，则千里犹在户庭；以之筹懋迁，则百货萃诸廛肆，匪独鱼、盐、蒲、蛤足以业贫民，舵艄、水手足以安游众也。有事之时，以之筹调发，则百粤之旅可集三韩；以之筹转输，则七省之储可通一水，匪特巡洋缉盗有必设之防，用兵出奇有必争之道也。况我国家建都于燕，津沽实为要镇。自海上用兵以来，泰西各国火轮兵船直达天津，藩篱竟成虚设，星驰飙举，无足当之。自洋船准载北货行

---

[1] 左宗棠（1812—1885），字季高，一字朴存，号湘上农人，谥"文襄"。湖南湘阴人。道光十二年（1832）举人。受曾国藩保举，为晚清湘军首领之一，官至陕甘总督、两江总督、东阁大学士。创办福州船政学堂，为中国近代第一所海军学校。与曾国藩、张之洞、李鸿章并称"晚清中兴四大名臣"。此折据光绪十六年（1890）刻杨书霖编《左文襄公全集·奏稿》卷十八录文，参校《续修四库全书》影印国家图书馆藏清刻本《左恪靖侯奏稿初编》卷三十二，标点参考《左宗棠全集》（岳麓书社，2009年）第三册。

销各口，北地货价腾贵。江浙大商以海船为业者，往北置货，价本愈增。比及回南，费重行迟，不能减价以敌洋商。日久销耗愈甚，不惟亏折货本，寖至歇其旧业。滨海之区，四民中商居什之六七，坐此阛阓萧条，税厘减色，富商变为窭人，游手驱为人役。并恐海船搁朽，目前江浙海运即有无船之虑，而漕政益难措手，是非设局急造轮船不为功。

从前中外臣工屡议雇买代造，而未敢轻议设局制造者，一则船厂择地之难也；一则轮船机器购觅之难也；一则外国师匠要约之难也；一则筹集巨款之难也；一则中国之人不习管驾，船成仍须雇用洋人之难也；一则轮船既成，煤炭薪工需费不赀[1]，月需支给，又时须修造之难也；一则非常之举，谤议易兴，创议者一人，任事者一人，旁观者一人，事败垂成，公私均害之难也。有此数难，毋怪执咎无人，不敢一抒[2]筹策以徇公家之急。

臣愚以为欲防海之害而收其利，非整理水师不可；欲整理水师，非设局监造轮船不可。泰西巧而中国不必安于拙也，泰西有而中国不能傲以无也。虽善作者不必其善成，而善因者究易于善创。

如虑船厂择地之难，则福建海口罗星塔一带，开槽浚渠，水清土实，为粤、浙、江苏所无。臣在浙时，即闻洋人之论如此，昨回福州，参以众论，亦复相同，是船厂固有其地也。

如虑机器购觅之难，则先购机器一具，巨细毕备，觅雇西洋师匠与之俱来。以机器制造机器，积微成巨，化一为百。机器既备，成一船之轮机即成一船，成一船即练一船之兵。比及五年，成船稍多，可以布置沿海各省，遥卫津沽。由此更添机器，触类旁通，凡制造枪炮、炸弹、铸钱、治水有适民生日用者，均可次第为之。惟事属创始，中国无能赴各国购觅之人；且机器良楛亦难骤辨，仍须托洋人购觅，宽给其值，但求其良，则亦非不可必得也。

如虑外国师匠要约之难，则先立条约，定其薪水，到厂后，由局挑选内地各项匠作之少壮明白者，随同学习。其性慧夙有巧思者，无论官绅士庶，一体入局讲习；拙者惰者，随时更补。西洋师匠尽心教艺者，总办洋员薪水全给；如靳不传授者，罚扣薪水，似亦易有把握。

---

[1] 赀，《左恪靖侯奏稿初编》作"赀"，按"赀"同"赀"。后同。
[2] 抒，《左恪靖侯奏稿初编》作"纾"，按"抒"同"纾"。

如虑筹集巨款之难，就闽而论，海关结款既完，则此款应可划项支应，不足则提取厘税益之。又臣曾函商浙江抚臣马新贻、新授广东抚臣蒋益澧，均以此为必不容缓，愿凑集巨款，以观其成。计造船厂、购机器、募师匠，须费三十余万两。开工集料，支给中外匠作薪水，每月约需五六万两，以一年计之，需费六十余万两。创始两年，成船少而费极多。迨三四五年，则工以熟而速，成船多而费亦渐减。通计五年所费，不过三百余万两。五年之中，国家捐此数百万之入，合虽见多，分亦见少，似尚未为难也。

如虑船成以后，中国无人堪作船主、看盘、管车诸事，均须雇倩洋人，则定议之初，即先与订明：教习造船即兼教习驾驶，船成即令随同出洋，周历各海口。无论兵弁各色人等，有讲习精通能为船主者，即给予武职千、把、都、守，由虚衔洊补实职，俾领水师，则材技之士争起赴之。将来讲习益精，水师人材固不可胜用矣。且臣访闻浙江、宁波一带，见亦有粗知管驾轮船之人，如选调入局，船成即令其管驾，似得力更速也。

如虑煤炭、薪工按月支给，所费不訾，及修造之费为难，则以新造轮船运漕，而以雇沙船之价给之，漕务毕则听受商雇，薄取其值，以为修造之费。海疆有警，专听调遣，随贼所在，络绎奔赴，分攻合剿，克期可至。大凡水师宜常川住船操练，俾其服习风涛，长其筋力，深其阅历，然后可恃为常胜之军。近观海口各国所驻兵船，每月操演数次，俨临大敌；遇有盗艇，即踊跃攫击，以试其能，所以防其恶劳好逸者如此。且船械机器，废搁不用则朽钝堪虞，时加淬厉则晶莹益出。故船成之后，不妨装载商货，藉以捕盗而护商，兼可习劳而集费，似岁修经费无俟别筹也。

至非常之举，谤议易兴，始则忧其无成，继则议其多费，或更讥其失体，皆意中必有之事。然臣愚窃有说焉。防海必用海船，海船不敌轮船之灵捷。西洋各国与俄罗斯、咪利坚，数十年来，讲求轮船之制，互相师法，制作日精。东洋日本始购轮船，拆视仿造未成，近乃遣人赴英吉利学其文字，究其象数，为仿制轮船张本，不数年后，东洋轮船亦必有成。独中国因频年军务繁兴，未暇议及，虽前此有代造之举，近复奉谕购雇轮船，然皆未为了局。彼此同以大海为利，彼有所挟，我独无之，譬犹渡河，人操舟而我结筏；譬犹使马，人跨骏而我骑驴，可乎？钧是人也，聪明睿知相近者性，而所习不能无殊。中国之睿知运于虚，外国之聪明寄于实。中国以义理为本，艺事为末；外国以艺事为重，义理为轻。彼此各是其是，两不相喻，姑置弗论，可耳。谓执艺事者舍其精，讲义理者必遗其粗，不可也。谓我之长不如外国，藉外国导其先，可也；谓我之长不如外国，让外国擅其能，不可也。此事理之较著者也。

如拟创造轮船即预虑难成而自阻[1]，然则治河者虑合龙之无期，即罢畚筑；治军者虑蒇役之无日，即罢征调乎？如虑糜费之多，则自道光十九年以来，所糜之费已难数计。昔因无轮船，致所费不可得而节矣；今仿造轮船，正所以预节异时之费，而尚容靳乎？天下事始有所损者，终必有所益。轮船成，则漕政兴，军政举，商民之困纾，海关之税旺。一时之费，数世之利也。纵令所制不及各国之工，究之慰情胜无，仓卒较有所恃。且由钝而巧，由粗而精，尚可期诸异日，孰如羡鱼而无网也？计闽、浙、粤东三省通力合作，五年之久，费数百万，尚非力所难能。疆臣谊在体国奉公，何敢惜小费而忘至计？

---

[1] 阻，《左恪靖侯奏稿初编》作"沮"，二者义通。

至以中国仿制轮船，或疑失体，则尤不然。无论礼失而求诸野，自古已然。即以枪炮言之，中国古无范金为炮、施放药弹之制，所谓炮者，以车发石而已。至明中叶，始有佛郎机之名，国初始有红衣大将军之名。当时得其国之器，即被以其国之名。谓佛郎机者，即法兰西音之转；谓红衣者，即红夷音之转，盖指红毛也。近时洋枪、开花炮等器之制，中国仿洋式制造，亦皆能之。炮可仿制，船独不可仿制乎？安在其为失体也？

臣自道光十九年海上事起，凡唐宋以来史传、别录、说部及国朝志乘、载记、官私各书有关海国故事者，每涉猎及之，粗悉梗概。大约火轮兵船之制，不过近数十年事，于前无征也。前在杭州时，曾觅匠仿造小轮船，形模粗具，试之西湖，驶行不速。以示洋将德克碑、税务司日意格，据云大致不差，惟轮机须从西洋购觅，乃臻捷便。因出法国制船图册相示，并请代为监造，以西法传之中土。适发逆陷漳州，臣入闽督剿，未暇及也。嗣德克碑归国，绘具图式、船厂图册，并将购觅轮机、招延洋匠各事宜逐款开载，寄由日意格转送漳州行营。德克碑旋来漳州接见，臣时方赴粤东督剿，未暇定议。德克碑辞赴暹罗，属日意格候信。彼此往返讲论，渐得要领。日意格闻臣由粤凯旋，拟来闽面订一切。臣原拟俟其来闽商妥后，再具折详陈请旨，因日意格倘未前来，适奉购雇轮船寄谕，应先将拟造轮船缘由，据实驰陈。伏乞皇太后、皇上圣鉴训示。

至设局开厂、购料兴工一切事宜，极为繁重，俟奉到谕旨允行后，再当条举件系，恭呈御览。合并声明。谨奏。

军机大臣奉旨：另有旨。钦此。

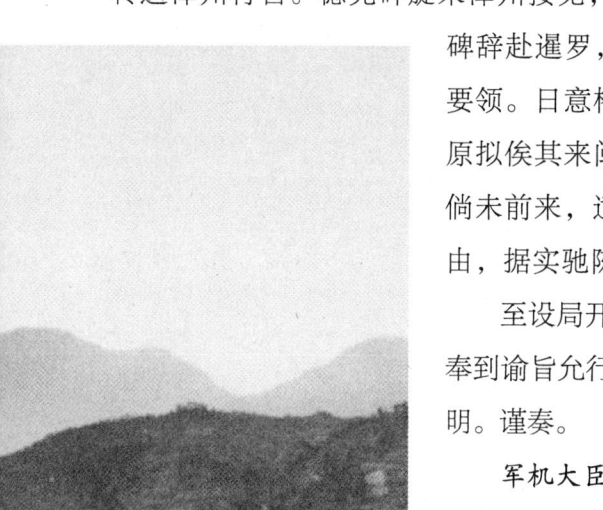

福州船政局

中国近代科学先声
ZHONGGUO JINDAI KEXUE XIANSHENG

12

左宗棠

详议创设船政章程并艺局章程折[1]
（1866）

同治五年十一月初五日[2]

调补陕甘总督左宗棠奏：

臣前议习造轮船，曾将应办情形及请简总理船政大臣各缘由，业经叠次陈明。臣于交卸督、盐两篆后，驻营城外东教场，严装以待洋员之至。上[3]月二十三日，道员胡光墉偕日意格、德克碑来闽。据日意格等禀呈保约、条议、清折、合同[4]、规约各件，业经法国总领事官白来尼印押担保，臣逐加覆覈，均尚妥洽。所有铁厂、船槽、船厂、学堂及中外公廨、工匠住屋、筑基砌岸，一切工程，经日意格等觅中外殷商包办，由臣覈定，计共需银二十四万余两。船槽尤为通局最要之件，应用法国新法，购办铁板，运来船厂，嵌造成槽。此外一切局中应用什物，由护理巡抚臣

---

[1] 此为拟题，据1930年故宫博物院影印内府抄本《筹办夷务始末·同治朝》卷四十六录文。标点参考中华书局整理本《筹办夷务始末·同治朝》（中华书局，2008年）第五册。

[2] 奏折时间据光绪十六年（1890）刻杨书霖编《左文襄公全集·奏稿》卷二十补。

[3] 上，原作"本"，《左宗棠全集》（岳麓书社，2009年）第三册据朱批奏折改作"上"，今据改。

[4] 合同，原作"会同"，据杨书霖编《左文襄公全集·奏稿》（光绪十六年刻本）卷二十改。

周开锡委员估置。日意格、德克碑俟厂工估定，即回法国购买机器、轮机、钢铁等件，并购大铁船槽一具，募雇员匠来闽。一面开设学堂，延致熟习中外语言文字洋师，教习英法两国语言文字、算法、画法，名曰求是堂艺局。挑选本地资性聪颖、粗通文字子弟，入局肄习。并采办铜铁木料等件，一俟船厂造成，即先制造船身，庶来年机器轮机运到时，可先就现成轮机，配成大小轮船各一只。此后机器轮机，可令中国匠作学造，约计五年限内，可得大轮船十一只、小轮船五只。大轮船一百五十匹马力，可装载百万斤；小轮船八十匹马力，可装载三四十万斤，均照外洋兵船式样。总计所费不逾三百万两。惟采买物料一切，有此月需多、彼月需少者，势难画一。应将关税每月协拨兵饷五万两，划提四万两，归军需局库另款存储，以便随时应付。而前后牵计，仍不得逾每月四万之数，以示限制。

抑区区之愚，有不敢不尽者。兹局之议[1]，所重在学造西洋机器，以成轮船，俾中国得转相授受，为永远之利，非如雇买轮船之徒取济一时可比。其事较雇买为难，其费较雇买为巨。臣德薄能浅，不足为其难；又去闽在即，不能为其难。当此时支绌[2]之际，冗[3]费宜惜，巨费尤可惜[4]。而顾断断于此者，窃谓海疆非此，兵不能强，民不能富。雇募仅济一时之需，自造实擅[5]无穷之利也。于是则虽难有所不避，虽费有所不辞。然而时需五载，银需二百数十万两，事属创举，成否未可豫知。幸而学造有成，纵局外议论纷纭，微臣尚有以自解。设学造未能尽洋技之奇，即解造轮船，不能自作船主，曲尽驾驶之法，则费此五年之时日、二百数十万之帑金，仅得大小轮船十六号、机器一分，铁厂、船槽、船厂及各房屋。虽所造轮船较寻常购买各色轮船精坚适用，而估计所费多于买价一倍，于大局仍少裨益，责以糜帑，咎何可辞？凡此皆宜豫为绸缪，而不能豫为期必者。故此局之定，爱臣者多以异时咎责为臣虑，局外阻挠为臣疑。即日意格亦言此时局面既更，势难兼顾，如欲停止，愿将已领之银仍即缴回。臣答以事在必行，万无中止之理，但愿一一谨守条约，尽心经画，共观厥成。如有差谬，当自请严加议处。察看人情[6]，尚可望其有成。合将日意格、德克碑会禀保约、条议、清折、合同、规约照

---

[1] 议，《左文襄公全集·奏稿》卷二十作"设"。
[2] 支绌，《左文襄公全集·奏稿》卷二十作"绌举盈"。
[3] 冗，《左文襄公全集·奏稿》卷二十作"凡"。
[4] 可惜，《左文襄公全集·奏稿》卷二十作"宜惜"。
[5] 擅，原无，据《左文襄公全集·奏稿》卷二十补。
[6] 人情，《左文襄公全集·奏稿》卷二十作"情形"。

录，咨呈军机处、总理各国事务衙门存案外，谨胪举船政事宜十条，另缮清单，恭呈御览。谨会同兼署闽浙总督福州将军臣英桂恭折具陈。

左宗棠又奏：窃维轮船为泰西独有之祕，彼之雄长岛夷垄断互市之利者，所恃在此。法国君臣欣然愿以其祕输之中国，盖亦有故，法国商船较诸国为最少，其争利之见淡于英。法又与英国本非同教，英习耶稣，法习天主，雠隙素深。其暂时依违其间不敢立异者，特以英吉利首与中国通商，法乘其后，不欲显与为难耳，而其不甘久居英下，实在意中。现在日本习造轮船，亦系法国韦而宜监督，是其欲广轮船之制，以夸主为名，仍不外好胜争利之本性。可知英国商船最多，深恐中国学成，挠其生计，又阴谋叵测，必欲以此傲我所无。据日意格所述赫德昨次晤面之语，已情见乎词，但借用新法之论，既自彼启之，今我借法自强，伊不能别有异说耳。如此后英国仍思设计阻挠，造谣惑听，或从旁妄议者，请婉谢之，概置勿论。如果轮船学造已成，夺彼所恃，彼将弭耳帖伏，不敢妄有恫喝矣。臣前附片密陈不可惜费不可欲速之说，正以稍存惜费欲速之心，彼即将乘机间阻，不可不豫防也。

法国既乐为我用，正可引而进之，为将来远树外援之计，此尤机不可失时不可再者，惟我皇上熟筹之。夫习造轮船，非为造轮船也，欲尽其制造驾驶之术耳；非徒求一二人能制造驾驶也，欲广其传，使中国才艺日进，制造驾驶，展转授受，传习无穷耳。故必开艺局，选少年颖悟子弟，习其语言文字，诵其书，通其算学，而后西法可衍于中国。艺局初开，人之愿习者少，非优给月廪，不能严课程；非量予登进，不能示鼓舞。谨拟定艺局章程，另缮清单，恭呈御览。伏恳天恩，俯准照拟办理。臣一面即饬司刊刻章程，出示招募艺局子弟，仍饬逐加遴选，方准投充，以昭慎重。至轮船既造，必有得力水师，方无赘疣之虑。则沿海水师，尤宜实力训练，此又不可不豫为筹及者。臣愚昧之见，是否有当，谨具折密陈。

船政事宜十条

一、洋员应分正副监督也。日意格、德克碑各有所长，臣前折曾陈及之。现经上海总领事白来尼，以日意格通晓官话汉字，办事安详，令德克碑推日意格为正监督，德克碑为之副，咨商允洽，均无异词。一切事务，仍责成该两员承办。

一、宜优待艺局生徒以拔人材也。艺局之设，必学习英法两国语言文字，精研算学，乃能依书绘图，深明制造之法，并通船主之学，堪任驾驶。是艺局为造就人才之地，非厚给月廪，不能严定课程；非优予登进，则秀良者无由进用。此项学成制造驾驶之人，为将来水师将材所自出。拟请凡学成船主及能按图监造者，准授水师官职。如系文职文生入局学习者，仍准保举文职官阶，用之水营，以昭奖劝，庶登进广而人才自奋矣。

一、限期程期应[1]分别酌定也。轮船一局实专为习造轮机而设，俟铁厂开设，即为习造轮机之日。故五年之限，应以铁厂开厂之日为始。一面造铁厂房屋，一面购运铁厂机器。计自法国购运来闽，约须十个月十一个月不等。日意格、德克碑两员回国后，一员约五个月带船厂洋匠来闽，开船厂，造船槽；一员俟机器等件齐备，交铁厂洋匠管解起程，后先趁轮船来闽，约八九个月可到。

一、定轮机马力，并搭造小轮船也。大轮船轮机马力以一百五十匹为准，除拟买现成轮机两副外，其余九副皆开厂自造。铁厂造轮机颇费时日，船厂配成船转[2]为迅速。恐船厂闲旷，虚糜辛工，因议于大轮船十一只外，另购八十匹马力轮机五副，其式与外国梗婆子兵船相近，乘船厂闲工，加造小轮船五只。

一、饬洋员与洋匠要约也。洋人共事，必立合同。船局延洋匠至三十余名之多，其中赏罚进退、辛工路费，非明定规约无以示信。已饬日意格等拟定合同规约，由法国总领事钤印画押，令洋匠一律遵守。

一、宜预定奖格以示鼓舞也。洋员及师匠人等须优定奖格，庶期尽心教导，可有成效。现已与日意格等议定，五年限满，教习中国员匠能自按图监造，并能自行驾驶，加奖日意格、德克碑银各二万四千两，加奖各师匠等共银六万两。计定奖格银共十万八千两。如果有成，则日意格、德克碑之忠顺尤为昭著，应更恳天恩再加奖励，以示优异。

一、购运机器等件来闽须筹小费也。各项器具物料由外洋运载来闽，非按洋法包扎，恐多损坏；非交洋行保险，难免疏虞。此项包扎、保险银两，已一并议给。

一、凡需用纹银之项，应准开销银水也。闽省通行银色，向较江、浙、广东为低。番银到闽，无论官民，皆不辨花样，但用铁錾烙印，以辨真假，行之他省外洋，即减程色。船局支发各款，除在闽境采买物料无庸补水外，其采买洋料等用款，应准将补水银两作正开销。

---

[1] 应，原无，据《左文襄公全集·奏稿》卷二十补。
[2] 转，原作"较"，据《左文襄公全集·奏稿》卷二十改。

一、宜讲求采铁之法也。轮机水缸需铁甚多。据日意格云，中国所产之铁与外国同，但开矿之时熔炼不得法，故不合用。现拟于所雇师匠中择一兼明采铁之人，就煤铁兼产之处开炉提炼，庶期[1]省费适用。此事须临时斟酌办理。

一、轮船中必需之物宜筹备也。轮船中应用星宿盘、量天尺、风雨镜、寒暑镜、罗盘、水气表、千里镜、玻璃管，以及垫轮机之软皮即音陈勒勃等件，现饬日意格等回国探问制造器具价值，如所费不过数千金，即由日意格等筹购一分，并酌募工匠一人同来，一并教造。

御批：览。

〔同治五年十一月二十四日〕谕军机大臣等：左宗棠奏详议船政章程并艺局章程，各开单呈览，及晓谕日意格等各折片，览奏均悉。此次创立船政，实为自强之计，若为浮言摇惑，则事何由成？自当坚定办理，方能有效。左宗棠所见远大，大臣谋国，理当如此。其所议优待局员，酌定程限，甚为周妥，均着照所请行。若五年限满，洋员教有成效，即着照所议加赏，以示奖励。其日意格、德克碑勤劳既著，忠顺可嘉，尤当优加赏赉。并着英桂等存记，俟五年后，中国工匠如能按图监造，自行驾驶，即着奏闻，候旨破格，于原定赏银之外，再给优赏。届时甘肃必早底定，朝廷不难令左宗棠赴闽，共观厥成。该督等可传谕日意格、德克碑，俾其专心教习，毋稍疑惑。其余所议各条，亦属妥协，并着照所议办理。

左宗棠虽赴甘省，而船局乃系该督创立，一切仍当预闻。沈葆桢总理船政，其未服阕以前，遇有船局事宜，由英桂等陈奏；服阕以后，由沈葆桢会同该督抚陈奏，均着仍列左宗棠之名，以期终始其事。另片奏船局经费不敷银两，请于续拨银两内动用等语。着照所请，所有前项不敷银七万两，即于续拨闽海关每月五万两内支用，着英桂如数筹拨，毋许迟误。道员胡光墉，既据左宗棠历试可以相信，即着交沈葆桢差遣。其补用道叶文澜、同知黄维煊，着准其留闽。并候补府经历徐文渊，均交沈葆桢差遣。军功贝锦泉，熟悉洋务，堪作船主，自应破格录用，即着以都司留于福建水师，尽先即补，并赏加游击衔。此后如能奋勉立功，并着沈葆桢等再请优奖，用资鼓舞。其余如有可用之才，即由沈葆桢酌委，务当虚心访求，以期集事。左宗棠业经起程，船局事务，沈葆桢自当专心经理，英桂、吴棠、周开锡，亦当和衷商酌，于日意格等加意笼络，毋任膜视。

[1] 期，《左文襄公全集·奏稿》卷二十作"几"。

中国近代科学先声
ZHONGGUO JINDAI KEXUE XIANSHENG

京师同文馆

13

奕䜣等

请添设一馆讲求天文算学折[1]
（1866）

同治五年十一月初五日

总理各国事务恭亲王等奏：

窃维开馆求才，古无成格，惟延揽之方能广，斯聪明之士争来。查臣衙门于同治元年七月间，设立同文馆，延请英、法、俄三国教师，分馆教习。各馆学生系由八旗咨取年在十四岁内外，迄今几及五载，各馆学生于洋文洋语尚能领略，惟年幼学浅，于汉文文义尚难贯串。现仍督令该学生等，将洋文翻译汉文，以冀精进。止以功力分用，速效难期，若再令讲求天文算学等事，转恐博而不专。因思洋人制造机器火器等件，以及行船行军，无一不自天文算学中来。现在上海、浙江等处，讲求轮船各项，若不从根本上用着实功夫，即习学皮毛，仍无裨于实用。

臣等公同商酌，现拟添设一馆，招取满、汉举人及恩拔岁副优贡，汉文业已通顺，年在二十以外者，取具同乡京官印结或本旗图片，赴臣衙门考试，并准令前项正途出身五品以下满、汉、京外各官，少年聪慧，愿入馆学习者，呈明分别出具本旗图片及同乡官印结，一体与考，由臣等

---

[1] 据1930年故宫博物院影印内府抄本《筹办夷务始末·同治朝》卷四十六录文，拟题与标点参考中华书局整理本《筹办夷务始末·同治朝》（中华书局，2008年）第五册。

录取后,即延聘西人在馆教习。务期天文算学,均能洞彻根源,斯道成于上,即艺成于下,数年以来,必有成效。至现在已设之三馆,仍查照办理。诚以进取[1]之途一经推广,必有奇技异能之士出乎其中。华人之智巧聪明不在西人以下,举凡推算[2]格致之理,制器尚象之法,钩河摘洛之方,倘能专精务实,尽得其妙,则中国自强之道在此矣。其延聘洋人一事,前与总税务司赫德议及,伊可代为招聘。所有一切办理章程及学习人员,将来如有成效,应如何奖励之处,俟奉旨允准后,再由臣等详细酌定,奏请施行。

御批:依议。

---

[1]进取,原作"取进",据中华书局整理本乙正。
[2]算,原作"算学",据中华书局整理本删"学"字。

14

奕䜣等
酌拟学习天文算学章程呈览折[1]
（1867）

同治五年十二月二十三日

总理各国事务恭亲王等奏：

臣等前因制造机器，必须讲求天文算学，议于同文馆内添设一馆等因，于十一月初五日具奏，奉旨：依议。钦此。钦遵在案。臣等伏查此次招考天文算学之议，并非矜奇好异，震于西人术数之学也。盖以西人制器之法，无不由度数而生，今中国议欲讲求制造轮船机器诸法，苟不藉西士为先道，俾讲明机巧之原，制作之本，窃恐师心自用，枉费钱粮，仍无裨于实际。是以臣等衡量再三，而有此奏。论者不察，必有以臣等此举为不急之务者，必有以舍中法而从西人为非者，甚且有以中国之人师法西人为深可耻者，此皆不识时务也。夫中国之宜谋自强，至今日而已亟矣，识时务者莫不以采西学、制洋器为自强之道。疆臣如左宗棠、李鸿章等，皆能深明其理，坚持其说，时于奏牍中详陈之。上年李鸿章在上海设立机器局，由京营拣派兵弁前往学习；近日左宗棠亦请在闽设立艺局，选少年颖悟子弟，延聘洋人，教以语言、文字、算法、画法，以为将来制造

---

[1] 据1930年故宫博物院影印内府抄本《筹办夷务始末·同治朝》卷四十六录文，拟题与标点参考中华书局整理本《筹办夷务始末·同治朝》（中华书局，2008年）第五册。

轮船机器之本。由此以观，是西学之不可不急为肄习也，固非臣等数人之私见矣。

或谓雇赁轮船，购买洋枪，各口均曾办过，既便且省，何必为此劳勚？不知中国所当学者，固不止轮船枪炮一事。即以轮船枪炮而论，雇买以应其用，计虽便而法终在人；讲求以彻其原，法既明而用将在我。盖一则权宜之策，一则久远之谋，孰得孰失，不待辨而明矣。至以舍中法而从西人为非，亦臆说也，查西术之借根，实本于中术之天元，彼西土目为东来法，特其人性情缜密，善于运思，遂能推陈出新，擅名海外耳，其实法固中国之法也。天文算学如此，其余亦无不如此，中国创其法，西人袭之。中国倘能驾而上之，则在我既已洞悉根源，遇事不必外求，其利益正非浅鲜。且西人之术，我圣祖仁皇帝深韪之矣。当时列在台官，垂为时宪，兼容并包，智周无外，本朝掌故，亦不宜数典而忘。况六艺之中，数居其一，古者农夫戍卒，皆识天文，后世设为厉禁，知者始鲜。我朝康熙年间，除私习天文之禁，由是人文蔚起，天学盛行，治经之儒，皆兼治数，各家著述，考证俱精。语曰："一物不知，儒者之耻。"士子出户，举目见天，顾不解列宿为何物，亦足羞也。即今日不设此馆，犹当肄业及之，况乎悬的以招哉？

若夫以师法西人为耻，此其说尤谬。夫天下之耻，莫耻于不若人。查西洋各国数十年来，讲求轮船之制，互相师法，制作日新。东洋日本，近亦遣人赴英国学其文字，究其象数，为仿造轮船张本，不数年亦必有成。西洋各国，雄长海邦，各不相下者无论矣。若夫日本蕞尔国耳，尚知发愤为雄，独中国狃于因循积习，不思振作，耻孰甚焉？今不以不如人为耻，而独以学其人为耻，将安于不如而终不学，遂可雪其耻乎？或谓制造乃工匠之事，儒者不屑为之。臣等尤有说焉，查《周礼·考工》一记，所载皆梓匠轮舆之事，数千百年，簧序奉为经术，其故何也？盖匠人习其事，儒者明其理，理明而用宏焉。今日之学，学其理也，乃儒者格物致知之事，并非强学士大夫以亲执艺事也，又何疑乎？总之，学期适用，事贵因时，外人之疑议虽多，当局之权衡宜定，臣等于此筹之熟矣。惟是事属创始，立法宜详，大抵欲严课程，必须优给廪饩；欲期鼓舞，必当量予升途。谨公同酌拟章程六条，缮呈御览，恭候钦定。再，查翰林院编修、检讨、庶吉士等官，学问素优，差使较简，若令学习此项天文算学，程功必易。又进士出身之五品以下京外各官，与举人五项贡生事同一律，应请一并推广招考，以资博采。

御批：依议。单并发。

酌拟同文馆学习天文算学章程六条【略】

15 李鸿章
增订格物入门序[1]
（1868）

汉司马氏以本隐至显、推见至隐二者解经，余尝参稽其理，知《大学》格物之说必兼二义而始全。自古迄今，解格物者七十二家，大旨不外穷至、扞御二者而已。入主出奴，遂成聚讼。自西学兴，而格物之说又一变。众说融会之机，其兆于此乎？世之说《易》者，以理为主宰，以气为流行，以数为对待。泰西之学则以默达费西加说理，费西加说气，玛得玛第加说数。利氏东来，中国始有《名理探》《几何原本》二书。盖其一说理，其一说数，皆讬始于界说者也。余按《后汉书·马融传》注："界，犹限也。"《易》曰："艮其限"，《艮》之大象曰："思不出其位"。《大易》训"艮"为"止"，《小尔雅》训"格"亦为"止"，是"格"与"界"二者之训本可互通。如以西学"界"字之义诂《大学》"格"字之意，则界以内皆所当穷至者也，界以外皆所当扞御者也。二家之说，无事纷拏矣。西人毕生致力于象纬器数之微，志无旁骛。其论形上之理虽与汉宋诸儒不同，若谓其于形下之学一无当于

---

[1] 据清华大学图书馆藏光绪己丑（1889）同文馆活字本《增订格物入门》卷首录文。

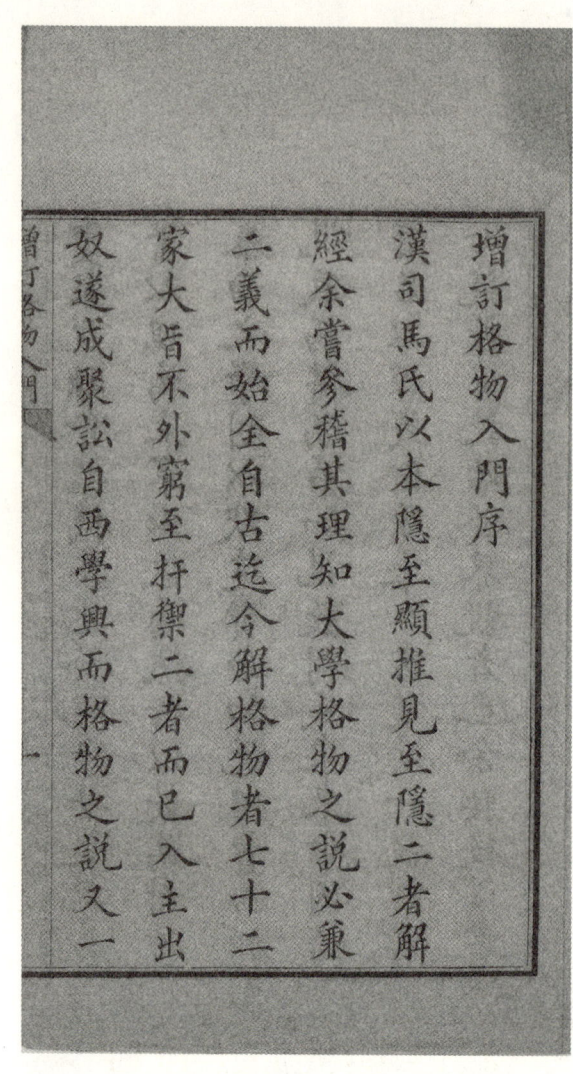

圣人格物之旨，固不可也。

丁总教习冠西，远方之杰，掌教都门同文馆，能读经史百家之书，今治格物之学，以"入门"命其书，其犹界说之微旨欤？夫门以内有户庭焉，有阶级焉，有堂奥焉，皆以待穷至者也。门以外有闾阓焉，有城郭焉，有郊坰焉，皆以资扞御者也。从堂奥而达郊坰，所谓本隐而至显也，出之事也；由郊坰而诣堂奥，所谓推见而至隐也，入之事也。冠西之书，以力、水、汽、音、热、光、电七学为经，以问答为纬，回环辨难，自为主客，往往事本目前，解出意表。盖说气之书，得之试验，以资推测者也。如谓地心吸力悟自坠蘋，而奈端之动律出；蒸气涨力推自煮茗，而瓦德之汽机成，固皆推见至隐之事。其他则如借水力以制压钢，资气力以飏浮毬。琥珀拾芥，电机之滥觞也；垆鼎烧汞，化学之嚆矢也。光学之显微为巨，易远为近；音学之传遞至迩，留暂为常。亦何莫非本诸变动不居，周流六虚之迹，以开物成务，利用厚生，遂将疑鬼神而夺造化。谓非推见至隐之功，曷克臻此？当其冥心孤往，默讨潜搜，如禅之入定，儒之坐忘，虽谓之以扞御为格物焉可也。逮乎鞭辟入里，兔起鹘落，有异于晦翁之所谓穷至者乎？

余喜西学格物之说不背于吾儒，故览冠西之书，而发起余之叹。拟又闻之，西学所谓斐录所费亚者，至精且博，兹特其凡将急就耳。冠西诲人不倦，西学堂奥必更有在。书以俟之。

钦差大臣太子太傅文华殿大学士直隶总督一等肃毅伯李鸿章撰

16

曾国藩、李鸿章
拟选幼童赴外国肄业章程呈览折[1]
（1871）

同治十年七月十九日

　　大学士两江总督曾国藩、大学士直隶总督李鸿章奏。窃臣国藩上年在天津办理洋务，前任江苏巡抚丁日昌，奉旨来津会办，屡与臣商榷，拟选聪颖幼童，送赴泰西各国书院，学习军政、船政、步算、制造诸学，约计十余年，业成而归，使西人擅长之技，中国皆能谙悉，然后可以渐图自强。且谓携带幼童前赴外国者，如四品衔刑部主事陈兰彬、江苏候补同知容闳，皆可胜任等语。臣国藩深韪其言，曾于上年九月、本年正月，两次附奏在案。臣鸿章复往返函商，窃谓自斌椿及志刚、孙家谷两次奉命游历各国，于海外情形，亦已窥其要领，如舆图、算法、步天、测海、造船、制器等事，无一不与用兵相表里。凡游学他邦，得有长技者，归即延入书院，分科传授，精益求精。其于军政、船政，直视为身心性命之学。今中国欲仿效其意而精通其法，当此风气既开，似宜亟选聪颖子弟，携往外国肄业，实力讲求，以仰副我皇上徐图自[2]强之至意。

---

[1] 据1930年故宫博物院影印内府抄本《筹办夷务始末·同治朝》卷八十二录文，拟题与标点参考中华书局整理本《筹办夷务始末·同治朝》（中华书局，2008年）第九册。

[2] 自，原讹作"日"，据文意改。

查美国新立和约第七条内载：嗣后中国人欲入美国大小官学学习各等文艺，须照相待最优国人民一体优待；又美国可以在中国指准外国人居地方，设立学堂，中国人亦可在美国一体照办等语。本年春间，美国公使过天津时，臣鸿章面与商及，允候知照到日，即转致本国，妥为照料。三月间，英国公使来津接见，亦以此事有无相讯。臣鸿章当以实告，意颇欣许，亦谓先赴美国学习，英国大书院极多，将来亦可随便派往。此固外国人所深愿，似于和好大局有益无损。臣等伏思外国所长，既肯听人共习，志刚、孙家谷又已导之先路，计由太平洋乘轮船径达美国，月余可至，尚非甚难之事。或谓天津、上海、福州等处已设局仿造轮船、枪炮、军火，京师设同文馆，选满汉子弟，延西人教授，又上海开广方言馆，选文童肄业，似中国已有基绪，无须远涉重洋。不知设局制造，开馆教习，所以图振奋之基也；远适肄业，集思广益，所以收远大之效也。西人学求实济，无论为士、为工、为兵，无不入塾读书，共明其理，习见其器，躬亲其事，各致其心思巧力，递相师授，期于日异而岁不同。中国欲取其长，一旦遽图尽购其器，不惟力有不逮，且此中奥窔，苟非遍览久习，则本源无由洞澈，而曲折无以自明。

古人谓学齐语者，须引而置之庄岳之间；又曰百闻不如一见，比物此志也。况诚得其法，归而触类引伸，视今日所为孜孜以求者，不更扩充于无穷耶。惟是试办之难有二：一曰选材，一曰筹费。盖聪颖子弟不可多得，必其志趣远大、品质朴实，不牵于家累，不役于纷华者，方能远游异国，安心学习，则选材难。国家帑项岁有常额，增此派人出洋肄习之款，更须措办，则筹费又难。凡此二者，臣等亦深知其难，第以成山始于一篑，蓄艾期于三年，及今以图，庶他日继长增高，稍易为力。

爰饬陈兰彬、容闳等悉心酌议，加以覆覈。拟派员在沪设局，访选沿海各省聪颖幼童，每年以三十名为率，四年计一百二十名，分年搭船赴洋，在外国肄业。十五年后，按年分起，挨次回华。计回华之日，各幼童不过三十岁上下，年力方强，正可及时报效。闻前此闽、粤、宁波子弟亦时有赴洋学习者，但止图识粗浅洋文洋话，以便与洋人交易，为衣食计。此则入选之初，慎之又慎，至带赴外国，悉归委员管束，分门别类，务求学术精到。又有翻译教习，随时课以中国文义，俾识立身大节，可冀成有用之材。虽未必皆为伟器，而人材既众，当有瑰异者出乎其中，此拔十得五之说也。

至于通计费用，首尾二十年，需银百二十万两，诚属巨款。然此款不必一时凑拨，分析计之，每年接济六万，尚不觉其过难。除初年盘川发给委员携带外，其余指有定款，按年豫拨，交与银号陆续汇寄，事亦易办。总之，图事之始，固不能予之甚吝，而遽望之甚赊。况远适异国，储才备用，更不可以经费偶乏，浅尝中辍。近年来设局制造，开馆教习，凡西人擅长之技，中国颇知究心，所须经费，均蒙谕旨准拨，亦以志在必成。虽难不惮，虽费不惜，日积月累，成效渐有可观。兹拟选带聪颖子弟赴外国肄业，事虽稍异，意实相同。谨将章程十二条恭呈御览，合无仰恳天恩，饬下江海关，于洋税项下按年指拨，勿使缺乏。恭候命下，臣等即饬设局挑选聪颖子弟，妥慎办理。如有章程中未尽事宜，并请饬下总理衙门酌覈更改，臣等亦可随时奏请更正。

御批：该衙门议奏，单并发。

中国近代科学先声
ZHONGGUO JINDAI KEXUE XIANSHENG

留美幼童

17

奕䜣等

议覆曾国藩等幼童赴泰西习艺折[1]
（1871）

同治十年八月初一日

总理各国事务恭亲王等奏：

同治十年七月十九日，军机处交出大学士两江总督曾国藩、协办大学士直隶总督李鸿章奏，拟选聪颖子弟赴泰西各国肄习技艺一折。奉旨：该衙门议奏。单并发。钦此。

臣等查西人长技，全在制器，大而军火舟车，小而耕织陶埴，无不各极巧妙，其大旨皆本于算法。现欲取彼之所长，以补我之所短，自非选材前往学习，未易得其要领。数年以来，虽将设局制造、开馆教习诸务，次第试行，然仅得偏端，未窥全体。今该督等拟选聪颖子弟前往泰西书院学习技艺，系为实事求是起见，应如所奏办理。该督等所议章程各条，均属妥协可行。惟第二条内开：由通商大臣札饬在上海、宁波、福建、广东等处，挑选聪慧幼童等语，查从前上海、广东开设同文馆，系于满、汉八旗向习清书翻译子弟及汉人世家子弟内，拣选送馆学习等因，奏准在案。此次该督等选送泰西书院学习子弟，应

---

[1] 据1930年故宫博物院影印内府抄本《筹办夷务始末·同治朝》卷八十三录文，拟题与标点参考中华书局整理本《筹办夷务始末·同治朝》（中华书局，2008年）第九册。

请饬下两江总督曾国藩等，查照成案，如有愿往泰西各国之人，不分满、汉子弟，择其质地端谨，文理优长者，一律送往，以广人材。至薪水、膏火等项，每年需银六万两，准其由江海关洋税项下指拨。此外如尚有未尽事宜，应由该督等随时奏明办理。

　　御批：依议。

18 郑观应
易言六篇[1]
（1875）

论开矿

夫五金之产，原以供世上之需，若弃之如遗，则在天为虚生此材，在人为弃货于地矣。居今日而策国家之富强，资民生之利赖，因地之利，取无尽而用不竭者，其惟开矿一事乎！

查英国版图，不及中国数省之地，顾能富甲天下，雄视六合者，盖格致之士能知五金之矿随处皆有，因地制宜，按法开采，不惜经费，不畏艰难。事则必底于成，物则各适乎用。制机器代人力以省工，建铁路资转运以省费。故能普美利于无穷也。

---

[1] 郑观应（1842—1921），本名官应，字正翔，号陶斋。广东香山（今属广东中山）人。曾先后在英商宝顺洋行、太古轮船公司充当买办，后又参与上海机器织布局、上海电报局等民族实业创建与发展。著有《易言》三十六篇，后修订为《盛世危言》，以"富强救国"为主题，从政治、经济、军事、外交、文化等多方面提出改革方案。该书问世后，社会反响极大，被称作"医国之灵枢金匮"。今据夏东元编《郑观应集》上册（上海人民出版社，1982年，第59-169页）选录六篇，个别文字与标点有改动。

查中国五金之矿：云南出铜，山西出铁，湖南、江西出煤，齐鲁、荆襄出铅，台湾出硝，是数处者人皆知之。其实五金煤铁等矿，各省各处皆有，特以地产之深浅，体质之纯杂，层次之厚薄，矿穴之狭宽，人不得而知也。今已知而开采者，大抵不过万分之一。即矿苗已露之处，又不知如何成色，且多封禁未开。其岩穴深藏未经透露者，尚不知凡几。宜专请西国头等矿师，设法侦探，确有把握，或议以民采官收，或由部议刊给矿照，准民间具领开采，仿商民纳帖开行之例。取地中之所有，供人世之所无，计无有更便于此者。

开滦煤矿唐山矿1号井

而开矿之要，固恃矿师，尤资总办躬亲探确，因地制宜。或专用西法，或专用中法，或参用中西。视其水口之远近，审其挖矿之井道。核其成本，筹其销场。毋任用私人，毋刻求矿役，毋铺张局面，毋厚给薪资。诚以开矿之初，用款有出无入，除矿夫等照给工食外，其各执事均宜薄给辛资，出矿后即行截止。惟先议一永远遵行之法，该厂或按年、季核计出矿售销实数，除提出成本、利息及纳税、开销之外，所赢余利以十分之二归于厂主，十分之五匀分各执事以抵辛金，十分之三给各矿夫以充犒赏。每年将进支数目张贴工厂，使外内共知共见，疑义毫无，庶几在厂诸人均有后望，上下一气，无荒无怠，工勤弊绝，利薮斯开。

查各省所开各矿，或误于始事，或废于半途，或获利甚微，或成本虚耗者，何哉？推其故：一由于矿师探穴未真，开硐未善。一由于总办居尊轻信，不一一亲临相度，实力讲求；否则，专任亲昵，厚给辛工，薄待矿夫，众工不悦。故或则捏报矿硐将塌，请示填封；或妄称矿产已空，无从开取。罔知利弊，上下相蒙，亏本停工，率坐此弊。此云南所以常有硐老山空之说欤！

计中国民生之用，首在铜、铅，盖因各省钞局鼓铸停炉，而奸民又往往私熔制钱，改铸器皿，以致钱源愈缺，日用不敷。其次则在金银。其次则在煤铁。夫煤、铁之矿，虽获利较他矿稍差，而不得不开者，实以非煤火不能化汽而动机，非精铁不能制器而利用。故泰西自煤、铁矿开而后，以之制造枪炮则日益新奇，以之制造舟车则日益利便，以之制造耕织等器则日益精工，各邦遂渐臻富强。西人谓一国盛衰，可以所产各矿定之，诚不谬也。

闻泰西各处之矿，开采几尽，见中国矿产饶富，无不垂涎。与其拘泥因循，致生西人之羡，何如变通办理，藉充国用之储。方今海宇升平，励精图治，凡有益于国计民生者，莫不次第举行，参仿西法。然但学西人之制器，而不学西国之理财，非富无以保邦，非强并无以保富，相需为用，乃能相济有成焉。宜通饬各省地方官，查验确实，设法招商。并请精于西法、善于识矿者，督同工人，派拨防勇营兵，一体开采。既可弥补巨款，启无尽之财源；又可弭息奸谋，消未来之隐患。开办之始，只须购备机器，延请矿师，经理得人，自臻妥善。有虑其工役之繁者，思有以坚其心；有溺于堪舆之说者，先有以祛其惑。实事求是，历久不渝，则成效可以克臻。上为国家致富强，下为民生资利赖，诚救时之先务，治世之良图也，可不讲哉！

论火车

夫水则资舟，陆则资车，此民生自然之利也。西人本此意而精求之，水则制火轮船，陆则制火车路，以便来往，以利转输，诚亘古未有之奇制也。

中国版图广大，苟非仿造火车铁路，则相距万里之遥，安能信息遽通，不违咫尺？大则转饷调军，有裨于国计；小则商贾贸易，有便于民生。而且邮传信息，不虑稽迟；警报调征，无虞舛误。况中土沃壤倍于欧洲，只为山险路遥，转运不便。而农民亦不知制器，因地之利以谋赢余，仅树艺五谷，供日用所需而已。使载物之器良便，而运物之价又廉，一切种植立可以此之有余，济彼之不足，而获利恒得倍蓰，数年之后，民间蓄积自饶，当不仅如古人所云余三余一已也。即或旱干水溢，偶有偏灾，亦能接济运粮，藉苏民困。

昔美国西北之余山郡，地多濒海，旷邈无垠。当道于数年前开设火车铁路，近通东郡，遥接金山。由是百货流通，商贾辐辏，户口增至十有八万。有册可稽，此富庶之明效大验也。

尝闻德、法构兵时，德所以胜法者，非德兵果精于法兵，亦藉电信与火车之行军迅速耳。当两国未战之先，德提督向法使言曰："如果欲战，我国可于十四日中，在边境集军十万，粮械俱备。"后果克践其言，大获全胜。从前英、俄交战，俄军辄败。彼时俄若铁路先成，则胜败尚难逆料。可知两国交战，总视何国能克期集兵，速而且多者即操胜算。若敌人压境而无铁路，非但兵不易集、粮不易征，未免部署仓皇，军情危急矣。今俄国精于制造，如自彼国至中华地界筑成铁路，一旦用兵，不过半月可达。中国既无此路，则征兵调饷动需岁月，未及齐集而敌已过境矣。英国若于印度筑铁路至云南边界，则行兵不过五日可到。兴言及此，曷胜悚惧！

总之，车路之设，有备无患，有益无损，在中国今日断不能置为缓图者矣！然铁路当以京都为总汇，分支路以达各省，务使首尾相应，远近相通。或有碍于庐墓者，当迁回以避之，庶免滋生事端，阻挠大计。而于各州、县偏旁之地，亦筑车路，多备马车，以资转运往来，如轮船之有驳船，费虽多而利甚普。苟能举办，则水路有轮船，内地有铁路，有事则便于策应，无事则便于商民，利何如也？

夫天下之事，守常不变则难与图功，因时制宜则无往不利。查西洋铁路，其始或数十里、数百里接续而成。如虑经费不敷，先择要道，小试其端，俾民习于见闻，知其利益，然后招商承办，逐次推广。今漕粮改行海运，较前已捷，而当事者虞海道不靖，欲复河运旧制。与其费巨款以复河运，何如移此款以开铁路之为愈也。西洋近有新式铁路，宽径一尺，其地面不必铺平，下植木桩为架，承以浮梁，用则搭，不用则卸，西国凡有兵事，用以济急。惟是修治铁路，固非仓卒可办，抑且经费不赀。中国如能措款仿行，亦可以备不虞也。

或诘余曰："铁路造成，设邻国有觊觎之心，倏忽可至，猝不及防，其害可胜言哉！"不知铁路在我境中，操纵由己，何虑为敌所据？试思欧洲各国欲到内地，必由海道。苟有龃龉，则海禁必先严密。所建铁路何难调重兵以守之。倘虑俄人，而所设铁路惟在山右陕甘内地，不至边城，彼终不能长驱直入。

余闻之西人云，铁路之设，其利有五。所得运费，除支销各项及酌提造费外，余皆可助国用，其利一。偶有边警，征兵筹饷，朝发夕至，平时各省惟练精兵备调，额可酌裁，其利二。既有铁路，各处矿产均可开采，运费省而销路速，其利三。商贾便于贩运，贸易日旺，税饷日增，其利四。文递快捷，凡有铁路之处，驿站均可裁省，其利五。而当事之所以迟疑顾虑不敢举行者，一则以经费难筹，再则恐夺小民之利，如操舟驾车、递文传信等事，路既便捷，则若辈失业必多。殊不知铁路虽成，舟仍不减；且铁路旁有马路，推车者亦可营生。至于传信递文，不过时日较速，仍须留用此辈，何损于民？无如官之与民，声气不通，每畏官之无信。如民间有认造火车路者，特免其捐输，并保其五厘出息。如官利不足，每年由该省地丁项下扣足，以昭大信，而广招徕。

忆中国初议造轮船时，聚讼纷如，几于中止。幸当轴者毅然举办，故今商船炮舶，月盛日新。凡漕粮之转运，兵糈之征解，商旅之往来，货物之流通，无不轮船是赖。且海盗因以敛戢，洋面藉以晏安。矧铁路之利倍于轮船者乎？倘亦力持其议，任谤任劳，事不难集。然需费甚巨，须仿西法自造，乃为善计。若购之西国，则失利于先。惟自造而自用之，然后行止之权自我而操，工费之需不流于外，省之又省，精益求精。庶中国富强之转机在此一举矣！

论电报

夫世之至神至速，倏去倏来者，盖莫如电。藉电以传信，则其捷也可知。昔有美国之士好学深思，精于格致，得引电之法，以利世用。此电线之所由昉焉。今泰西各邦皆设电报，无论隔山阻海，顷刻通音，诚启古今未有之奇，泄造化莫名之秘。诚以两国构衅，赖电报以传递军机，则有者多胜，而无者多败。商贾贸易，藉电报以通达市价，则无者常绌，而有者常赢。强富之功基于此矣。即以英国而论，其电报设于王家，商民欲通电报者收回工费。每年所入，除电线局开销，余资藉充国用。至本国有军机密事，分文不费。其利岂不溥哉？然此犹言承平时耳。若两国交战，出奇制胜，则电报更为要图。昔年普、法构兵，普人于行军之处俱设电线，而法人所设之电线悉为普人所毁。是以法败而普胜也。

夫中国建都北方，至极南之地相距万里，其他多距数千里。燃烽置戍，仅能告警而弗克通言；设卒传号，辗转间关而多舛悞。即令沿海要害，有炮台而无战舰，则炮台亦孤立无徒；有战船而无电线，则战船亦应援莫及。若敌人侦知我战船之所在，合兵围击，无电线以通传，各省何能倍道来援？一船有失，费固不赀，而各处又为之夺气。查津、沽为水道入京门户，宜先由海底建一电线，通两江、吴淞等处。由是而闽、浙、粤东，凡属海疆悉敕下大吏，揆度地势，次第举行，则宸居虽遥，俨如咫尺矣。

或谓："设立电报诚有益处，然经费过巨，恐不易筹，奈何？"余曰：安设电报之处，在海底则难，其价颇重；在地面较易，其价亦轻。虽明知创始维艰，而大局攸关，实受其利。前者，传报电信犹用外国字样，必待翻译而知；今辑有电报新书，改用华文，较前更便。如传秘密要事，即经理电线者尚且不知，何况他人？既无漏泄之虞，又无延搁之弊。今西人更创有爹厘风一种，传音更异寻常。若中国毅然举行，推广其用，更与商民传信，酌费照收，则一二年间必能填还创设款项。嗣后所入源源不绝，利赖无穷，诚益国便民之要务也。夫轮船、枪炮等物，中国用之有年，损益犹为参半，至电报则有益无损矣。何不举而试之哉！

论机器

泰西所制铁舰、轮船、枪炮、机器，一切皆格物致知，匠心独运，尽泄世上不传之秘，而操军中必胜之权。今行于中国者，轮船、枪炮之外，如钟表、音盒、玩好等物，皆有损无益者，而华人爱之购之；如电线、火车、耕织、开矿诸机器，皆有益无损者，而华人恶之诋之。以故振作难期，漏卮莫塞，识者伤之。

或谓："中国生齿日繁，小民藉各艺以谋衣食。若改用新法，必致夺其旧业，转以病民，故不为也。"不知创行新法，非尽除其旧业，亦渐有以迁之焉耳。试以百人论之，以七十人守旧业，以三十人改新法。此三十人功程较速，工价必丰，彼守旧业者见其所获之多，亦必日趋于新法。用新法者日众，则所出之物日多，而所售之价亦日贱，销路愈畅，贩运愈宏。然则机器之行，何尝有碍于各艺哉！况开矿则取地中所产，以供人所需，而洋布、羽呢本系外洋运来，仿之可兴民利，此二者皆致富之要道也。且中国之最重者，农事也。其中沃壤数倍泰西，而地气和煦，敏于生物，惟仅用人畜之力，未能因地利之宜。若用西国机器，以之耕种，可使土膏深透，地力腾达，物类易于发生，收成亦当倍蓰。若犹未深信，何不先购一小机器，以沃壤数亩试而行之。如果异常，然后购其大者，推行尽利，是地不加广，而农已倍收矣。洋布、羽呢，每年进口值银二三千万，是亦中国一漏卮也。<u>亟宜招商集款，购办机器，自行织造，擅其利权。</u>试思英人在沪采办棉花、羊毛，越五万里重洋运回本国；迨织成布匹、羽呢，又历五万里，售于中华，其价犹减于土布者，谓非省工之明验乎？如其各项机器，果适于用，相应如法，自行制造，精思专力，不惜工本，又何难媲美于泰西哉！

今英、美、普、法各邦，皆恃器利船坚，兵精饷足，势力相当，得以称雄于海外耳。尝查万国公法：凡两国构衅，所需轮船、枪炮、火器，皆不得购诸局外之国，更宜备于平时。若泰西凡遇用兵，其轮船雇之于商，其军械助之于民，民间所设制造等厂，与公局相埒。即旬日之内，需用洋枪数万杆，各厂分制，克日可成，此实自强之要着也。且泰西官与商合，欲创造机器等局，官商会办，集款无难；中国官与商离，虽明知获利甚丰，而商俱畏官，不敢承办。惟奸商劣绅乃谋经始，不求实际，专务虚声，事纵有成，功不补过。皆因官商声气不洽，以致举措失宜耳。今中国虽设立船政、制造等局，然须得通中西之学、明制造之事者，派为总办，而后所请洋匠，不敢欺蒙，精益求精，互相讨论。各厂洋匠，我不能以诚相待，彼或不肯尽艺相传。计惟厚给薪水，奖以虚衔，优礼牢笼，使之悦服。然后人皆用命，各奏尔能，利何如也？至于泰西定例：凡能别出新裁，制一奇器，有益于国计民生者，则必赏以职衔，照会各邦，载于和约，限以年数，准其独造，期满之后，别人乃得仿效。故创始者既获美名，又收厚利。无怪其苦心孤诣，斗巧争奇。中国能踵而行之，未始非振作人材之道也。

世有拘迂之士，以效法西人为耻，从而非笑之。夫人之耻莫耻于不若人。我不过欲效其技艺，臻于富强，而于世道人心曾无少损。惟在执政者审其利弊，握其枢机，开诚布公，因势利导，洵救时之要务，保国之良模矣！

论船政

今欲维时局，扩远图，饬边防，简军实，上则固我疆圉，屹雄镇于海防；次则富我商民，通外洋之贸易，乘时举事，思患豫防。此船政之所经始也。

计自闽、沪设厂仿造轮船以后，华人皆能通西法，造机器，充船主，日新月盛，著有成功。无如制造愈多，经费愈绌，议者不察，动谓轮船可废，工厂可停。曾亦思莫为之前，虽美弗彰；莫为之后，虽盛弗继。西人每造一船，制一器，其初劳费常十倍于中华，不竟其功不止。先难后获，凡事皆然。今中国费千万之帑金，积十年之功业忽然中辍，长敌人之气，灭志士之心，失策莫甚于此。

然欲收制船之效，必先筹养船之资。尝查西洋船制，有商船，有兵船，以兵船之力卫商船，即以商船之税养兵船。所以船虽多而饷无缺。所造轮船制度，备战者则长而中狭，运货者则短而中宽。其轮机之明暗，吃水之浅深，用煤之多寡，截然不同。推原闽、沪造船之初心，盖欲合商船、兵船而参用之。故运载既不逮商船之多，战守又较逊兵船之利，两求其便，转觉两失其宜矣。

窃谓嗣后各厂宜择请著名西匠，仿造新式枪炮、上等战船，方为有济。以华匠虽粗窥其奥窔，不过仿其规模，成本固多，成功又缓。迨中国造就，而西人已另有新硎，一律更换。若欲神明变化，必须上等华匠及习算之学生，亲赴外洋各厂参互考证，乃能自出胸裁，戛戛独造。现在出洋肄业幼童，其中不乏聪颖之人。拟饬管带各员分别察看，有能通制造之法者优给廪饩，奏保官职，令其竭虑殚心，精求绝技。他日艺成返国，因心作则，用广其传，庶不致倚人为强，虚縻巨款。将来办有成效，拾级超迁，洊升总办。则工匠之贤否，经费之多寡，烛照数计，洞悉隐微，然后造艺用人无欺无滥，穷神达化，乃能颉颃西人。

往年中国特设轮船招商局，夺洋人之所恃，收中国之利权，洵为良策。无如造船各厂不能造新式之船，价比外洋更贵，所以租造者至今尚属寥寥。盖洋厂机器日新，价廉功倍，以故群商就价，趋赴外洋。往往有华商集资附入西人公司股分，不愿居华商之名者。一则因华商创始不得其人，官亦不为提倡。再则归官创办，不能昭大信而服商人，赢则借事勒捐，亏则多生枝节。诚能祛其畏官之隐衷，予以谋生之大道，准由公正精明之商总精择洋匠，开设船厂，实力监工，彼将视为身心性命之图，制造必精，程功必速，成本必廉，虚费必省。官局、商局并行不悖，将见源源租造，迭出不穷。商船既盛于懋迁，兵船可资其接济。<u>兴商务即以培船政，榷商船即以养兵船，强富之基，不外是耳</u>。

若夫目前权宜之方，补救之策，如直、奉、东、楚、江、浙、闽、粤等省，各调轮船一二号，供给岁费，藉其资助，出洋巡缉，亦可稍纾厂力。不知节于此仍费于彼，行之暂难矢诸常。惟有察饬沿海各省水师旧式之舢舨、红单艇船、拖船等一律撤裁，不准再造，又酌减各省绿营兵额，以饷力并养轮船，或能经久不匮。

至泰西船政之学，须先通数国言语文字，并娴天文、地理、算法。若涉大海，浩无津涯，随处皆知船在经纬线若干度、若干分，各处风信潮汐，各国海口船旗，礁石之有无，水势之深浅，遇大风雨应如何驾驶趋避，器机器者，验风雨表篷桅之类。机者，汽机也。应如何措置得宜。考选后为副舵工，阅历有年，再考为正舵工。如果心灵手敏，游刃有余，可操全船之权，方为船主。如有失事坏船，有司须择请一二老练船主，会审其坏事之由。果该船主操置不善，则缴其凭，褫其职，入其罪，籍其家产，赔偿船费。倘人事已尽，天实为之，则船主与舵工免议。此定例也。中国既仿行此制，尤须得精研西学、谙练知兵之大帅，专其节制，齐其号令，每年会操一二次，察各船主之勤惰，驾驶之利钝，以训练而黜陟之。庶中国多造一船，即多得一船之用矣。

虽然，犹未也。自外洋入口通商而后，不特夺各路商船之利，兼侵内地商民之利。使华商能租造轮船出洋贩运，渐次推广，固塞漏卮。而华商与洋人岁时相洽，声气相通，利弊情形见闻真切，遇有交涉事件，亦可调停折服，弭息祸源。

闻华人之经商佣工寄寓于外洋者，计吕宋一岛约四五万，新加坡、槟榔屿诸岛约数十万，美国旧金山及其近埠约十四万，越南西贡等处约三十万，古巴、秘鲁各十余万。其他若日本，若新金山，若太平洋檀香山，数或逾万，或不及万，均各建有会馆，设有董绅，特以路远势孤，每为彼国所轻侮。曩日闽中船政局"扬武"兵船游阅东南洋各岛，而吕宋客居华民鼓舞欢呼，至于感泣，谓百年来未有之光荣。一埠如斯，他埠可想。况西洋通例，虽二三等之国，皆有兵船游弋外埠，名为保护商人。堂堂天朝，何难办此！

更宜照会驻札各国公使：如各埠华民，有愿得兵船保护者，当自筹岁费，报明领事，请公使转咨船政酌派兵船，或一年或年半，分别调还，再换他船，藉资游练。如一埠不能养一船者，则数埠共养一船，使之往来镇卫。中国有事则悉数召回，以备调遣。夫如是，则厂局有养船之费，海疆有战守之资，中外有声势之联，商旅有利运之益。盖一举而数善备焉。是在当轴者全局统筹，全神广运，饷项不虞其支绌。庶几轶美于前人，国家永庆乎升平，不且铭功于后日也哉！

论考试

三代以来风俗敦庞，取士之途，乡举里选，惟重实学至行。宽其途以求士，故野无遗贤；严其制以用人，故朝无幸进。降而唐宋，严于取而宽于用。始当考试，斤斤然拘于一格。至今因之，无论文武，总以科甲为重，谓之正途。否则胸藏韬略，学贯天人，皆目为异路。其取士也隘，则豪杰每有沈沦；其用士也宽，则庸佞不无忝窃。故举世奋志功名者，悉从事于此，老而不悔，竟有髫龄就学，皓首无成，尚何暇他顾哉？

闻西国设有数科，量材取士。虽王子国戚，欲当水师将帅者，无不兼习天舆、地球、格致、测量诸学；初编行伍，以资练习。文案则自理，枪炮则自燃，即至贱至粗之事，皆不惮辛勤而毕试之。及功成名遂，致仕闲居，亦不废立说著书，以期传于当时，垂诸后世。至矿师、医士，无不精于格物，通于化学。讼师亦须深明律例，考有文凭，方准行世。无论何学，总期实事求是，坐而言者，可起而行焉。

中国之士专尚制艺。上以此求，下以此应，将一生有用之精神，尽销磨于八股五言之中，舍是不遑涉猎。洎登第入官而后，上自国计民生，下至人情风俗，及兵、刑、钱、谷等事，非所素习；猝膺民社，措治无从，皆因仕、学两歧，以致言行不逮也。

然则文科可废乎？曰：非也。千古纲常名教，经济学问，皆从经史而出，悉由文义所生。惟须分列四科，拔尤表荐：一曰考证经史以觇实学，二曰策论时事以观卓识，三曰兼试诗赋以验其才华，四曰博询政事以考其吏治。拔真材以资实用，不愈于空言无补之帖括乎？

至武科设于武后之时，专以骑射技勇见长，与文科并重。而世之习武者只求入彀，博取科名。即默写武经，亦仅如小考文童之恭钞圣谕而已，试以兵法，开卷尚属茫然。迨夫仕途既入，举凡训练弁卒，与夫水陆攻守之策，阴符壬遁之书，冥然罔觉。即使射穿七札，力举百钧，要亦匹夫之勇耳，一旦临敌，将何恃而不恐哉？是不教而驱之战也。迩来荡平小丑，建立大勋，皆非武科中人所成。所习非所用也，明矣。

然则武科可废乎？曰否。今战守所资，借以出奇制胜者，不外乎水师火器。今中国既已举行，惟机器尚制造未精，轮船尚驾驶未熟，枪炮尚施放未巧，行阵尚步伐未齐。即有谙练之人，亦苦不足于用。诚能分门别类，取精用宏，当于武科中亦列三等，以取将才：一询山川形势，军法进退，以观其韬略。二问算学、格致、机器制造，以穷其造诣。三考测量枪炮高低命中及远，以尽其能事。其能集众长者，不次超迁，以示奖励。专工一艺者，量材授事，以广旁求。不愈于仅娴技勇骑射者乎？

然而欲作人才，先觇教养。今之学校书院专事举业，而外邦之风俗政事一概不知，且深以西学为可鄙。欲求一洞识时事、兼习中西者，实难其人。况当今海禁大开，藩篱尽撤。欧洲各国无不肩摩毂击，互市通商，各恃富强，相为要挟。更宜练兵修政，选将筹边，断非醉草可以吓蛮，围棋自堪破敌时也。

鄙见宜仿司马光十科之法，添设一科，颁行天下，省会除小学堂外，各设书院。敦请精通泰西之天球、地舆、格致、农政、船政、化学、理学、医学，及各国言语、政事、文字、律例者数人，或以出洋之官学生业已精通返国者，为之教习。所选学生，自十余岁至二十岁为限。须先通中西文字，就其性之所近，肄业四年，升至京都大书院，力学四五年。如果期满造诣有成，考取上等者即奖以职衔，派赴总理衙门、海疆督抚，或船政制造等局当差，或充出使各国随员，如举博学鸿词之例。凡入院诸生，每年纳束脩百元。如书院膏火不敷，由该地方官筹款补足。以冀渐开风气，实力研求。倘有别出新裁造成一器，于国计民生有益者，视其利之轻重，准其独造数年，并给顶戴，以资鼓励。

如此则闻风兴起，人材众多，又何须朝廷遴选幼童，肄业泰西，致糜巨款乎！夫幼童万里从师，学业自卜其精进。惟少染外洋习气，情性或因而变迁，亦似非养正之道也。诚能变通旧制，教育英才，为国家宣劳，为海疆保障，大用大效，小用小效。又岂特文章华国，咸夸凤翙之才；武艺超群，即列鹰扬之选也哉。

附论洋学

夫设科选士，本有定程。而济世求才，难拘成例。是必推广中西之学，宏开登进之途，使世人知所指归，期于实用。而后习文者不专求诸诗赋文字，习武者不徒事于弓马刀石也。

按泰西各国，学校规制大略相同，而布国尤为明备。其学堂自乡而城、而郡、而都，各有层次。初学乡塾，分设各处，由地方官捐建经理。国中男女无论贵贱，自七八岁起皆须入学，至十五岁为小成。乡学之费，每人限七日出一本纳；城学之费，每月出一喜林。本纳、喜林，皆西国银名。喜林约中国银一钱六七分。如或不敷，由地方官捐补。至大学院学业繁重，果能诣力克副而愿学者，听其肄业。院费每季不过出十五喜林。美国人不论贫富，皆入皇家书馆读书。其经费捐自房租，每百抽十两。学以序分，不容躐等。女馆则兼教组纂、女红，设有专条使之用心学习。塾中分十余班，考其勤惰以为升降。其沈沦末班不能迁升首班者，不得出院学艺。乡塾之上有郡学院，因材授学，专教格致、重学、史鉴、历学、算法、他国语言文字及艺术所必用之书。再上有实学院，院有上、下，分十三班，考工计程以定进止。院中师长，上等者皆进士班考选者当之。上实学院院考得首班，入选大学院肄业；下院考得首班，入技艺等院。再进有仕学院，盖欲其学优而仕也。此院大抵十八岁以上，方能就学。每考仅十余人，若入选则赐文凭入大学院。次等入师道、格物、武学等院。

大学院之掌院必名望出众、才识兼优者，方膺此任。院中各种书籍、规仪、器物，无一不备。一经学，二法学，三智学，四医学。经学者，系论其教中之事，故不复赘。法学者，考论古今政事利弊异同，如何损益，又奉使外国如何修辞，或通商事宜，有关国例者，详加讨论，然后入衙门考取，听候简用。智学者，格物兼性理、文字言语诸事。医学者，分六课：首以格物统核全身及内外诸部位，次论经络表里功用，次论病源制配药品，次论胎产接生，必须考选。

又技艺院学习汽机、电报、采矿、陶冶、制练、织造等事。格物院与技艺院同条共贯，大抵多发源于算学。算学则以几何为宗，器料齐备，使学者讨论而穷究之。其最要者为力学。化学考核甚微，又格金石、植物、胎卵、湿化各物，如何而化，如何而生。观天则有测步镜仪，而算学为最要。

船政院为行船航海之学，先通外国语言文字，并天文、地理、算学，若涉大海茫无津涯，学此则随处可知船在经纬几度分，各处潮汐之迟速大小，各处海口水道之深浅，礁石之有无，风雨如何趋避，器机器者，验风雨表、篷桅之类；机者，汽机也。如何得宜，考选后为副舵工。阅历有年，再考为正舵工。果能操纵自如，方充船主。如有失误，有司同船政司勘验：若船主措置不善，则褫其职，倾产赔偿；如其人事已尽，天实为之，则船主与舵工免议。

武学院课式与实学院同，但多武艺、兵法、御马诸务。初经拔取，准充弁员，及其精娴，才升千总。果属才识出众、勇力超群，则调诣都城大院，再习上等兵法，如算量、图画、地利与各国水陆战法。至水师则测风防飓，量星探石，辨认各国兵船，识别各处沙礁。先授末职，拾级而升。

通商院则以数学、银学、文字三者为宗。

更有农政院、丹青院、律乐院、师道院、宣道院、女学院、训瞽院、训聋喑院、训孤子院、养废疾院、训罪童院。余有文会夜学、印书会、新闻馆。别有大书院九处，书籍甚富，尽人可以进观，但不能携书出院。每岁发国帑经理，生徒入院肄业三四年，听其去留，岁出费银十五磅。

至管理各大学院，每省派有主院两员，诸院悉隶文教部。使国中人民无一弃材，各有裨于公私，以广其用，诚法度之至善者也。

夫欲制胜于人者，必尽知其成法，而后能变通，变通而后能克敌。且彼萃数国之人材，穷百年之智力，掷亿万之资财，而后得之，泐为成书，公诸人而不私诸己，广其学而不秘其传。今中国所设之同文院、广方言馆，已历有年，而于格致诸学尚未深通。其所制造全仗西人指授，不过邯郸学步而已。何能别出心裁，创一奇巧之兵船，造一新捷之火器哉！且又从不讲求西国律例，凡交涉案件莫能办理，如延西国讼师代我辨论，则又恐从中袒护，不能力斥其非。此数端皆中国所必需。尤当遍其漏卮，启其秘钥，将西国有用之书，条分缕晰，悉译出华文，颁行天下，各设书院，人人皆得而学之。其院师择请西儒或出洋首选之官生，以充其任。以中国幅员之广，人才之众，竭其聪明智力，何难驾出西人之上哉！而奈之何甘于自域也。

郭嵩焘

条陈海防事宜疏[1]
（1875）

光绪元年三月二十一日

伏闻总理各国事务衙门练兵、制器、造船、用人、理财、持久六条之议，私心叹服，以为海防之大用具备于此，其间节要及各省议覆情形，皆不能详，略闻其义，在明立条目，令沿海举行，以求自强而已。窃闻古人之言曰："度所能行为之，是以指数珍肴不足以果腹，图画宫室不足以庇身。"方今国计空虚，人民凋敝，其势不能兴大役、动大众；沿海七省九千里之地，贸易往来，安堵无事，亦无征召外兵屯防之理。故夫筹防之宜有三：曰因地，曰因时，曰因人。

何谓因地？有地势，有地气；势有险易，气有强弱。今险要之地足以控扼全省，如山东之烟台，江苏之上海，

---

[1] 郭嵩焘（1818—1891），字伯琛，号筠仙。湖南湘阴人。道光二十七年（1847）进士。咸丰间入曾国藩幕。光绪初，清政府派驻英国，是中国首位驻外使节。认为西方之强盛，不在坚船利炮，而在于政教经济。主张学习西方科学技术，发展民族资本主义工商业，鼓励私人经商开矿，提出"西洋之富专在民不在国家"的观点。该折原件系中国第一历史档案馆藏录副奏折（档案号03-9381-029）。此据《郭嵩焘全集》（岳麓书社，2012年，第776-783页）第四册录文，个别文字据《中国近代史料丛刊·洋务运动（一）》（上海人民出版社，1961年）改动。

浙江之招宝山，福建之厦门，广东之香港、澳门皆已为洋人擅其利矣。其沿海民气之强弱，相去悬绝，未可强同。略而言之，广东一省可强可富，江苏、浙江可富而不能强，盛京、山东、直隶可强而不能富。一省海岸或数百里，或数千里，防堵事宜，更历数百千年而未有穷期，其不能以一切之术、一成之式，通贫富强弱而督使行之明矣。故曰因地。

何谓因时？时宜劳而逸之，时宜逸而劳之，时宜缓而急之，时宜急而缓之，皆谓之失时。今海疆绥谧，民商乐业，可云无事矣。而不测之忧，触焉而即发；多方之变，应焉而不穷。《书》曰："制治于未乱，保邦于未危。"况忧且危如是，谓之无事奚可乎？虽然，时之应有常有变，而功之施有本有末。时处乎变，则从其变之数以治其末而匡救之，而本有不暇顾矣。时际乎常，则审其常之理以探其本而厘正之，而末有不足言矣。天下之患，在吏治不修，纪纲废弛，民气郁塞，盗贼横行，岂为海上强敌莫之能支？一方告饥而已虞束手，一夫称乱而相顾哗然。窃以为方今之急，无时无地不宜自强，而行之必有其本，施之必有其方。本者何？正朝廷以正百官，大小之吏择人而任之，则本立矣。方者何？求富与强之所在而导民以从之，因民之利而为之制，斯利国之方也。闽粤风气强于他省，乃使其强在民而不在官，在盗贼而不在守法之士绅，倒行逆施莫之挽救。江浙财赋之邦，经乱已十余年，而土田之开垦无多，或七八成，或仅及五六成。皖南积尸填塞山谷，至今未尽收掩，田卒污莱而不能辟，人民离散而不能归，此皆宜上荅朝廷之虞及时以求效者，故曰因时。

何谓因人？直隶拱卫神京，天津一口尤为左海之门户，形势积重，远甚他省。李鸿章布置水陆各营，控制海洋，屏蔽京师，自非他省所能一律办理者。至于西北，利病之所在，尤宜斟酌古今之宜，推求理势之归，以预为之计。俄罗斯踞有伊犁已历数年，恐未易言收复。而喀什噶尔、乌鲁木齐通及回八城，或僭立一国，或踞城与官军相持，事久则变益生，师老财匮则收功益难。左宗棠无督师出关之责，而在甘日久，中外大局尚能研究，宜令体察各城情形，何者宜明画疆界与俄人定约，何者宜急收复，用兵若干人，刻期若干日，调何路之师，转何路之饷，以及将弁之高下，用兵之缓急，统筹全局，先定方略，委任而责成功。尤须有精力强辨出使绝域之才，以理折服俄人，而杜其煽惑，然后可以审量用兵之机宜，朝廷明诏颁行诸将，乃有所据依，以求轻重缓急之序。左宗棠亦必不敢苟且瞻徇，为无根之辞，以上渎朝廷之听。此在察其事之变与其人之才任之而已。故曰因人。

舍此三者，盖亦别无制胜之术、求速之方。嵩焘推求中外情势所以异同与所宜为法戒者，谨就愚见所及，约为四条，论次其得失，以备采择。

一曰急通官商之情。西洋立国，在广开口岸，资商贾转运，因收其税以济国用，是以国家大政，商贾无不与闻者。嵩焘前署广东巡抚，与英领事罗伯逊筹商制造轮船之方，罗伯逊言西洋机器，惟舟车外轮机器最巨，各国多者不过数具，国主不能备，则富商备之，国主兵船亦多假商人机器用焉。丁韪良亦言英人铁路通至缅甸，俄人铁路通至伊犁，皆商人为之。往闻粤商伍怡和为弥利坚开修铁路，费至巨万。其伍怡和、吴健章及籍隶宁波之胡塘、杨坊，号称巨富，皆有轮船，经营贸易遍及西洋诸国。惟深自隐讳，以与洋商比附为利。国家制法防范愈密，则商人之比附亦愈深。何也？利之所趋，虚文有所不能制也。<u>窃谓造船、制器当师洋人之所利以利民，其法在令沿海商人广开机器局</u>。试言其利约有三焉。轮船入中国，而上海之沙船、宁波之钓船、广东之红单船全失其利。侵寻而及内江，自汉口以下，各船废业者逾半。使商民皆能制备轮船以分其利，则国家之受益已多，其利一。制备机器，必沿海商人为之，出入海道，经营贸易，有计较利害之心，有保全身家之计，因而有考览洋人所以为得失之资。是中国多一船即多一船之益，各海岸多一船亦即多一船之防。其利二。使诸商人与洋人皆有交际往来之素，或遇事变歧出，则居间者多而谋所以解散之亦易为力。盖洋人皆有保护商贾之心，而于地方官多所扞格，此即因其意之所向而利导之者也。其利三。近天津招商局亦略得此意，然其法在招致商人，而商人与官积不相信，多怀疑不敢应，固不如使商人自制之情得而理顺也。使官专其事而烦费日甚，库款之支发日穷；使商人公其利而造船日多，各海岸之声势自壮，此皆理势之显见者。积久而利自倍，收效亦自远矣。

二曰通筹公私之利。洋人通商口岸，自新嘉坡至五印度，各口皆有兵船屯驻以防意外之变，兼备海盗，亦使数万里之海岸声势自相联络。惟其以保护商贾为心，故能资商贾之力以养兵。中国通商各口，商贾云集，徒以上下之情太隔，彼此不相顾恤，是以中国税则轻于洋人数倍，而多方偷漏以求幸免，洋人乃独专其利。近数年各省添置轮船，设管驾官司之，亦与商人声息判然不相通。闻西洋各国置备兵船，多或数百，少或数十，商贾轮船必数倍之，贫富强弱之势即于此分。近年各海口轮船合计亦二十余号，而一切由官经理，其势不能与商贾争利，故有轮船支销经费之烦，而尚未得轮船之利。窃谓各海口官商制造轮船，宜略仿宋元遗制，设市舶司领之，而稍变通其法，官商各船，一体运载货物，由市舶司掌其籍，岁稽官船所入支销工食，而以其赢余为修理油洗之费，庶添一船有一船之利，而后可以经历久远，相持于不敝。其市舶司由商人公举，督抚考其声名，察其才能檄委之，咨其名于总理各国事务衙门，三年一更易，而量授以官。洋人本以商贾之利与中国相交接，正当廓然处以大公，而使商人应之，明示天下所以与洋人交接之意，尽人皆得与其议而持其变，无所庸其隐秘。盖所考求者洋人之法，即宜通知洋人立法之意，行之以渐，持之以久，尤恃官民上下通筹，合力为之，非独沿海筹防然也。如西班牙略买人口，皆由通商各口装运出洋，所载动数百千人，停泊收买亦数十日。但使各口设一市舶司经理船政事宜，地近则耳目易周，职专则稽考自密，必不至如从前之漫无觉察矣。

　　三曰兼顾水陆之防。东南防海大势，相持于海外曰兵船，相拒于口岸曰炮台，其大略也。而各口洋船、洋楼，纵横布列，乃反在内地。西北边防所恃兵力而已，藩篱之固尚无议及者。较而论之，沿海各口环集数十国，而英、法、弥三国互为主盟，其利分而其势散，必无敢公然发难者。西北则俄人已踞伊犁，西南则英人亦渐通缅甸，其力皆有所专注，而西南之祸稍纾，西北之势相持而未有所定，则祸且日棘。故主东南海防者则谓宜缓西北，主西北边防者又谓宜缓东南。是皆持之有故，言之成理，而以愚见度之，其隐忧皆积而日深有未可偏重者，体察俄人伊犁情形，而可以得其故矣。洋人之利在通商，无觊觎中国土地之心。而其蓄谋在求日进而有功，故每得一荒岛，则急进而开垦之；每得一口岸，则急进而经营之。伊犁之乱，值中国兵力不能远及，俄人于是坐收以为利，而乌鲁木齐、喀什噶尔通及回八城，俄人未尝须臾忘也。中国举兵征讨，则亦坐视而不与争。此其行之有其渐，蓄之有其机，西洋各国皆然。略就所知言之，上海一口，英人主盟；宁波一口，法人主盟。粤匪之乱骤起，各口商人惊惶失措，相为救护，而上海一口被难而幸获保全者数万人，百姓亦且与洋人相习，其观衅乘隙之心必不后于俄人。是以中国百年治安，英、俄各国亦必百年无事，此可以理势决者。何也？西洋诸国之法，非积憾以求一泄无肯构兵者。而南洋诸岛数十，中国不能经营，洋人皆坐而收之。所得口岸与所开辟诸岛，因势乘便，据以为利。其势求进而不已，而其蓄谋甚约，其收功甚逸。凡中国煤山、金矿及宝气生聚之方，皆其所心营而目注者也。<u>窃以为中国与洋人交涉，当先究知其国政、军政之得失，商情之利病，而后可以师其用兵制器之方，以求积渐之功。</u>如今各口设立机器局及遣中国子弟赴西洋学习其法度、程式，皆积渐之功，收效数十年之后者。其行之之本则在乎审轻重之势，明曲直之机，求通变之才，务真实之用。西洋之法，通国士民一出于学，律法、军政、船政下及工艺，皆由学升进而专习之，而惟任将及出使各国，必国人公推以重其选。窃观汉诏求使绝国与将相并重，西洋犹存此意。是二者皆据理势之要，持安危之机，所宜慎选而专用之者也。能通知洋人之情而后可以应变，能博考洋人之法而后可以审机。非但造船、制器专意西洋新法以治海防者之宜急求也。

四曰先明本末之序。自汉以来，中国全盛之世，边患相寻常若不及，而终宴然无事。及衰且乱，则必纪纲法度先弛于上，然后贤人隐伏，民俗日偷，而边患乘之。故夫政教之及人本也，防边末也，而边防一事，又有其本末存焉。敬绎六条之议，如练兵、制器、造船、理财，数者皆末也；至言其本，则用人而已矣。练兵、制器、造船，非财不能举办。理财之方，尽于二者，曰开源，曰节流。节流者，省无用之烦费以归有用者也。此皆疆吏应为之事，不待临事张皇而多为之制。其造船、制器，购用西洋机器推而演之，但令经费充盈，渐次求精，其事非难，所难者练兵耳。为中国之人心习尚渐渍已深，合官与民而皆怀一苟且之心，无能与持久也。自经寇乱，名臣良将接踵于时，能以律行师、以权济变者有矣，然从无能统驭额设之兵以立功名者。其间或易一将而局遂变，或更一时而气已衰。何者？用其方新之机而不能得其持久之力也。沿海设防非能旦夕奏功者，各口练兵又非能召募集事者。传曰："有治人无治法。"法尽于一时，而求人之效可以持至数十百年之久，诚得其人而任之，一切之政皆可举而行也；不得其人而任之，已成之功、已安之民，亦无与善其后，殆未可持此以建非常之业者也。窃观天下大患，一曰因循粉饰以求免过，一曰优容纵弛以求寡怨。粉饰工则得失利病全不能明，纵弛久则贤否是非更无从辨，故求人才，尤以挽回积习为先。朝廷念念以培养人才为心，邪正公私较然不能掩，则士大夫之精神自振，而吏治之功效亦必月异而岁不同。人民日就乂安，边疆自臻绥谧，必然之应也。至于将弁之才，州县之吏，天下自不乏人，疆吏求之有余，非朝廷求才者所急也。

以上四条，皆本源之计，积渐之功，非旦夕所能为力；而欲循用西洋之法以求日进于富强，未有能舍此而可收效一时者也。

窃闻总税务司赫德之言曰："中国大要有二：其一曰内事，其二曰外防。内事非外人所敢置议，外防有边防、有海防，吾所陈者海防一事而已。"其意盖欲以西洋之规模，施之中国，而以海防引其端。然西洋驰骤海道七万余里，如出入庭户，穷思极虑以求其速，此岂中国所能及者？其通商遍及诸岛国，又由中国西南以达缅甸，船政、军政皆与商贾相因依，收其课税以资保卫，又岂中国所能及者？<u>嵩焘窃谓西洋立国有本有末，其本在朝廷政教，其末在商贾，造船、制器，相辅以益其强，又末中之一节也。</u>故欲先通商贾之气以立循用西法之基，所谓其本未遑而姑务其末者。论者徒曰西洋气势如虎将噬，当求自备以制之。抑不知洋人蚕食诸国，阳开阴阖以收其利，从无攻城掠地之事。普法两国之构兵，积愤以求一逞，而终不利其土地。其在中国，如附骨之疽，攻之不能去也；如狐蜮之凭于人，执而求之，又不可得也，虎之噬人，其去人固远矣，不得以此为比。诚使竭中国之力，造一铁甲船及各兵船，布置海口，遂可以操中国之胜算，而杜海外之觊觎，亦何惮而不为之？而以西洋聚精会神擅强数十百年之术，强中国一日行之而遽责其抗衡，据一时之议以尽各海口之变，果足恃乎，果不足恃乎？此所不敢知也。

　　天下国家之大，犹之人身也，强者力负千钧而弱者不能，强者日行百里而弱者不能，则姑疏通百脉之气，宣导六府之滞，使其神日舒而力亦日有增长，自可渐进于强。若骤立之法程以课其负千钧行百里，如是以求自强，适恐足以自敝。孙子之言曰："知己知彼。"知彼力之所及，意之所属，则必有以待之；知我势之能及与否、理之能胜与否，则亦必求所以自处。彼之所长，循而习之，我之所短，改而修之。去弊求速，立志求坚，任贤求专，收功求缓，自处之道如是而已。自古国家大利之所在，皆成于渐而起于微，断无一蹴而即臻强盛之理。经费出入，国有常制，科敛以应一时之需，竭蹶经营而求自强，家国生民必有承其害者，其势亦万难持久。《礼运》之言曰："行之以礼而弗安之以乐，犹获而弗食也；安之以乐而弗达于顺，犹食而弗肥也。"获而食，人力之所及也；食而肥，非人力之所及也。圣人之功至于礼乐而极矣，犹待积久以达于顺而后其效成焉，此岂可以骤期者！而终言肥之实功，亦不过曰大臣法，小臣廉，官职相序，君臣相正，要归于自治而已矣。以中国之大，土田之广，因地之利，皆可使富也，用民之力，皆可使强也，即吾之所以自治也。<u>舍富强之本图，而怀欲速之心以急责之海上，将谓造船、制器用其一旦之功，遂可转弱为强，其余皆可不问，恐无此理。</u>造船、制器，沿海诸省当任其功，各海口机器局亦当渐穷其巧，而求所以自强之术，固自有其本末条理，非数言所能尽。其与洋人相接，言者争持战、守、和三说，其实三者俱无可言,惟在讲求应付之方而已。各海口之设险自守,又岂可一日稍废不讲哉?

所议六条,如李鸿章、左宗棠为国重臣,有防边之责,所处又当紧要重地,诚有不得辞者,非尽沿海诸臣之力所能胜也。

20

李鸿章等
闽厂学生出洋学习折[1]
（1876）

光绪二年十一月二十九日

奏为选派华洋监督率领闽厂学生出洋学习，以储人才而重防务，恭折仰祈圣鉴事。窃臣葆桢前于同治十二年十一月奏陈船工善后事宜折内，请于闽厂前后学堂选派学生，分赴英、法两国学习制造驾驶之方，及推陈出新、练兵制胜之理，速则三年，迟则五年，拟令船厂监督日意格详议章程，经总理衙门议请敕下南北洋大臣会商熟筹等因。奉旨：依议。钦此。钦遵在案。旋因台湾有事，侄偬未及定议。上年臣等筹议海防折内，于出洋学习一事断断焉不谋同辞，及臣日昌、臣赞诚先后接办船政，察看前后堂学生内秀杰之士，于西人造驶诸法多能悉心研究，亟应遣令出洋学习，以期精益求精。臣等往返函商，窃谓西洋制造之精，实源本于测算格致之学，奇才叠出，月异日新。即如造船一事，近时轮机铁胁一变前模，船身愈坚，用煤愈省，而行驶愈速。中国仿造皆其初时旧式，良由师资不广，见闻不多。官厂艺徒虽已放手自制，止能循规蹈矩，不能继长增高。即使访询新式，孜孜效法，数年而后，西人别

---

[1] 据光绪乙巳（1905）金陵刻本《李文忠公奏稿》卷二十八录文。标点参考《李鸿章全集·奏议七》（安徽教育出版社，2008年）。

出新奇，中国又成故步。所谓随人作计终后人也。若不前赴西厂观摩考索，终难探制作之源。至如驾驶之法，近日华员亦能自行管驾，涉历风涛，惟测量天文沙线、遇风保险等事，仍未得其深际。其驾驶铁甲兵船于大洋狂风巨浪中，布阵应敌离合变化之奇，华员皆未经见，自非目接身亲，断难窥其祕钥。查制造各厂法为最盛，而水师操练英为最精。闽厂前堂学生本习法国语言文字，应即令赴法国官厂学习制造，务令通船新式轮机器具，无一不能自制，方为成效。后堂学生本习英国语言文字，应即令赴英国水师大学堂，及铁甲兵船学习驾驶，务令精通该国水师兵法，能自驾铁甲船于大洋操战，方为成效。如此分投学习，期以数年之久，必可操练成才，储备海防之用。

　　至学生中有天资杰出，能习矿学、化学及交涉公法等事，均可随宜肄业。惟人数既多，道里辽远，非遴选贤员派充监督，不足以资统驭而重责成。查有三品衔候选道李凤苞，学识闳通，志量远大，于西洋舆图算术及各国兴衰源流，均能默讨潜搜，中外交涉要务，尤为练达，实属不可多得之才。以之派充华监督，必能胜任。至访询各国官厂官学安插学生，延请洋师，仍应有情形熟悉之员，联络维持，主客方无隔阂。臣葆桢原奏所称正一品衔闽厂监督日意格，前已回国，经臣等催调来华商办一切。该员久襄船政，条理熟谙，于船厂学生情谊亦能融洽，以之派充洋监督必可胜任。

　　六月间，李凤苞、日意格二员来津禀商，臣鸿章适有烟台之役，即携该员等同往，饬令筹议章程。滇案结后，曾将该员等所议各节，钞送总理衙门核夺。兹经臣等再四讨论，复与李凤苞、日意格切实核减，学生员数以三十名为度，肄习年限以三年为度，责以成效，严定赏罚。出洋经费分年汇解，约共需银二十万两。此项经费必应筹定有著之款，臣鸿章前议由闽省额拨南北洋海防项下酌提动用，先尽厘金拨解。厘金不敷，即在闽海关四成洋税项下就近凑拨。旋准福州将军臣文煜咨称，闽关四成洋税暂无存款，俟第六十五结届满再行核数拨解等因。新授闽浙督臣何璟过保定时，臣与面商一切，亦深以为然。兹由臣日昌函致臣鸿章议定，由闽省厘金项下筹银十万两，闽海关四成洋税项下筹银五万两，船政经费项下匀拨银五万两，是此项二十万之数，均已议有着落。查照分年汇解章程，第一年七万三千两有奇，第二年六万两有奇，第三年五万八千两有奇，并游历及应支教习修金等费，随时核计拨汇。闽力虽甚拮据，必能酌量缓急，以符定议，应请于海防额饷内作正开销。

查西洋各国均以中国遣人赴彼学习为和好证验，前派幼童赴美国，英使即有该国大书院极多，将来亦可随时派往之语。秋间滇案议结时，臣鸿章面告威妥玛，以拟遣学生赴英学习，该使允俟总理衙门知照到日转致本国外部。九月间，威妥玛回国过晤，臣复与商明照办。惟该国兵船定例稍严，闻日本近时已有七人在英兵船学习。臣在烟台阅视洋操，即见有日本武弁在英国铁甲船随同操演。今议学生分班送往，又有郭嵩焘等驻英商办，当无碍难之处。至法使白来尼，屡以日意格办船有效为言，此举亦该使所深愿。现拟令该监督等率同学生，于明年正月启行，应请敕下总理衙门迅速分别知照英法驻京公使，令其转达本国，妥为照料。臣鸿章于本年三月间，因洋员李劢协回国之便，派令武弁卞长胜等七人同赴德国军营学习兵技。当时未派监督，心甚悬念。此次李凤苞出洋，饬令该员按三个月一次，由轮车驰赴德国，兼查卞长胜等功课，并请总理衙门酌量照会德国驻京公使，一体知照办理。

近自同治十二年筹遣幼童赴美学习之后，上年日意格回国，臣葆桢遣学生数名随往游学，本年臣鸿章又遣卞长胜等赴德国学习，此次又派李凤苞等率领学生分赴英、法两国，从此中国端绪渐引，风气渐开。虽未必人人能成，亦可拔十得五，实于海防自强之基不无裨益。谨将臣等筹议船政学生出洋章程，及经费数目，分缮清单，恭呈御览。仰恳饬下总理衙门，核准施行。所有遴员派充华洋监督率领闽厂学生出洋肄业缘由，理合会同兼署闽浙总督福州将军臣文煜、新授闽浙督臣何璟，恭折由驿具陈，伏乞皇太后、皇上圣鉴训示。谨奏。

格致彙編

中曆光緒二年春季　每季出印一卷
西曆一千八百七十六年春季　此卷三次排印

是編補續中西聞見錄
在上海格致書室發售

英國傅蘭雅輯

21 徐 寿
格致汇编序[1]
（1876）

致知格物之学，乃修齐治平之初级工夫，朱子所谓"推极吾之知识，欲其所知无不尽，穷知事物之理，欲其极处无不到也。"盖人心之灵莫不有知，而天下之物莫不有理，若不因其已知之理而求其未知之理，循此而造乎其极，则必于理有未穷，而于知有不尽矣。傅兰雅先生，英国之通儒也，来游中国十余年，通晓中国语言文字，特将西文格致诸书，择其有益于人者，翻译华文，月出一卷问世。盖欲使吾华人探索底蕴，尽知理之所以然而施诸实用。吾华人固能由浅入深，得其指归，则受益岂能量哉？

所谓格致之有益于人而可施诸实用者，如天文、地理、算数、几何、力艺、制器、化学、地学、金矿、武备等，

---

[1] 徐寿（1818—1884），字生元，号雪村，江苏无锡人。咸丰间入曾国藩幕，在安庆内军械所造出中国第一台蒸汽机。同治间在江南制造局造出中国第一艘机器轮船，成为中国近代造船工业先驱。设翻译官，译西方化学、蒸汽书籍，介绍西方化学知识，是中国近代化学启蒙者，被誉为中国"近代化学之父"。光绪间，傅兰雅创办中文科技期刊《格致汇编》，徐寿父子任主笔，发表科技专论，传播近代科学知识，是中国近代科学教育与科学普及先行者。此序据光绪二年（1876）上海格致书室铅印本《格致汇编》第一卷卷首录文。

此大宗也。其余艺术尚有多端，笔难尽述。若欲求其精奥，各有专书可考。近数年来，上海制造局新译西书，于格致之门类足称赅备。顾惟泰西格致之学，天文、地理、算数而外，原以制器为纲领，而制器之中又以轮船为首务，故新译《汽机发轫》，所以明汽机之致用。能用必期能造，如《汽机信度》《汽机必以》《汽机新制》，乃虚体实体之权度，机括斗笋之肯綮也。机所以行船，必藉船壳以显其能，《海航新法》精究于曲线之奥，推求乎重学之源，审曲面势，确有准则焉。此皆工师之职，非所论乎攻治之事。而工师之要，尤在画图定制，使形体有度，结构有章，大小比例无纤毫之或失，方圆正侧有尺寸之可凭，以《运规约指》为始基，《器象显真》集其成。若论攻治，则《匠诲与规》为手技之绳墨，《艺器记珠》为切磋之条目，《冶金要录》乃倾铸以成形。机船毕具，当议启行，行而致远，功非浅尠，《御风要术》《测候丛谈》预知风雨气候之变，《航海简法》《航海释例》《行海指迷》能操远近迟速之权，皆所以识道里而辨险易也。然其要旨，更在测量，虽至汪洋无际之处，一望而得上下之相当。真经真纬，不差秒微；变度变时，暗相吻合。若此者，必以数学为根本，如《代数术》《微积溯源》《平弧三角法》《奈端数理》，所以详备其理法焉。然此乃谓穷溯水涯，联和万国之概也。若乃左近邻邦，通传要事，则《海道图说》《长江图说》已足为行历之指归矣。《大炮全论》审明形体之制度，分辨功用之优劣，制造者去其瑕疵而成精固之器，适与轮船为相因之用。惟治炼熔铸之事，其源出于化学，原质分剂可考其数，分合变化能详其理，《化学鉴原》《化学分原》《鉴原续编》与《鉴原补编》，众物精粗赅备无遗。至如火药以纯净而生大力，爆药以磨击而得自燃，亦化学之余事也，而有《制火药法》专论之。材料出于矿产，大地为之宝藏，工商攸赖，裕富所关，则《地学浅释》《开煤要法》有脉络层累之可寻，《金石识别》有形体光色之可辨。推广而至带砺山河，边疆巩固，则《防海新论》有制人之术，《城垒全法》有自守之方。于水则《水师操练》《轮船布阵》《兵船炮法》；于陆则《攻守制宜》《营城揭要》《攻守炮法》《克虏伯炮说》并《造弹法》《炮准心法》。水陆兼备，则屏藩扞御有方矣。此外尚有数册，类皆西人精粹之书。天文则《谭天》续译，地理则《测地绘图》《绘地法原》《行军测绘》，杂技如《声学辨源》《色相留真》《电气镀金》《电学》等各种书籍。傅先生所口译者十居其六七，虽不能深入精微之奥，而藉以为升堂之阶级，则裕如矣。所以傅先生常言：中华得此奇书，格致之学必可盛行。且中国地广人稠，才智迭兴，固不少深思好学之士尽读其书。所虑者，僻处远方，购书非易，则门径且难骤得，何论乎升堂入室！急宜先从浅近者起手，渐积而至，见闻广远，自能融会贯通矣。

噫！此言也，即成人之美之言也；此心也，即嘉惠后学之心也。昔徐文定公尝称西儒云：不骄不吝，蔼然可亲，且津津乎引进后学。今观傅先生之居心，诚亦不让古之西儒矣。是书名曰《汇编》，乃检泰西书籍并近事新闻有与格致之学相关者，以暮夜之功，不辞劳悴，择要摘译，汇集成编，便人传观。从此门径渐窥，开聪益智，然后积日累功，积少成盈。月计之不足，年计之有余，得其要领，而再致力于成书全帙，以冀造乎其极而豁然有得，则于民生日用之事措置有道而设施有方，即所谓有裨实用之效也。是为略述之如此。雪邨徐寿撰。

郭嵩焘

郭嵩焘日记八则[1]
（1877—1878）

光绪三年十月廿九日

英国讲实学者，肇自比耕[2]。始时，欧洲文字起于罗马而盛于希腊，西土言学问皆宗之。比耕亦习剌丁、希腊之学。久之，悟其所学皆虚也，无适于实用，始讲求格物致知之说，名之曰新学。当时亦无甚信从者。同时言天文有格力里渥[3]，亦创为新说，谓日不动而地绕之以动。比耕卒于一千六百二十五年，格力里渥卒于一千六百四十二年。至一千六百四十五年，始相与追求比耕之学，创设一会，名曰新学会。一千六百六十二年，查尔斯第二崇信其学，特加敕名其会曰罗亚尔苏赛也得[4]。罗亚尔，译言御也；苏赛也得，会也。而天文士纽登[5]生于一千六百四十二年，与格力里渥之卒同时。英人谓天文窍奥由纽登开之。此英国实学之源也。相距二百三四十年间，欧洲各国日趋于富强，推求其源，皆学问考核之功也。

---

［1］据《郭嵩焘全集》（岳麓书社，2012 年）第十至十一册《郭嵩焘日记》摘录。
［2］比耕，即培根（Bacon）。
［3］格力里渥，即伽利略（Galileo）。
［4］罗亚尔苏赛也得，即英国皇家学会（The Royal Society）。
［5］纽登，即牛顿（Newton）。

光绪三年十一月十七日

悬钟用摆，始于意国之格力里渥，即百年前精通天文之学者也。偶至一礼拜堂，见悬灯为风所扬，摆动迟速，或远或近，相距四度之间，其行度惟均，而其迟速以绳之长短为准，约长三尺九寸有奇，一摆动则得一秒之数。以是引绳定分秒，而可以知长短尺寸之度。以寸方计水轻重，而亦可以知权衡之准。皆以一心运之而有余。西洋机器，出鬼入神，其源皆自推算始也。

光绪三年十一月十八日

计英国之强，始自国朝。考求学问以为富强之基，亦在明季，后于法兰西、日耳曼诸国。创立机器，备物制用，实在乾隆以后。其初国政亦甚乖乱。推原其立国本末，所以持久而国势益张者，则在巴力门[1]议政院有维持国是之义；设买阿尔[2]治民，有顺从民愿之情。二者相持，是以君与民交相维系，迭盛迭衰，而立国千余年终以不敝，人才学问相承以起，而皆有以自效，此其立国之本也。而巴力门君民争政，互相残杀，数百年久而后定，买阿尔独相安无事，亦可知为君者之欲易逞而难戢，而小民之情难拂而易安也。中国秦汉以来二千余年适得其反。能辨此者鲜矣。

光绪三年十二月初八日

李丹崖巴黎信：巴黎西南汕夕阿炮台，为陆路最大之新式炮台，曾往一游。兼游矿务博物院，为楼三层，各十二大间，每间纵横五丈，罗列地质矿块五十三万余种。左为化学院，院屋二十四间，以习各种化分之法。右为学堂，学生一百四十五人，各给凭入院学习，以三年为期，不具修金。前年日本在院学习四十余人，已陆续回国开矿，今存者二人。上层为各种开矿机器小样，下层为试演烹炼大炉。取精用宏，足以为欧洲之冠矣。英、法两国制造学问，穷极推求。法国立国尤久，其学馆书籍亦驾欧洲。以二千余里之地，称雄海外，非无因也。日本晚出，汲汲仿而效之。其向学之精且锐，日进无穷。中国乃一以虚骄之大言

---

[1] 巴力门，即议会（parliament）。
[2] 买阿尔，即市长（mayor）。

当之，吾真无如此茧茧之士大夫何矣。

光绪四年正月初一日

偕李丹崖及德在初、凤夔九、李湘甫、姚彦嘉、罗稷臣、黄玉屏行庆贺礼如朝仪，因留小食。格林里治肄业生六人来见，严又陵宗光谈最畅，余则方益堂伯谦、何镜秋心川、叶桐侯祖珪、林锺卿永叔、萨鼎茗镇冰。询问读书章程：每日六点钟分赴各馆听讲，礼拜一上午九点钟重学，十一点钟化学，下午三点钟画炮台图。礼拜二上午算学、格致学，电学赅括其中。下午画海道图。礼拜三上午重学，论德、法两国交战及俄、土交战事宜，下午无事。礼拜四与礼拜一同。礼拜五与礼拜三同。礼拜六上午论铁甲船情形，如克罗卜新造铁甲船，紧勒炮口，使子出而炮身不后坐，以为非宜，谓子出后坐之力最大，是使船身先受伤也。论炮弹情形。如弹有平顶、尖顶之分，尖顶自能深透，而不如平顶者，以子出必斜飞，尖顶尝掠铁甲而过，不能深入，平顶斜飞则轮边之力逾劲，且能入水不上激，以铁甲船在水面者尝厚，入水处尝薄，尖顶入水则其尖向上，激而上冲，不如平顶之直行，而凡尖顶过三十五度，其力愈微故也。下午无事。在家读书有疑义，听讲毕就问所疑，日尝十余人。各堂教师皆专精一艺，质问指授，受益尤多。或听讲时无余力质问，则录所疑质之，以俟其还答。诸所习者并归宿练习水师兵法。而水师船又分三等：一管驾，一掌炮，一制造。管驾以绘图为重，掌炮以下以化学、电学为用，而数学一项实为之本，凡在学者皆先习之。此西洋人才之所以日盛也。

光绪五年正月廿一日

眷口附载法公司阿纳谛尔船，十九日由马赛开行，至是日十一点钟始至。公司船行言必有他事耽延。询之，果以由马赛开行，与他船相撞，折断绳缆及小船一只，修整至一时之久。莼斋、眉叔与鼒百里同送上船。船主名伯鲁兰，又有总办者名拉斯都尔。鼒百里引见英人布类里，以化学著名者也，专穷究水土生化虫物，著书凡数十种，皆国家为之刊刻。问：此行由锡兰历中国以至日本，亦国家所命乎？曰：此自游历，非国家命也。问：国家刊刻所著书何意？曰：国家考求海中生质，岁费金磅七千，约以十年为期。以渠究心虫鱼之学为专门也，所得生物，必以谘之，因为刊行所著书。问：海中生物无关国家大计，考求何为？曰：是有大用。凡生物皆有宜，由水土之气所化也。得其生物之性，亦可辨知其水土之用。往年英国电线通至美国之纽约，忽然中断，由其海底产硫磺，浆皮裹铁线为硫磺所蚀而生锈，则电气不能过。于是改用铜线。嗣是岁常遣船探测海道及海中生物，凡海道浅深及土性物性之宜，推测穷究其来由，是以风雨晦冥中不辨海道，亦可缒取其沙土及水中生族，用显微镜照之，知为何种沙石所生化，以推测其海道所经，而辨知其道里方向。西人格致之学，所以牢笼天地，驱役万物，皆实事求是之效也。

光绪五年三月初八日

与勉林、芝田粗论西学馆事宜，当稍议章程，由合淝爵相酌定。居今日而思统筹全局，以求利益国家，其势诚有难行，为衮衮诸公深闭固拒，以力遂其苟偷旦夕之私，虽有圣者，无如何也。要当各视其愿力为之；愿力所及，能尽一分，必少收一分之益。人人积此心以相饷，其利亦溥矣。此区区之私，所以徘徊顾念而必求一行所见也。西洋政教、制造，无一不出于学。中国收召虚浮不根之子弟，习为诗文无实之言，高者顽犷，下者倾邪，悉取天下之人才败坏灭裂之，而学校遂至不堪闻问。稍使知有实学，以挽回一世之人心，允为当今之急务矣。

光绪五年闰三月十九日

张力臣、彭仲莲、余佐卿、袁叔瑜次第过谈，遂尽一日之力。力臣于洋务所知者多，由其精力过人，见闻广博，予每叹以为不可及，然犹惜其于透顶第一义未能窥见。至是问及西洋政教风俗本源之所在，且谓合淝伯相及沈幼丹、丁禹生诸公专意考求富强之术，于本源处尚无讨论，是治末而忘其本，穷委而昧其源也；纵令所求之艺术能与洋人并驾齐驱，犹末也，况其相去尚不可以道里计乎！力臣聪明胜人万万，闻言即能深求，不易得也。

薛福成

创开中国铁路议[1]
（1878）

窃惟政莫先于利用，功莫大于因时。上古生民之初，山无蹊隧，泽无舟梁，百里之内，有隔阂不相通者。圣人者出，刳木为舟，剡木为楫，舟楫之利，以济不通。服牛乘马，引重致远，以利天下。迄于今日，泰西诸国，研精器数，创为火轮舟车，环地球九万里，无阻不通。盖人心由拙而巧，器用由朴而精，风气由分而合，天地之大势，固如此也。方舟车之未创也，人各止其域，安其俗，至老死不相往来。若居中古以后，弃舟车而不用，是犹谋食而屏粜粗，御寒而毁衣裳也，必冻且馁矣。今泰西诸国，竞富争强，其兴勃焉，所恃者火轮舟车耳。轮舟之制，中国既仿而用之，有明效矣。<u>窃谓轮车之制不行，则中国终不能富且强也。</u>

---

[1] 薛福成（1838—1894），字叔耘，号庸庵，江苏无锡人。同治、光绪间，先后入曾国藩、李鸿章幕，后出使英法意比四国，官至左副都御史。提倡洋务和变法，主张君主立宪，强调发展中国工商业，是戊戌变法前著名的改良主义思想家。著有《庸庵文集》《出使英法义比四国日记》等。此文系光绪六年（1880）薛福成代李鸿章拟《妥议铁路事宜折》蓝本，今据《清代诗文集汇编》第738册影印清光绪丁亥（1887）刻本《庸庵文集》卷二录文。

考轮车之创于西洋也，康熙年间，英国北境以马车运煤，始作木轨以约车轮。迨道光十年，造成铁路，始以火轮车载客载货。其法愈研愈精，获利不赀，煤铁价减四之三。因得肆力制造，扩充诸务，遂以雄长欧洲。既而推行于俄、法、德、奥、美诸大国。即如美邦新造，四十年前尚无铁路，今通计国中六通四达，为路至二十一万里。凡垦新城，辟荒地，无不设铁路以导其先。迨户口多而贸易盛，又必增铁路以善其后。开国仅百年，日长炎炎，几与英、俄相伯仲。盖闻美之旧金山，乘轮车至纽约，为程万一千里，行期不过八日，是万里而如数百里之期也。旅费不过洋银百余枚，是万里而如千余里之费也。是故中国而仿行铁路，则遐者可迩，滞者可通，费者可省，散者可聚。请稍言其崖略。

今天下大势，江、淮以南多水路，江、淮以北多陆路。南方诸省，其地非尽饶沃，其民殷阜，此无他，以其支河别港，纵横贯注，而百货得以流通也。北方诸省，其地非尽硗瘠，其民贫苦，此无他，以其沙多水淤，道里修阻，而百货不能流通也。迩者岁入财赋，洋税千数百万两，厘金千数百万两，大约在南方者什九，在北方者什一。诚能于西北诸省多造铁路，俾如江南之河渠，经纬相错，则贫者可变为富。即东南诸省，得铁路以通水道所不达，则富者可以益富，厘税之旺，必且数倍曩时。此便于商务者一也。

自有轮船以来，江、浙漕粮，改行海运，而国与民两便。然议者犹欲规复河运，以防海道之不测。与其掷重赀以复河运，不如招商股以开铁路。铁路既成，譬如人之一身，血脉贯通，则百病尽去。且昔日西征之师，转运费逾千万，今年晋、豫荐饥，山西米价腾踊，每石需银至四十余两，设令有铁路可运，出津至晋千余里，核计西人运价，每石不过三两左右，合之天津米价，亦不过六两以外耳。今以转运无路，而价昂辄逾七倍，是饥民之死于沟壑者，亦至七倍之多也，岂不哀哉！设令轮车盛行，则漕运也，赈粮也，军饷也，皆不劳而理，不费而捷矣。此便于转运者又一也。

曩者海氛不靖，动辄调兵远省，经年累月，仅乃成行，筹粮筹费，拮据不遑，比其稍集，而彼又不知何往，所以未及交绥，情势已为之大绌。何则？彼萃而攻，兵虽少而见有余；我分而守，兵虽多而形不足。彼有轮船以资遣发，故一动而诸路受其警；我无轮车以利征调，故悉锐而一路尚难固也。昔普之攻法也，其初静以待动，示不用兵，逮闻法将伐普，始以电报召诸将，不十日而数十万之师毕入法境，遂使法人不及措手，此铁路之为用大也。诚令及时兴造，一旦有事，虽云、贵、甘肃之兵，半月可集。然则中国而有铁路，即令每省养兵一万，合十八行省计之，无异处处有十八万之兵也。中国而无铁路，即令每省养兵十万，而汛港纷歧，防不胜防，仍犹尪者之不能起，跛者之不能行也。矧此制一行，中国虽裁防兵之太半，而声势联络，日见其强。他日即以裁兵之费，增营铁路，复收铁路之利，以供国用，一举而三善备焉。此便于调兵者又一也。

且今中国兴举之事，不为不多，然皆必得铁路以济其穷者，何也？凡远水之区，洋货不易入，而土货不易出。今轮船所不达之处，可以轮车达之，出入之货愈多，则轮船之懋迁益广，此与轮船相表里者也。煤铁诸矿，去水远者，以轮车运送，斯成本轻而销路畅，销路畅而矿务益兴。从此煤铁大开，经营铁路之费亦益省，此与矿务相表里者也。轮车之驰，日千余里，其行倍于驿站最速之马，从此文书加捷。而民间寄信章程，用西法经理，俾与铁路公司相附丽，其利甚溥，并可稍裁驿站，协济铁路之费，此与邮政相表里者也。方今闽、沪诸厂，入款日绌，出款日增，无自然之利，而专待拨公帑，未有能持久者也。今宜令出洋学徒，研究铁路利病，数年之后，各厂竟可自造，推行既广，则制者修者，日至而不穷。议定章程，按给工价之外，津贴厂费若干，较之购自外洋，既省运费，又免缓急不时之虞。各厂得此挹注，亦可经久不废，此又与机器诸厂相表里者也。

夫开铁路之便，如此其广，否则不便如彼其多，是故西洋诸国，视建铁路与城郭宫室等。近以区区之日本，亦复锐意营造，然而中国独瞪乎居后者，何也？则囿于见闻，而异议有以阻之也。议者皆曰：铁路若开，恐引敌入室也，恐夺小民生计也，恐当路之冲，冢墓必遭迁徙，禾稼必被薰灼也。不知此皆揣摹影响，而不审于事实者也。

昔普之攻法也，阴遣死士，先坏其国中铁路，法人行师濡滞，终以是败。若果足为敌用，普人何不留为入法之涂，而必坏之乎？然则铁路者，所以征兵御敌，而不能为敌用者也。是故当总路扼要之处，必驻营以守之，每段十里五里，设巡役以瞭之。所以防护之者，至周且密。设有不测，则坏其一段，而全路皆废，只一举手之劳耳，恶能为敌用哉？

且铁路公司既设，于是有修路之工，有驾驶之人，有巡瞭之丁，有路旁短送之马车，有上下货物伺候旅客之夫役。计其月赋工糈，八口之家，足以自赡。缘路则可增设旅店，其饶于财者，可以广买股分，坐权子母，是皆扩民生计者也。乃谓为夺民生计，谬矣。

若夫迁冢墓、薰禾稼之说，殆指洋人言之，然惟中国不为，故洋人惜良法之不行，欲代中国倡行之。中国先自举动，则万国公法，固无干人自主之权者。且中国政务，以顺民心为本，其冢墓当道者，稍迁回以避之。铁路宽者不过盈丈，狭者数尺，两旁稍营余地，岂有薰灼之患？二者皆拘墟之臆说，其无足虑甚明。

由是言之，此事不为，则永无创辟之机，何也？成见终难遽融也。为之，则必有振兴之日，何也？习俗可以渐化也。往岁吴淞口之开路也，南方士大夫见惯不惊，渐有称其便利者，是风气亦在倡之而已。夫滥觞之水，可为江河；勾萌之达，可被山阿。西洋诸国，五十年前，亦犹今日之中国。为今之计，宜有以稍倡其端，以新中国人之耳目，则数十百年后，不患不如今日之西洋也。且西洋铁路虽长，其始或数十里，或数百里，皆由积累以成通衢。今宜择繁盛密迩之区试办一二，俾民观听日洽，鼓舞于不自知。夫掷数百万之帑项，以开千古非常之功，此庸人所惊，而圣人所必为也。民俗既变，然后招商承办，官为掌其政令，定其税额，恤其隐情，而辅其不逮，可以渐推渐广，渐续渐远。自京师而西，可为路以达太原，南可为路以达汴梁，东南可为路以达清江浦。由太原而西，可接而达于西安，于兰州，于蜀、滇、黔。汴梁而南，可接而达于汉口，于长沙，于桂林。清江浦而南，可接而达于苏、皖，于江西，于浙、闽、广。由是再极于四周，错综交互，无远弗届。如是而不联遐僻于呼吸，变贫弱为富强者，未之有也。而要其发轫之端，必自近地始。

然斯事至繁且赜，其始行之，有变通之法，有杜渐之宜，有推广之功，一不慎则弊端立见。兹谨议其大指，而略具条目如左：

一、平地开路百里，合计买地填路，及一切工程物料，置备火车机器之费，约需银四十万两。近闻开平矿务议开铁路，而居民虑其不便。盖以铁路绵亘不断，其两旁虽筑路拱，以留原有之直路，然民车农车，与夫牛驴耕具，势不得越路而往来，则横路不可不开也。当此造端之始，必以便民为本，他日扩充营建，乃不至有所阻挠。将欲便民，莫若用旱桥之一法，俾铁路出桥上，而行人车马皆出桥下。其布置之疏密，宜相度形势，或十余里，或数里而建一桥，因其故道，勿令隔绝，则民无怨言。虽因此多费数万金，固势所不能已也。开平矿政既有功效，则磁州、荆门、大冶诸矿，亦可仿行矣。

一、自大沽至天津，水路纡曲逾二百里，若由陆路开径道，不过百里。似宜筹经费，集商股，修一铁路，与水道相辅并行。俾民闻见日多，数年之后，运载渐旺，他处必有闻风而起者，未始非为山覆篑之一助也。

一、中国士大夫不知铁路为何物，骤闻是说，不免疑骇，及目见之，则此事本甚平常，无足惊异。从前吴淞口铁路，若留至今日，则知其利者必渐多。今既先创造天津、大沽一路，则自吴淞至上海，自临清至张秋，自清江浦至桃源之仲兴集，自周家口至汴梁，自常山至玉山，自袁州之芦溪至萍乡，自江山越仙霞岭至浦城，自南安越大庾岭至南雄，皆可渐次经营，以便商旅，以利转运，以裕税课。统计成本，约皆在百万两内外。无论或招商股，或筹官款，皆易集事。商民既见惯不惊，或可渐推渐广，以收日积月累之功。

一、外洋铁路，有双、单行之别。双行者可以一往一来，单行者或今日往而明日来，或半日往而半日来。双行之路，占地宽不过一丈二尺；单行之路，占地七尺。此路虽在官道之中，既须填筑加高，与官道判若两涂，自于官道中车马行人，无拥挤磕碰之患。其十字午贯之路，除建旱桥一法外，又有于两旁设立栅门，瞭望火车将至，则闭栅以止行人，俟火车既过，然后启栅。其法不如旱桥之尽善，而用费亦可稍简。至造路之费，地价亦其大宗，如有田庐侵碍官道者，当不惜重价以偿贫民。万一坟墓田庐不愿迁徙，自当设法绕避，勿稍勉强。必使官吏尽知此意，则绅民自无阻挠矣。

一、买地筑路，议不得损民坟墓，侵民田庐，以顺民心。然非常之原，黎民所惧，彼傍路之人，疑夺其生计，必出死力以相挠。近闻闽省创办电线，恒被乡民毁坏，然彼不过耗费工程而已。若铁路受损，动关数十百人之性命，其势尤危。今立法在何处开路，宜就地先招股分，不得则以商股充之。其辟路人工，路旁巡役，与夫搬卸货物，伺应旅客，均先招用近地之人，不足则另募以补之，以为拓民生计之明证。夫土著之人，耳目易周，呼应易灵。且一人业此，足化十人，十人足化百人，推而至于无穷，则不费财而民心可大附，此要结于无形之术也。

一、洋人于中国铁路，望之甚殷。或虑内地贸易繁盛，彼又将请添口岸，不知西洋诸国，本无内地开口岸之例。即日本铁路渐兴，不闻洋人之有他求。若因此而辍要务，是犹虑人借贷而不自理其田产也，其究也，必将借贷于人而不可得。且今经营内地铁路，洋货得我之转输而销路益畅，我得洋货之附益而转运益多，固属一举两利。洋人有执照游历内地者，亦听其附我轮车。总之，守定约章，无瑕可蹈，彼断不能为意外之请也。

一、铁路创办之始，似不能不购之外洋，又不能不雇用一二洋人。然宜亟令闽、沪诸厂，招募华匠，刻意研求，有知此中窾要及能驾驶火车者，给厚糈以鼓舞之。庶数年之后，可以自造自修，不至授柄于人，亦不至一旦有事，猝然停废。公司股分，宜仿轮船招商局之例，不得转卖洋人，非惟豫防流弊也，保中国自主之权，当如此也。

一、火车大行之后，各州县驿站，渐次酌裁，其费可供铁路之用。惟州县办公，颇有仰给驿站者。宜查明有驿州县，向得余费若干，由铁路公司如数津贴，以为办公之用。如是则官与商浃洽，公事不至掣肘矣。

一、外洋有铁路新式，其窄不过一尺内外，地势不必修平，下栽木桩为架，上置浮梁，梁上铺铁为辙，辙与轮相辖，两旁复有平轮，夹木梁而行，以防倾侧。用以运兵载粮，费省工速。其木架随时可搭，不用可拆，如涉水之有浮桥，所以济急一时也。近者普、法之战，俄、土之战，均用此路以运军储。盖仓卒之秋，修治铁路，非惟费多，亦且不暇，不若用窄路之为便。他日有不虞之事，仿而行之，亦事半功倍之道也。

24 李鸿章
请设南北洋电报片[1]
（1880）

光绪六年八月十二日

再，用兵之道，必以神速为贵，是以泰西各国于讲求枪炮之外，水路则有快轮船，陆路则有火轮车，以此用兵飞行绝迹。而数万里海洋欲通军信，则又有电报之法。于是和则以玉帛相亲，战则以兵戎相见，海国如户庭焉。近来俄罗斯、日本国均效而行之，故由各国以至上海，莫不设立电报，瞬息之间可以互相问答。独中国文书尚恃驿递，虽日行六百里加紧，亦已迟速悬殊。查俄国海线可达上海，旱线可达恰克图，其消息灵捷极矣。即如曾纪泽由俄国电报到上海只须一日，而由上海至京城，现系轮船附寄，尚须六七日到京，如遇海道不通，由驿必以十日为期。是上海至京仅二千数百里，较之俄国至上海数万里，消息反迟十倍。倘遇用兵之际，彼等外国军信速于中国，利害已判若径庭。且其铁甲等项兵船在海洋日行千余里，势必声东击西，莫可测度，全赖军报神速，相机调援，是电报实为防务必需之物。同治十三年日本窥犯台湾，沈葆桢等屡言其利，奉旨饬办，而因循迄无成就。臣上年曾于大沽北塘

---

[1] 据光绪乙巳（1905）金陵刻本《李文忠公奏稿》卷三十八录文，标点参考《李鸿章全集·奏议九》（安徽教育出版社，2008年，第158—159页）。附圣谕《李鸿章全集·奏议九》录文。

海口炮台试设电报以达天津，号令各营顷刻响应。从前传递电信犹用洋字，必待翻译而知，今已改用华文，较前更便。如传秘密要事，另立暗号，即经理电线者亦不能知，断无漏泄之虑。现自北洋以至南洋调兵馈饷，在在俱关紧要，亟宜设立电报以通气脉。如安置海线，经费过多，且易蚀坏。如由天津陆路循运河以至江北，越长江由镇江达上海安置旱线，即与外国通中国之电线相接，需费不过十数万两，一半年可以告成。约计正线、支线横亘须有三千余里，沿路分设局栈，常年用费颇繁。拟由臣先于军饷内酌筹垫办，俟办成后仿照轮船招商章程，择公正商董招股集赀，俾令分年缴还本银。嗣后即由官督商办，听其自取信资，以充经费；并由臣设立电报学堂，雇用洋人教习中国学生，自行经理，庶几权自我操，持久不敝。如蒙俞允，应请饬下两江总督、江苏巡抚、山东巡抚、漕河总督转行经过地方官，一体照料保护，勿使损坏。臣为防务紧要，反覆筹思，所请南北洋设立电报，实属有利无弊，用敢附片缕陈，伏乞皇太后、皇上圣鉴训示。谨奏。

光绪六年八月十四日，军机大臣奉旨：钦此。

附　光绪六年八月十四日寄谕　军机大臣字寄大学士直隶总督一等肃毅伯李鸿章、两江总督刘坤一、江苏巡抚吴元炳、山东巡抚周恒祺，传谕署漕运总督江苏布政使谭钧培，光绪六年八月十四日奉上谕：李鸿章奏南北洋请设电报等语。现在筹办防务，南北洋必须消息灵通，以期无误事机。该大臣请于陆路由天津循运河以至江北，越长江由镇江达上海安置电线，系为因时制宜起见，即着妥速筹办，并着两江总督，江苏、山东各巡抚，漕运总督饬令地方官一体照料保护，勿任损坏，余均照所议办理。将此谕知李鸿章、刘坤一、吴元炳、周恒祺，并传谕谭均培知之。钦此。遵旨寄信前来。八月十五日奉到。

25 郭嵩焘
与友人论仿行西法[1]

西人富强之业，诚不越矿务及汽轮舟车数者，然其致富强固自有在。审知彼我情势之异，而又有其可以通行者，使缓急轻重之理先得于吾心，而后可与考求西法。即以湖南矿产言之，所在皆民业，无官山。湘水以西，由湘潭、湘乡以达衡、宝，径西至沅、靖，湘水以东，由醴、攸以达郴、桂，煤铁各矿，无地无之。矿户多于西洋以数十倍计，恰无以是致富者。亦有虚縻数百千缗，不得矿产，或阻水而止。天地自然之利，百姓皆能经营，不必官为督率。若径由官开采，则将强夺民业，烦扰百端，百姓岂能顺从？而在官者之烦费，又不知所纪极。为利无几，而所损耗必愈多。若仍督民为之，则亦百姓之利而已，国家何恃以为富强之基乎？中国与西洋情势相距绝远，不能悉数，请一言其略。

凡矿产，愈深愈佳。西洋开矿，常至四五十人，必藉机器以济人力之穷。其用无他，用以吸水、用以转运而已。

---

[1] 据光绪壬辰（1892）刻本《养知书屋文集》卷十三录文。标点参考《郭嵩焘全集》第十五册（岳麓书社，2012年）《郭嵩焘文集》卷二十三。

开矿取土，皆人力也，是以机器有利无弊。用机器愈精，则资人力愈多。此中国之人相与蔽惑、深言极论而莫能喻者也。

中国言地学者最重山脉，争执甚坚，而人心之忮刻百出不穷，士绅有势力则忮忌加甚。故凡矿户自治其私，亦皆习而安之。一闻有集股开办，万目睽睽，必不能容，悉力倾之而后已，以保全山脉为言，亦律法所必禁也。士绅既假律法以相难，在工执役者又相与乘势侵冒，耗散滋多。一经委员主办，视为公家之利，恣意侵蚀，益无所惜。此又中国之人相为猜忌诬罔、深言极论而莫能喻者也。

人情习于故常而震于所创见，西洋亦然。而但有能开利源，国家必力助成之，委曲使人共喻，人亦不疑其专利也。获利既厚，输税国家亦常丰。中国不然。其初尽力阻挠，而官不问。及稍得利，群起而争为之，互相侵夺，官亦不问。西洋用以裕民富国，中国为之，徒滋百姓之矫诬以坏乱风俗。此又中国之人相为臆揣冥行、深言极论而莫能喻者也。

西洋为利，如矿务专主一事，则专任之。舟车行远，及开设汇行，若古之交子务、会子务，自国家下及民商，通任之公司。其初各以其力，视都会所在，行之一二百里。推行渐广，道路渐通，力不足以相摄也，乃置公司领之，国家亦时有所收受，或补所未备。公司通计其资本，相与品息。即国家钱币制造出入，一由公司总其成。交互维持，不相疑忌。无书吏之勾稽，无工役之侵牟。此又中国之人相为眩惑猜疑、深言极论而莫能喻者也。

凡此中外情势之异，由来久远，以成风俗，未易强同。而其间有必应引其端而资其利，可以便民，可以备乱，可以通远近之气，而又行之甚易，历久而必无弊，则轮船、电报是也。往时绅民相与阻难，近十余年，阻难专在官。然窃见在官来往上下必以轮船，湘人仕外者亦然，而独严禁绅民制造。然则西洋汲汲以求便民，中国适与相反。所用以仿行西法以求富强者，未知果何义也？

窃论富强者，秦、汉以来治平之盛轨，常数百年一见，其源由政教修明，风俗纯厚，百姓家给人足，乐于趋公，以成国家磐固之基，而后富强可言也。施行本末，具有次第。然不待取法西洋，而端本足民，则西洋与中国同也。国于天地，必有与立，亦岂有百姓困穷而国家自求富强之理？今言富强者，一视为国家本计，与百姓无与。抑不知西洋之富专在民，不在国家也。数百年来开通海道，尽诸岛国之利括取之，其基已厚矣。而治矿务日益精，五金出产之利，制备器具日益丰，又创为汽轮舟车，驰行数万里以利转运，觑天下之利以为利，故能富也。中国舟车之利不出其域中，而又禁百姓使不得有兴造。用其锱铢搜取之财力，强开铁路于尘沙数千里无可筑基之地，以通南北数府县之气，未知其利果安在也？其烦费过多，开通道路过远，终必不能望有成功，且勿论矣。

26 王　韬
变法（外七篇）[1]
（1883）

变法上

泰西人士尝阅中国史籍，以为五千年来未之或变也。夫中国亦何尝不变哉？巢、燧、羲、轩，开辟草昧，则为创制之天下；唐、虞继统，号曰中天，则为文明之天下。三代以来，至秦而一变；汉、唐以来，至今日而又一变。西人动讥儒者墨守孔子之道而不变，不知孔子而处于今日，亦不得不一变。盖孔子固圣之时者也，观其答颜子之问为邦，曰："行夏之时，乘殷之辂，服周之冕。"于三代之典章制度，斟酌得中，惟求不悖于古，以宜乎今而已。于答

---

[1] 王韬（1828—1897），字紫诠，号仲弢，晚号天南遁叟、弢园老民。江苏长洲（今属苏州）人。少有才名，科场失意，任职上海墨海书馆。后因上书太平天国将领，被清军通缉，避居香港。后游历英、法、俄等国，回港创办《循环日报》，鼓吹变法自强。晚年获准返上海，任格致书院山长。著有《弢园文录外编》《弢园尺牍》等。今选录王韬《弢园文录外编》卷一《变法》上中下、《治中》，卷二《洋务》上下、《变法自强》上中下、《兴利》，卷三《设电线》《洋务在用其所长》《建铁路》等八篇政论文章，据《续修四库全书》第1558册影印光绪九年（1883）香港排印本《弢园文录外编》录文，校点参考中华书局整理本《弢园文录外编》（1959年）。

子夏之问，则曰："殷因于夏礼，所损益可知也；周因于殷礼，所损益可知也；其或继周者，虽百世可知也。"此孔子盖言其常也，而非言其变也。言其常，则一王继治，有革有因，势不能尽废前代之制而不用；言其变，则未及数百年而祖龙崛起，封建废而为郡县，焚诗书，坑儒士，乐坏礼崩，法律荡然，亦孔子之所未及料者也。汉承秦弊，不能尽改。自是以后，去三代渐远，三代之法不能行于今日。如其泥古以为治，此孔子所谓生今之世而反古之道者也。由此观之，中国何尝不变哉？即欧洲诸国之为治，亦由渐而变，初何尝一蹴而几，自矜速化欤？

铜龙沙漏，璇玑玉衡，中国已有之于唐、虞之世。钟表之法，亦由中国往。算法借根方，得自印度。火器之制，宋时已有，如金人之守汴、元人之攻襄阳，何尝不恃炮火？其由中国传入可知也。其他如火轮舟车，其兴不过数十年间而已，而即欲因是笑我中国之不能善变，毋乃未尝自行揆度也欤！吾知中国不及百年，必且尽用泰西之法而驾乎其上。盖同一舟也，帆船与轮舶，迟速异焉矣；同一车也，驾马与鼓轮，远近殊焉矣；同一军械也，弓矢刀矛之与火器，胜败分焉矣；同一火器也，旧法与新制，收效各别焉矣；同一工作也，人工与机器，难易各判焉矣。无其法则不思变通，有其器则必能仿效，西人即不从而指导之，华人亦自必竭其心思材力，以专注乎此。

虽然，此皆器也，而非道也，不得谓治国平天下之本也。夫孔之道，人道也，人类不尽，其道不变。三纲五伦，生人之初已具，能尽乎人之分所当为，乃可无憾。圣贤之学，需自此基。舍是而言死后，谁得而知之，亦谁得而见之？况西国所谓死后获福者，其修亦必裕于生前，然则仍是儒者作善降祥，作不善降殃之说耳。故吾向者曾谓数百年之后，道必大同，盖天既合地球之南朔东西而归于一天，亦必化天下诸教之异同而归于一源。我中国既尽用泰西之所长，以至取士授官，亦必不泥成法。盖至此时，不得不变古以通今者，势也，而今则犹未也。今如有人必欲尽废古来之制作，以遂其一时之纷更，言之于大廷广众之中，当必以其人非丧心病狂，决不至是。

呜呼！世人皆明于既往而昧于将来，惟深思远虑之士乃能默揣而得之。天心变于上，则人事变于下。天开泰西诸国之人心，而畀之以聪明智慧，器艺技巧，百出不穷。航海东来，聚之于一中国之中，此固古今之创事，天地之变局。诸国既恃其长，自远而至，挟其所有以傲我之所无，日从而张其炫耀，肆其欺凌，相轧以相倾，则我又乌能不思变计哉？是则导我以不容不变者，天心也；迫我以不得不变者，人事也。如石之转圜于崇冈，未及坠地，犹谓其难，而不知其一落千仞也。况今者我国已自设局厂，制造枪炮，建置舟舶，一切悉以西法从事。招商局既建，轮船遍及各处，而洋务人员辄加优擢。台湾、福州已小试电气通标之法，北方拟开煤铁诸矿。所未行者，轮车铁路耳，则或尚有所待也。此皆一变之机也。

惟所惜者，仅袭皮毛，而即嚣然自以为足，又皆因循苟且，粉饰雍容，终不能一旦骤臻于自强。不知天时有寒暑而不能骤更，火炭有冷暖而不能立异，则变亦非一时之所能也，要之在人而已矣。尽人事以听天心，则请决之以百年。

变法中

《易》曰："穷则变，变则通。"知天下事未有久而不变者也。上古之天下，一变而为中古；中古之天下，一变而为三代。自祖龙崛起，兼并宇内，废封建而为郡县，焚书坑儒，三代之礼乐典章制度，荡焉泯焉，无一存焉，三代之天下至此而又一变。自汉以来，各代递嬗，征诛禅让，各有其局，虽疆域渐广，而登王会列屏藩者，不过东南洋诸岛国而已，此外无闻焉。自明季利玛窦入中国，始知有东西两半球，而海外诸国有若棋布星罗。至今日，而泰西大小各国无不通和立约，叩关而求互市。举海外数十国，悉聚于一中国之中，见所未见，闻所未闻，几于六合为一国，四海为一家。秦、汉以来之天下，至此而又一变。

呜呼！至今日而欲办天下事，必自欧洲始。以欧洲诸大国为富强之纲领，制作之枢纽，舍此无以师其长而成一变之道。中西同有舟，而彼则以轮船；中西同有车，而彼则以火车；中西同有驿递，而彼则以电音；中西同有火器，而彼之枪炮独精；中西同有备御，而彼之炮台、水雷，独擅其胜；中西同有陆兵水师，而彼之兵法独长。其他则彼之所考察，为我之所未知；彼之所讲求，为我之所不及，如是者直不可以偻指数。设我中国至此时而不一变，安能埒于欧洲诸大国，而与之比权量力也哉？

然而一变之道难矣！以今日西国之所有，彼悍然不顾者，皆视以为不屑者也。其言曰：我用我法以治天下，自有圣人之道在。不知道贵乎因时制宜而已，即使孔子而生乎今日，其断不拘泥古昔，而不为变通，有可知也。今观中国之所长者无他，曰因循也，苟且也，蒙蔽也，粉饰也，贪罔也，虚骄也，喜贡谀而恶直言，好货财而彼此交征利。其有深思远虑矫然出众者，则必摈不见用，苟以一变之说进，其不哗然逐之者几希。盖进言者必美其词曰：中国人才之众也，土地之广也，甲兵之强也，财力之富也，法度之美也，非西国之所能望其项背也。呜呼！是皆然矣。特彼知人才之众，而不知所以养其人才以为我用；知土地之广，而不知所以治其土地以为我益；知甲兵之强，而不知练其甲兵以为我威；知财力之富，而不知所以裕其财力，开源节流，以出诸无穷而用之不匮；知法度之美，而不知奉公守法，行之维力，不至视作具文。凡此皆其蔽也。故至今日而言治，非一变不为功。

变之之道奈何？其一曰取士之法宜变也。帖括一道，至今日而所趋益下，庸腐恶劣，不可向迩。乃犹以之取士，曰制科，岁取数千百贸然无知之人，而号之曰士。将来委之以治民，民其治乎？故我曰取士之法不变，则人才终不出。

其一曰练兵之法宜变也。今之陆营、水师，其著于籍者，有名而无实。当事者以兵不足恃，又从而募勇，能聚而不能散。今天津驻防之兵至十万，虽足以拱卫神京，翼保畿辅，以壮声威而遏觊觎。而他处海防均须整顿，绿旗满营，水师战舰，皆当易器械，更船舶，使之壁垒一新，而不得仍以戈矛弓矢从事。苟仍其旧而不早为之计，是谓以不教民战，无殊驱之就死地也。故我曰：兵法不变则兵不能强。

其一曰学校之虚文宜变也。今所设教谕训导，小邑一人，大邑两人，虚縻廪粟，并无所事。且其人，类皆阘冗无能，龙钟寡耻，不足为士之表率。书院山长只取声誉，以所荐之荣辱为去留，而每月所课，不过奉行故事而已。是朝廷有养士之名，而无养士之实也。是反不若汉时所立国子监，天下士子犹得读书于其中也。

其一曰律例之繁文宜变也。昔高祖入关，其与民约，不过曰法三章耳。近世之吏，上下其手，律例愈密而愈紊，不过供其舞文弄法已耳。拘牵文义，厥弊日滋，动曰成例难违，旧法当守，而一切之事都为其所束缚驰骤矣。是朝廷有行法之名，而无奉法之实也。是不如减条教，省号令，开诚布公，而与民相见以天也。

凡是四者，皆宜亟变者也。四者既变，然后以西法参用乎其间。而其最要者，移风易俗之权操之自上，而与民渐渍于无形，转移于不觉。盖其变也，由本以及末，由内以及外，由大以及小，而非徒恃乎西法也。

变法下

治天下者，当立其本而不徒整顿乎末，当根乎内而不徒恢张于外，当规于大而不徒驰骛乎小。盖天下气运之开，以时而变；而天下情事之繁，亦以时而异。

试以西法一端言之，今与昔异，而中外之情，亦已阅时而不同。昔者惟在崇尚西法，立富强之本，以为收效即在目前。即泰西人士，亦并以为西学振兴，正在今日。以中国之大而师西国之长，集思广益，其后当未可限量，泰西各国固谁得而颉颃之。今沿海各直省皆设有专局，制枪炮，造舟舰，遴选幼童出洋肄业。自其外观之，非不庞洪彪炳，然惜其尚袭皮毛，有其名而鲜其实也。福州前时所制轮舶，悉西国古法耳，不值识者之一噱。他处所造机捩，转动之妙，不能不赖乎西人之指授。而窥其意，则已嚣然自足，辄以为心思智慧足与西人匹，或且过之而有余矣。夫枪炮则在施放之巧，舟舰则在驾驶之能，行阵之器固不可不利，而所以用利器者则在人也。今公使简矣，领事设矣，皇华之选络绎于道。或恐有仪、秦其人，逞游说以恣簧鼓，而徒以口舌得官者，更恐有夤缘攀附，奔竞钻营，而得附于其间者。所谓才者未必才，所谓能者未必能，徒碌碌因人成事而已。故今日我国之急务，其先在治民，其次在治兵，而总其纲领，则在储材。诚以有形之仿效，固不如无形之鼓舞也；局厂之炉锤，固不如人心之机器也。

朝廷设官西土，要宜郑重其始。一切当以正途人员，苟流品太杂，恐亵国体。其有掣肘之处，则先以西人副之，为之披榛辟莽。至若通商口岸所有中外交涉案牍、往来文移，宜汇辑成书，颁示遐迩，其后更译以西文。一旦有事，当局者可援别案以为折辩之地，而此中亦有所主持，此亦讲求洋务之一道也。总之，凡事必当实事求是，开诚布公，可者立行，不可行者始终毅然不摇。夫天下事，从未有尚虚文而收实效者，翻然一变，宜在今日。

若夫治民必由牧令始，治兵必由团练始。牧令之贤否，则先在慎简督抚，甄别才能，考察勤惰。才者不次迁擢，不才者立予罢黜，此固督抚之事也。至于治兵则难言之矣。宜先改营规，易军制，汰兵额，异器械，必如李光弼之临阵，壁垒一新而后可。然论者必议其更张。蒙则谓今日练兵若不以西法从事，则火舰、火器亦徒虚设耳。不独水师当变，即陆军亦当变也；不独绿营当变，即旗丁满兵亦当变也。且也长江水师与洋海水师不同，我国须于长江水师之外，专设海军，然后内可以防奸，外可以御侮。

储材之道，宜于制科之外，别设专科，以通达政体者为先，晓畅机务者为次。即以制科言之，二场之经题宜以实学，三场之策题宜以时务，与首场并重，庶几明体达用，本末兼赅，此寓变通于转移之中，实以渐挽其风气而裁成鼓励之。四五科之后，乃并时文而废之，则论者不议其骤革矣。肄习水师武备，国家宜另设学校，教之以司炮驾舟、布阵制器，俾其各有专长。习之于平日，用之于临时。其遣发至泰西者，尤不可专在一国，以示兼收而并效。

以上宜力求整顿，勿作具文。民心既固，兵力既强，而后所有西法，乃可次第举行。今日简公使，设领事，岁糜朝廷数十万金，议者或论其太骤，或惜其徒费。不知中外隔阂，非此不能消息相通，未始无裨于大局。特不在其事，而在其人也，此则由乎上善为之用耳。焜耀敦槃，折冲樽俎，必有郭隗、毛遂其人者出焉；衔命中朝，宣威异域，必有班定远、傅介子其人者出焉。

或者以为西法不足恃，何以西人用之，足以雄长欧洲，争衡天下？不知泰西诸邦，国小而民聚，其民心齐而志固，同仇敌忾，素蓄于中。在其国内，各事其事，各业其业，雍雍然其气静谧而专一，故国易以治。夫岂徒恃乎器艺技巧，繁术小慧，遂足以收效也哉？

治　中

我国今日之急务，在治中驭外而已。治中不外乎变法自强，驭外不外乎简公使，设领事，洞达洋务，宣扬国威而已。曩所谓变法者，在创设局厂，铸枪炮，造舟舰，遣发幼童出洋，肄习西国语言文字、器艺学术而已。不知此数者，非不可行，而行之当无徒袭其皮毛。既有枪炮，则当求施放之巧；既有舟舰，则当求驾驶之能。而枪炮之命中及远，舟舰之巩坚神速，新法迭出，精益求精，此则尚未能也，所知者不过向日成规而已。且皆有西匠为之指挥，一旦离之自造，则并所谓皮毛者尚觉其艰。遣发幼童出洋，当不专于一国，且与其多遣俊秀，不如并遣工匠，工匠时少而效速。

此外要当变者，一曰水师，宜立专局训习技能；二曰陆营，宜改营制，汰军额，简丁壮，厚饷糈；三曰战船，宜易帆舶为风轮火轳；四曰器械，宜易弓矢刀矛以火器，而总不外乎以西法练兵。

沿海各省督抚，宜简选熟稔洋务人员，驻扎通商各处。遇有中外交涉之事，所有往来文牍，岁中汇辑成书，颁示遐迩，俾办理者熟览深思，得以窥其涯际，而临事亦有所把持。中外所立和约，亦当锓版颁行，俾官衙上下人役俱持一册，于洋务自无所遁情。夫洋务即时务，当今日而兴言时事，固孰有大于洋务者？一切皆不必讳言，诚能实意讲求，则真才自出，其间又何难睦邻御侮，折冲于数万里以外哉？

今日崇尚西学，仿效西法，渐知以商力浚利源，与西商并驾齐驱而潜夺其权，如轮船招商局之设是也。顾局中经费之裕，全在乎海运。惟海运但可行之于无事之日，而不能行之于有事之秋。至此时而仍由漕运，恐亦不易。夫治河、运漕两大政，办理极难，历朝但图一时之安，而不为后日之计，则以不能万全而无害也。窃谓北方亦富庶之地，京师为首善之区，民以食为天，岂容尽资乎外省？此开垦之法不可不讲。况乎旷地日多，游民日众，安插游民，垦辟旷地，此有司之责也。官地宜仿古者屯田遗意，以所汰老弱之兵，改而为农。开阡陌，深沟洫，兴水利，资灌溉，<u>或济之以西国机器、水火二气之力</u>，务使之三年耕必有一年之蓄，诚有成效，则京师粒食毋俟外求。李伯相行之于天津一郡，其效当有可观也，其他北省荒废之地，亦可饬各督抚仿其法而行之。如近日遇水旱荒灾，饥黎载道，朝廷赈恤维艰，势不能终给，莫若徙流民以实空地，使之自食其力。经费之筹，发自帑项而后计岁分偿，或令商办而使分其利。

辟地之外，则事开矿。辟地，地面之利；开矿，地内之利，二者不可偏废。天不爱道，地不爱宝，而亦当尽人力以求之。且矿务一开，趋者云集，亦所以养济穷民。闽如台郡之煤，粤如惠州之铁，善其章程以为掘取，闽、粤之民何至就食出洋，流离异域？至于栽植莺粟，亦属权宜之用。然当种之于新疆、蒙古土旷人稀之处，而不宜种之于关内也。

治河中外无善法，盖河沙日积，河底日高，河堤不得不高筑以防冲溃。历代相传，不思变通，濒河之民如居河底，霪霖横决，鱼鳖堪虞。今莫若参用西国爬沙之法，疏刷宣通，去其壅积，然后多分支流以杀其势。孟子述禹之治河，亦惟曰疏、曰瀹、曰排、曰决而已。行于内河，当用火轮小舶，亦可藉以运漕。一旦缓急有需，亦可恃以无恐。

此外，最要者则曰治民，当责其成于牧令。而先于慎简督抚，俾其黜陟贤否，甄别才能，行久任之法，立不资之赏。当使视民事如己事，务实心以行实政，而天下自无不治矣。

凡此治中之道，皆所以尽其在我而已。至于所以驭外者，不难在重洋之衔命，而先难在内地之抚柔。泰西诸国，自西东来，初由印度而东粤，继由东粤而开五港，旋由五港而增至十有三港。今则长江添设六口，直达重庆而至云南，中国境中必为西商传教人足迹所遍。至若西商传教人等，安分守法，归我管辖，虽遍至各处，亦复何虑？无如旅于中土之西人，每多恃势凌人，我国绅民又鄙之以为不屑，变故日生，是可虞也。泰西之例，商民至其国境犯法，即归其国官员审办。西廷以中国鞫案动用刑罚，是以此例不行。据烟台和约，自后中西商民争讼，交被告人官员办理，如西人控华人则归华官，华人控西人则归西官。时势所逼，未尝不是。惟是中律严，西律轻，且彼官知中律者多，我官明西律者少。即彼此秉公鞫断，涉讼之民难保无怨声，矧未必然耶？民间积怨生愤，嫌隙日多，纵当道能弥缝于目前，难免不龃龉于日后，而又益之以彼教之大拂乎民情也。泰西诸国中以英、法最为雄鸷，诸国亦仰以为领袖。法在今日虽未遑外顾，然观其在越南布置经营，其虑甚远，正未可以目前之暂蹶而轻之也。惟法之举动必以英为枢纽，故言驭外者，意多专注于英。英在今日，闽、粤、江、浙、皖、楚、川、滇、山、直、沈、辽，以及西藏、新疆，皆为其足迹之所至。观英人向者曾与喀什噶尔酋目立约通商，或传言其并售喀酋以枪炮。夫喀酋为我国叛人，英廷既与中朝和好，岂不自知其不宜出此欤？盖英之结好喀酋，意亦在由印度以达云南也，其思深虑远也如此。若是，则变法自强庸可缓乎？

夫治中即所以驭外。器精用足，兵练民固，而加之星使分驻各邦，消息相通，呼吸互应，诸国有不咸遵王度，共凛约章者乎？

洋务上

呜呼！今日之所谓时务、急务者，孰有过于洋务者哉？四十年来事变百出，设施多谬，有心人蒿目时艰，辄为扼腕太息。夫国家之一举一动，所以多左者，由于未能熟悉泰西之情，而与之往来交际也。

中外语言文字，迥然各别，彼处则设有翻译官员，及教中之神父、牧师，效华言，识汉字，留心于我国之政治，于我之俗尚、土风、山川、形势、物产、民情，悉皆勒之成书，以教其国中之民。而向时中国之能操泰西言语，能识英人文字者，当轴者辄深恶而痛嫉，中国文士亦鄙之而不屑与交。而其人亦类多赤贫无赖，浅见寡识，于泰西之政事得失、制度沿革，毫不关心。即有一二从其游者，类皆役于饥寒，仰其鼻息，鲜有远虑，足备顾问。盖上既轻之，则下亦不知自奋也。因是，于其性情日益隔阂，于其国政、民情终茫然罔有所知。通商十余年来，无能洞悉其情状，深明其技能，抉其所短而师其所长。询以海外舆图，则以为非我所当知，或以为洋务一端自有主者，非我所能越俎。一旦交涉事起，局促无据，或且动援成例以为裁制，此事之所以多决裂也。如是则谓中国之无人才也可。

西人凡于政事，无论巨细，悉载日报，欲知洋务，先将其所载各条一一译出，日积月累，自然渐知其深，而彼无遁情。国家亦当于各口岸设立译馆，凡有士子及候补人员愿肄习英文者，听入馆中，以备他日之用。果其所造精深，则令译西国有用之书。<u>西国于机器、格致、舆图、象纬、枪炮、舟车，皆著有专书，以为专门名家之学，苟识其字、通其理，无不可译。</u>如此，则悉其性情，明其技巧，而心思材力之所至，何不可探其秘钥哉？将见不十年间，而其效可睹已。

此皆余二十七八年前之所言也，时在咸丰初元，国家方讳言洋务，若于官场言及之，必以为其人非丧心病狂必不至是，以是虽有其说，而不敢质之于人。不谓不及十年，而其局大变也，今则几于人人皆知洋务矣。凡属洋务人员，例可获优缺，擢高官，而每为上游所器重，侧席谘求。其在同僚中，亦以识洋务为荣，嚣嚣然自鸣得意，于是钻营奔竞，几以洋务为终南捷径。其能识英国语言文字者，俯视一切，无不自命为治国之能员、救时之良相，一若中国事事无足当意者。而附声吠影者流，从而嘘其焰，自惜不能置身在洋务中，而得躬逢其盛也。噫嘻！是何一变至是也，是岂天道循环，人事变迁，应出于是哉？此我在二十七八年前，所未及料者也。

特我谓今之自谓能明洋务者，亦尚未极其晓畅也。今日者不过相安于无事耳，求无不遂，请无不行，以谨凛之形观骄盈之色。其所称建制船舶，铸造枪炮，开设机器，倡兴矿务，轮舶之多遍至于各处，一切足以轶乎西人之上而有余。富国强兵之本，当必以此为枢纽，讲求西法，千载一时。不知此特铺张扬厉语耳，求其实效，仅得二三。有明之季，西洋人士航海东来，多萃处于京师。汤若望曾随李建泰出师，军中铸有西洋大炮，《则克录》一书著于此时，泰西能敏之人所在多有，亦无救于明亡，盖治国之要不系于是也。

<u>欲明洋务，尤在自强；自强之效，则在治民练兵。</u>治民先在简择牧令，练兵先在整顿团练。盖先尽其在我，而后人无不服。我固能操必胜之权而立于不败之

地，则人自然就我范围而莫或敢肆。

实至名归，其道然也。试观《万国公法》一书，乃泰西之所以联与国，结邻邦，俾众咸遵其约束者。然俄邀诸国公议行阵交战之事，而英不赴，俄卒无如之何。此盖国强则公法我得而废之，亦得而兴之；国弱则我欲用公法，而公法不为我用。

呜呼！处今之世，两言足以蔽之：一曰利，一曰强。诚能富国强兵，则泰西之交自无不固，而无虑其有意外之虞也，无惧其有非分之请也。一旦有事，不战以口舌则斗以甲兵，不折冲于樽俎则驰逐于干戈。玉帛烽燧，待于二境，惟命之从。不然，讲论洋务者愈多，办理洋务者愈坏，吾诚未见其可也。

洋务下

呜呼！至今日而谈洋务，岂易言哉？至此几于噤口卷舌，而绝不敢复措其手足。盖洋务之要，首在借法自强。非由练兵士，整边防，讲火器，制舟舰，以竭其长，终不能与泰西诸国并驾而齐驱。顾此其外焉者也，所谓末也。至内焉者，仍当由我中国之政治，所谓本也。其大者，亦惟是肃官常，端士习，厚风俗，正人心而已。两者并行，固已纲举而目张。而无如今日所谓末者，徒袭其皮毛；所谓本者，绝未见其有所整顿。故昔时患在不变，而今时又患在徒变。

十六七年前，窃尝欲中国仿行西法，其言曰：以其所长，夺其所恃。故火器用于战阵，舟舰用于江海，语言文字用以通彼此之情。逮乎同治初元，李伯相经略江左，始有江南制造局之设，丁中丞仿铸西炮，用以击贼，旋收厥效。然后，福州船政局相继并建，天津、粤东亦仿行焉。并时上海有广方言馆，广州有同文馆，而京师亦设天文馆。又有出洋肄业幼童百二十人，往学于美。骎骎乎日盛一日焉。宜乎西法之用，可以颉颃乎西人，然而未也。

顾事求其渐精，而道无贵乎欲速，安知后日之遽不如西人哉？而我特虑其始勤终怠，畏难苟安，至于异日，或以无益而罢，或以经费不足而裁，盖在乎当轴者之转移推变耳。盖以西法为可行者，不过二三人；以西法为不可行、不必行者，几于盈廷皆是。或惧其难以持久者此也。

且西法之明效，犹未大著于国中，所行者不过在沿海数省而已。即如军士之练习洋枪者甚少，其余悉以成法，而文武取士两途，终不知变也。夫枪炮在乎燃放，舟舰在乎驾驶。今营兵悉以长矛、藤牌为从事，武科悉以弓石刀以区优劣、定去取，或有所更，则必曰：此营规不可易，大典不可改也。是则陆兵未知西法也。今水师仍以拖船及中国各式小舰，徒事虚縻，无济实用，材质既薄，风浪难胜，猝至洪涛巨浸中已不能自主，况乎其临行阵，习战斗，纵横轰击，以出于必胜哉？是则水师未尝知西法也。

兹必使营兵改用洋枪，水师改用轮船，洋枪之外则练炮队，轮船之外则驶铁甲，按期演练，务极其精。武废弓石，而分为水陆两途；文废时文，而分数途以拔取。每省、每郡、每州、每邑，由国家设立文武学塾，以为训习，所以为储材之地，或即以书院改作。如是，方不至所习非所用，所用非所长。

今教官则为冗员，而书院竟成虚设。岁以时文取士，特不知时文究属何用，居然名之曰士，而其实则一物不知也。岁取数千数百之士，实则岁多数千数百贸然无知之人而已矣。夫取士之道，当取之宽而用之严，今则反是，泥沙与珠玉并进也，而又广其额，促其期，于是天下遂无真士。呜呼！此真可为痛哭流涕长太息者也。

不废时文，人才终不能古若，而西法终不能行，洋务终不能明，国家富强之效终不能几。夫废时文，非为习西法也，经以裕其学，史以博其识，考舆图，明象纬，然后能知古而通今。否则，以有用之心思置之无用，不可惜哉？而本根所系，则在乎孝弟忠信、礼义廉耻，必先以士始。朝廷之所以重士者在此，而民自无不兴起矣。士能如此，及其出而仕于朝，必有足观矣。风俗厚，人心正，可使制梃以挞秦、楚之坚甲利兵矣，西法云乎哉，而西法自无不为我用矣。此由本以治末，洋务之纲领也。欲明洋务，必自此始。

变法自强上

呜呼！余今者观于中外交涉之故，而不禁重有感焉。泰西诸国通商于中土，亦既三十余年矣，而内外诸当事者，多未能洞明其故，若烛照数计而龟卜，其于利害之所系，昏然如隔十重帷幕。其有规恢情势，斟酌时宜，能据理法以折之者，虽未尝无人，而不知彼之所谓万国公法者，必先兵强国富，势盛力敌，而后可入乎此。否则束缚驰骤，亦惟其所欲为而已。

故知乎此，则惟先尽其在我者，而后徐及其他。如讲求武备，整顿海防，慎固守御，改易营制，习练兵士，精制器械，此六者实为当务之急。而文武科两途皆当变通，悉更旧制，否则人才不生。其次则在裕财用，如开矿铸银，尚机器，行纺织，通商于远许，贸易于国中者，皆得以轮舶，而火轮、铁路、电气、通标，亦无不自我而为之。凡泰西诸国之所眈眈注视，跃跃欲试者，一旦我尽举而次第行之，俾彼无所觊觎艳羡其间，此即强中以驭外之法也。

上之所好，下必甚焉，雷厉风行，安见其有不可者？设或不然，动遵故例，拘守成法，因循苟且，不知变迁，则我中国当自承其弊。何则？泰西诸国之群集而环伺我者，有迫之以不得不然之势也。且此之所变者，特其迹焉而已，治国之道固无容异于往昔也，如是，谓之战胜于朝廷。况乎当今之时，处今之势，固非闭关自大时也。

泰西诸国之入居中土，有公使，有领事，有水师，有陆兵，战舰艨艟不绝于道。而我国之至西土者，落落如晨星，其有折冲乎樽俎、辉煌于敦槃者，未闻有人也。其达彼此之情意、通中外之消息者，则有日报，时或辨论其是非，折衷其曲直。有时彼国朝廷采取舆论，探悉群情，亦即出自日报中。窃以为此亦可从而仿效者也。中外交涉之事，时时可刊之日报中，俾泰西之人秉公持论其间，是岂无所裨益者与？

欧洲近日情形，其强弱大小，亦已了然如指上螺纹。普、俄、英、法，此四国者，皆于中土关系至重者也。三十年前所患者在英、法，而在今日所患者尤在普、俄。俄之于北方，如黑龙江，如新疆，固已形见者也。普则犹未著其端倪，迩者以晏拿帆船遇害被劫一事，普国立意索偿。识者以为交邻之道，玉帛、干戈二者实相倚伏。盖和则以玉帛相将，战则以兵戎相见，理无两立，事不并行。然则图治其间者将奈何？则将应之曰：开诚布公，相见以天，必谨必速，毋诈毋虞，又何患之有？至于英、法东来，皆于东南洋设立埠头以为外府，而普、俄则无之。今俄方注意于北方，筹度经营，未遑兼顾。普则欲图之久矣，特无间可乘耳。诸国通商之局，英为最巨，设一旦兵事或起，岂独无所碍欤？不知英固早计及乎此也。普、俄之骎骎驰骋于中土，岂英、法之所喜？特恐一旦事势所会，即英、法亦有不得不退听者。浸假普、法释嫌，英、俄结好，此固欧洲之福，而天下之深忧。

总之，欧洲升平之局，识者以为恐未能持久，而亚洲变故之生，亦岂人事之所能逆亿。惟先尽其在我，以听之于天而已。尽其在我，则莫先乎变法自强。今日之当变者有四：一曰取士，二曰练兵，三曰学校，四曰律例。

变法自强中

然则取士当若何？曰：欲得真才，必先自废时文始。夫人幼而学，壮而行，出其家修，即为廷献。今乃以无用之时文，为进身之阶，及问其何以察吏，何以治民，则茫然莫对也。所习非所用，所用非所长，则何不以有用之时，讲有用之学？大抵必如前代科目法，区为数门，首曰孝弟贤良，次曰孝廉方正，三曰德著行修，四曰茂才异等。此四者皆由乡举里选，国家不必试其文章，但当优其奖励，以厚风俗，以端教化。至所以考试者，曰经学，曰史学，曰掌故之学，曰词章之学，曰舆图，曰格致，曰天算，曰律例，曰辨论时事，曰直言极谏，凡区十科，不论何途以进，皆得取之为士，试之以官。至武科，亦宜废弓刀石而改为枪炮。其上者则曰有智略，能晓悉韬钤，深明地理，应敌之机，制敌之命；其次曰勇略，能折冲御侮，斩将搴旗；其次曰制器，造防守之具，明堵御之宜，其建筑炮台、制造机器，悉统诸此，务足以尽其所长。凡此文武两途，兼收并进，务使野无遗贤，朝无幸位，而天下之人才自然日见其盛矣。

然则练兵当若何？曰：陆营必废弓矛，水师必废艇舶，而一以枪炮为先，轮船为尚，然后兵可强也。其为兵曰步兵、骑兵，其为队曰枪队、炮队。平日练之，自无不精；临时用之，自无不准。而后命中及远，足以攻坚而蹈瑕。水师则首在乎驾驶，必其能冲涉波涛，稔悉台飓，测量风云沙线，足寄以众人之命，乃可充其任也。其船之小者用于内河，船之大者用于沿海，至铁甲战舰用以守御，无不资水火二气之力，而专恃双轮之迅驶。惟其驾之已稔，自必操之在握，而后渡海入洋，足以御风而破浪。陆营、水师之练兵，一以西法为南针，必使其心志定，步伐齐，队伍肃，常若临大敌而可用也。此外汰冗兵，减军额，厚饷糈，俾足有以养赡其身家。驻防之兵居于营屋，一仿西国之制度，然后营汛各兵方非虚设。兵勇之外益以团练，依古守望相助之法。平日按期练兵，无得间断，而近地团练民兵，亦可入而学习。如是则兵皆可用之兵，而民亦可用之民，一旦有事，不至于仓皇无措。而民与兵和，兵与民习，亦不至兵民相凌，至生事端。能如是而兵不强者，吾弗信也。

然则设立学校，以收教士之实效，当若何？曰：学校书院之设，当令士子日夜肄习其中，必学立艺成而后可出也。其一曰文学，即经史、掌故、词章之学也。

经学俾知古圣绪言，先儒训诂，以立其基；史学俾明于百代之存亡得失，以充其识；掌故则知古今之繁变，政事之纷更，制度之沿革；词章以纪事华国而已。此四者，总不外乎文也。其二曰艺学，即舆图、格致、天算、律例也。舆图能识地里之险易，山川之厄塞；格致能知造物制器之微奥，光学、化学悉所包涵；天算为机器之权舆；律例为服官出使之必需，小之定案决狱，大之应对四方，折冲樽俎。此四者，总不外乎艺也。文、艺两端，皆选专门名家者以为之导师，务归实用，不尚虚文，辨论时事，直言极谏。此二者，以觇其作吏之断裁，立朝之风节而已。于是士有以教，亦有以养，自无不奋矣。此外则有武备院、繁术院，用以教武科营弁，使之各成其材。

然则废律例之繁文，而用律例之精意，当若何？曰：今天下之所谓吏者，必尽行裁撤而后可。内自京师，外至直省，大自六部，小至州县，举二百余年来牢不可破之积习，悉一扫而空之。而以为士之明习律例者，以充其任，甄别其勤惰，考校其优劣，三年无过，授以一官，以鼓励之。凡昔日之拘文牵义，以一字为重轻，借片言为轩轾，得以上下其手者，悉付之于一炬而后大快。州县监狱，必大加整顿，罪囚拘系无得虐待，夏冬之间所以体恤罪囚者，毋作具文。州县胥役，限以定数，毋得逾百人。凡此者，皆所以扩清积弊也。

变法自强下

居今日而论中州大势，固四千年来未有之创局也。我中朝素严海禁，闭关自守，不勤远略，海外诸国至中华而贡献者，来斯受之而已，未尝远至其地也。以故天下有事，其危常系西北，而不重东南。自与泰西诸国通商立约以来，尽舟航之利，历环瀛之远，视万里有如咫尺，经沧波有同衽席，国无远近，皆得与我为邻。如英，如俄，如普，如法，皆欧洲最强莫大之国也。今以中国地图按之，则俄处西北，最为逼近；西南有英属之印度，毗接云南；而法兵业驻越南，则南界又复连属。诸国并以大海为门户，轮舟所指，百日可遍于地球。于是纵横出入，骎骎乎几有与中国鼎立之势，而有似乎春秋时之列国。惟是中国方当发、捻、回、苗之扰，前后用兵几二十余年，甫经平定。然则以艰难拮据之际，而与方盛之诸强国相邻，设非熟思审处，奋发有为，亟致富强，以图自立，将何以善其后乎？

夫风会既有不同，即时事贵知所变。日本，海东之一小国耳，一旦勃然有志振兴，顿革平昔因循之弊，其国中一切制度，概法乎泰西，仿效取则，惟恐其入之不深。数年之间，竟能自造船舶，自制枪炮，练兵、训士、开矿、铸钱，并其冠裳、文字、屋宇之制，无不改而从之。民间如有不愿从者，亦听焉。彼以为此非独厚于泰西也，师其所长而掩其所短，亦欲求立乎泰西诸大国之间，而与之较长絜短，而无所馁也。否则，行舟于海，彼则用轮而我则用帆，迟速不同矣；行兵于行阵，彼则用枪炮而我则用刀矛，命中制胜又不同矣。彼以训练节制之师，我以跳荡拍张、漫无纪律之士当之，乌有不败者哉？此强弱之不同也。彼则出地宝，扩财源，而我任听其然，不知搜取，徒知征之于民而已，此贫富之不同也。故日本乃亟思变计也，然则我中国曷不返其道而行之哉？我中国地大物博，幅员之广，财赋之裕，才智之众，薄海内外皆莫与京。溯乎立国规模，根深蒂固，但时异势殊，今昔不同，则因地制宜，固不可不思变通之道焉。

其道奈何？曰：毋因循也，毋苟且也，毋玩愒也，毋轻忽也，毋粉饰也，毋夸张也，毋蒙蔽也，毋安于无事也，毋溺于晏安也，毋狃于积习也，毋徒袭其皮毛也，毋有初而鲜终也，毋始勤而终怠也。必有人焉，深明制治之道，周知通变之宜而后可。否则，机器固有局矣，方言固有馆矣，遣发子弟固往美洲攻西学矣，行阵用兵固熟练洋枪矣，而何以委靡不振者仍如故也？洞明时变大有干谋者，仍未能见其人也？徒令论者以为西法不足效而已，或以为縻费也，或以为多事也，或以为无益于上而徒损于下也。呜呼！是非西法之不善，效之者未至也，所谓变之之道未得焉。彼言者直坐井窥天，以蠡测海耳，西法必不受过也。且夫西法者，治之具，而非即以为治者也。使徒恃西人之舟坚炮利，器巧算精，而不师其上下一心，严尚简便之处，则犹未可与权。盖我所谓师法者，固更有进焉者矣，彼迂腐之儒又何足以知之哉。

说者又谓中朝制度迥越寻常，前代谟猷姑勿具论，即如我国家康、雍、乾三朝，圣德兵威，奢惕殊俗，式廓版图，讫乎化外，而一时简贤任能，张弛互用，三代以下不逮焉，复何论乎汉、唐？今诚一意讲求，励精图治，先有以明天下兵民之志，而后规复河运，酌禁鸦片，则闭关谢客，亦何不可自固我圉，而奚必鳃鳃焉学习西法也哉？子之所云，适足以贻笑于豪杰之士而自点耳。不知时之所尚，势之所趋，终贵因事制宜，以权达变。天时人事，皆由西北以至东南，故水必以轮舟，陆必以火车，捷必以电线，然后全地球可合为一家。中国一变之道，盖有不得不然者焉。不信吾言，请验诸百年之后。

兴 利

中国地大物博，于地球四大洲中最为富强，特当轴者不能自握其利权，自浚其利薮，而亟为之兴利焉耳。迂拘之士动谓朝廷宜闭言利之门，而不尚理财之说。中国自古以来重农而轻商，贵谷而贱金，农为本富而商为末富。如行泰西之法，是舍本而务末也。况乎中国所产足以供中国之用，又何假外求而有俟乎出洋贸易也哉？呜呼！即其所言农事以观，彼亦何尝度土宜，辨种植，辟旷地，兴水利，深沟洫，泄水潦，备旱干，督农肆力于南亩，而为之经营而指授也哉？徒知丈田征赋，催科取租，纵悍吏以殃民，为农之虎狼而已。徒有其名而无其实，又复大言而不惭，此真今日士子之通病也。如是天下何由而治？盖富强即治之本也。仓廪实而知礼节，衣食足而知荣辱，民既能自谋其生以优游于盛世，自然可静而不可动，故舍富强而言治民，是不知为政者也。西北之地，古帝王之所兴，建都立业，南向以驭天下，初何尝转输于东南？今河道日迁，水利不讲，旱则赤地千里，水则汪洋一片，民间耕播至无所施。此当相地所宜，而为民谋生聚之道，使其所产足以自给，或种木棉，或兴织纴，以补其所绌，亦或一道也。

利之最先者曰开矿，而其大者有三。一曰掘铁之利。中国产铁之处不可胜计，盖矿中有煤则必有铁。今中国业经设立船厂、炮局、机器所，无不需铁以资熔铸，必取之于英，是以利畀外人也。今我自开铁矿，则一可省各处厂局无穷使费，二可铸造枪炮，建制铁甲、战舰、火轮、兵舶，三可创造各种机器，四可兴筑轮车铁路，而亦可售之于西人，以夺其利。一曰掘煤之利。中国煤矿遍处皆是，西人向者曾遣格致之士细行考察，知中国一省之所产，足以抵欧罗巴一洲而有余。开矿出煤，于中西皆有裨益。何则？西国轮舶往来中土，其所用之煤皆自远运至，其费不赀。一旦设有不给，轮船即不可行，贻误非轻。若中国有煤，则彼取资甚便。西人每请中国开煤矿而不请中国开铁矿，其深谋秘虑，已可窥见其隐。英人本国虽仅屹然三岛，而以煤铁之利雄于欧洲，其煤铁多贩运于各国。中国既有煤铁，则彼贸易亦必稍减。且我有煤铁，而出口之价稍昂，彼亦无如我何，而我得以独收其利矣。一曰开五金之利。云南产铜，山东、山西产金，而烟台一带尤旺，粤东产水银，四川产银。此法人近日周历其地而知之，曾已绘图贴说，邮寄其国。中国诚能亟为开掘以足国课，而广铸金、银、铜三品之钱以便民用，俾易于流通，又何必全恃西国之银圆欤？

其次曰织纴之利。织纴必以机器为先，事半而功倍，巧捷异常，而其利无穷。宜度各省所有之物产而设立机房，如织绒则设于天津、直隶，以取口外之羊毛，织布则设于上海、苏州，以就其地之木棉，织绸则设于湖郡、杭州，以购其地之蚕丝。西人贸易于中土者，不过以匹头为大宗。若我自织，则物贱而工省，且无需乎轮船之转运，其价必贬，西人又何能独专其利欤？

此外则一曰造轮船之利。令民间自立公司，购置轮船，用以往来内河，转输货物，装载人客，既无虞乎盗贼，亦不费乎日时，此皆轮船之小者也。其大者，亦可上溯乎长江而远至于外洋，载运各货以贸易于欧洲各国，久而行之，其利自溥。

一曰兴筑轮车铁路之利。今南北道阻，货物贱之征贵，贵之征贱，每苦其贩运之烦，劳道途之辽远。自有轮车，而远近相通，可以互为联络，不独利商，并且利国。凡文移之往来，机事之传递，不捷而速，化驰若神。遏乱民，御外侮，无不恃此焉。如谓敌国资其铁路而反可长驱直进，适以因之自敝。此殆不然。铁路虽蜿蜒千里，轮车虽势若奔电，而去其寻丈之路，即车不能纳轨，轮不能骤驰，或投石而斩木焉，即为之阻，又何虑之有？

或谓开矿则足以扰民，是鉴于明代之失，而因噎废食也。夫岂无善法以维持之欤？或曰机器行则夺百工之利，轮船行则夺舟人之利，轮车行则夺北方车人之利。不知此三者，皆需人以为之料理，仍可择而用之，而开矿需人甚众，小民皆可藉以糊口。

总之，事当创始，行之维艰，惟能不惑于人言，始能毅然而为之耳。诸利既兴，而中国不富强者，未之有也。

设电线[1]

中国急务在于裕商力，修兵备，固边防，造战舰，筑车路，设电音。六者难以一时并举，要当次第倡行。留心时事者，已不惮词费，刺刺不休，而闻者抑亦耳熟能详，几目为老生常谈矣。虽然，时未至而议筹办，则嫌过于张皇也；时既

---

[1] 本文原以"中国宜亟设电报论"为题刊载于光绪六年二月二日（1880年3月12日）《循环日报》，收入《弢园文录外编》时，文字略有改动。

至而犹有待，则将坐失事机也。过于张皇则劳民伤财，反贻讥于作无益以害有益；坐失事机则纵敌玩寇，终必至于进难战而退难守。譬如弈棋，一子错下，则全局俱失。所关非小，不可不察也。我国家近拟于各省整顿海防，诚却敌之谋，安邦之策，然亟宜筹办者则莫如电线。

夫电线传递信息，最为神速，夫人知之。然亦知海防非得此，无以侦寇踪而集战舶乎？夫沿海险隘，有炮台而无战舶，则炮台亦成钝物；有战舶而无电线，则战舶亦属玩器。何则？中国海疆辽阔，各省险要之区，即分兵驻守，而每苦于势分而力薄。若与敌国构衅，彼得窥探我之虚实，猝来攻击，所恃者有战舶以往来游弈，分途救护耳。然购造一战舶，动费十数万金，各省只可筹设三五艘，藉资防守，又必分泊各处，期秉其厄塞，壮其声势。若是则敌人何难侦知我船泊在何处，潜约其船，猝出不意，合而攻我。苟无电线以报警，则各省无由得知，何能倍道来援？一船有失，所费不赀，而各处为之夺气，此则事之最可危者也。且无电线，而敌船窥探海道，倏忽出没，亦难以追踪而蹑迹，不能预约水师为遏防，阴有以销其觊觎之心，显有以沮其侵伐之计，是又非所以弭患于无形，防害于已著也。欧洲之国，英、俄形势可称劲敌，论巧则俄不如英，量力则英不如俄，两相当亦两相忌也。两国水师当无事时，彼此蹑后，互相窥伺动静。倘俄以两艘兵舶出海，英亦以两艘或三艘随而缀之，英之兵舶出海，俄亦如是，随时以电线传报信息，刻刻预备，隐如开仗者然。故两国虽不相下，而均无罅隙可乘，终不能得所藉手以求逞志也。

今者中国时局日异而岁不同，倭则狙伺于东南，俄则虎视于西北。若不设法，亟使中原各处势成常山之蛇，率然首尾相应，腹背相护，则一处有警，将全省震动；一省有事，将天下惊惶，何以使海波不扬，烽烟永熄也哉？津沽为水道入京门户，宜先由海底建一电报，通于两江、吴淞等处，由是而浙、闽，由是而粤东。凡属海疆重地，莫不建设周密，四通八达，无远弗届，务期消息瞬息可通。无事则各国战船驶进入口，立刻报知督抚大员，以便速派师船侦其何往，察其何为；有事则专报军情，或往援以歼敌，或犄角以壮威，或要截其来助之船，或袭击其撤退之卒。则敌虽勇悍善战，而深入重地，未必遽能得志也。且各国公使皆聚于京师，遇有交涉之事，办理稍形龃龉，动辄下旗决战，立发电音回国，调取兵船，专事恫喝。若无电线，则各省大吏茫未有知，即知亦难刻期集事，而仓猝之际，被其蹂躏者必多矣，观于道、咸年间故事，即可恍然悟矣。然则电线一事实关至要，不当乘时亟设也哉？

洋务在用其所长

呜呼！天下大矣，人才众矣，未得以囿于一方，限于一国，稍有所知，辄嚣然而自足也。泰西诸国，通商中土四十余年。其人士之东来者，类多讲求中国之语言文字，即其未解方言者，亦无不于中土之情形了如指掌，或利或弊，言之无不确凿有据。而中国人士，无论于泰西之国政民情、山川风土，茫乎未有所闻，即舆图之向背、道里之远近，亦多有未明者。此固无足深怪，独不解其于中国之事，如河漕、兵刑、财赋诸大端，亦问之而谢未遑焉。何则？时文累之也。即有淹博之士，亦惟涉猎群圣贤之经籍，上下三千年之史册而已。故吾尝谓，中国之士博古而不知今，西国之士通今而不知古。然士之欲用于世者，要以通今为先。

今日中国之所以治内者，在练兵法，达民情；所以治外者，在御侮而睦邻。此四者要不过综其大纲，其余如通商理财、制器成物，亦当次第举行。夫我中国乃天下至大之国也，幅员辽阔，民族殷繁，物产饶富，苟能一旦奋发自雄，其坐致富强，天下当莫与颉颃。顾富强之效，则在开矿辟地，造电气通标，筑轮车铁路，俾中国之大，远近可以互相联络，仓卒有变，调兵遣舶，数日而至。其险要之处，则以重兵扼守，汰冗军，练劲旅，通中国之地，以雄兵三十万守之，可以无敌于天下，强邻悍国虽有觊觎，亦不敢发。自此，可措天下于磐石之安，而致苞桑之固。

今欧洲诸国，通商中土，跋扈飞扬，几不可制。凡有所要求干请，强以必从，其骄凌桀骜之气，常若俯视一切。何则？以交际之道未得也。苟能开诚布公，可者予之而不可者拒之，即至万不得已而用兵，亦可有恃以无恐。能如是，诸国亦谁敢侮我者？虽然，睦邻之道亦不可不讲也。遣使驻都，设立领事于贸易之地。民间往来内河，尽许用轮船。有出洋贩运于诸国者，华官皆为之保卫，或为先路之导。此外开矿务，垦旷地，筑铁路，皆与民共其利，务俾民情得以自达，而不至于上下隔阂，则民间忠义之气自能奋发于无形。

泰西各国制造电线，由其国都以达中土，邮筒传递，顷刻可通，而中国独无之，未免相形见绌矣。故中国而有志振兴，及今尚未晚也。近日一二西人以其所知教导我国之人，不可谓非热心锐志者。苟能师各国之所长，兼收并蓄，悉心致志，务在探其阃奥，而勿徒袭其皮毛，安见其遽出西人下哉？美为泰西之雄国，其所建电气通标，独多于各邦，而美国总统尚以大西洋海底虽有电报相通，往来香港，然乃英国所设，报赀甚重。不若新筑电线于太平洋，通日本以达中土，则美邦独擅其利，而秘事不至于外闻，又岂复受英人之所制？由是观之，美人之谋国，思深虑远如此。其欲造电线也，计自嘉厘符尼亚邦而至哈维岛约六千二百四十里，由哈维岛至般宁岛约九千七百二十里，自般宁岛至日本之横滨约一千五百里，自横滨至上海约三千七十五里。其道之纡回辽远，总计二万一百九十里，功程浩大，可谓不惮其难者矣。然则我中国，即于电线一节已远不及泰西，复何论其他？乃犹鳃鳃然侈口夸示于人，谓能仿效西法，采取众长，不且贻笑于远方也哉。呜呼！何不返而自思，以力图振作也欤。

建铁路

电气通标，轮车铁路，西国以为至要之图，而中国以为不急之务，且以为中国断不能行，亦断不可行。或谓愚民惑于风水之说，强欲开辟，必致纷然不靖，是以利民者扰民也，此不宜者一也。或谓轮车之路，凿山开道，遇水填河，高者平，卑者增，其费浩繁，将何从措，即使竭蹶而为之，徒足以病民而害国，此不宜者二也。

呜呼！是殆中国未之行耳，中国之民未之见耳。设使由少以成多，由近以及远，暂行试办，安见其必多窒碍乎？吴淞车路之成，英国大臣闻之，设宴相延，为中国捧觞称庆，以为此不过小试其端，而往来之盛，驰行之捷，俾民间见之，知其意美法良，所愿将来推行尽利，中国十八省中无不皆遍，则四通八达，商贾之转输无阻，信音之邮递匪遥，其为裨益于民生国计，岂浅鲜哉？盖开通铁路，既为中国之利，而通商于其地之诸国，亦无不利，岂独英一国为然哉？今计英国一国之中，所有铁路里数，回环曲折，各处相通，约略五万余里。建造之费计金钱七百十八兆镑，每岁往来之客计不下五百有七兆，其所收之赀约金钱六十兆镑，而除经费之外，可溢余利二十五兆有奇。西国之例，铁路属于公司者则余利归于公司，属于国家者则归于国家，而赁地之项，公司当按岁输于国库。或国家有军旅之事，铁路归于国家统辖，若为敌国所毁，则事平偿其所值。且地属国家，国家欲出赀购诸公司，亦无不可。故轮车铁路之利国利民，莫可胜言。且铁路之所至，亦即电线之所通，其消息之流传，顷刻可知。况乎轮车载客之利少而载货之利多，一岁中贸易场中所获之利，不知凡几。公司所得赢余不过二十五兆，若较之客商，百分中之一耳。且国家于有事之时，运饷糈，装器械，载兵士，征叛逆，指日可以集事。何则？以兵警军情传递甚速，彼此应援，捷于呼吸也。然则轮车铁路安见其不可行哉？英国、中土，易地皆同也。

况乎今日泰西通商中土，骤增口岸，轮舟之利已穷矣。外海则自潮琼而达于沈辽，长江则自镇江而迄乎重庆，凡轮舟所能至之地，无不至焉。吾谓创建轮车铁路，即权舆于此矣。何则？长江一带，许其建埠头载货物者凡六城，则以后小火轮船必将络绎于长江，或将伺间乘隙，请入内港。所设领事远在云南，由大理而至重庆，相距尚遥，非以车路通之不能捷达，势必由云南以至重庆，由重庆以至汉口，由汉口而分南北两途以达于各处。十余年前，轮车铁路公司早已绘图贴说，志在必行。英国驻京公使以英商之意未免出之太骤，故未代为之请，明知请之必不能行也。今则凡可以用轮船者，无不为英商足迹之所已经，而所专心致志者，则在轮车而已。使其小为经营，必先试行于通商口岸，以利往来，上海吴淞其已事可援也。

夫天下事，未有不受之以渐而图之以豫者，惟明者能料之于先，识者能见之于著。三十年之后，其事机又将一变乎？或者谓轮车铁路未尝不利于国家，便于商贾，与其因西商之请而为之，不若我中国之自为。然而执持成法，拘泥宪章者，恐其议格不能行也。审势揆时，非出自西人，则中国断不自为之耳，此贾生所为痛哭流涕长太息者也。

中国近代科学先声
ZHONGGUO JINDAI KEXUE XIANSHENG

汉阳铁厂

27

张之洞

筹设炼铁厂折[1]
（1889）

光绪十五年八月二十六日

窃以今日自强之端，首在开辟利源，杜绝外耗。举凡武备所资枪炮、军械、轮船、炮台、火车、电线等项，以及民间日用、农家工作之所需，无一不取资于铁。两广地方产铁素多，而广东铁质尤良，前因洋铁充斥，有碍土铁，经臣叠次奏请开除铁禁，暂免税厘。复奏免炉饷，请准任便煽铸，以轻成本而敌侵销。多方以图，无非欲收已失之利，还之于民。查洋铁畅销之故，因其向用机器、煅炼精良，工省价廉。察华民习用之物，按其长短、大小、厚薄，预制各种料件，如铁板、铁条、铁片、铁针等类，凡有所需，各适其用。若土铁则工本既重，熔铸欠精，生铁价值虽轻，一经炼为熟铁，反形昂贵。是以民间竞用洋铁，而土铁遂至滞销。以本省铁货出入计之，每年洋铁入廉州者约四五十万斤，入琼州者百万斤有奇，入省城佛山者约

---

[1] 张之洞（1837—1909），字孝达，号香涛，谥号文襄。直隶南皮（今河北南皮）人。累官至湖广总督、军机大臣、体仁阁大学士。兴修铁路，开办纱厂，兴办近代民族工业，是近代洋务派代表之一，晚清"中兴四大名臣"之一。此折据《续修四库全书》第510册影印民国十七年（1928）刻《张文襄公全集·奏议》卷二十七录文，标点参考《张之洞全集》（河北人民出版社，1998年）第一册《奏议》二十七。

一千余万斤，入汕头者约二百余万斤。内地铁货出洋，以锅为大宗，其往新嘉坡、新旧金山等处，由佛山贩去者约五十余万口，由汕头贩去者约三十余万口，由廉州运往越南者约四万余口。此外铁锤运往澳门等处者，每年约五六万斤。铁线运往越南者，先年约十余万斤，近因越税太苛，业经停贩。然此皆粗贱之物，凡稍精稍贵之铁板、钢条，则不惟不能外行，且皆取资洋产。以各省各口铁货出入计之，查光绪十二年贸易总册所载，各省进口铁条、铁板、铁片、铁丝、生铁、熟铁、钢料等类共一百一十余万担，铁针一百八十余万密力，每一密力为一千针，合共铁价、针价约值银二百四十余万两。而中国各省之出口者，铜铁锡并计只一万四千六百数十担，约值银一十一万八千余两，不及进口二十分之一。至十三年贸易总册，洋铁、洋针进口值银二百一十三万余两；十四年贸易总册，洋铁、洋针进口值银至二百八十余万两。而此两年内竟无出口之铁。则是土铁之行销日少，再过数年，其情形岂可复问？

  臣督同海防善后局司道局员暨熟识洋务之员详加筹度，<u>必须自行设厂，购置机器，用洋法精炼，始足杜外铁之来</u>。惟是广东近年饷繁费绌，安有余力更为斯举？然失此不图，惟事以银易铁，日引月长，其弊何所底止？计惟有先筹官款垫支开办，俟其效成利见，商民必然歆羡，然后招集商股，归还官本，付之商人经理，则事可速举，资必易集。大率中国创办大事，必须官倡民办，始克有成。经臣于本年三月间电致出使英国大臣刘瑞芬，往返筹商数月之久，兹准刘瑞芬电复：现与英国谐塞德公司铁厂订定熔铁大炉二座，日出生铁一百吨，并炼熟铁、炼钢各炉，压板、抽条兼制铁路各机器，共价英金八万三千五百镑，先汇定银二万七千八百三十三镑，运保费在外。机器分五次运粤，十四个月交清等语。当经饬局将定银镑价折合银十三万一千六百七十两零，如数先行筹汇，订立合同。至于建厂地方，择定于省城外珠江南岸之凤凰冈地方，水运便利，地势平广，甚为相宜。俟绘就厂图寄粤，即当赶紧建造。此购办机器自设铁厂之拟办情形也。

  窃惟通商以来，凡华民需用之物，外洋莫不仿造，穷极精巧，充塞土货。彼所需于中国者，向只丝、茶两种，近来外洋皆讲求种茶、养蚕之法，出洋丝茶渐减，愈不足以相敌。土货日少，漏溢日多，贫弱之患，何所底止？近来各省虽间有制造等局，然所造皆系军火，于民间日用之物尚属阙如。<u>臣愚以为华民所需外洋之物，必应悉行仿造，虽不尽断来源，亦可渐开风气。洋布、洋米而外，洋铁最为大宗，在我多出一分之货，即少漏一分之财，积之日久，强弱之势必有转移</u>

于无形者。是以虽当竭蹶之时，亦不得不勉力筹办。至于开采铁矿，尤须机器、西法，始能钩深致远，取精出旺。臣现已分向英、德两国聘募矿师来粤勘验，以便购机精采。傥物力稍纾，尚拟将民间需用各铁器及煤油、火柴等物，悉行自造。将来铸造渐多，岂惟粤民是赖，尚可分销各省。一俟机器运到，开炼以后办理情形，再当随时详晰具奏。

殊批：户部议奏。钦此。

张之洞

遵旨筹办铁路谨陈管见折[1]
（1889）

光绪十五年九月初十日

窃臣承准军机大臣字寄：

光绪十五年八月初二日奉上谕：朕钦奉慈禧端佑康颐昭豫庄诚寿恭钦献皇太后懿旨，总管海军事务衙门奏遵议通筹铁路全局一折，据称拟照张之洞条陈，由卢沟桥直达汉口，现在先从两头试办，南由汉口至信阳州，北由卢沟至正定府，其余再行次第接办，并胪陈筹款购地各节，所奏甚为赅备，业据一再筹议，规画周详，即可定计兴办，著派李鸿章、张之洞会同海军衙门将一切应行事宜妥筹开办，并派直隶按察使周馥、清河道潘骏德，随同办理，以资熟手。此事造端闳远，实为自强要图。惟创始之际难免群疑，著直隶、湖北、河南各督抚剀切出示，晓谕绅民，毋得阻挠滋事，总期内外一心，官商合力，以蒇全功，而裨至计。余均照所请行。将此各谕令知之。钦此。

兹于九月初七日承准总理海军事务衙门抄录原奏咨行到粤。窃惟此举造端宏大，乃国家自强之远谟，圣上不以

---

[1] 据《续修四库全书》第510册影印民国十七年（1928）刻《张文襄公全集·奏议》卷二十七录文。

臣病躯庸材为不肖，命与李鸿章同肩此举，艰巨重任，岂敢辞诿？惟是开非常之源，必当出万全之计。《大学》云："物有本末"，又云："知所先后"。古今常变，理无不赅。就今日铁路一事论之，则不外耗为本，计利便为末，储材为先，兴工为后。就外洋富强之术统言之，则百工之化学、机器、开采、制造为本，商贾行销为末。销土货敌外货为先，征税、裕饷为后。现经庙堂定议开办顺直、豫、鄂一道，按海军衙门原奏计程三千余里，计费三千余万，需款需铁均属极巨，若取资洋债洋铁，则外耗太多。且外洋金镑之价日贵，前五年止银三两七钱，今年涨至四两五六七钱不等。借款巨则年限远，十年以后更不知涨至几何矣。至洋铁现亦骤涨，若购之他国，法人必将执乙酉新约，强思独揽，多滋唇舌。设竟专归一国，彼垄断居奇，更不可问。是洋款洋铁两端，皆必致坐受盘剥，息外有息，耗中有耗。臣前奏铁路之益，专为销土货、开利源、塞漏卮起见，若因铁路而先漏巨款，似与此举本意未免相戾。至臣前奏原拟各省招股，准该公司暂借商款垫办，以资周转。因欲责成该公司承办，不得不略予通融，俾其作速兴工，以免藉口津通赔累，坚执推诿。且垫办不过初年所借，亦属有限，自尚无妨。今既经海署确核路长费巨，此断非该公司所能独任，其迟速盈亏自宜从长另计。

臣窃审此事推行之序，似宜以积款、采铁、炼铁、教工四事为先，而勘路开工次之。试就海署原奏需款三千万，限期十年之数计之，若将郑工新改海防捐例再酌减一二成，每年可收一百万以外至二三百万。洋药税厘除户部指拨外尚有赢余，每年亦可指拨一百万，此两款每年将及三百万，由户部提存专储，为铁路之用。若仍不敷，竣工稍展一二年似亦无妨。款既有着，即一面急求炼铁、采铁之方。查晋铁并非不善，特由煎炼未精，若多购略小机炉，分拆转运，到地装合，足可运入晋境，尚无须遽造铁路，此节已向外洋询明。平盂铁出自小范，即可由清河运；泽潞铁出至卫辉，即可由卫河运。粤亦产铁，近由臣购定机器设厂熔炼，业经奏明在案。由粤至鄂，水运可通，闻湖北大冶县向来产铁，该县近省滨江，俟到鄂后，当详晰勘明妥筹采炼之法。有此三省之铁，即可供此干路之用。目前宜即拣派曾经出洋学生一二十人，分赴铁路各国专习此艺，俟两年回华指授工匠，展转传习，则工作并可无需洋匠多人。此时专讲采铁、炼铁，俟新铁之采日旺，旧铁之炼日精，彼时积款已足，路工已娴，再为定期开工修路，两端并举，一气作成，合计亦不过十年内外。查美国每年添造铁路或一二千里或六七千里，足见工料应手并不甚迟。

至分段办理一节，海署所奏南北并举之法极为扼要，臣前奏分为四段办法，不过约略计费之词，似宜分为南北两路。黄河以北至卢沟为北路，直隶督臣任之。黄河以南至汉口为南路，湖广督臣任之。其道里远近约略相等，豫境跨河两路，均宜兼令河南抚臣会同办理。如此则首尾一气，其勘路运料一切便于合计通算。缘南路开造即宜由汉口直造至河南省城，则路成之日，商旅立见辐辏。若信阳尚非繁盛都会，仅造至此，运载尚少，经费难敷。桥道虽多，惟黄河一桥最为巨费。闻外国铁路遇有大河，则以轮船数艘上安铁轨接渡，火车所延不过数刻，所省费多，且可留此天险以备不虞。

其出示一节似可从缓，俟兴工有日再当剀切晓示。盖民间不知铁路为何事，汉口游民甚多，会匪尤众，况山东水灾甚广，流民四出，此时开办尚早，即不宜骤为宣示，致令莠民地棍造言煽惑，别滋事端。臣曾电商北洋大臣暨河南抚臣，均以为然。至铁路利民之端，尤莫如差徭一事。直、豫两省最苦差累，胥吏拉派车骡，重价勒索，钱粮正银一两，差银摊至加一两倍。若火车畅行，所有官差、兵差、贡差皆由火车，于民间一无所取，从此为北省驿路，小民永除巨累。若并将此节剀切晓谕地方，自必欣悦。其经由之路，实在里数若干，有无应改应避之处，应俟到鄂后详加考究，派委妥员密为相度，详慎办理。如有失业之人，亦须豫筹安插，总以不致疑累扰民为主。

又集股一节，窃拟干路专归官办，以一事权；枝路留待商股，以便招徕。路成见利，商股自然争趋，枝路较短，集股较易。

总之，此事储铁宜急，勘路宜缓，开工宜迟，竣工宜速。盖此举必待全功既竟，大利乃彰。若款尚未筹，铁尚未备，急遽从事，枝枝节节而为之，此数年中人但见日日偿债，处处鸠工，未见其利，但见其扰。设数年中偶有水旱灾祲，军国要用，必致谣诼繁兴，中作而辍，徒糜巨款，致弃前功，此尤不可不虑者也。诚能量力而举，相时而动。<u>此时惟汲汲以开矿炼铁为先务，并令各省将中国所需格致、算学、化学、矿学诸事加意讲求，则无论铁路之费多费少、效速效迟，事事注在养民，滴滴归于中土，利源日开，漏卮日塞</u>。明有强国之效，暗有富民之益。此则圣天子创物利用之宏规，断然有利而无弊者也。

以上各节，谨就臣管见所及，陈其大略。其山西平盂、泽潞各铁矿及道路情形，臣当一面委员分投详勘，所有一应事宜，臣当随时筹酌会商办理，除先经山东登莱青道盛宣怀由海军衙门饬令询商,当经电复转达海署暨叠次与北洋大臣电商外,理合恭折覆奏,伏祈圣鉴。

朱批:该衙门知道。钦此。

张之洞

增设洋务五学片[1]
（1889）

光绪十五年十月十八日

再，近来万国辐凑，风气日开，其溺于西人之说，喜新攻异者，固当深戒；然其确有实用者，亦不能不旁收博采，以济时需。查西学门类繁多，除算学曩多兼通外，有矿学、化学、电学、植物学、公法学五种，皆足以资自强而裨交涉。查外国以开矿为富国首务，以中国地产至蕃，而铜铁铅煤之属多从洋购，其招商开矿者择之不精，取之不尽，理之又不得其人，往往亏本无效，视为畏途。将来铁路创兴，用铁益广，轮船日富，用煤益多。纵一时未能远销外国，总当使中国之材足供中国之用。此矿学宜讲也。提炼五金，精造军火，制作百货，皆由化学而出。今各省开局制造之事甚繁，而物料之涉于化学不能自制自修者，仍必取资外洋，且不通其理，则必不尽其用。此化学宜讲也。电之为用，若电线、电灯、电发雷炮之属，最裨军政。今各省用电之事甚多，而生电之机、发电之气、制电之药亦皆仰给外洋，此电学宜讲也。圣人教民树艺，后世抑为农家，西人窃其绪余而推阐之，遂立植物一学，析其物类

---

[1] 据《续修四库全书》第 510 册影印民国十七年（1928）刻《张文襄公全集·奏议》卷二十八录文。

性质，辨其水土宜忌，勒为成书。天时之穷，济以人力；人力之穷，辅以机器，于是国无弃地，地无遗力。农桑为生民之本业，方今生齿日多，灾祲时有，岂可不亟为经营？此植物之学宜讲也。泰西各国以邦交而立公法，独与中国交涉，恒以意要挟，舍公法而不用，中国亦乏深谙公法能据之以争者。又凡华民至外洋者，彼得以其国之律按之；而洋至中土者，我不得以中国之法绳之，积久成愤，终滋事端。夫中外之律，用意各殊，中国案件命盗为先，而财产次之。泰西立国畸重商务，故其律法，于凡涉财产之事论辩独详。及其按律科罪，五刑之用，轻重之等，彼此亦或异施。诚宜申明中国律条，参以泰西公法，稽其异同轻重，衷诸情理至当，著为通商律例，商之各国，颁示中外。如有交涉事出，无论华民及各国之人，在中土者咸以此律为断，庶临事有所依据，不致偏枯。顾欲为斯举，非得深谙中外律法之人不可。此公法之学宜讲也。

凡此数端，皆为有益自强之务。今粤省既设水陆师学堂，以储武备人材，则此数种学艺亦应及时讲习，以期相辅而行。臣已电致出使英国大臣刘瑞芬，分别募致矿学、化学、电学、植物学、公法学五种洋教习各一员，来粤教授。水陆师学堂屋宇宽厂，应即令新立五学附设其中。此项学生拟各以三十名为额，五项共额设一百五十名。惟矿学、公法两项人员，在其国皆食优俸，募作教习薪费必倍寻常。凡习公法者，于精通该国语文以后，尚须兼习希腊、腊丁二国语文，则此项学生未便以新招者当之，以致糜费多而收效迟。现由闽厂酌调已通英国语文及各项算学之上等学生五六十名，更就上海广方言馆及广东同文馆考校录取，以充斯选，可期事半功倍。除应行拓建堂舍，购置各项书籍、仪器、画具、文具、药料之属暨按月所需经费，悉由总办水陆师学堂道员吴仲翔等分别筹计，另案咨部外，所有增设洋务五学情形，谨附片具陈，伏祈圣鉴。

朱批：该衙门知道。钦此。

薛福成

出使英法义比四国日记二十则[1]
（1890—1894）

光绪十六年四月庚子朔记[2]

　　欧美两洲各国勃焉兴起之机，在学问日新，工商日旺，而其绝大关键，皆在近百年中；至其所以横绝地球而莫与抗者，不过恃火轮舟车及电线诸务，实皆创行于六七十年之内，其他概可知矣。今之议者，或惊骇他人之强盛，而推之过当；或以堂堂中国何至效法西人，意在摈绝，而贬之过严。余以为皆所见之不广也。

　　夫西人之商政、兵法、造船、制器，及农、渔、牧、矿诸务，实无不精，而皆导其源于汽学、光学、电学、化学，以得御水、御火、御电之法。斯殆造化之灵机，无久而不泄之理，特假西人之专门名家以阐之，乃天地间公共之道，非西人所得而私也。中国缀学之士，聪明才力岂逊西人？特无如少年精力，多縻于时文试帖小楷之中，非若西洋亿兆人之奋其智慧，各以攻其专家之学，遂能直造精

---

[1] 据《续修四库全书》第 578-579 册影印光绪壬辰年（光绪十八年，1892 年）刻本《出使英法义比四国日记》、光绪戊戌年（光绪二十四年，1898 年）传经楼刻本《出使日记续刻》录文。

[2] 出自《出使英法义比四国日记》卷二。

微。斯固无庸自讳，亦何必自画也？

上古之世，制作萃于中华。自神圣迭兴，造耒耜，造舟车，造弧矢，造网罟，造衣裳，造书契。当鸿荒草昧，而忽有此文明，岂不较今日西人之所制作尤为神奇？特人皆习惯而不察耳。即如《尧典》之定四时，《周髀》之传算术，西人星算之学，未始不权舆于此。其他有益国事民事者，安知其非取法于中华也？昔者宇宙尚无制作，中国圣人仰观俯察，而西人渐效之；今者西人因中国圣人之制作，而踵事增华，中国又何尝不可因之？若怵他人我先，而不欲自形其短，是讳疾忌医也；若谓学步不易，而虑终不能胜人，是因噎废食也。夫青出于蓝而胜于蓝，冰凝于水而寒于水。巫臣教吴而弱楚，武灵变服以灭胡，盖相师者未必无相胜之机也。吾又安知数千年后，华人不因西人之学，再辟造化之灵机，俾西人色然以惊，皋然而企也？

光绪十六年五月二十四日记[1]

中西医理不同，大抵互有得失。西医所长，在实事求是。凡人之脏腑筋络骨节，皆考验极微，互相授受。又有显微镜以窥人所难见之物。或竟饮人以闷药，用刀剖人之腹，视其脏腑之秽浊，为之洗刷。然后依旧安置，再用线缝其腹，敷以药水，弥月即平复如常。如人腿脚得不可治之症，或倾跌损折，则为截去一脚而以木脚补之，骤视与常人无异。若两眼有疾，则以筒取出眼珠，洗去其翳，但勿损其牵连之丝，徐徐装入，眼疾自愈。此其技通造化，虽古之扁鹊、华佗，无以胜之。然亦间有不效者，如曾惠敏公之丧其一子，黎莼斋之损其一目，人颇咎其笃信西医之过。

余谓西医之精者，其治外症固十得七八；但于治内症之法，则得于实处者多，得于虚处者少。其用药，但有温性而无寒凉敛散升降补泻之用。以视古医书之精者，如张仲景、孙思邈、王叔和之方，金元四大家之论，近代喻嘉言、陈修园之说，其深妙之处，似犹未之得也。惟中国名医，数世之后往往失其真传。外洋医家得一良法，报明国家，考验确实，给以凭照，即可传授广远，一朝致富，断无湮废之虞，所以其医学能渐推渐精，蒸蒸日上也。其他诸学之能造深际，率恃此道，又不仅医学也。

---

[1] 出自《出使英法义比四国日记》卷三。

光绪十七年七月初四日记[1]

五行之气，相磨则生光电；五行之味，相炼则化药电。水气土磨生电，木气金磨生电，火气水磨生电，金气火磨生电，土气木磨生电；甘炼咸气则化阴电，咸炼苦气则化湿电，苦炼辣气则化干电，辣炼酸气则化缩电，酸炼甘气则化阳电。盖五行之气，感于火则光发为电；五行之味，化于火则气流为电。是故电以磨气为感发，以化气为流行。天地人物之通灵运动，皆因有此生化之电气也。西制电报用干电，其德律风亦用干电，电灯用湿电阴电，其留声机器用干湿电，石印拍相均用缩电，自来火药水用阳电，救火药水用阴电。惟西人精于格致，故五行之气为其所用。若不自格致，而徒用其呆法，安能深知五行之气化，以神其妙用哉？

光绪十七年十月二十三日记

西人以商务为重，以工艺见长。无论攻金、攻石、攻木，悉以机器运之，其大端不外水运、火运、水火运三法。水运者，顺水之性以注之，水流而轮动。火运者，拂火之性以迫之，焰急而轮奔。水火运者，以火蒸水，积气以激之，而其力更巨。其制则大都设平竖二轮，纵横相加，各环之以齿，承之以机，机动则轮齿相啮以转，而用著焉。此外，又有金运、石运、人运、牛马运四法。金运以钢拨轮，石运以重物引机；凡机之小者，金石皆可运[2]，盖水运之余事也。机之大者莫若汽机，如轮船、轮车及耕田开矿引水，皆以汽运之；有不能设汽机者，以人与牛马代之。

究之水火汽运，皆不外发机转轮，无机则轮不动，无轮则机不行也。然其质至重，其力至宏，有一触即坏之虞，故必时加拂拭，使尘锈不生，枢纽不窒。苟或不慎，机捩一松，则其力不能适均，其机即不能流动，故其坏亦易也。

盖尝考之，机器之制，肇自三皇。庖牺制浑仪，轩辕作刻漏。《书》言"璇玑玉衡"，说者谓玑为转运，衡为玉箫，运机使动，以箫规之。汉张衡以漏水转铜仪。唐僧一行尝为木人，每刻击鼓，每时击钟。张思训更为摇铃撞钟击鼓之制，

---

[1] 以下出自《出使日记续刻》卷二。

[2] 运，原作"用"，据文意改。

木偶按时而奏，分秒不忒，即自鸣钟之权舆也。后泰西有俄汝者，始造水自鸣钟，或谓得思训之遗法，而金运、石运之钟表继出焉。又周偃师作傀儡，不手而自舞；公输子作木鸢，不翼而自飞；诸葛亮作木牛流马，不胫而自走：其巧思洵出西人之上。至"水火既济""火水未济"两卦爻辞，皆曰"曳其轮"，是隐言以水火曳之矣。《周官·挈壶氏》有以火爨鼎水而沸之之法，是又汽运之嚆矢也。昔人言火轮船为木牛流马遗法，岂虚语哉！丁韪良尝言，周公作指南车，盖用磁石定方向也。磁石吸力同于电气，其法似由中国流入西洋。人谓丁君是言不忘本云。

光绪十七年十二月十六日记[1]

西人天文格致之学，不外测算。如勾股和较方圆，以至于弧角八线、浑圆椭圆、平线抛物线等，各有定法，不失毫厘。近来制造一器一物，必测准分度，详列表数。如开花炮弹，平常重九磅者，内藏药九两五钱；重十三磅者，内藏药十两；重十六磅者，内藏药十八两。其新式劫海奴、开思两种开花炮弹，测量远近，更为精密，即炸药配准质料，计其能力，炸弹中藏有时引药一种，每燃一英寸，历时七秒半，线尽药发，适当其可。又如光学中折射光行速率，积累而计，百不失一。要非精于测算不为功。

光绪十七年十二月二十七日记

西人精研汽学、化学、电学，以得御水、御火、御风、御电之法；而一切制造，遂能极人巧而夺天工。余尝问西士：将来尚能得御云之法乎？西士云：云于天地间最无力，不过乘风气以飞扬，恐不能得其用也。大抵水火风电，其力皆甚大。西人窥其奥妙，驱而用之，无不如志，遂致富强。若云气之出自山川，虽能顷刻布濩，弥满天地，不过藉风以行耳。盖云本自无力，则其不能致用也亦宜。

光绪十八年正月十六日记

有论中国物产甚富，宜设制造学堂，以教学生而谋富强，收回洋商所夺之利者。此固探源之论，不如此，不足敌其朘削也。英国商务最精最广，所属如印度、

---

[1] 以下出自《出使日记续刻》卷三。

澳大利亚、加那大，皆土沃产丰而少工作。英乃兴其艺术，自机器行而成物愈多愈精。如洋布、呢羽、钟表、五金器皿，及玻璃、油皂、针钮一切日用之物，贩运出口。所制洋布，其棉花皆购自美国，所织之布，皆能仿效华制，而花样牌号时时翻新。洋伞以绸制钢骨牙柄者为上，每柄须洋银五六员或十余员，中国到处通行，或用为送礼之物。洋灯以瓷罩保险灯为上，价视寻常洋灯数倍。

今中国务本之道，约有数端。一、广种植以兴农利。肥田之料，须本西人格致之学，不特振兴桑茶已也。一、精制造以兴工利。如有能制新奇便用之物，给与凭单，优予赏赐，准独享利息若干年，不许他人仿制，而又酌其资本，代定价值。一、广开采以裕民用。硝可肥田，金可范器，硫可制药，煤可养火，均相地开采，加以熔炼。更设铁路，散运各处，岂非收回利权之要道邪？

光绪十八年四月二十六日记[1]

外洋纺纱织布，皆用机器，故费省而工速。英国尤擅此利，所用棉花，多自美国印度购运而来。国中局厂林立，一千八百六十八年，棉花厂有二千四百七十处，织机有四十万座，纺纱挺子有三千二百万根。以后逐年添设，厥数更多。运往各国纱布两项之价，岁增月益。棉花自印美运至英国，水脚大半为英船所得，纺纱织布之工费及开厂之利，亦为英人所得；运至别国之水脚，大半亦为英船所得。国家另得棉花各项之税，金钱千数百万。按英国运往各国之货，每百分内，四十分为纱布之货，二十分为杂货，可想见其生意之旺矣。美印等处，土产棉花，而其利为英所独擅者，则以能讲求工艺、考究机器故也。

中国沪上已设织布局，所出新布，价值既廉，购者渐众。闽省不出棉花，近由绅士于省会创造织布局，购洋纱以供织。试办两年，城乡出布日多，卞制军以官局所出布行销不畅，奏请暂免税厘，民局所出布照六折征收。惜乎所出仅系土布，以仅购中国织机，未购外洋机器也。

闽省织局，每年约出土布四十余万匹。惟官局售布已有利益，民局售布尚少盈余，现又奏定土布进口免其再征税厘，其运售出口土布减为四折征收。

---

[1] 出自《出使日记续刻》卷四。

光绪十八年闰六月初六日记[1]

西人尝谓谋国之要有三，曰安民，曰养民，曰教民。所谓养民者，何也？盖查地球中版籍之数，大抵每年一百人中必添一口。欧洲人民约三百五十兆，每年可增三百五十万口；中国约四百兆，每年可增三四百万口。苟无新法以养之，则必有人满之患。何以养欲而给求耶？按西国养民最要之新法，条目凡二十有一：一曰造机器，以便制造；二曰筑铁路，以省运费；三曰设邮政局、日报馆，以通消息；四曰立和约、通商，以广商权；五曰增领事衙门，以保商旅；六曰通各国电线，以捷音信；七曰筹国家公帑，以助商贾；八曰立商务局，以资讲求；九曰设博物院，以备考究；十曰举正副商董，以赖匡襄；十一曰设机器局，以教闾阎；十二曰定关口税，以平货价；十三曰垦荒地，以崇本业；十四曰开矿政，以富民财；十五曰行钞票，以济钱法；十六曰讲化学，以精格致；十七曰选贤能，以任庶事；十八曰变漕法，以利转输；十九曰清帐项，以免拖累；二十曰开银行，以生利息；二十一曰求新法，以致富强。

光绪十八年闰六月初七日记

西学之最有用者，曰几何学、化学、重学、汽学、热学、光学、声学、天文地理学、电学、兵学、医学、动植学、公法学、律例学。

光绪十八年闰六月二十七日记

中国欲振兴商务，必先讲求工艺。讲求之说，不外二端：以格致为基，以机器为辅而已。格致如化学、光学、重学、声学、电学、植物学、测算学，所包者广。得其精，则象纬、舆图、律历皆能深造有得；得其粗，则亦不难以一艺名家。既须多设书院，选聪颖子弟肄业其中，而艺术学堂亦不可不设也。机器能以一日之力，成十日之功，一人之力，代百人之功；如是则货价必廉，价廉而销售始畅矣。

而所以扩商务之用者，则尤有八焉：一曰设专官。如西洋各国，有商部尚书以综覈贸易之盈亏，又有商务委员以稽查工作之良窳是也。一曰兴公司。兴之之术，不外立保护公司之法，议整顿公司之规而已。一曰励新法。有能创一艺者，

---
[1] 以下出自《出使日记续刻》卷五。

给以凭单，俾得专享其利，则才智之士无不殚精竭能矣。一曰杜伪品。中国丝茶之不振，半由洋人仿造，半由奸商肆其诈伪，有搀杂假托诸弊，以致货真价实者亦受其累。今宜悬明法以禁之，又使诸商公议罚办之规条，行之数年，庶有豸乎。一曰趋时尚。凡物能变新样，必可善价而沽，而众耳俗目之所好，尤不可不投也。一曰设赛会。仿英、法、德、美、日本办法，建设会场，罗列珍奇，所以广见闻，资则效，开风气，旺贸易，法至良也。一曰改税则。宜乘各国换约之时，渐改值百抽五之例，稍重洋货进口之税则，而于洋酒洋烟之税更加重焉。丝茶二项，宜稍轻出口税，以减成本而广销流。一曰导商路。招商局轮船既已畅行江海，宜渐多置轮船，派往南洋诸埠以及外洋诸国，装货搭客，稍分西人之利，而华民之旅居外洋者，亦得声气联络，裨益岂浅鲜哉。

光绪十八年十二月十一日记[1]

昔轩辕氏见飞蓬而作车，见落叶而作舟，即中国制造机器之始。风车水碓，相传亦久。至于双锭纺车、提花织机，则愈变愈巧者也。绸缎棉织花纹，非人所能独为，故须用机器成之。德国乡间耕耨皆用人力，未尝代以机器。其余工作之在山水间者，则皆以水机助力，磨麦则尽用风车。惟人力所不能施者，如铸铁甲、起重物之数万斤者，自非机器不为功。然则机器之用，始于中国，泰西特以器力助人力之不足耳。非特机器也，即化学、光学、重学、力学、医学、算学，亦莫不自中国开之。如稼穑种植及造酿酒酱、染色漂白、烧瓷器玻璃瓦缶、炼丹药铅粉银硃，打铁、点铜、制火药、和石灰，皆化学也。光学则以水晶作眼镜，重学则造桥梁、作环洞，力学则建亭台、起楼阁，医学则药物之外亦尚针刺，算学则九章悉备。所谓西学者，无非中国数千年来所创，彼袭而精究之，分门别类，愈推愈广，所以蒸蒸日上，青出于蓝也。

光绪十八年十二月二十三日记

泰西武员，无不读书，并精通舆地、水道、勾股算法、测量之学。统师而出，则道路之远近，何处屯兵，何处伏卒，何处为抄袭之捷径，何处为夹攻之要路，莫不了如指掌；何处安置炮位可以及远，何处施放枪炮可以取准，详察细算，

---

[1] 以下出自《出使日记续刻》卷六。

百无一失。不如是，不足胜武员之任。至于兵丁，则但用其力，力之超群拔类者，不过肘上三道金箍以嘉异之，不令其带兵也。间有劳苦功高，锡以官阶者，官亦不甚显。若文员则仅司文事而不与武功。是以泰西之武职，较文为重。能武事者，人争羡之，故愿学者多而兵日以强。

光绪十九年癸巳正月乙酉朔记

中国各局翻译西书，訾之者初谓无益之费。乃十数年来，地球绕日之说，电气致用之宜，汽力运动之故，以及照影、石印、水电、铁路诸大端，几于无人不讲。如乡会试兼考算学，则凡天学、地学、化学、电学、重学、热学、光学、声学等皆可旁及，而总以算学为归。算学书以《几何原本》为最要。凡考得者先予记名，遇有修葺城郭、兴筑炮台、测量舆地、制造器械、操练水雷等事，则用之，似于大局必有裨益。

光绪十九年三月初四日记[1]

西人运机器之物，不外水火。而以水运机，如桔槔也，水碓也，则中国早行之矣。今福建、安徽、四川等省，多用水舂水磨，昔人诗所谓"云碓无人水自舂"也。凡造纸者，以水舂碎其竹，神速无比，若用人工则价且十倍。以水运磨研粉，与西人机器之磨无异，舂米者亦然。日本之以水运机者颇多，用以造纸、织布、缫丝、轧花，并用以制造各种军械；惟[2]融化五金不得不藉火力，此外则全恃水力矣。凡言机器者皆曰汽机，汽者，水之气也。近来运机之水，不用人力增减其水，蒸久而为汽，则放出之，既而仍入于水锅，可以循环无穷，诚善法也。中国内地山溪之水机，如再能别求新法，广用水力，其所以运机者，较用火力省费奚啻倍蓰。或派人至东西洋，考求运用水机与蓄水取势之法。以天地自然之工，兴天地自然之利，岂非厚民生之一助哉。

光绪十九年六月十四日记[3]

有一出使随员论西国富强之原，登之报章，云西国制治之要，约有五大端：

---

[1]出自《出使日记续刻》卷七。
[2]惟，原作"虽"，据文意改。
[3]以下出自《出使日记续刻》卷八。

一曰通民气。用乡举里选，以设上下议院，遇事昌言无忌，凡不便于民者，必设法以更张之。实查户版，生死婚嫁，靡弗详记，无一夫不得其所，则上下之情通矣。二曰保民生。凡人身家田产器用财贿，绝无意外之虞。告退官员，赡以半俸；老病弁兵，养之终身；老幼废疾，阵亡子息，皆设局教育之。则居官无贪墨，临阵无畏缩矣。三曰牖民衷。年甫孩提，教以认字。稍长，教以文义。量其材质，分习算、绘、气、化各学，或专一事一艺。终身无一废学者，何也？有新报之流传，社会之宣讲也。四曰养民耻。西国无残忍之刑，罪止于绞及远戍苦工，其余监禁罚锾而已。监狱清洁无比，又教以诵读，课以工艺，济以医药，无拘挛，无鞭挞。而人皆知畏刑，不敢犯法，几于道不拾遗。父母不怒责其子，家主不呵叱其仆，雍然秩然。男女杂坐，谈笑而不及淫乱，皆养耻之效也。五曰阜民财。其藏富于民者三要：一、尽地力。谓讲水利、种植、气化之学。二、尽人力。各擅专门，通工易事，济以机器，时省工倍。三、尽财力。有公司及银号，而锱铢之积，均得入股生息，汇成大工大贾。有钞票及金银钱以便转运，则一可抵十矣。有此五端，知西国所以坐致富强者，全在养民教民上用功。而世之侈谈西法者，仅曰精制造，利军火，广船械，抑末矣。

光绪十九年九月初六日记

泰西格致之学，有创有因。电学创于随尔得，因而有电堆、电池、电报之致；火学始于莫斯得，因而有火车、火船、火机之致。譬之蒸气创自希罗，吸力因于牛董[1]，化学定于拉瓦泄。后各有因此创彼，愈出愈奇。

光绪二十年二月二十二日记[2]

西洋各国工艺日良，制造日宏，销流日广，皆恃得机器为之用也。有机器，则人力所不能造者，而机器能造之；十人百人之力所仅能造者，而一人之力能造之。夫以一人而兼百人之工，则其所成之物必多矣。然以一人所为百人之工，而减作十人之工之价，则四方必争购之矣。再减作二三人之工之价，则四方尤争购之矣。然则论所成之物，则一可兼十百，即论所获之价，亦一可兼二三，加以四

---

[1] 牛董，原作"生董"，即牛顿，"生"系形近误字，据改。
[2] 以下出自《出使日记续刻》卷十。

方之争购其物，视如减十减百之便利，而谓商务有不隆盛，民生有不富厚，国势有不勃兴者哉？

中国人民之众，十倍于各国。议者谓若广用机器，不啻夺贫民之生机，使之不能自食其力，故西洋以善用机器为养民之法，中国当以屏除机器为养民之法。然使行是说也，则必有人所能造之物而我不能造者，处处让人以独步，固不待言。且以一人所为之工，必收一人之工之价，则其物之为人所争购，必不能与西人之物之价减二三减十百者相敌也，明矣。自是而中国之货，非但不能售于各国，并不能售于本国。自是而中国之民，非但不能自食其力，且知用力之无益，而遂不自用其力。自是而中国之民，非但不能成货以与西人争利，且争购西人之货以自供其用，而厚殖西人之利。然则商务有不日替，民生有不日困，国势有不日蹙者哉？是故守不用机器、调剂贫民之说者，此中古以前闭关独治之时势，而非所施于今日也。<u>必也研精机器以取西人之长，仍兼尽人力以收中国之用，斟酌得宜，因势利导，如日本近年之夺西人利者，则以中国之大，何不可为？何不可成？</u>且用机器以造物，则利归富商；不用机器以造物，则利归西人。利归富商，则利犹在中国，必可分其余润以养吾贫民；利归西人，则如水渐涸而禾自萎，如膏渐销而火自灭，后患有不可思议者矣。

光绪二十年二月二十三日记

近年中国出口货与入口货相准，每岁亏银至三四千万两之多。溯查七八年前出入口货往往相抵，亦有出口货价转赢于入口货价数百万两者。近来入口货如潮之涨，如云之升，不外数端：曰米、布、纱线、火油、自来火也。洋米之来，岁价约一千万两左右，此系昔年所无者。洋布、棉纱、棉线之来，岁价至四五千万两左右；昔年不过一二千万两，骤增至三千万两，则洋布添价居其一二，而纱线添价居其八九也。火油、自来火之来，岁价亦各数百万两，从前不过数十万两耳。余惟亏银之故，大端尽在棉纱、棉线。他货之旺，中国尚可多销各货以与之相抵，若纱线则为数骤增，竟有日长炎炎之势，又非来自英国，而实来自印度。所以然者，以其用机器纺成，工价较轻，匀细洁白，又胜于人力所制者，是以人争购之以织土布，则工费省而销售速。若不设法拒遏，则洋纱洋线之源源而来者，尚恐日多一日无穷期也，而中国之织女机妇，恐多束手以待饥寒矣。<u>然遏之固无他法，不外设厂招工，广购机器，自纺洋纱洋线，渐推而至于织布，则风气开而利源溥</u>

矣。余是以有用机器殖财养民说也。

光绪二十年二月二十六日记

中国地博物阜，甲于五大洲。欲图自治，先谋自强；欲谋自强，先求致富。致富之术，莫如兴利除弊。兴利奈何？一曰煤铁之利。每省能开一二佳矿，则船政、枪炮、制造各局所需，无须购之外洋，可省无穷之费。一曰五金之利。云南产铜，山东、吉林产金，广东产水银，四川产银，诚能广为开采，妥为经营，则货不弃于地矣。一曰鼓铸之利。如能仿英美诸国之铸金银，公家之利甚溥，而钞票之法亦寓乎其中，即银行之利亦可兴焉。一曰织组之利。织绒机器应设于直隶、天津，以取口外之驼毛羊毛；织布机器设于苏州、上海，以取滨海之木棉；织绸缎机器设于苏杭嘉湖，以购江浙之蚕丝。一曰铁路之利。所以与轮船招商局相表里，而二十行省之土货可以广销，则愈产愈丰矣。除弊若何？曰汰冗员也，核厘金也，清查常关之税也，重征烟、酒、洋药之税也，节河工之糜费也，去土木之工之中饱也。夫如是，则弊无不革，即利无不兴，而谓不渐致富强者，未之有也。

31 薛福成
振百工说[1]
（1893）

古者圣人操制作之权以御天下，包牺、神农、黄帝、尧、舜、禹、周公，皆神明于工政者也，故曰备物致用。立成器以为天下利，莫大乎圣人。圣人之制，四民并重，而工居士、农、商之中，未尝有轩轾之意存乎其间。虞廷飏拜，垂殳斨伯与，与皋、夔、稷、契同为名臣。《周礼·冬官》虽阙，而《考工》一记，精密周详，足见三代盛时工艺之不苟。周公制指南针，迄今海内外咸师其法。东汉张衡文学冠绝一时，所制仪器，非后人思力所能及。诸葛亮在伊、吕伯仲之间，所制有木牛流马，有诸葛灯，有诸葛铜鼓，无不精巧绝伦。宋、明以来，专尚时文帖括之学，舍此无进身之涂，于是轻农、工、商而专重士。又惟以攻时文帖括者为已尽士之能事，而其他学业，瞢然罔省。下至工匠，皆斥为粗贱之流，浸假风俗渐成，竟若非性粗品贱不为工匠者。于是中古以前，智创巧述之事，阒然无闻矣。

泰西风俗，以工商立国，大较恃工为体，恃商为用，

---

[1] 据《清代诗文集汇编》第738册影印清光绪乙未（1895）刻本《庸庵海外文集》卷三录文。

则工实尚居商之先。士研其理，工致其功，则工又必兼士之事。吾尝审泰西诸国勃兴之故，数十年来，何其良工之多也。铁路、火车之工，则创其说者，曰罗哲尔，曰诺尔德，而后之研求致远者，不名一家。火轮舟之工，则引其端者，曰迷路耳，曰代路尔，曰塞明敦，而后之变通尽利者，不专一式。电报之工，最阐精微者，则有若嘎剌法尼，若佛尔塔，若倭斯得，若阿拉格，若安贝尔。炼钢之工，最擅声誉者，则有若西门子，若马丁，若别色麻，若陪尔那，若回特活德。制枪之工，则有若林明敦，若吰者士得，若毛瑟，若亨利马梯尼。制炮之工，则有若克鲁伯，若阿模士庄，若荷乞开司，若那登飞。其他造船、造钢甲之工，则有德之伏尔铿，英之雅罗，法之科鲁苏。造鱼雷、造火药之工，则有奥之怀台脱，德之刷次考甫，德之杜屯考甫。泰西以人姓为人名，自炼钢以下，大抵以人名为厂名，即以厂名为物名者居多。当其创一法，兴一厂，无不学参造化，思通鬼神。往往有读书数万卷，试练数十年，然后能为亘古开一绝艺者；往往有祖孙父子，积数世之财力精力，然后能为斯民创一美利者。由是国家给予凭单，俾独享其利，则千万之巨富，可立致焉。又或奖其勋劳，锡以封爵，即位至将相者，莫不与分庭抗礼，有欿然自视弗如之意，则宇宙之大名，可兼得焉。

夫泰西百工之开物成务，所以可富可强、可大可久者，以朝野上下敬之慕之、扶之翼之，有以激厉之之故也。若是者，人见谓与今之中国相反，吾谓与古之中国适相符也。中国果欲发愤自强，则振百工以前民用，其要端矣。欲劝百工，必先破去千年以来科举之学之畦畛。朝野上下，皆渐化其贱工贵士之心，是在默窥三代上圣人之用意，复稍参西法而酌用之，庶几风气自变，人才日出乎！

32 沈毓桂
救时策[1]
（1895）

中国海禁大开而后，世变日新，乃五十余年来，仍共蹈常袭故，何以致振兴而臻富强哉？诚欲谋致富之策，莫如阴收利权；欲收利权，莫如仿行新法。采西邦之新学，广中土之利源，未始非致富救时之一策也。诚欲谋致强之策，莫如广储人才；欲储人才，莫如仿兴新学。譬之一身，元气充足，外邪自无由而入，未始非致强救时之一策也。乃有借箸而起，前席而陈者，谓用机器以新纺织，开矿产以供制造，采西法以练水陆之兵，而制舰、铸械等事，次第举行，富强之道，尽于是矣。而不知振兴中国之大纲，宜以崇天道为首领，而兴学校、广新法二者相辅而行，则思过半矣。

天道者，上帝所垂之真道也，天下万世人人可行之公道，非偶盛于一时，独行于一方者也。泰西诸邦，若英、

---

[1] 沈毓桂（1807—1907），一名沈寿康，字子徵，号赘翁。江苏吴江（今属苏州）人。晚清翻译家，《万国公报》主笔，佐林乐知创办上海中西书院。最早完整提出"中学为体，西学为用"思想，倡言改良变法，在热衷洋务西学的中国知识分子中间激起很大反响，声名与王韬相埒。此文据《万国公报》75期（光绪二十一年三月，上海美华书馆排印）第19-22页录文，原文署"南溪赘叟"。

若法、若美，自君上以至于民，壹是皆以深信上帝为本。上帝怜悯世人罪深孽重，故特降生救主，救民于水火之中而登衽席，其德伟哉！厥后西士传道著书，代不乏人，即今所传圣经，既通行于西土，渐及中华，然信从者皆里巷之徒、韦布之士，至于王公大人，未有闻焉。盖亦先入者为主，而不克自振拔之故也。呜呼！吾观天道之不盛于中国，又叹人之宜信古，而反不信古也。四书、五经所载，尧、舜、禹、汤、文、武、周公、孔子，莫不昭事上帝，初非如释、道二教，专拜土木之神也。从可知天鉴不爽，天眷有加，中国渐臻强盛，有不期然而然，莫之致而致者。牖民觉世，即以安国治人，不难同轨泰西焉，此崇天道之效也。

其次莫如兴学校。夫中国之书院，亦云多矣，然卑之则试以时文诗赋，高者亦惟课以考据性理，则古称先，其能收因时制宜之效哉！故读书愈多，才名愈著，言语愈傲，识见愈拘，国家安赖有此辈哉！今宜于各省会设西学大书院，遴选青年举贡生监，课以时事论策，凡童年愿学者，亦进而教之。其监院则宜聘泰西通儒，不可滥竽充数。凡肄业者，先教以语言文字，俟其渐能与西人问答，能读西书，能作西字，然后视其材质之所近，教以一艺，专而精之，必底于成。其有天姿过人，而欲兼习众艺者，俟其一艺已成，方可更习。学已成者，由官试其所能，给以执照，以闻于朝，因材而器使之，则他日洋务人员，不可胜用矣。至府、厅、州、县、乡、镇，亦宜分设西学小书院，凡聪俊子弟，已习华学数年，文理清顺者，皆可至院肄业，分类学习，学成亦给以执照，俾各行其道而安其业焉。<u>夫中西学问，本自互有得失，为华人计，宜以中学为体，西学为用</u>。目前中外使聘往来交涉等事，西学固为当务之急，然专讲西学者，往往见异思迁，食用起居，渐染西习，遂至见弃士林，皆由鲜中学以为根柢之故。凡为弟子，幼学壮行，皆当深明此义。凡于西学，又皆宜剥肤存液，师其所长，慎勿窃取皮毛，不特为我华人鄙，更为彼西人笑也。西人之学问技艺，高出于华人者甚多，今宜择其善而师之，如天文、地理、算法、治河、医药、律例，其大要也，其余农务、商务、工艺，无不有学，悉数难终。诚得广建书院，教以各种学艺，兼将西人有用之书，译成华文，俾初习西学者，易于观览，即不习洋文者，亦一目了然，西人之所长，不难尽为我有矣。此兴学校之效也。

其三莫如广新法。夫既建学校，习西法，则西人所长者，我已尽知之矣，若知而弗行，犹弗知也。西人之治国也，有一善焉，不知则已，知即行之，惟恐不及；有一恶焉，不知则已，知即去之，惟恐不速，此其所以日致富强也。中国之病，正在倨傲因循，苟且偷安，明知其故，而不能振作耳。一铁路也，无不知其当造，而卒不能成，遑问其重且大者哉？是故海军虽已仿行西法，而船械则无一不购自外洋，教习操练，虽有洋师，而统将不知韬略，一战而溃，果何为哉？欲变新法，必先有实心，然后可行实政。而凡事俱待人而理，则得人为尤要也。诚使朝野上下，君民一心，志切振兴，力图后效，为君者励新政，为臣者焕新猷，为士者学贯中西，为商者货通中外，为工者精参西技以名家，为农者博采西法以树艺，至妇人孺子、贫老残废之流，亦能各修其职，各循其法，各竭其材，各得其养，行之十年，而谓国犹不强，民犹不富者，吾不信也。此广新法之效也。

当今之世，为中国策者，固无有急于此三大端者矣。不此之务，而徒知其细，不知其巨，上下相蒙，自谓已足，一旦有事，其有不立致颠蹶者，几希矣。抑又闻之，人定者胜天，天定亦能胜人。然则谓国运之兴衰，人事之得失，无不由上帝主之，在我者惟尽其所当然，而不当存责报于天之意。然自古迄今，未闻有修德之国，而不为天所与者也。所虑者，中国于圣道尚未深信，虽知有上帝，而不能专一以事之，此淫祠遍国中，而曾不能默佑其国，使之日盛也。呜呼！由此观之，欲效西法，可不先崇天道哉？

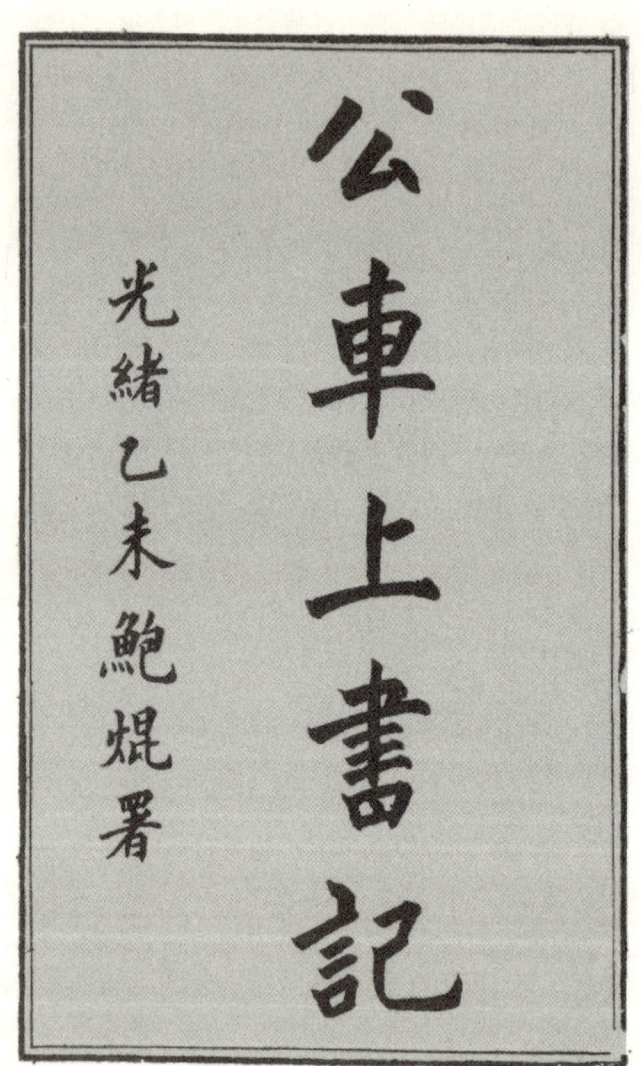

公車上書記

光緒乙未鮑焜署

33

康有为

公车上书[1]
（1895）

具呈举人康祖诒等，为安危大计，乞下明诏，行大赏罚，迁都练兵，变通新法，以塞和款而拒外夷，保疆土而延国命，呈请代奏事：

窃闻与日本议和，有割奉天沿边及台湾一省，补兵饷二万万两，及通商苏杭，听机器、洋货流行内地，免其厘税等款，此外尚有缴械、献俘、迁民之说。阅《上海新报》，天下震动。闻举国廷诤，都人惶骇。又闻台湾臣民不敢奉诏，思戴本朝。人心之固，斯诚列祖列宗及我皇上深仁厚泽，涵濡煦覆，数百年而得此。然伏下风数日，换

---

[1] 康有为（1858—1927），原名祖诒，字广厦，号长素，广东南海（今属佛山）人。光绪二十一年（1895）进士，官工部主事。光绪十四年（1888），上书清帝，建议变法图强。甲午之战后，发起"公车上书"，在京师成立强学会。光绪二十四年（1898），参加"百日维新"。戊戌变法失败后，流亡海外，思想转趋保守。光绪二十一年（1895），为反对清政府签订丧权辱国的《马关条约》，康有为、梁启超等十八省千余名举人联名上书，请求变法维新、自强图存，此即著名的"公车上书"。公车上书反映了清末知识分子集体觉醒，体现了普通知识分子对于世界局势、西方科学与工业的认识。今据光绪乙未（1895）香港石印书局石印本《公车上书记》录文。标点参考《康有为全集·第二集》（中国人民大学出版社，2007年，第32页）。

约期迫矣,犹未闻明诏赫然峻拒日夷之求,严正议臣之罪,甘忍大辱,委弃其民。以列圣艰难缔构而得之,一旦从容误听而弃之,如列祖列宗何?如天下臣民何?然推皇上孝治天下之心,岂忍上负宗庙,下弃其民哉!良由误于议臣之言,以谓京师为重,边省为轻,割地则都畿能保,不割则都畿震惊,故苟从权宜,忍于割弃也。又以群义纷纭,虽力挽和议,而保全大局,终无把握,不若隐忍求和,犹苟延旦夕也。又以为和议成后,可十数年无事,如庚申以后也。左右贵近,论率如此。故盈廷之言,虽切而不入;议臣之说,虽辱而易行。所以甘于割地、弃民而不顾也。

窃以为弃台民之事小,散天下民之事大;割地之事小,亡国之事大;社稷安危,在此一举,举人等栋折榱坏,同受倾压,故不避斧钺之诛,犯冒越之罪,统筹大局,为我皇上陈之。

何以谓弃台民即散天下也?天下以为吾戴朝廷,而朝廷可弃台民,即可弃我,一旦有事,次第割弃,终难保为大清国之民矣。民心先离,将有土崩瓦解之患。《春秋》书"梁亡"者,梁未亡也,谓自弃其民,同于亡也。故谓弃台民之事小,散天下民之事大。日本之于台湾,未加一矢,大言恫喝,全岛已割。诸夷以中国之易欺也,法人将问滇、桂,英人将问藏、粤,俄人将问新疆,德、奥、意、日、葡、荷皆狡焉思启。有一不与,皆日本也,都畿必惊;若皆应所求,则自啖其肉,手足腹心,应时尽矣,仅存元首,岂能生存?且行省已尽,何以为都畿也?故谓割地之事小,亡国之事大。此理至浅,童愚可知。而以议臣老成,乃谓割地以保都畿,此敢于欺皇上、愚天下也。此中国所痛哭,日本所阴喜,而诸夷所窃笑者也。

诸夷知吾专以保都畿为事,皆将阳为恐吓都畿,而阴窥边省,其来必速。日本所为日日扬言攻都城,而卒无一炮震于大沽者,盖深得吾情也。恐诸夷之速以日本为师也,是我以割地而鼓舞其来也。皇上试召主割地议和之臣,以此诘之,度诸臣必不敢保他夷之不来,而都畿之不震也。则今之议割地、弃民何为乎?皇上亦可以翻然独断矣。或以为庚申和后,二十年乃有甲申之役。二十年中可图自强,今虽割弃,徐图补救。此又敢以美言欺皇上、卖天下者也。

夫治天下者势也,可静而不可动,如箭之在栝,如马之在坂,如决堰陂之水,如运高山之石,稍有发动,不可禁压。当其无事,相视莫敢发难;当其更变,朽株尽可为患。昔者辛巳以前,吾属国无恙也,自日本灭琉球,吾不敢问。于是,法取越南,英灭缅甸,朝鲜通商,而暹罗半剪,不过三四年间,而吾属国尽矣。

甲午以前，吾内地无恙也，今东边及台湾一割，法规滇、桂，英规滇、粤及西藏，俄规新疆及吉林、黑龙江，必接踵而来，岂肯迟迟以礼让为国哉？况数十国之逐逐于后乎？譬大病后，元气既弱，外邪易侵，变症百作，岂与同治之时，吾国势犹盛，外夷窥伺情形未洽比哉？且民心既解，散勇无归，外患内讧，祸在旦夕。而欲苟借和款，求安目前，亡无日矣，今乃始基耳。症脉俱见，不待卢扁，此举人等所为日夜忧惧，不惮僭越，而谋及大计也。

夫言战者，固结民心，力筹大局，可以图存；言和者，解散民体，鼓舞夷心，更速其亡。以皇上圣明，反覆讲辩，孰利孰害，孰得孰失，必当独断圣衷，翻然变计者。不揣狂愚，统筹大计，近之为可战可和，而必不致割地、弃民之策；远之为可富可强，而必无敌国外患之来。<u>伏乞皇上下诏鼓天下之气，迁都定天下之本，练兵强天下之势，变法成天下之治而已。</u>

何谓鼓天下之气也？天下之为物，譬犹器也，用其新而弃其陈，病乃不存。水积为淤，流则不腐；户闭必坏，枢则不蠹；炮烧则精莹，久置则生锈；体动则强健，久卧则委弱。况天下大器日摩洗振刮，犹恐尘垢；置而不用，坏废放失；日趋于弊而已。今中国人民咸怀忠义之心，非不可用也。而将吏贪懦，兵士怯弱，乃至闻风哗溃，驯至辱国请和者，得无皇上未有以鼓其气耶？是有四万万之民，而不善用之也。

伏念世祖章皇帝手定天下，开创之圣人也，而顺治十八年中，责躬之诏屡下。穆宗毅皇帝手定艰难，中兴之盛功也，而同治元、二年间开罪己之诏至切。天下臣民，伏读感泣，踊跃愤发，然后知列圣创定之功所由来也。《传》谓："禹、汤罪己，兴也勃焉。"唐臣陆贽谓："以言感人，所感已浅，言犹不善，人谁肯怀？"今日本内犯，震我盛京，执事不力，丧师失地，几惊陵寝，列圣怨恫。皇上为人子孙，岂无有震动厥心者乎？然于今经年，未闻有罪己之诏，责躬咎厉，此枢臣辅导之罪，宜天下之有望于皇上也。

伏乞皇上近法列圣，远法禹、汤，特下明诏，责躬罪己，深痛切至，激厉天下，同雪国耻。使忠臣义士读之而流涕愤发，骄将儒卒读之而感愧忸怩，士气耸动，慷慨效死，人怀怒心，如报私仇。然后皇上用其方新之气，奔走驰驱，可使赴汤蹈火，而岂有闻风哗溃者哉？此列圣善用其民之成效也，故罪己之诏宜下也。

皇上既赫然罪己，则凡辅佐不职、养成溃痈、蔽惑圣聪、主和辱国之枢臣，战阵不力、闻风逃溃、克扣军饷、丧师失地之将帅，与夫擅许割地、辱国通款之使臣，调度非人、守御无备之疆吏，或明正典刑，以寒其胆；或轻予褫革，以蔽其辜，诏告天下，暴扬罪状。其余大僚尸位、无补时艰者，咸令自陈，无妨贤路。庶几朝廷肃然，海内吐气，忭颂圣明，愿报国耻，此明罚之诏宜下也。

大奸既黜，典刑既正，然后悬赏功之格，为不次之擢。将帅若宋庆、依克唐阿，疆吏若张之洞、李秉衡，谅山旧功若冯子材，皆有天下之望，宜有以旌之。或内综枢柄，或外典畿疆，以鼓舞天下。夫循资格者，可以得庸谨，不可以得异材；用耆老者，可以为守常，不可以为济变。不敢言远者，请以近事言之。当同治初年，沈葆桢、李鸿章、韩超皆以道员擢为巡抚，阎敬铭则由枲司擢抚山东，左宗棠则以举人部员赏三品卿，督办军务，刘蓉且以诸生擢四川藩司，逾月授陕西巡抚，用能各展材力，克佐中兴。若汉武帝之用才，明太祖之任吏，皆用不次之拔擢、不测之刑威，用能奔走人才，克成功业。伏读世宗[1]章皇帝圣训，屡诏举天下之才，下至山林隐逸，举贡生监，佐貳杂职，皆引见擢用，此诚圣主鼓动天下之盛心也。今日变甚急，天下未为乏才，而未闻明诏有求才之举，似非所以应非常之变也。夫有非常之事变，即有非常之才应之，同治中兴之臣，率多草泽之士。宋臣苏轼谓："智名勇功之人，必有以养之。"伏乞诏下九卿、翰詹、科道、督抚、两司，各举所知，不论已仕未仕，引见擢用，随才器使。昔汉高之于樊哙，每胜增其爵级；其于韩信，一见即拜大将。凡有高才，不次拔擢。天下之士，既怀国耻，又感知遇，必咸致死力，以报皇上，故求才之诏宜下也。

夫人主所以驾驭天下者，爵赏刑罚也。赏罚不行，则无以作士气；赏罚颠倒，则必至离民心。今闻日本要我以释丧师之将，是欲以散众志而激民变也。苟三诏既下，赏罚得当，士气咸伸，天下必距跃鼓舞，奔走动容，以赴国家之急，所谓下诏鼓天下之气者，此也。

何谓定天下之本也？自古都畿皆凭险阻。自非周公盛德，不敢以洛邑为都，故娄敬挽辂，汉祖移驾，宋汴梁无险，致敌长驱，徽、钦之辱，非独失德使然也。方今旅顺已失，威海既隳，海险无有，京师孤立。近自北塘、芦台、神堂、涧河，远自山海、抚宁、昌黎、乐亭、清河、蚕沙，处处可入，无以为防守之计。此次和议即成，而诸夷窥伺，皆可扬帆而达津、沽。《易》曰："王公设险，以守其国。险既失矣，国何可守？"故今日大计，必在迁都。

---

[1]宗，当作"祖"。

请以前事言之。我朝当道光之时，天下全盛，林则徐督粤，邓廷桢督闽，叠败英酋朴鼎查、额尔金之兵。而移师天津，即开五口，而补二千万矣。其后道光二十九年、咸丰六年、咸丰八年，皆始战终和，藉京师以为要挟，诸口益开，巨款累偿。暨庚申之变，我文宗显皇帝至为热河之狩，焚烧御园，震惊宗庙。至今万寿山营缮虽新，余烬尚在。由是洋人掉臂都畿，知吾虚实。此事非远，皆诸臣所目击，前车易鉴者也。寻五十年来，吾大臣用事及清流进议者，不深维终始，高谈战事。及震动津、沽，宫廷惶骇，则必以战无把握，输款求和。于是尸位无耻之流累借和议以容身。朝廷虽深知主战之直，必不见从；亦明知议和之非，俯徇所请。盖实患既至，非复空言所能抵塞。故外夷所累藉以胁制者，皆以吾京师近海之故。彼虽小丑，无求不得；吾虽大胜，终必请和，亦既彰明较著矣。用事者既不早为自强之谋，又不预作迁都之计，夷衅既开，虚憍空谈，相与言战。及稍败衄，震动畏缩，苟幸得和，乃至割根本之地、弃千万之民而亦为之，其不智而失计亦甚矣。

以今事言之，吾所以忍割地、弃民者，为保都畿、安乘舆也。微论将来外夷继轨，都畿终不能保，乘舆终必致惊，而以区区十里之城，弃千里之地、十兆之民以易之，甚非策也。以后事料之，诸夷知我之专保都畿也，咸借端开衅，阳攻都畿以索边省，我必将尽割沿边十余省，以保都畿，是弃天下万里之地、数万万之民，以易区区之都城也。

夫王者有都以治天下耳，岂有割天下以保都城而恃为至计哉！以五十年来前后今事考之，吾之款和输割，皆为都畿边海之故，其事易征，其理易明。昔者苟能自强，虽不迁都，犹可立国；今日虽欲自强，而外夷连轨，计不及待。故非迁都，智者无所骋其谋，勇者无所竭其力，必将坐困胁割尽而后已。夫以一都城之故而亡其国，岂不痛哉！故今日犹言不迁都者，非至愚病狂，则甘心鬻国。大臣既不能预鉴于前，而至辱国；又不补救于后，必至丧邦。皇上圣明，试以诘难诸臣，当无从置喙。或下群臣集议，当亦从同，而后宸衷独断，定议迁都，以安宗庙而保疆土，无逾于此。

或谓我能往，寇亦能往，我迁都以避，寇深入以争。自古迁都之谋，皆遂为偏安之计，此明臣于谦所以力争，而庚申所以止议也。不知古今异形，今昔殊势，外夷政由议院，爱惜民命，用兵甚慎，不敢深入，与古不同，今日本用兵已可概见。我即迁都，可以力战，虽沿边糜烂，而朝廷深固，不为震慑，即无所胁制，主和者无所容其身，主战者得以激其气。岂不鉴于五十年事，而尚以为孤注哉！独不畏徽、钦之辱乎？

或谓国君有死社稷之义，此尤不达经义之瞽言也。夫国君者，诸侯之谓，以社稷受之天子，当死守之，犹今地方有司，有城池之责比耳。若天子以天下为家，四方皆可建都立社，何一城之为？明庄烈帝既为愚儒所误，明社遂屋，岂可复以此再误我国家哉！且一朝而有数都，自古为然。商凡七迁，周营三邑，汉室二京，唐世两都。及明祖定鼎金陵，永乐乃迁燕蓟，以太子留守南京，宫殿官僚，悉仍旧制，择有司扈从行在，庙社官署，随时增修，永分两京，可以为法。若夫建都之地，北出热河、辽沈，则更迫强敌；南入汴梁、金陵，则非控天险；入蜀则太深，都晋则太近。天府之腴，崤函之固，莫如秦中。近虽水利不开，漕运难至，然都畿既建，百货自归，若藉机器、督散军，亦何水利之不开哉？

夫京都建自辽、金，大于元、明，迄今千年，精华殆尽。近岁西山崩裂，屡年大水，城垣隳圮，闾阎房屋倾坏无数。甚者太和正门、祈年法殿无故而灾，疑其地气当已泄尽。王者顺天，革故鼎新，当应天命，谓宜舍燕蓟之旧京，宅长安为行在。然人情乐于守常，难于移动。以盘庚迁殷，诚谕至烦三诰；以魏文迁洛，世臣犹有违言。盖世臣大家，辎重繁多，迁徙不易，听其恋旧，庶免阻挠，自非大有为之君，不易破寻常之论。魏文南征，永乐北伐，皆借巡幸留而作都。皇上既讲明利害，远之防诸夷之联镳，近之拒日本之挟制，急断乃成，亟法汉高，即日移驾，奉皇太后巡于陕西，六龙西幸，万人欢庆。幸当议和之时，民心稍静，择亲藩之望重者留守旧京，车驾从容西狩，择百司扈从，以重兵拥卫，必不虑宵小生心。日人虽欲轻兵相袭，数日乃抵津、沽，而我大兵云集都畿，犹可一战。彼岂敢深入内地，飞越四天门、潼关之险哉？然后扼守函、潼，奠定丰、镐，建为行在，权宜营置，激厉天下，妙选将才，总屯重兵，以二万万之费改充军饷，示之以虽百战百败，沿海糜烂，必不为和。日本既失胁制之术，即破旧京，不足轻重，必不来攻，都城可保。或俯就驾驭，不必割地，和议亦成。即使不成，可以言战矣。故谓迁都以定天下之本者，此也。

何谓强天下之势也？凡两物相交，必有外患。兽有爪牙之卫，人有甲胄之蔽。列国并立，兵者，国之甲胄也。昔战国之世，魏有武卒，齐有轻骑，秦有武士。楚庄投袂，屡及剑及，即日伐宋。盖诸国并骋，无日不训讨军实，国乃可立。今环地球五十余国，而泰西争雄，皆以民为兵，大国练兵至百余万。选兵先以医生视其强弱，乃入学堂学习布阵、骑击、测量、绘画。其阵法、营垒、器械、枪炮，日夕讲求，确有程度。操练如真战，平居如临敌，所由雄视海内也。日本步武其后，遂来侮我。而我犹守大一统之旧以待之，不训兵备，至有割地款和之事。今日氛未已，不及精练，然能将卒相知，共其甘苦，器械精利，壮其胆气，亦自可用，选将购械，犹可成军。

夫用兵者，用其气也。老将富贵已足，无所愿望，或声色销铄，精气竭衰，暮气已深，万不能战。即或效忠，一死而已，丧师辱国，不可救矣。近者杨芳失律于粤城，鲍超骄蹇于西蜀，令彼再如为兵时跳身坐炮眼上，岂可得哉？此赵惠所以致疑于廉颇，光武所以不用马援也。伏读圣祖仁皇帝圣训，亦以老将气衰不能用，此真圣人之远谟也。惟少年强力，贱卒怀赏，故敢轻万死以求一生。故选将之道，贵新不贵陈，用贱不用贵。且外夷战备日新，老将多恃旧效，昧于改图，故致无功。今请更练重兵，以待敌变。都畿根本至重，必有忠勇谋略、下士爱民之督抚如李秉衡之流者，专督畿辅之军，假以便宜，令其密选将才十人，不拘资格，各练十营，日夜训练，厉以忠义，激以国耻，择其精悍，优其饷糈，以为选锋。既有李克用之义儿，李成梁之家丁，缓急可恃，得此五万，都畿可守。再有将才，可以续练。前敌之宋庆、魏光焘、李光久，宿将之冯子材，并一时人望，可咨以将才，假以便宜，悉用选锋，厉以仇耻。沿边疆臣，亦宜选振作有为之人，不宜用衰老资格之旧，各选将才，各练精兵万人。并饬绅士各自团练，遇有警迫，坚壁清野。并请敕下群臣，外至守令，传谕绅士，有忠义沉毅慷慨知兵之士，不拘资格，悉令荐举，引见拔用，或交关内外军差遣。各县草泽中，皆有魁梧任气忠勇谋略之士，责令州县各荐一人，拔十得一，才不可胜用，必有干城之选，足应国家之急者。是谓选将。

管子谓："器械不精，以卒予敌。"外夷讲求枪炮，制作日新。枪则德有得来斯枪、毛瑟枪，法有沙士钵枪，英有亨利马梯尼枪，美有哈乞开司枪、林明敦枪、秘薄马地尼枪，俄有俾尔达奴枪，而近者英之黎姆斯枪为尤精。炮自克虏伯炮、嘉立炮外，近有毒烟开花炮、空气黄药大炮，以及暗炮台、水底自行船、机器飞车、御弹戎衣、测量炮子表，巧制日新。日本步武泰西，亦能自制新器，曰苗也理枪。而我中国未能创制，只购旧式，经办委员不解制造，于坚轻远准速无所谙晓。或以旧枪改充毛瑟，贪其价廉，乃不可用，其中饱者益无论。闻近来所购者，多暹罗废枪，香港以二两八钱购得，而中国以十二两购之。查同治十三年，德之攻法，每分时枪十余响。光绪三年，俄之攻土，枪三十余响。至日之犯我，枪乃六十余响。我师溃败，虽将士不力，亦器械不精，故胆气不壮，有以致之。故吾非悬重赏，以厉新制，不足取胜。今不及办，宜选精于制造操守廉洁之士，专购英黎姆斯枪十数万，以备前敌，并广购毒烟空气之炮、御弹之衣，庶器械精利，有恃无恐，是谓购械。

又我南洋诸岛民四百万，虽久商异域，咸戴本朝。以丧师割地为诸夷姗笑，其怀愤怒过于内地之民，其人富实，巨万之资以数千计，通达夷情，咸思内归中国，团成一军，以雪国耻。特去天万里，无路自通。若派殷商，密令举办，派公忠智略通达商情之大臣领之，或防都畿，或攻前敌，并令联通外国，助攻日本，或有奇功。所谓练兵以强天下之本者，此也。

然凡上所陈，皆权宜应敌之谋，非立国自强之策也。伏念国朝法度，因沿明制，数百年矣。物久则废，器久则坏，法久则弊。官制则冗散万数，甚且鹭及监司，教之无本，选之无择，故营私交贿，欺饰成风，而少忠信之吏。学校则教及词章诗字，寡能讲求圣道，用非所学，学非所用，故空疏愚陋，谬种相传，而少才智之人。兵则绿营老弱，而募勇皆乌合之徒。农则地利未开，而工商无制造之业。其他凡百积弊，难以遍举。而外国奇技淫巧，流行内地，民日穷匮，乞丐遍地，群盗满山，即无外衅，精华已竭，将有他变。方今当数十国之觊觎，值四千年之变局，盛暑已至，而不释重裘；病症已变，而犹用旧方，未有不暍死而重危者也。

窃以为今之为治，当以开创之势治天下，不当以守成之势治天下；当以列国并立之势治天下，不当以一统垂裳之势治天下。盖开创则更新百度，守成则率由旧章。列国并立则争雄角智，一统垂裳则拱手无为。言率由而外变相迫，必至不守不成；言无为而诸夷交争，必至四分五裂。《易》曰："穷则变，变则通。"董仲舒曰："为政不调，甚者更张，乃可为理。"若谓祖宗之法不可变，则我世祖章皇帝何尝不变太宗文皇帝之法哉？若使仍以八贝勒旧法为治，则我圣清岂能久安长治乎？不变法而割祖宗之疆土，驯至于亡；与变法而光宗庙之威灵，可以大强，孰轻孰重，孰得孰失，必能辨之者。

不揣狂愚，窃为皇上筹自强之策，计万世之安，非变通旧法，无以为治。变之之法，富国为先。户部岁入银七千万，常岁亦已患贫，大农仰屋，罗掘无术，鬻官税赌，亦忍耻为之，而所得无几。然且旱潦河灾，船炮巨帑，皆不能举。闻日本索偿二万万，是使我臣民上下三岁不食乃能给之。若借洋债，合以利息扣折，百年亦无偿理，是自毙之道也。与其以二万万偿日本，何如以二万万外修战备，内变法度哉！

夫富国之法有六：曰钞法，曰铁路，曰机器轮舟，曰开矿，曰铸银，曰邮政。

今奇穷之余，急筹巨款，而可以聚举国之财，收举国之利，莫如钞法。今天下银号报明赀本，皆存现银于户部及各省藩库。户部用精工制钞，自一至百，量其多少，皆给现银之数而加其半，许供赋税禄饷。其大者户部皆助赀本，其亏者户部皆代摊偿，助其通流，昭彰大信。巨商乐借国力，富户不患倒亏。以十八行省计之，可得万万。既有官银行，上下相通。若有铁路、船厂大工，可以代筹；军务、赈务要需，可以立办。国家借款，不须重息中饱；外国汇款，无须关票作押。公票寄存，可有入息；钞票通行，可扩商务。今各省皆有银票钱票，而作伪万种，利不归公，何如官中为之，骤可富国哉？此钞票宜行一。

可缩万里为咫尺，合旬月于昼夜，便于运兵，便于运械，便于赈荒，便于漕运，便于百司走集，便于庶士通学，便于商贾运货，便于负担谋生，便于通言语、一风俗。有此数便，不费国帑而更可得数千万者，莫如铁路。铁路之利，天下皆知。山海关外，久已兴筑，方今运兵，其效已见，所未推行直省者，以费巨难筹耳。若一付于民，出费给牌，听其分筑，官选通于铁路工程者，画定行省郡县官路，明定章程，为之弹压保护。凡军务、运兵、运械、赈荒，皆归官用，酌道里远近，人数繁寡，收其牌费。吾民集款力自能举，无使外国收我利权。天下铁路牌费，西人计之，以为可得七千万。且可移民出于边塞，而荒地辟为腴壤；商货溢于境外，而穷闾化作富民。俄人珲春铁路将成，边患更迫，但为防边，已当亟筑，况可得巨款哉？且可裁漕运，而省千万之需；去驿铺，而溢三百万之项。此铁路宜行二。

机器厂可兴作业，小轮舟可便通达。今各省皆为厉禁，致吾技艺不能日新，制作不能日富，器机不能日精，用器兵器，皆多窳败，徒使洋货流行，而禁吾民制造，是自蹙其国也。官中作厂，率多偷减，敷衍欺饰，难望致精，则吾军械安有起色？德之克虏伯，英之黎姆斯，著于海内，为国大用，皆民厂也。宜纵民为之，并加保护。凡作机器厂者，出费领牌，听其创造。轮舟之利，与铁路同，官民商贾，交收其益，亦宜纵民行之，出费领牌，听其拖驶，可得巨款。此机器、轮舟宜行三。

《周官》卝人，汉代铁官，开矿之法久矣。美人以开金银之矿富甲四海，英人以开煤铁之矿雄视五洲，其余各国开矿，均富十倍。而藏富于地，中国为最，如云南铜、锡，山西、贵州煤、铁，湖、广、江西铜、铁、铅、锡、煤，山东、湖北铅，四川铜、铅、煤、铁，其最著者，亘古封禁，留待今日。方今国计日蹙，虽极节俭，岂能济此艰难哉？家有重宝，而仰屋嗟贫，无策甚矣。山西煤、铁尤盛，星罗棋布，有百三十万方里，苗皆平衍，品亦上上，德人以为甲于五洲，地球用之千年不尽。又外国蒙古，阿尔泰山即金山也，长袤数千里，金产最盛，苗亦平衍，有整块数斤者，俄人并为察验绘图。至滇、粤之矿，尤为英、法所窥伺，我若不开，他人入室。今云南已专设矿务大臣，热河、开平亦设官局，并著成效。而未见大利者，由矿学之未开，采办之非人也。矿学以比国为最，自山色、石纹、草木、苗脉、子色，皆有专书。宜开矿学，专延比人教之，且为踏勘。购机器以省人工，筑铁路以省转运，二十取一而无定额税，选才督办而无滥私人，则吾金、银、煤、铁之富，可甲地球。此矿务宜开四。

钱币三品以通有无，其制最古。自濠镜通商，洋银流入中国，渐遍内地，及于京师。观其正朔，则耶稣之年号，而非吾之纪元也，是谓无正朔。考其漏卮，则每岁运入约数百万，进口无税，八成夹铅。而换我足银，市价涨落七钱二分之重，或有涨至八钱者，多方折耗，是谓大漏卮。名实俱亡，吾政之失，孰大于是？而吾元宝及锭，形体既难握携，分两又无一定，有加耗、减水、折色、贴费之殊，有库平、规平、湘平、漕平之异，轻重难定，亏耗滋多。而彼重率有定，体圆易握，人情所便，其易流通固也。查泰西皆用本国之银，如俄用卢布，法用马克，德、奥用福禄林，英用喜林，外国银钱不许通用。我宜自铸银钱，以收利权。今广东已开局铸银，但患经费不敷，未能扩充以铸大圆耳。夫金银质软，只用九成。查美国铸银，每刻可成大圆一千二百，而每圆之利，三分移作制造之费，犹有余饶，利亦厚矣。请饬下户部，预筹巨款，并令各行省皆开铸银局，其花纹年号，式样成色，皆照广东铸造，增置大圆。由督抚选廉吏精明专司此局，厚其薪水，严其刑罚，督抚以时月抽提，户部以化学核验。他日矿产既盛，增铸金钱，抵禁洋圆，改铸钱两，令严而民信，可以塞漏卮，而存正朔矣。此铸银宜行者五。

我朝公牍文移，谕旨奏折，皆由塘驿汛铺传递。而军务加紧，又有驿马遍布天下。设官数百，养夫数万，岁费帑三百万两，而民间书札不得过问。赍费重厚，犹复远寄艰难，消息浮沉，不便甚矣！查英国有邮政局寄带公私文书，境内之信费钱二十，马车急递，应时无失，民咸便之，而岁入一千六百余万。我中国人四万万，书信更多，若设邮政局，以官领之，递及私书，给以凭样，与铁路相辅而行，消息易通，见闻易广，而进坐收千余万之款，退可省三百万之驿，上之利国，下之便民。此邮政宜行六。

行此六者，国不患贫矣。然百姓匮乏，国无以为富也。中国生齿，自道光时已四万万，今经数十年休养生息，不止此数。而工商不兴，生计困蹙，或散之他国，为人奴隶；或啸聚草泽，蠹害乡邑，虽无外患，内忧已亟。夫国以民为本，不思养之，是自拔其本也。养民之法：一曰务农，二曰劝工，三曰惠商，四曰恤穷。

天下百物皆出于农，我皇上躬耕，皇后亲蚕，董劝至矣。而田畯之官未立，土化之学不进。北方则苦水利不辟，物产无多；南方则患生齿日繁，地势有限。遇水旱不时，流离沟壑，尤可哀痛，亟宜思良法以救之。外国讲求树畜，城邑聚落，皆有农学会，察土质，辨物宜。入会则自百谷、花木、果蔬、牛羊牧畜，皆比其优劣，而旌其异等。田样各等，机车各式，农夫人人可以讲求。鸟粪可以肥培壅，电氯可以速长成，沸汤可以暖地脉，玻罩可以御寒气，刈禾则一人可兼数百工，播种则一日可以三百亩。择种一粒，可收一万八百粒，千粒可食人一岁，二亩可养人一家。瘠壤变为腴壤，小种变为大种，一熟可为数熟。吾地大物博，但讲之未至，宜命使者译其农书，遍于城镇，设为农会，督以农官。农人力薄，国家助之。比较则弃楛而从良，鼓舞则用新而去旧，农业自盛。若丝、茶为中国独擅，恃为大利。而近年意大利、法兰西、日本皆讲蚕桑，印度、锡兰茶业与吾敌，夺我之利，致吾衰减至千余万。而吾养蚕未善，种茶未广，再不讲求，中国之利源塞矣。宜设丝茶局，开丝茶学会，力求振兴，推行各省。其余东南种棉蔗，西北讲牧畜。棉以纺织，蔗以为糖，牛毛之毳，可以织呢绒毡毯，以及沙漠可以开河种树，海滨可以渔网取鱼。种树之利，俄在西伯利部岁入数百万；渔人之计，美之沿海可得千余万。今材木之运，罐头之鱼，中国销流甚盛，宜有以抵拒之。又美国养蜂，西人以为能尽其利，所入等于旧金山之金矿，宜有以鼓劝之。此务农宜行一也。

《周官》考工，《中庸》劝工。诸葛治蜀，工械技巧，物究其极；管仲治齐，三服女工，衣被天下。木牛之制，指南之车，富强之效也。尝考欧洲所以骤强之由，自嘉庆十二年英人始制轮船，道光十二年即犯我广州，遂辟诸洲属地四万里。自道光二十五年后铁路创成，俄人以光绪二年筑铁路于黑海、里海，开辟基洼、阿尔霸等国六千里，其余电线、显微镜、德律风、传声筒、留声筒、轻气球、电气灯、农务机器，虽小技奇器，而皆与民生国计相关。若铁舰、炮械之精，更有国者所不能乏。前大学士曾国藩手定大难，考知西人自强之由，创议开机器之局。近者各直省渐为增设，而只守旧式，绝无精思，创为新制，盖国家未尝教之也。宜令各州县咸设考工院，译外国制造之书，选通测算学童，分门肄习，入制造厂阅历数年。工院既多，图器渐广，见闻日辟，制造日精。凡有新制绘图贴说，呈之有司，验其有用，给以执照，旌以功牌，许其专利。工人自为身名，必殚精竭虑，以求新制。枪炮之利，器用之精，必有以应国家之用者。彼克虏伯炮、毛瑟枪，为万国所必需，皆民造也。查美国岁给新器功牌一万三千余，英国三千余，法国千余，德国八百，奥国六百，意国四百，比利时、嗹国、瑞士皆二百余，俄国仅百余，故美之富，冠绝五洲，劝工之法，莫善于此。此劝工宜行二也。

凡一统之世，必以农立国，可靖民心；并争之世，必以商立国，可俾敌利，易之则困敝矣。故管仲以轻重强齐国，马希范以工商立湖南。且夫古之灭国以兵，人皆知之；今之灭国以商，人皆忽之。以兵灭人，国亡而民犹存；以商灭人，民亡而国随之。中国之受毙，盖在此也。今外国鸦片之耗我，岁凡三千三百万，此则人尽痛恨之。岂知洋纱、洋布岁耗凡五千三百万，洋布之外，用物如洋绸、洋缎、洋呢、漳绒、羽纱、毡毯、手巾、花边、钮扣、针、线、伞、灯、颜料、箱箧、磁器、牙刷、牙粉、胰皂、火油，食物若咖啡、吕宋烟、夏湾拿烟、纸卷烟、鼻烟、洋酒、火腿、洋肉脯、洋饼、洋糖、洋盐、药水、丸粉、洋干果、洋水果，及煤、铁、铅、铜、马口铁、材料、木器、钟表、日规、寒暑针、风雨针、电气灯、自来水、玻璃镜、照相片、玩好淫巧之具，家置户有，人多好之，乃至新疆、西藏亦皆销流，耗我以万万计。而我自丝、茶减色，不敌鸦片，其余自草帽辫、驼毛、羊皮、大黄、麝香、药料、绸缎、磁器、杂货，不值三千万，仅得其洋布之半数。而吾民内地则有厘捐，出口则有重税，彼皆无之。吾物产虽盛，而岁出万万，合五十年计之，已耗万兆，吾商安得不穷？今日本且欲通及苏、杭、重庆、梧州，又加二万万之偿款。吾民精华已竭，膏血俱尽，坐而垂毙。弱者转于沟壑，强者流为盗贼，即无外患，必有不可言者。似宜特设通商院，派廉洁大臣长于理财者，经营其事。令各直省设立商会、商学、比较厂，而以商务大臣统之，上下通气，通同商办，庶几振兴。商学者何？地球各国贸易条理繁多，商人愚陋，不能周识，宜译外国商学之书，选人学习，遍教直省，知识乃开，然后可收外国之利。商会者何？一人之识未周，不若合众议；一人之力有限，不若合公股，故有大会、大公司。国家助之，力量易厚，商务乃可远及四洲。明时葡萄牙之通澳门，荷兰之收南洋，英人乾隆时之取印度，道光时之犯广州，非其政府之力，乃其公司之权。盖民力既合，有国助之，不独可以富国，且可以辟地。商会所关，亦不小矣。比较厂者何？泰西赛会，非骋游乐，所以广见闻，发心思，辨良楛。凡物有比较，优劣易见，则劣者滞销，而优者必行。彼之货物流行中土，良由此法。今我并宜设立此厂，于是广纺织以敌洋布，造用物以敌洋货。上海造纸，关东卷烟，景德制窑，苏、杭织造，北地开葡萄园以酿酒，山东制野蚕茧以成丝，江北改土棉而纺纱，南方广蔗园而制糖，皆与洋货比较，精妙华彩，务溢其上。又令吾领事探其所好，投其所欲，更出新制，且以夺其利，非止敌其货而已。然后蠲厘金之害以慰民心，减出口之税以扩商务。此外发金、银、煤、铁之利，足以夺五洲；制台舰枪炮之精，可以横四海。故惠商宜行三也。

我生齿既繁，铁路未开，运货为难。即以北口之皮，京师之煤，天津之货，作货者人四百，而运货者人六百，生之者少，食之者多。其余穷困无业，游散无赖，所在皆是。京师四方观望，而乞丐遍地，其他孤老残疾，无人收恤，废死道路，日日而有。公卿士夫，车声隆隆，接轸不问，直省亦然。此皆皇上赤子也，皇上不忍匹夫之失所，但九重深居，清道乃出，不知之耳。若亲见其呼号无诉，癃疬卧道，岂忍目睹乎！以一人而养天下，势所不给，宜设法收恤之。恤之之法：一曰移民垦荒。西北诸省，土旷人稀，东三省、蒙古、新疆疏旷益甚，人迹既少，地利益以不开，早谋移徙，可以辟利源，可以实边防，非止养贫民而已。移有三：曰罪遣，今俄国徙希利尼党于西伯利部，而西伯利部以开；曰认耕，英之喀拿大、新疆般鸟各岛，美之密士必失河东南各省，巴西全国是也；曰贸迁，荷兰南洋诸岛，皆商留者也。英自移民之后，辟地过本国七十倍，民益繁盛，岂有苦其生齿之繁而弃之？今我民穷困，游散最多，为美人慵奴，然犹不许，且以见逐。澳洲南洋各岛效之，数百万之民失业来归，何以安置？不及早图，或为盗贼，或为间谍，不可收拾。今铁路未成，迁民未易。若铁路成后，专派大臣以任此事，予以谋生之路，共有乐土之安。百姓乐生，边境丰实，一举数善，莫美于是。二曰教工。《周礼》有里布以罚不毛，圜土以警游惰。游民无赖，小之作奸，大之为盗。宜令州县设立警惰院，选善堂绅董司之。凡无业游民，皆入其中，择其所能，教以艺业。绅董以其工业鬻给其食，十一取之，以充经费，限禁出入，皆有程度。其有大工大役，以军法部署，俾充役作。其能改过，取保乃放，再犯不赦。其小过犯人，皆附入之，等其轻重，以为岁月。其乞丐之非老弱残疾者，咸收于外院，工作如之。穷民得食，而良民赖安，仁政之施，似难缓此。三曰养穷。鳏寡孤独，疲癃残疾，盲聋喑哑，断者侏儒，民之无告，先王最矜，皆常饩焉。宜令各州县市镇聚落，并设诸院，咸为收养，皆令有司会同善堂，劝筹巨款，妥为经理。其司事经理有效，穷民乐之，联名请奖，许照军功劳绩奖励，则无一夫之失所，其于皇仁岂为小补？民心固结，国势系于苞桑矣。故恤穷宜行四也。

然富而不教，非为善经；愚而不学，无以广才，是在教民。学校之设选举之科，先王之法盛矣。然汉、魏以经法举孝廉，唐、宋以词赋重进士，明以八股取士，我朝因之，诵法朱子，讲明义理，亦可谓法良意美矣。然功令禁用后世书，则空疏可以成俗；选举皆限之名额，则高才多老名场。况得之则词馆而跻公卿，偕于旦夕；失之则耆硕不闻征聘，终老茅菅。题难故少困于搭截，知作法而忘义理；额隘故老逐于科第，求富贵而废学业。标之甚高，束之甚窄。甚至鉴于明末，因噎废食，上以讲学为禁，下以道学为笑，故任道之儒既少，才智之士无多，乃至嗜利无耻，荡成风俗，而国家缓急，无以为用。法弊至此，亦不得不少变矣。若夫小民识字已寡，或有一省而无礼律之书，一县而无童蒙之馆，其为不教，甚矣。

夫天下民多而士少，小民不学，则农工商贾无才。产物成器，利用厚生，既不能精；化民成俗，迁善改过，亦难为治，非覆帱群生之意也。故教有及于士，有逮于民，有明其理，有广其智。能教民，则士愈美；能广志，则理愈明。今地球既辟，轮路四通，外侮交侵，闭关未得，则万国所学，皆宜讲求。宋臣姚燮谓："我之所为，彼皆知之；彼之所为，我独不闻，安得不为所制乎？"尝考泰西之所以富强，不在炮械军兵，而在穷理劝学。彼自七八岁人皆入学，有不学者责其父母，故乡塾甚多。其各国读书识字者，百人中率有七十人。其学塾经费，美国乃至八千万。其太学生徒，英国乃至一万余。其每岁著书，美国乃至万余种。其属郡县，各有书藏，英国乃至百余万册。所以开民之智者亦广矣。而我中国文物之邦，读书识字仅百之二十，学塾经费少于兵饷数十倍，士人能通古今达中外者，郡县乃或无人焉。

夫才智之民多则国强，才智之士少则国弱。土耳其天下陆师第一而见削，印度崇道无为而见亡，此其明效也。故今日之教，宜先开其智。武科弓刀步石无用甚矣。《王制》谓："赢股肱，决射御，出乡不与士齿。"此武后之谬制，岂可仍用哉？同治元年，前督臣沈葆桢请废武科，近年词臣潘衍桐请开艺学。今宜改武科为艺科，令各省、州、县遍开艺学书院。凡天文、地矿、医律、光重、化电、机器、武备、驾驶，分立学堂，而测量、图绘、语言、文字皆学之。选学童十五岁以上入堂学习，仍专一经，以为根本，延师教习，各有专门。学政有司，会同院师，试之以经题一论及专门之业，通半中选，不限名额，得荐于省学，谓之秀才，比之诸生。五年不成者出学。省学书器益多，见闻益广。学政督抚会同其院师，每岁试其专门之业，增以经一、论史一、考掌故一策，通半中选，不限名额，贡于京师，谓之举人。五年不成者出学。京师广延各学教习，图器尤盛。每岁总裁，礼部会同大教习试之，其法与省学同，不限名次，及半中选，谓之进士。三年不成者出学。其进士得还为州县艺学总教习，其举人得为分教习，并听人聘用。其诸生得还教其乡学塾及充各作厂。其文科童试，即以经古场为正场，自占经解一、专门之学一。二场试"四书"文一、中外策一、诗一，亦及格即取，不限名额。每场考试，人数不得过三百。增设学政，每道一人，可从容尽力矣。其乡会试，头场"四书"义一、"五经"解一、诗一，纵其才力，不限格法，听其引用，但在讲明义理，宗尚孔子。二场掌故策五道。三场问外国考五道，及格者中，不限名额。殿试策问，不论楷法，但取直言极谏、条对剀切者入翰林。其文科、艺科愿互应者听。其有创著一书，发明新义，确实有用者，皆入翰林，进士授以检讨，举人授以庶吉士，诸生授以待诏。如是则天下之士才智大开，奔走鼓舞，以待皇上之用。其余州、县、乡、镇，皆设书藏，以广见闻。若能厚筹经费，广加劝募，令乡落咸设学塾，小民童子，人人皆得入学，通训诂名物，习绘图算法，识中外地理、古今史事，则人才不可胜用矣。

《周官》诵方、训方，皆考四方之慝；《诗》之《国风》、《小雅》，欲知民俗之情。近开报馆，名曰新闻，政俗备存，文学兼述，小之可观物价，琐之可见土风。清议时存，等于乡校，见闻日辟，可通时务。外国农业、商学、天文、地质、教会、政律、格致、武备，各有专门，以为新报，尤足以开拓心思，发越聪明，与铁路开通，实相表里。宜纵民开设，并加奖劝，庶裨政教。

然近日风俗人心之坏，更宜讲求挽救之方。盖风俗弊坏，由于无教。士人不励廉耻，而欺诈巧滑之风成；大臣托于畏谨，而苟且废弛之弊作。而"六经"为有用之书，孔子为经世之学，鲜有负荷宣扬。于是外夷邪教，得起而煽惑吾民。直省之间，拜堂棋布，而吾每县仅有孔子一庙，岂不可痛哉！今宜亟立道学一科，其有讲学大儒，发明孔子之道者，不论资格，并加征礼，量授国子之官，或备学政之选。其举人愿入道学科者，得为州县教官。其诸生愿入道学科者，为讲学生，皆分到乡落，讲明孔子之道，厚筹经费，且令各善堂助之。并令乡落淫祠，悉改为孔子庙，其各善堂、会馆俱令独祀孔子，庶以化导愚民，扶圣教而塞异端。其道学科有高才硕学，欲传孔子之道于外国者，明诏奖励，赏给国子监、翰林院官衔，助以经费，令所在使臣领事保护，予以凭照，令资游历。若在外国建有学堂，聚徒千人，确有明效，给以世爵。余皆投牒学政，以通语言、文字、测绘、算法为及格，悉给前例。若南洋一带，吾民数百万，久隔圣化，徒为异教诱惑，将沦左衽，皆宜每岛派没教官，立孔子庙，多领讲学生分为教化。将来圣教施于蛮貊，用夏变夷，在此一举。且藉传教为游历，可询夷情，可扬国声，莫不尊亲，尤为大义矣。

夫教养之事，皆由国政。而今官制太冗，俸禄太薄，外之则使才未养，内之则民情不达，若不变通，无以为教养之本也。天下之治，必自乡始。而今知县选之既不择人望，任之兼责以六曹，下则巡检、典史一二人，皆出杂流，岂任民牧？上则藩臬、道府，徒增冗员，何关吏治？若京官则自枢垣、台谏以外，皆为闲散。各部则自掌印主稿以外，徒縻廪禄。堂官则每署数四，而兼差反多。文书则每日数尺，而例案繁琐。至于督及监司，而吏治坏滥极矣！今请首停捐纳，乃改官制，因汉世太守领令长之制，唐代节度兼观察之条，每道设一巡抚，上通章奏，下领知县，以四五品京堂及藩臬之才望者充之。其知县升为四品，以给御、编检、郎员及道府之爱民者授之。其巡抚之下，增置参议、参军、支判，凡道府同通改授此官。其知县之下，分设功曹、决曹、贼曹、金曹，以州县进士分补其缺。其余诸吏皆听诸生考充，渐拔曹长，行取郎官。其上总督，皆由巡抚兼管，各因都会，以为重镇。使吏胥之积弊，化为士人；三老之乡官，各由民举。整顿疏通，乃可为治。其京官则太常、光禄、鸿胪可统于礼部，大理可并于刑部，太仆可并于兵部，通政可并于察院。其余额外冗官，皆可裁汰，各营一职，不得兼官。章京领天下之事，宜分以诸曹；翰林为近侍之臣，宜轮班顾问。部吏皆听举贡学习，以升郎曹；通政准百僚奏事，以开言路。骈枝既去，宦途甚清，以彼冗縻，增此廪禄。令其达官有以为舆马傔从之费，而后可望以任事；其小吏有以为仰事俯畜之用，而后可责以守廉。若用魏、隋之制，予以世禄之田，既体群臣，庶多廉吏。

内弊既除，则外交宜讲。春秋子羽，能知四国之为；汉武下诏，求通绝域之使。苏武不辱，富弼能争。列国交争，其任重矣。而今使才未养，不谙外务，重辱国体，为夷姗笑。今宜立使才馆，选举贡生监之明敏辨才者，入馆学习，其翰林部曹愿入者听。各国语言、文字、政教、律法、风俗、约章，皆令学习。学成或为游历，或充随员，出为领事，擢为公使，庶几通晓外务，可以折冲。考俄、日之强也，由遣宗室大臣游历各国，又遣英俊子弟诣彼读书。俄主彼得，乃至易作工人，躬习其业，归而变政，故能骤强。我亲藩世爵大臣，与国休戚，启沃圣聪者也，而不出都城，寡能学问，非特不通外国之故，抑且未知直省之为。一旦执政，岂能有补？大臣固守旧法，习为因循。虽利国便民，力阻罢议，一误再误，国日以替。宜选令游历三年，讲求诸学，归能著书，始授政事。其余分遣品官，激厉士庶，出洋学习，或资游历，并给凭照，能著新书，皆为优奖，归授教习，庶开新学。则上之可以赞圣聪，下之可以开风气矣。

夫中国大病，首在壅塞，气郁生疾，咽塞致死。欲进补剂，宜除噎疾，使血通脉畅，体气自强。今天下事皆文具而无实，吏皆奸诈而营私。上有德意而不宣，下有呼号而莫达。同此兴作，并为至法，外夷行之而致效，中国行之而益弊者，皆上下隔塞，民情不通所致也。夫以一省千里之地，而惟督抚一二人仅通章奏；以百僚士庶之众，而惟枢轴三五人日见天颜。然且堂廉迥隔，大臣畏谨而不敢尽言。州县专城，小民冤抑而末由呼吁。故君与臣隔绝，官与民隔绝，大臣小臣又相隔绝。如浮屠百级，级级难通；广厦千间，重重并隔。夫天下万物之繁，封圻千里之广，使督抚枢轴皆是大贤。然是数人者，心思耳目所及，必有未周；才力精神之运，必有不逮。以之运骤四海，措置百务，已狭隘不广矣。况知人之哲，自古为难，唐帝失之于共兜，诸葛失之于马谡，任用偶误，一切乖方，而欲倚之以扶危定倾，经营八表，岂不难乎？天下人民四万万，庶士亿万，情伪百端，才智甚广。皇上仅寄耳目于数人，而数人者又畏儒保禄，不敢竭尽，甚且炀灶蔽贤，壅塞圣听，皇上虽欲通中外之故，达小民之厄，其道无由。名虽尊矣，实则独立于上，遂致有割地弃民之举。皇上亦何乐此独尊为哉？

夫先王之治天下，与民共之，《洪范》之大疑大事，谋及庶人为大同；《孟子》称进贤杀人，待于国人之皆可。般庚则命众至庭，文王则与国人交。《尚书》

之四目四聪,皆由辟门;《周礼》之询谋询迁,皆合大众。尝推先王之意,非徒集思广益,通达民情,实以通忧共患,结合民志。昔汉有征辟有道之制,宋有给事封驳之条。伏乞特诏颁行海内,令士民公举博古今、通中外、明政体、方正直言之士,略分府县,约十万户而举一人,不论已仕未仕,皆得充选,因用汉制,名曰议郎。皇上开武英殿,广悬图书,俾轮班入直,以备顾问。并准其随时请对,上驳诏书,下达民词。凡内外兴革大政,筹饷事宜,皆令会议于太和门,三占从二,下部施行。所有人员,岁一更换,若民心推服,留者领班。著为定制,宣示天下。上广皇上之圣聪,可坐一室而知四海;下合天下之心志,可同忧乐而忘公私。皇上举此经义,行此旷典,天下奔走鼓舞,能者竭力,富者纾财,共赞富强。君民同体,情谊交孚,中国一家,休戚与共。以之筹饷,何饷不筹?以之练兵,何兵不练?合四万万人之心以为心,天下莫强焉!然后用府兵之法,而民皆可兵;讲铁舰之精,而海可以战。于以恢复琉球,扫荡日本,大雪国耻,耀我威棱。

昔德国相臣毕士麻克,尝以中国之大冠绝四洲,他日恐为欧罗之患,思与诸国分之。后以中国因循不足畏,议遂中止。今若百度更新,以二万里之地,四万万之人,二十六万种之物产,力图自强,此真日本之所大患,毕士麻克之所深忌,而欧罗巴洲诸国所窃忧也。以之西挞俄、英,南收海岛而有余,何至忍诟含耻,割地请款于小夷哉?及今为之,犹可补牢。若徘徊迟疑,苟且度日,因循守旧,坐失事机,则诸夷环伺,间不容发,迟之期月,事变必来。后欲悔而改作,大势既坏,不可收拾,虽有圣者,无以善其后矣。

且夫天下大器也,难成而易毁;兆民大众也,难静而易动。故先王懔朽索之驭马,虑天命之无常,战战业业,若履渊冰。楚庄王之立国也,无日不训讨军实,虑祸至之无日,戒惧之不可怠;诸葛亮之佐蜀也,工械究极,用兵不戢,屡耀其武。率皆君臣上下,振刮摩厉,乃能自立。稍有因循,即怀、愍蒙尘,徽、钦见虏矣。近者土耳其为回教大国,不变旧法,遂为六大国割地、废君而柄其政。日本一小岛夷耳,能变旧法,乃敢灭我琉球,侵我大国。前车之辙,可以为鉴。

自古非常之事,必待大有为之君。自强为天行之健,志刚为大君之德。《洪范》以弱为六极,大《易》以顺为阴德。《诗》曰:"天之方懠,无为夸毗。"说者谓夸毗,体柔之人也。伏惟皇上英明天亶,下武膺运,历鉴覆辙,独奋乾纲,勿摇于左右之言,勿惑于流俗之说,破除旧习,更新大政,宗庙幸甚!天下幸甚!

夫无事之时，虽勋旧之言不能入；有事之世，虽匹夫之言或可采。举人等草茅疏逖，何敢妄陈大计，自取罪戾；但同处一家，深虞胥溺。譬犹父有重病，庶孽知医，虽不得汤药亲尝，亦欲将验方钞进。《公羊》之义，臣子一例。用敢竭尽其愚，惟皇上采择焉，不胜冒昧陨越之至，伏惟代奏皇上圣鉴。谨呈。

34 严复

救亡决论[1]
（1895）

天下理之最明而势所必至者，如今日中国不变法则必亡是已。然则变将何先？曰：莫亟于废八股。夫八股非自能害国也，害在使天下无人才。其使天下无人才奈何？曰：有大害三。

其一害曰锢智慧。今夫生人之计虑知识，其开也，必由粗以入精，由显以至奥，层累阶级，脚踏实地，而后能机虑通达，审辨是非。方其为学也，必无谬悠影响之谈，而后其应事也，始无颠倒支离之患。何则？其所素习者然也。而八股之学大异是。垂髫童子，目未知菽粟之分，其

---

[1] 严复（1854—1921），原名宗光，字又陵，后改名复，字几道，福建侯官（今属福州）人。近代著名翻译家、教育家、资产阶级启蒙思想家。先后毕业于福建船政学堂、英国皇家海军学院，历任天津水师学堂总办、京师大学堂编译局总办、上海复旦公学校长、安徽高等学堂监督、北京大学校长等职。提倡西学，反对"中学为体，西学为用"，主张"体用一致"。翻译《天演论》《原富》，鲜明提出"信、雅、达"翻译原则。《救亡决论》最早发表于光绪二十一年四月七日至十四日（1985年5月1日至8日）天津《直报》。今据《近代中国史料丛刊续编》（文海出版社）第十八辑影印光绪辛丑（1901）南昌读有用书斋刻《侯官严氏丛刻》本录文。校点参考《严复集》（中华书局，1986年，第40—54页）。

入学也，必先课之以《学》《庸》《语》《孟》，开宗明义，明德新民，讲之既不能通，诵之乃徒强记。如是数年之后，行将执简操觚，学为经义，先生教之以擒挽之死法，弟子资之于剽窃以成章。一文之成，自问不知何语。迨夫观风使至，群然挟兔册，裹饼饵，逐队唱名，俯首就案，不违功令，皆足求售，谬种流传，羌无一是。如是而博一衿矣，则其荣可以夸乡里；又如是而领乡荐矣，则其效可以觊民社。至于成贡士，入词林，则其号愈荣，而自视也亦愈大。出宰百里，入主曹司，珥笔登朝，公卿跬步，以为通天地人之谓儒。经朝廷之宾兴，蒙皇上之亲策，是朝廷固命我为儒也。千万旅进，人皆铩羽，我独成龙，是冥冥中之鬼神又许我为儒也。夫朝廷、鬼神皆以我为儒，是吾真为儒，且真为通天地人之儒。从此天下事来，吾以半部《论语》治之足矣，又何疑哉？又何难哉？做秀才时无不能做之题，做宰相时自无不能做之事，此亦其所素习者然也。谬妄糊涂，其曷足怪？

其二害曰坏心术。揆皇始创为经义之意，其主于愚民与否，吾不敢知。而天下后世所以乐被其愚者，岂不以圣经贤传，无语非祥，八股法行，将以忠信廉耻之说渐摩天下，使之胥出一途，而风俗亦将因之以厚乎？而孰知今日之科举，其事效反于所期，有断非前人所及料者。今姑无论试场大弊，如关节、顶替、倩枪、联号，诸寡廉鲜耻之尤，有力之家，每每为之，而未尝稍以为愧也。请第试言其无弊者，则孔子有言："知之为知之，不知为不知，是知也。"故言止于所不知，固学者之大戒也。而今日八股之士，乃真无所不知。夫无所不知，非人之所能也。顾上既如是求之，下自当以是应之。应之奈何？剿说是已。夫取他人之文词，腆然自命为己出，此其人耻心所存，固已寡矣。苟缘是而侥幸，则他日掠美作伪之事愈忍为之，而不自知其为可耻。然此犹其临场然耳。至其平日用功之顷，则人手一编，号曰揣摩风气。即有一二聪颖子弟，明知时尚之日非，然去取所关，苟欲求售，势必俯就而后可。夫所贵于为士，与国家养士之深心，岂不以矫然自守，各具特立不诡随之风，而后他日登朝，乃有不苟得不苟免之概耶？乃今者，当其做秀才之日，务必使之习为剿窃诡随之事，致令羞恶是非之心，且暮梏亡，所存濯濯。又何怪委贽通籍之后，以巧宦为宗风，以趋时为秘诀。否塞晦盲，真若一丘之貉。苟利一身而已矣，遑恤民生国计也哉？且其害不止此。每逢春秋两闱，其闱内外所张文告，使不习者观之，未有不欲股弁者。逮亲见其实事，乃不徒大谬不然，抑且变本加厉。此奚翅当士子出身之日，先教以赫赫王言，实等诸济窍飘风，不关人事，又何怪他日者身为官吏，刑在前而不慄，议在后而不惊。何则？凡此又皆所素习者然也。是故今日科举之事，其害不止于锢智慧，坏心术，其势且使国宪王章渐同粪土，而知其害者，果谁也哉？

其三害曰滋游手。扬子云有言："言，心声也；书，心画也。"故知言语、文字二事，系生人必具之能。人不知书，其去禽兽也，仅及半耳。中国以文字一门专属之士，而西国与东洋则所谓四民[1]之众，降而至于妇女走卒之伦，盖无不识字知书之人类。且四民并重，从未尝以士为独尊，独我华人，始翘然以知书自异耳。至于西洋理财之家，且谓农工商贾皆能开天地自然之利，自养之外，有以养人，独士枵然，开口待哺。是故士者，固民之蠹也。唯其蠹民，故其选士也，必务精，而最忌广。广则无所事事，而为游手之民，其弊也，为乱为贫为弱。而中国则后车十乘，从者百人，孟子已肇厉阶。至于今日之士，则尚志不闻，素餐等诮。十年之间，正恩累举，朝廷既无以相待，士子且无以自存。械朴丛生，人文盛极。然若以孙文台杀荆州太守坐无所知者例之，则与当涂公卿，皆不容于尧舜之世者也。况夫益之以保举，加之以捐班，决疣溃痈，靡知所届。中国一大豕也，群虱总总，处其奎蹄曲隈，必有一日焉，屠人操刀，具汤沐以相待，至是而始相吊焉，固已晚矣。悲夫！

夫数八股之三害，有一于此，则其国鲜不弱而亡，况夫兼之者耶！今论者将谓八股取士，固未尝诚负于国家，彼自明以来用之矣，其所收之贤哲巨公，指不胜屈，宋苏轼尝论之矣。果循名责实之道行，则八股亦何负于天下？此说固也，然不知利禄之格既悬，则无论操何道以求人，将皆有聪明才智之侪入其彀。设国家以饭牛取士，亦将得宁戚、百里大夫；以牧豕取士，亦将得卜式、公孙丞相。假当日见其得人，遂以此为科举之恒法，则诸公以为何如？夫科举之事，为国求才也，劝人为学也。求才为学二者，皆必以有用为宗。而有用之效，征之富强；富强之基，本诸格致。不本格致，将无所往而不荒虚，所谓"蒸砂千载，成饭无期"者矣。彼苏氏之论，取快一时，盖方与温公、介甫立异抵巇，又何可视为笃论耶？总之，八股取士，使天下消磨岁月于无用之地，堕坏志节于冥昧之中，长人虚骄，昏人神智，上不足以辅国家，下不足以资事畜。破坏人才，国随贫弱。此之不除，徒补苴罅漏，张皇幽渺，无益也，虽练军实、讲通商，亦无益也。何

---

[1] 四民，原脱"四"字，据《严复集》补。

则？无人才，则之数事者，虽举亦废故也。舐糠及米，终致危亡而已。然则救之之道当何如？曰：痛除八股而大讲西学，则庶乎其有鸠耳。东海可以回流，吾言必不可易也。

难者曰：夫八股锢智慧，坏心术，滋游手，积将千年之弊，流失败坏，一旦外患凭陵，使国家一无可恃。欲战则忧速亡，忍耻求和则恐寖微寖灭。当是之时，其宜改弦更张，不待议矣。顾惟是处存亡危急之秋，待学问以图功，将何殊播谷饲蚕，俟获成献功，以救当境饥寒之患。道则是矣，于涂无乃迂乎？今先生论救亡而以西学格致为不可易，夫格致何必西学，固吾道《大学》之始基也，独其效若甚赊，其事若甚琐。朱晦翁《补传》一篇，大为后贤所聚讼。同时陆氏兄弟，已有逐物破道之讥。前明姚江王伯安，儒者之最有功业者也，格窗前一竿竹，七日病生。其说谓"格"字，当以孟子"格君心之非"及今律"格杀勿论"诸"格"字为训，谓当格除外物，而后有以见良知之用、本体之明。此尤事功无待格致之明证，而先生谓富强以格致为先务，蒙窃惑之。其说得详闻欤？

应之曰：不亦善乎！客问之也。夫中土学术政教，自南渡以降，所以愈无可言者，孰非此陆王之学阶之厉乎！以国朝圣祖之圣，为禹、文以后仅见之人君，亦不过挽之一时，旋复衰歇。盖学术末流之大患，在于徇高论而远事情，尚气矜而忘实祸。夫八股之害，前论言之详矣。而推而论之，则中国宜屏弃弗图者，尚不止此。自有制科来，士之舍干进梯荣，则不知焉所事学者，不足道矣。超俗之士，厌制艺则治古文词，恶试律则为古今体；鄙折卷者，则争碑版篆隶之上游；薄讲章者，则标汉学考据之赤帜。于是此追秦汉，彼尚八家，归、方、刘、姚、恽、魏、方、龚；唐祖李、杜，宋祢苏、黄；七子优孟，六家鼓吹。魏碑晋帖，南北派分，东汉刻石，北齐写经。戴、阮、秦、王，直闯许、郑，深衣几幅，明堂两个。钟鼎校铭，珪琮著考，秦权汉日，穰穰满家。诸如此伦，不可殚述。然吾得一言以蔽之，曰：无用。非真无用也，凡此皆富强而后物阜民康，以为怡情遣日之用，而非今日救弱救贫之切用也。其又高者曰：否否，此皆不足为学。学者学所以修己治人之方，以佐国家化民成俗而已。于是侈陈礼乐，广说性理。周、程、张、朱、关、闽、濂、洛。学案几部，语录百篇。《学蔀通辨》，《晚年定论》。关学刻苦，永嘉经制。深宁、东发，继者顾、黄，《明夷待访》《日知》著录。褒衣大袖，尧行舜趋。訑訑声颜，距人千里。灶上驱虏，折箠笞羌。经营八表，牢笼天地。夫如是，吾又得一言以蔽之，曰：无实。非果无实也，救死不赡，宏愿长赊。所托愈高，去实滋远。徒多伪道，何裨民生也哉！故由后而言，其高过于西学而无实；由前而言，其事繁于西学而无用。均之无救危亡而已矣。

客谓处存亡危急之秋，务亟图自救之术，此意是也。固知处今而谈，不独破坏人才之八股宜除，举[1]凡宋学汉学，词章小道，皆宜且束高阁也。即富强而[2]言，且在所后，法当先求何道可以救亡。惟是申陆王二氏之说，谓格致无益事功，抑事功不俟格致，则大不可。夫陆王之学，质而言之，则直师心自用而已。自以为不出户可以知天下，而天下事与其所谓知者，果相合否？不径庭否？不复问也。自以为闭门造车，出而合辙，而门外之辙与其所造之车，果相合否？不龃龉否？又不察也。向壁虚造，顺非而泽，持之似有故，言之若成理。其甚也，如骊山博士说瓜，不问瓜之有无，议论先行蜂起，秦皇坑之，未为过也。盖陆氏于孟子，独取良知不学、万物皆备之言，而忘言性求故、既竭目力之事，唯其自视太高，所以强物就我。后世学者，乐其径易，便于惰窳敖慢之情，遂群然趋之，莫之自反。其为祸也，始于学术，终于国家。故其于己也，则认地大民众为富强，而果富强否，未尝验也；其于人也，则神州而外皆夷狄，其果夷狄否，未尝考也。抵死虚憍，未或稍屈。然而天下事所不可逃者，实而已矣，非虚词饰说所得自欺，又非盛气高言所可持劫也。迨及之而知，履之而艰，而天下之祸，固无救矣。胜代之所以亡，与今之所以弱者，不皆坐此也耶？前车已覆，后轸方遒，真可叹也！若夫词章一道，本与经济殊科，词章不妨放达，故虽极蜃楼海市，惝恍迷离，皆足移情遣意。一及事功，则淫遁诐邪，生于其心，害于其政矣；苟且粉饰，出于其政者，害于其事矣。而中土不幸，其学最尚词章，致学者习与性成，日增慆慢。又况以利禄声华为准的，苟务悦人，何须理实，于是慆慢之余，又加之以险躁，此与武侯学以成才之说，奚啻背道而驰。仆前谓科举破坏人才，此又其一者矣。

然而西学格致，则其道与是适相反。一理之明，一法之立，必验之物物事事而皆然，而后定之为不易。其所验也贵多，故博大；其收效也必恒，故悠久；其究极也，必道通为一，左右逢原，故高明。方其治之也，成见必不可居，饰词必不可用，不敢丝毫主张，不得稍行武断，必勤必耐，必公必虚，而后有以造其至

---

[1]举，原作"舆"，与"舉"形近而讹，据《严复集》改。
[2]而，原作"二"，音同而讹，据《严复集》改。

精之域，践其至实之途。迨夫施之民生日用之间，则据理行术，操必然之券，责未然之效，先天不违，如土委地而已矣。且西士有言：凡学之事，不仅求知未知，求能不能已也。学测算者，不终身以窥天行也；学化学者，不随在而验物质也；讲植物者，不必耕桑；讲动物者，不必牧畜。其绝大妙用，在于有以练智虑而操心思，使习于沉者不至为浮，习于诚者不能为妄。是故一理来前，当机立剖，昭昭白黑，莫使听荧。凡夫洞疑虚獥，荒渺浮夸，举无所施其伎焉者。得此道也，此又《大学》所谓"知至而后意诚"矣。且格致之事，以道眼观一切物，物物平等，本无大小、久暂、贵贱、善恶之殊。庄生知之，故曰："道在屎溺"，"每下愈况"。王氏窗前格竹，七日病生之事，若与西洋植物家言之，当不知几许轩渠，几人齿冷。且何必西士，即如其言，则《豳诗》之所歌，《禹贡》之所载，何一不足令此子病生。而圣人创物成能之意，明民前用之机，皆将由此熄矣。率天下而祸实学者，岂非王氏之言欤？

且客过矣。西学格致，非迂涂也，一言救亡，则将舍是而不可。今设有人于此，自其有生以来，未尝出户，但能读《三坟》《五典》《八索》《九丘》，而于门以外之人情物理，一无所知。凡舟车之运转流行，道里之险易涩滑，岩墙之必压，坎陷之至凶，摘埴索涂，都忘趋避，甚且不知虎狼之可以食人，鸩毒之可以致死。一旦为事势所[1]逼，置此子于肩摩毂击之场，山巅水涯之际，所不残毁僵仆者，其与几何？知此则知中国由今之道，无变今之俗，欲求不亡之必无幸矣。盖欲救中国之亡，则虽尧、舜、周、孔生今，舍班孟坚所谓通知外国事者，其道莫由。而欲通知外国事，则舍西学洋文不可，舍格致亦不可。盖非西学洋文，则无以为耳目；而舍格致之事，将仅得其皮毛，瞀井瞽人，其无救于亡也审矣。且天下唯能者可以傲人之不能，唯知者可以傲人之不知。而中土士大夫，怙私恃气，乃转以不能不知傲人之能与知。彼乘骐骥，我独骑驴；彼驾飞舟，我偏结筏。意若谓彼以富强，吾有仁义。而回顾一国之内，则人怀穿窬之行，而不自知羞；民转沟壑之中，而不自知救。指其行事，诚皆不仁不义之尤。以此傲人，羞恶安在？至一旦外患相乘，又茫然无以应付，狂悖违反，召败蘄亡。孟子曰："不仁而可与言，则何亡国败家之有？"夫非今日之谓耶？

且客谓西学为迂涂，则所谓速化之术者，又安在耶？得无非练军实之谓耶？

---

[1] 所，原作"之"，据《严复集》改。

裕财赋之谓耶？制船炮开矿产之谓耶？讲通商务树畜之谓耶？开民智正人心之谓耶？而之数事者，一涉其流，则又非西学格致皆不可。今以层累阶级之不可紊也，其深且远者，吾不得与客详之矣。今姑即其最易明之练兵一端言之，可乎？今夫中国，非无兵也，患在无将帅。中国将帅，皆奴才也，患在不学而无术。若夫爱士之仁，报国之勇，虽非自弃流品之外者之所能，然尚可望由于生质之美而得之。至于阳开阴闭，变动鬼神，所谓为将之略者，则非有事于学焉必不可。即如行军必先知地，知地必资图绘，图绘必审测量。如是，则所谓三角、几何、推步诸学，不从事焉不可矣。火器致人，十里而外；为时一分，一机炮可发数百弹，此断非徒裼奋呼、迎头痛击者所能决死而幸胜也。于是则必讲台垒壕堑之事，其中相地设险，遮扼钩联，又必非不知地不知商功者所得与也。且为将不知天时之大律，则暑寒风雨，将皆足以破军；未闻遵生之要言，则疾疫伤亡，将皆足以损众。二者皆扎营踞地息息相关者也。乃至不知曲线力学之理，则无以尽炮准来复之用；不知化学涨率之理，则无由审火棉火药之宜；不讲载力重学，又乌识桥梁营造？不讲光电气水，又何能为伏桩旱雷与通语探敌诸事也哉？抑更有进者，西洋凡为将帅之人，必通敌国之语言文字，苟非如此，任必不胜。此若与吾党言之，愈将发狂不信者矣。若夫中国统领伎俩，吾亦知之：不知道里而迷惑，则传问驿站之马夫；欲探敌人之去来，则暂雇本地之无赖。尤可笑[1]者，前某军至大同，无船可渡，争传州县办差；近某军扎新河，海啸忽来，淹死兵丁数百。是于行军相地，全所不知。夫用如是之将领，使之率兵向敌，吾国不亡，亦云幸矣！尚何必以和为辱也哉？且夫兵之强弱，顾实事何如耳，又何必如某总兵所称，铜头铁额如蚩尤，驱使虎豹如巨无霸。中国史传之不足信久矣，演义流布，尤为惑世诬民。中国武夫识字，所恃为韬略者，不逾此种。无怪今日营中，多延奇门遁甲之家，冀实事不能，或仰[2]此道制胜。中国人民知慧，蒙蔽拿陋，至于此极，虽圣人生今，殆亦无能为力也。哀哉！

议者又谓：自海上军兴以来，二十余年，师法西人，不遗余力者，号以北洋为最，而临事乃无所表见如此，然则曷贵师资？此又耳食之徒，不考实事之过也。自明眼人观之，则北洋实无一事焉师行西法。其详不可得言，姑举一端为喻。曩

---

[1] 笑，原作"哭"，形近而讹，据《严复集》改。
[2] 仰，原作"迎"，形近而讹，据《严复集》改。

者法越之事，北洋延募德酋数十人，洎条约既成，无所用之，乃分遣各营，以为教习。彼见吾军事多不可者，时请更张。各统领恶其害己也，群然噪而逐之。上游筹所以慰安此数十人者，于是乎有武备学堂之设。既设之后，虽学生年有出入，尚未闻培成何才，更不闻如何器使，此则北洋练兵练将，不用西法之明征。夫盗西法之虚声，而沿中土之实弊，此行百里者所以半九十里也。呜呼！其亦可悲也已！然此不具论。论者见今日练兵，非实由西学之必不可耳。

至于阜民富国之图，则中国之治财赋者，因于西洋最要之理财一学，从未问津。致一是云为，自亏自损，病民害国，暗不自知。其士大夫亦因于此理不明，故出死力与铁路机器为难，自遏利源，如近日京师李福明一案，尤足令人流涕太息者也。不知是二事者，乃中土真不容缓之图，富强所基，何言有损？果其有损，则东西二洋其贫弱而亡久矣。《淮南子》曰："栉者堕发而栉不止者，为堕者少而利者多也。"彼唯有见于近而无见于远，有察于寡而无察于多，肉食者鄙，端推此辈。中国地大民众，谁曰不然，然地大在外国乃所以强，在中国正所以弱；民众在外国乃所以富，在中国正所以贫。救之之道，非造铁道用机器不为功；而造铁道用机器，又非明西学格致必不可。是则一言富国阜民，则先后始终之间，必皆有事于西学，然则其事又曷可须臾缓哉！

约而论之，西洋今日，业无论兵、农、工、商，治无论家、国、天下，蔑一事焉不资于学。斯宾塞《劝学篇》尝言之矣。继今以往，将皆视物理之明昧，为人事之废兴。各国皆知此理，故民不读书，罪其父母。日本年来立格致学校数千所，以教其民，而中国忍此终古，二十年以往，民之愚智，益复相悬，以与逐利争存，必无幸矣。《记》曰："学然后知不足。"公等从事西学之后，平心察理，然后知中国从来政教之少是而多非。即吾圣人之精意微言，亦必既通西学之后，以归求反观，而后有以窥其精微，而服其为不可易也。夫中国以学为明善复初，而西人以学为修身事帝，意本同也。唯西人谓修身事帝，必以安生利用为基，故凡遇中土旱干水溢，饥馑流亡，在吾人以为天灾流行，何关人事；而自彼而论，则事事皆我人谋之不臧，甚且谓吾罪之当伐，而吾民之可吊，而我尚傲然弗屑也，可不谓大哀也哉！

嗟嗟！处今日而言救亡，非圣祖复生，莫能克矣。圣祖当本朝全盛之日，贤将相比肩于朝，则垂拱无为，收视穆清，宜莫圣祖若矣！而乃勤苦有用之学，究察外国之事，亘古莫如。其所学之拉体诺，即今之辣丁文，西学文字之祖也。至如天算、兵法、医药、动植诸学，无不讲，亦蔑不精。庙谟所垂，群下莫出其右，南斋侍从之班，以洋人而被侍郎卿衔者，不知凡几，凡此皆以备圣人顾问者也。夫如是，则圣者日圣，其于奠隆基致太平也何难。不独制艺八股之无用，圣祖早已知之，即如从祀文庙一端，汉人所视为绝大政本者，圣祖且以为无关治体，故不许满人得鼎甲，亦不许满人从祀孔子庙廷，其用意可谓远矣。而其所以不废犹行者，知汉人民智之卑，革之不易，特聊顺其欲而已。然则圣祖之精神默运，直至二百年而遥。而有道曾孙，处今日世变方殷，不追祖宗之活精神，而守祖宗之死法制，不知不法祖宗，正所以深法祖宗。致文具空存，邦基陨阢，甚或庙社以屋，种类以亡，孝子慈孙，岂愿见此！曩己丑、庚寅之间，祈年殿与太和门数月连毁。一所以事天，一所以临民，王者之大事也。灾异至此，可为寒心，然安知非祖宗在天灵爽，默示深疴也哉！<u>总之，驱夷之论，既为天之所废而不可行，则不容不通知外国事。欲通知外国事，自不容不以西学为要图。此理不明，丧心而已。救亡之道在此，自强之谋亦在此。</u>早一日变计，早一日转机，若尚因循，行将无及。彼日本非不深恶西洋也，而于西学，则痛心疾首、卧薪尝胆求之。知非此不独无以制人，且将无以存国也。而中国以恶其人，遂以并废其学，都不问利害是非，此何殊见仇人操刀，遂戒家人勿持寸铁；见仇家积粟，遂禁子弟不复力田。呜呼！其慎甚矣。

虽然，吾与客皆过矣。运会所趋，岂斯人所能为力。天下大势，既已日趋混同，中国民生，既已日形狭隘，而此日之人心世道，真成否极之秋，则穷变通久之图，天已谆谆然命之矣。继自今，中法之必变，变之而必强，昭昭更无疑义，此可知者也。至变于谁氏之手，强为何种之邦，或成五裂四分，抑或业归一姓，此不可知者也。吾与客茫茫大海，飘飘两萍，委心任运可耳，又何必容心于鼠肝虫臂，而为不祥之金也哉！客言下大悟，奋袖低昂而去。

建言有之[1]：天不变，地不变，道亦不变。此观化不审似是实非之言也。夫始于涅菩，今成椭轨；天枢渐徙，斗分岁增。今日逊古日之热，古晷较今晷为短，天果不变乎？炎洲群岛，乃古大洲沉没之山尖；萨哈喇广漠，乃古大海浮露之新地。江河外齧，火山内弸，百年之间，陵谷已易。眼前指点，则勃澥旧界，乃在

---

[1]"建言有之"以下，为《救亡决论》第三，原载《直报》，《侯官严氏丛刻》本删，兹据《严复集》录文。

丁沽，地果不变乎？然则，天变地变，所不变者，独道而已。虽然，道固有其不变者，又非俗儒之所谓道也。请言不变之道：有实而无夫处者宇，有长而无本剽者宙；三角所区，必齐两矩；五点布位，定一割锥，此自无始来不变者也。两间内质，无有成亏；六合中力，不经增减，此自造物来不变者也。能自存者资长养于外物，能遗种者必爱护其所生。必为我自由，而后有以厚生进化；必兼爱克己，而后有所和群利安，此自有生物生人来不变者也。此所以为不变之道也。若夫君臣之相治，刑礼之为防，政俗之所成，文字之所教，吾儒所号为治道人道，尊天柱而立地维者，皆譬诸夏葛冬裘，因时为制，目为不变，去道远矣！第变者甚渐极微，固习拘虚，末由得觉，遂忘其变，信为恒然，更不能与时推移，进而弥上。甚且生今反古，则古昔而称先王，有若古之治断非后世之治所可及者，而不知其非事实也。

中国秦火一事，乃千古诿过渊丛。凡事不分明，或今世学问为古所无，尊古者必以秦火为解；或古圣贤智所不逮，言行过差，亦必力为斡旋，代为出脱。如阮文达知地圆之说必不可易，则取"旁陀四隤"一语，谓曾子已所前知；又知地旋之理无可复疑，乃断《灵宪》地动仪，谓张平子已明天静。此虽皆善傅会，而无如天下之目不可掩也。至于孔子，则生知将圣，尤当无所不窥。于是武断支离，牵合虚造，诬古人而厚自欺，大为学问之蔀障。且忧海水之涸，而以泪[1]益之，于孔子亦何所益耶？往尝谓历家以太阳行度盈缩不均，于是于真日之外，更设平日，以定平晷，畴人便之，儒者亦然。故今人意中之孔子，乃假设之平圣人，而非当时之真孔子。世有好学深思之士，于吾言当相视而笑也。

夫稽古之事，固自不可为非。然察往事而以知来者，如孟子求故之说可也。必谓事事必古之从，又常以不及古为恨，则谬矣！间尝与友论中国尚古贱今之可异，友曰："古人如我辈父兄，君家如有父兄，事事自必谘而后行，尚古之意，正亦如是。"仆曰："足下所以事事必谘而后行者，岂非以其见闻较广，更事较多故耶？"友曰："诚然。"仆大笑曰："据君之理，行君之事，正所谓颠倒错乱者耳。夫五千年世界，周秦人所阅历者二千余年，而我与若皆倍之。以我辈阅历之深，乃事事稽诸古人之浅，非所谓适得其反者耶？世变日亟，一事之来，不特为祖宗所不及知，且为圣智所不及料，而君不自运其心思耳目，以为当境之应付，员枘

---

[1]泪，《严复集》作"洎"，当为"泪"之误字，据文意改。

方凿，鲜不败者矣！"友愕眙失气，然叹仆之说精确无以易也。

晚近更有一种自居名流，于西洋格致诸学，仅得诸耳剽之余，于其实际，从未讨论。意欲扬己抑人，夸张博雅，则于古书中猎取近似陈言，谓西学皆中土所已有，羌无新奇。如星气始于臾区，勾股始于隶首；浑天昉于玑衡，机器创于班墨；方诸阳燧，格物所宗；烁金腐水，化学所自；重学则以均发均悬为滥觞，光学则以临镜成影为嚆矢；蜕水蜕气，气学出于亢仓；击石生光，电学原于关尹。哆哆硕言，殆难缕述。此其所指之有合有不合，姑勿深论。第即使其说诚然，而举刳木以傲龙骧，指椎轮以訾大辂，亦何足以助人张目，所谓诟弥甚耳！夫西学亦人事耳，非鬼神之事也。既为人事，则无论智愚之民，其日用常行，皆有以暗合道妙，其仰观俯察，亦皆宜略见端倪。第不知即物穷理，则由之而不知其道；不求至乎其极，则知矣而不得其通。语焉不详，择焉不精，散见错出，皆非成体之学而已矣。今夫学之为言，探赜索隐，合异离同，道通为一之事也。是故西人举一端而号之曰"学"者，至不苟之事也。必其部居群分，层累枝叶，确乎可证，涣然大同，无一语游移，无一事违反，藏之于心则成理，施之于事则为术，首尾赅备，因应厘然，夫而后得谓之为"学"。

是故西学之与西教，二者判然绝不相合。"教"者所以事天神，致民以不可知者也。致民以不可知，故无是非之可争，亦无异同之足验，信斯奉之而已矣。"学"者所以务民义，明民以所可知者也。明民以所可知，故求之吾心而有是非，考之外物而有离合，无所苟焉而已矣。教崇学卑，教幽学显，崇幽以存神，卑显以适道，盖若是其不可同也。世人等之，不亦远乎！是故取西学之规矩法戒，以绳吾学，则凡中国之所有，举不得以"学"名。吾所有者，以彼法观之，特阅历知解积而存焉，如散钱，如委积。此非仅形名象数已也，即所谓道德、政治、礼乐，吾人所举为大道，而诮西人为无所知者，质而言乎，亦仅如是而已矣。若徒取散见错出，引而未申者言之，则埃及、印度，降以至于墨、非二洲之民，皆能称举一二所闻，以与格致家争前识，岂待进化若中国而后能哉！

虽然，中土创物之圣，固亦有足令西人倾服者。远之蚕桑司南，近之若书契火药，利民前用，不可究言。然祖父之愚，固无害子孙之智；即古人之圣，亦何补吾党之狂。争此区区，皆非务实益而求自立者也。尤可笑者，近有人略识洋务，著论西学，其言曰："欲制胜于人，必先知其成法，而后能变通克敌。彼萃数十国人才，穷数百年智力，掷亿万货财，而后得之，勒为成书，公诸人而不私诸己，广其学而不秘其传者，何也？彼实窃我中国古圣之绪余，精益求精，以还中国，虽欲私焉，而天有所不许也。"有此种令人呕哕议论，足见中国民智之卑。今固不暇与明"学"为天下公理公器，亦不暇与讲物理之无穷，更不得与言胞与之实行、教学之相资。但告以西洋人所与共其学而未尝秘者，固不徒高颧斜目、浅鼻厚唇之华种，即亚非利加之黑人，阿斯吉摩之赤狄，苟欲求知，未尝陋也。岂二种圣人亦有何物为其所窃？不然，何倾吐若斯也？更有进者，前几尼亚人，往往被掠为奴，英人恻然悯之，为费五千万磅之资，遣船调兵，禁绝此事，黑人且未即见德，故固深以为仇。此种举动，岂英之前人曾受黑番何项德泽？不然，何被发缨冠如此耶？此更难向吾党中索解人矣！

昨者，有友相遇，慨然曰："华风之敝，八字尽之；始于作伪，终于无耻。"呜呼！岂不信哉！岂不信哉！今者，吾欲与之为微词，则恐不足发聋而振聩；吾欲大声疾呼，又恐骇俗而惊人。虽然，时局到今，吾宁负发狂之名，决不能喔咿嚅呢，更蹈作伪无耻之故辙。今日请明目张胆为诸公一言道破可乎？四千年文物，九万里中原，所以至于斯极者，其教化学术非也。不徒嬴政、李斯千秋祸首，若充类至义言之，则六经五子亦皆责有难辞。嬴、李以小人而陵轹苍生，六经五子以君子而束缚天下。后世其用意虽有公私之分，而崇尚我法，劫持天下，使天下必从己而无或敢为异同者，则均也。因其劫持，遂生作伪；以其作伪，而是非淆、廉耻丧，天下之敝乃至不可复振也。此其受病至深，决非一二补偏救弊之为，如讲武、理财所能有济。盖亦反其本而图其渐而已矣！否则，智卑德漓，奸缘政兴，虽日举百废无益也。此吾《决论》三篇所以力主西学而未尝他及之旨也。善夫西人之言曰："中国自命有化之国也，奈何肉刑既除，宫闱犹用阉寺；束天下女子之足，以之遏淫禁奸；讞狱无术，不由公听，专事毒刑榜笞。三者之俗，蛮狸不如，仁义非中国有也。"呜呼！其言虽逆，吾愿普天下有心人平气深思，察其当否而已。至凡所云云，近则三十年，远则六十年，自有定论，今可不必以口舌争也。

原強

今之扼腕奮胗講西學談洋務者，亦知近五十年來西人所孜孜勤求近之可以保身治生遠之可以經國利民之一大事乎？達爾文者英之講動植之學者也。承其家學少之時周歷寰瀛凡殊品詭質之草木禽魚裒集甚富窮精眇慮垂數十年而著一書曰物種探原，自其書出歐美二洲幾於家有其書，而泰西之學術政教一時斐變，論者謂達氏之學其一新耳目更革心思甚於奈端氏之格致天算殆非虛言。其書謂物類繁殊始惟一本，其降而日異者大抵以牽

35 严　复
原强[1]
（1895—1901）

今之扼腕奋盻，讲西学、谈洋务者，亦知近五十年来，西人所孜孜勤求，近之可以保身治生，远之可以经国利民之一大事乎？

达尔文者，英之讲动植之学者也。承其家学，少之时周历寰瀛。凡殊品诡质之草木禽鱼，裒集甚富。穷精眇虑，垂数十年而著一书，曰《物种探原》。自其书出，欧美二洲几于家有其书，而泰西之学术政教，一时斐变。论者谓达氏之学，其一新耳目，更革心思，甚于奈端氏之格致天算，殆非虚言。其书谓：物类繁殊，始惟一本。其降而日异者，大抵以牵天系地之不同，与夫生理之常趋于微异；洎源远流分，遂阔绝相悬，不可复一。然而此皆后天之事，因夫自然，驯致如是，而非太始生理之本然也。其书之二篇为尤著，西洋缀闻之士皆能言之，谈理之家摭为口实。其一篇曰《物竞》，又其一曰《天择》。物竞者，物

---

[1] 本文发表于光绪二十一年二月初八日至十三日（1895年3月4日至9日）天津《直报》，经增订后，收入光绪辛丑（1901）刊行的《侯官严氏丛刻》中。今据《近代中国史料丛刊续编》（文海出版社）第十八辑影印光绪辛丑（1901）南昌读有用书斋刻《侯官严氏丛刻》本录文，并参考《严复集》（中华书局，1986年，第15-32页）校点。

争自存也；天择者，存其宜种也。意谓民物于世，樊然并生，同食天地自然之利矣。然与接为构，民民物物，各争有以自存。其始也，种与种争，及其稍进，则群与群争，弱者常为强肉，愚者常为智役。及其有以自存而遗种也，则必强忍魁桀，趫捷巧慧，而与其一时之天时地利人事最其相宜者也。此其为争也，不必爪牙用而杀伐行也。习于安者，使之为劳；狃于山者，使之居泽，以是以与其习于劳、狃于泽者争，将不数传而其种尽矣。物竞之事，如是而已。是故每有太古最繁之种，风气渐革，越数百年数千年，消磨歇绝，至于靡有孑遗，如矿学家所见之古兽古禽是已。动植如此，民人亦然。民人者，固动物之类也，达氏总有生之物，标其宗旨，论其大凡如此。至其证阐明确，犁然有当于人心，则非亲见其书者莫能信也。此所谓以天演之学言生物之道者也。

斯宾塞尔者，亦英产也，与达氏同时。其书于达氏之《物种探源》为早出，则宗天演之术，以大阐人伦治化之事。号其学曰"群学"。犹荀卿言人之贵于禽兽者，以其能群也，故曰"群学"。凡民相生相养，易事通功，推以至于刑政礼乐之大，皆自能群之性以生。又用近今格致之理术，以发挥修齐治平之事，精深微眇，繁富奥殚。其论一事，持一说，必根据理极，引其端于至真之原，究其极于不遁之效。于五洲殊种，由狉榛蛮夷，以至著号开明之国，挥斥旁推，什九罄尽。而于一国盛衰强弱之故，民德醇漓合散之由，则尤三致意焉。殚毕生之精力，五十年而著述之事始葳。其宗旨尽于第一书，名曰《第一义谛》，通天地人禽兽昆虫草木以为言，以求其会通之理，始于一气，演成万物。继乃论生学、心学之理，而要其归于群学焉。夫亦可谓美备也已。

斯宾塞尔全书而外，杂著无虑数十篇，而《明民论》、《劝学篇》二者为最著。《明民论》者，言教人之术也。《劝学篇》者，勉人治群学之书也。其教人也，以瀹智慧、练体力、厉德行三者为之纲。其勉人治群学者，意则谓天下沿流讨源，执因责果之事，惟群事为最难，非不素讲者之所得与。故有国家者，其施一政，著一令，本以捄弊坊民也，而其究也，所期者每或不成，而所不期者常以忽至。至夫历时久而转相因，其利害迁流，则有不可究诘者。格致之事不先，偏颇之私未尽，生心害政，未有不贻误家国者也。是故欲为群学，必先有事于诸学焉。不为数学、名学，则吾心不足以察不遁之理、必然之数也；不为力学、质学，则不足以审因果之相生、功效之互待也。名数力质四者之学已治矣，然吾心之用，犹仅察于寡而或荧于纷，仅察于近而或迷于远也，故必广之以天地二学焉。盖于名数知万物之成法，于力质得化机之殊能，尤必藉天地二学，各合而观之，而后有以见物化之成迹。名数虚，于天地征其实；力质分，于天地会其全。夫而后有以知成物之悠久，杂物之博大，与夫化物之蕃变也。虽然，于群学犹未也。盖群者人之积也，而人者官品之魁也。欲明生生之机，则必治生学；欲知感应之妙，则必治心学，夫而后乃可以及群学也。且一群之成，其体用功能，无异生物之一体，小大虽异，官治相准。知吾身之所生，则知群之所以立矣；知寿命之所以弥永，则知国脉之所以灵长矣。一身之内，形神相资；一群之中，力德相备。身贵自由，国贵自主。生之与群，相似如此。此其故无他，二者皆有官之品而已矣。故学问之事，以群学为要归。唯群学明而后知治乱盛衰之故，而能有修齐治平之功。呜呼！此真大人之学矣！

　　不观于圬者之为墙乎？与之一成之砖，坚而廉，平而正，火候得而大小若一，则无待泥水灰黏之用，不旋踵而数仞之墙成矣。由是以捍风雨，卫室家，虽资之数百年可也。使其为砖也，欹嵌蠕蠕，小大不均，则虽遇至巧之工，亦仅能版以筑之，成一粪土之墙而已矣。廉隅坚洁，持久不败，必不能也。此凡积垛之事，莫不如此。唯其单也为有法之形，则其总也成有制之聚。然此犹人之所为也。唯天生物，亦莫不然。化学原质，自然结晶，其形制之穷巧极工，殆难思议，其形虽大小不同，而其为一晶之所积而成形，则虽析之至微，至于莫破。其晶之积面隅幂，无不似也。然此犹是金石之类而已。至如动植之伦，近代学者皆知太初质房为生之始，其含生蕃变之能，皆于此而已具。但其事甚赜，难与未尝学者谈。而其本单之形法性情，以为其总之形法性情，欲论其合，先考其分，则昭昭若揭日月而行，亘天壤不刊之大例也。

　　夫如是，则一种之所以强，一群之所以立，本斯而谈，断可识矣。盖生民之大要三，而强弱存亡莫不视此：一曰血气体力之强，二曰聪明智虑之强，三曰德行仁义之强。是以西洋观化言治之家，莫不以民力、民智、民德三者断民种之高下，未有三者备而民生不优，亦未有三者备而国威不奋者也。反是而观，夫苟其民契需恂愗，各奋其私，则其群将涣。以将涣之群，而与鸷悍多智、爱国保种之民遇，小则虏辱，大则灭亡。此不必干戈用而杀伐行也，磨灭溃败，出于自然，载籍所传，已不知凡几，而未有文字之先，则更不知凡几者也。是故西人之言教化政法也，以有生之物各保其生为第一大法，保种次之。而至生与种较，则又当舍生以存种，践是道者，谓之义士，谓之大人。至于发政施令之间，要其所归，皆以其民之力、智、德三者为准的。凡可以进是三者，皆所力行；凡可以退是三者，皆所宜废；而又盈虚酌剂，使三者毋或致偏焉。西洋政教，若自其大者观之，不过如是而已。

由是而观吾中国今日之民，其力、智、德三者，固何如乎？往者日本以寥寥数舰之舟师，区区数万人之众，一战而夺我最亲之藩属，再战而陪都动摇，三战而夺我最坚之海口，四战而威海之海军燀矣。使曩者款议不成，则畿辅戒严，亦意中事耳。当此之时，天子非不赫然震怒也，思改弦而更张之，乃内之则殿阁枢府以至六部九卿，外之则洎廿四行省之疆吏，旁皇咨求，卒无一人焉足以胜御侮折冲之任者。猛虎深山，徒虚论耳。兵连不及周年，公私扫地赤立，洋债而外，尚不能无扰闾阎，其财之匮也又如此。夫一国犹之一身也，脉络贯通，官体相救，故击其头则四肢皆应，刺其腹则举体知亡。而南北虽属一君，彼是居然两戒，首善震矣，四海晏然，视邦国之颠危，犹秦越之肥瘠。合肥谓以北洋一隅之力御倭人全国之师，非过语也。此君臣势散而相爱相保之情薄也。将不素学，士不素练，器不素储。一旦有急，则蚁附蜂屯，授之以扞格不操之利器，曳兵而走，转以奉敌。其一时告奋将弁，半皆无赖小人，觊觎所支饷项而已。至于临事，且不知有哨探之用、遮萆之方，甚且不识方员古陈，大不宜于今日之火器，更无论部勒之精详，与夫开阖之要眇者矣。即当日之怪谬，苟纪载其事而传之，将皆为千载笑端，而吾民靦然固未尝以之为愧也。

夫阃外之事既如此矣，而阃内之事则又何如？法弊之极，人各顾私，是以谋谟庙堂，佐上出令者，往往翘巧伪汙浊之行，以为四方则效。其间稍有意者，亦不过如息夫躬所云，以狗马齿保目所见，而孰谓是区区者之终不吾畀也！至于顾问献替之臣，则不独于时事大势瞢未有知，乃至本国本朝之事，其职分所应知者，亦未尝少纾其神虑。是故有时发愤论列，率皆唵嗢童駥，徒招侮虐，功罪得失，毁誉混淆。其有趋时者流，自许豪桀，则徒剽窃外洋之疑似，以荧惑主上之聪明。其尤不肖者，且窃幸事之纠纷，得以因缘为利，求才亟，则可侥幸而骤迁；兴作多，则可居间而自润。嗟乎！此真天下士大夫之所亲见。仆之为论，岂不然哉？

夫人才者，民力、民智、民德三者之征验也，求之有位之中，既如此矣。意或者沈伏摧废，高举远行而不可接欤，乃吾转而求之草野闾巷之间，则又消乏彫亡，存一二于千万之中，竟谓同无，何莫不可？然则神州九万里地，四十京之民，此廓廓者徒土荒耳，是茧茧者徒人满耳。尚自诩冠带之民，灵秀之种，周孔所教，礼义所治，诸君聊用自娱则可耳，何关人事也耶！且事之可忧可畏者，存乎其真，而一战之胜败，不足计也。使中国而为如是之中国，则当日中东之事，微论败也，就令边衅不开，开而幸胜，然而自有识之士观之，其为忧乃瘉剧。何则？民力已苶，民智已卑，民德已薄故也，一战之败，何足云乎！今虽有圣神用事，非数十百年薄海知亡，君臣同德，痛锄治而鼓舞之，将不足以自立。而岁月悠悠，四邻耽耽，恐未及有为，已先作印度、波兰之续，将斯宾塞之术未施，而达尔文之理先信。矧自甲午迄今者几何时，天下所振兴者几何事，固诸君所共闻共见者耶！呜呼！吾辈一身无足惜，如吾子孙与四百兆之人种何？天地父母，山川神灵，尚无相兹下士，民以克诱其衷，咸俾知奋！

闻前言者造而问余曰：甚矣先生之言，无异杞人之忧天坠也！今夫异族之为中国患，不自今日始也。自三代以迄汉朝，南北猘猘，互有利钝。虽时见侵，无损大较，固无论已。魏晋不纲，有五胡之乱华，大河以北，沦于游裘羶酪者盖数百年。当是之时，哀哀黔首，衽革枕戈，不得喙息，盖几靡有孑遗，耗矣！息肩于唐，载庶载富。而李氏末造，赵宋始终，其被祸乃尤烈。金源女真更盛迭帝。青吉斯汗崛起鄂诺，威憺欧洲。忽必烈汗荐食小朝，混一华夏，南奄身毒，北暨俄罗，幅员之大，古未有也。然而块肉沦丧，不及百年，长城以南，复归汉种。至国朝龙兴辽沈，圣哲笃生，母我群黎，革明敝政，湛恩汪濊，盖三百祀于兹矣。此皆著自古昔者也。其间递嬗，要不过一姓之废兴，而人民则犹此人民，声教则犹古声教，是则即今无讳，损益可知。林林之众，讵无噍类！而吾子耸于达尔文氏之邪说，一则谓其无以自存，再则忧其无以遗种，此何异众人熙熙，方登春台，而吾子被发狂呌，白昼见魅也哉？不然，何所论之怪诞不经，独不虑旁观者之闵笑也？况夫昭代厚泽深仁，隆基方永，景命未改，讴歌所归，事又万万不至此。殷忧正所以启圣明耳，何直为此吅吅也？且而不见回部之土耳其乎？介乎俄与英之间，壤地日蹙，其偪也可谓至矣，然不闻其遂至于亡国灭种，四分五裂也，则又何居？吾子念之，物强者死之徒，事穷者势必反，天道剥复之事，如反覆手耳。安知今之所谓强邻者不先笑后号咷，而吾子漆叹嫠忧，所贬君自损者，不俯吊而仰贺乎？

应之曰：唯唯，客所以祛吾惑者，不亦至乎！虽然，愿请间，得为客深明之。若客者，信所谓明于古而晻于今，得其一而失其二者也。姑微论客之所指为异族之非异族也。盖天下之大种四：黄、白、赭、黑是已。北并乎西伯利亚，南襟乎中国海，东距之太平洋，西苞乎昆仑虚，黄种之所居也。其为人也，高颧而浅鼻，长目而强发。乌拉盐泽以西，大秦旧壤，白种之所聚也。其为人也，碧眼而鬈发，隆额而深眶。越裳、交趾以南，东萦吕宋，西拂痕都，其间多岛国焉，则赭种之民也。而黑种最下，亚非利加及绕赤道诸部，所谓黑奴是已。今之满、蒙、汉人，皆黄种也。檀君旧国，箕子所封；冒顿之先，降由夏后，客何疑乎？故中国邃古以还，乃一种之所君，实未尝或沦于非类。第就令如客所谈，客尚不知种之相为强弱，其故有二：有鸷悍长大之强，有德慧术智之强；有以质胜者，有以文胜者。以质胜者，游牧射猎之民是已。其国之君民上下，截然如一家之人，忧则相恤，难则相赴。生聚教训之事，简而不繁，骑射驰骋，云屯飙散，㳺毳肉酪，养生之具，益力而能寒。故其民乐战轻死，有魁桀者为之要约而驱使之，其势可以强天下。虽然强矣，而未进夫化也。若夫中国之民，则进夫化矣，而文胜之国也。耕凿蚕织，城郭邑居，于是有礼乐刑政之治，有庠序学校之教。通功易事，四民肇分。其法令文章之事，历变而愈繁，积久而益富，养生送死之资无不具也，君臣上下之分无不明也，冠婚丧祭之礼无不举也。故其民偷生而畏法，治之得其道则易以相安，治之失其道亦易以日窳，是以及其末流，每转为质胜者之所制。然而此中之安富尊荣，声明文物，固游牧射猎者所深慕而远不逮者也。故其既入中国也，虽名为之君，然数传以后，其子若孙，虽有祖宗之遗令切诫，往往不能不厌劳苦而事逸乐，弃淳德而染浇风，遁天倍情，忘其所受，其不渐摩而与汉物化者寡矣。苏子瞻曰："中国以法胜，而匈奴以无法胜。"然而其无法也，始以自治则有余，迨既入中国而为之君矣，必不能弃中国之法，而以无法之治治之也，遂亦入于法而同受其敝焉。此中国所以经累胜而常自若，其化转以日广，其种转以日滋。何则？物固有无形之相胜，而亲为所胜者，虽身历其境而尚未之或知也。然则取客之言而深论之，则谓异族常受制于中国也可，不得谓异族制中国也。

至于今之西洋，则与是不可同日而语矣。何则？彼西洋者，无法与法并用而皆有以胜我者也。自其自由平等以观之，则捐忌讳，去烦苛，决壅蔽，人人得其意，申其言，上下之势不相悬隔，君不甚尊，民不甚贱，而联若一体者，是无法之胜也。自其官工兵商法制之明备而观之，则人知其职，不督而办，事至纤悉，莫不备举，进退作息，皆有常节，无间远迩，朝令夕改，而人不以为烦，则是以有法胜也。其鸷悍长大既胜我矣，而德慧术知又为吾民所远不及。故凡其耕凿陶冶，织纴牧畜，上而至于官府刑政，战守、转输、邮置、交通之事，与凡所以和众保民者，精密广大，较吾中国之所有，倍蓰有加焉。其为事也，一一皆本诸学术；其为学术也，一一皆本于即物实测。层累阶级，以造于至精至大之涂，故蔑一事焉可坐论而不足起行者也。苟求其故，则彼以自由为体，以民主为用。一洲之民，散为七八，争驰并进，以相磨礲，始于相忌，终于相成，各殚智虑，此既日异，彼亦月新，故能用法而不至受法之敝，此其所以为可畏也。

往者中国之法与无法遇，故虽经累胜而常自存；今也彼亦以其法以与吾法遘，而吾法乃颓窳朽蠹如此其敝也，则彼法日胜而吾法日消矣。何则？法犹器也，犹道涂也，经时久而无修治精进之功，则扞格芜梗者势也。以扞格芜梗而与修治精进者并行，则民固将弃此而取彼者亦势也。此天演家言所谓物竞天择之道固如是也。此吾前者所以言四千年文物俛然有不终日之势者，固以此也。嗟乎！此岂徒客之甚恨哉？然而事既如此矣，则吾岂能塞耳涂目，而不为吾同胞者垂涕泣而一指其实也哉！

且吾所谓无以自存，无以遗种者，岂必死者国量乎[1]泽若蕉而后为尔耶？第使彼常为君而我常为臣，彼常为雄而我常为雌；我耕而彼食其实，我劳而彼享其休；以战则我常居先，出令则我常居后，彼且以我为天之僇民，谓是种也固不足以自由而自治也。于是加束缚驰骤，奴使而虏用之，俾吾之民智无由以增，民力无由以奋，是蚩蚩者亦长此困苦无聊之众而已矣。夫如是，则去不自存而无遗种也，其间几何？不然，夫岂不知其不至无噍类也，彼黑与赭且常存于两间矣，矧兹四百兆之黄也哉！民固有其生也不如死，其存也不如亡，亦荣辱贵贱，自由不自由之间异耳。

客谓物强者死徒，事穷者势反，固也。然不悟物之极也，固有其所由极，故势之反也，亦有其所由反。善保其强，则强者正所以长存；不善用其柔，则柔者乃所以速死。彼《周易》否泰之数，老氏雄雌之言，固圣智之妙用微权，而非不事事听其自至之谓也。不事事而听其自至，此《太甲》所谓"自作孽，不可逭"者耳。天固何尝为不织者减寒，为不耕者减饥耶！至土耳其之所以常存，则彼自谟罕蓦德设教以来，固以武健严酷死同仇异之道狃其民者也。故文不足而质有余，学术法度虽无可言乎，而劲悍胜兵则尚足以有立，此所以虽介两雄而灭亡犹未也，然而日削月侵，其为存亦仅矣。此诚非暧暧姝姝偷懦惮事如中国之民者，所援之

---

[1] 乎，原作"平"，据《庄子·人间世》改。

以自广也。悲夫！

虽然，论国土盛衰强弱之间，亦仅畴其差数而已。夫自今日中国而视西洋，则西洋诚为强且富，顾谓其至治极盛，则又大谬不然之说也。夫古之所谓至治极盛者，曰家给人足，曰比户可封，曰刑措不用。之数者，皆西洋各国之所不能也。且岂仅不能而已，自彼群学之家言之，且恐相背而驰，去之滋远焉。盖世之所以得致太平者，必其民之无甚富亦无甚贫，无甚贵亦无甚贱；假使贫富贵贱过于相悬，则不平之鸣，争心将作，大乱之故，常由此生。二百年来，西洋自测算格物之学大行，制作之精，实为亘古所未有。民生日用之际，殆无往而不用其机。加以电邮、汽舟、铁辙三者，其能事足以收六合之大，归之一二人掌握而有余。此虽有益于民生之交通，而亦大利于奸雄之垄断。垄断既兴，则民贫富贵贱之相悬滋益远矣。尚幸其国政教之施，以平等自由为宗旨，所以强豪虽盛，尚无役使作横之风，而贫富之差，则虽欲平之而终无术矣。中国之古语云："富者越陌连阡，贫者无立锥之地"，"富者唾弃粱肉，贫者不厌糟糠"。至于西洋，则其贫者之不厌糟糠，无立锥之地，与中国差相若；而连阡陌，弃粱肉，固未足以尽其富也。夫在中国，言富以亿兆计，可谓雄矣；而在西洋，则以京垓秭载计者，不胜偻指焉。此其人非必勤劳贤智胜于人人也，仰机射利，役物自封而已。夫贫富不均如此，是以国财虽雄而民风不竞，作奸犯科、流离颠沛之民，乃与贫国相若，而于是均贫富之党兴，毁君臣之议起矣。且也奢侈过深，人心有发狂之患；孳乳甚速，户口有过庶之忧。故深识之士，谓西洋教化不异昙花，语虽微偏，不为无见。至盛极治，固如此哉！

然而此之为患，又非西洋言理财讲群学者之所不知也。彼固合数国之贤者，聚数百千人之知虑而图之，而卒苦于无其术。盖欲捄当前之弊，其事存于人心风俗之间。夫欲贵贱贫富之均平，必其民皆贤而少不肖，皆智而无甚愚而后可。否则，虽今日取一国之财产而悉均之，而明日之不齐又见矣。何则？乐于惰者不能使之为勤，乐于奢者不能使之为俭也。是故国之强弱贫富治乱者，其民力、民智、民德三者之征验也，必三者既立而后其政法从之。于是一政之举，一令之施，合于其智、德、力者存，违于其智、德、力者废。当是之时，虽有英君察相，苟不自其本而图之，则亦仅能补偏救弊，偷为一时之治而已矣，听其自至，浸假将复其旧而由其常焉。且往往当其补救之时，本弊未去，而他弊丛然以生，偏于此者虽祛，而偏于彼者闯然更见。甚矣！徒政之不足与为治也。往者英国常禁酒矣，而民之酗酒者愈多；常禁重利盘剥矣，而私债之息更重。瑞典禁贫民嫁娶不以时，而所谓天生子者满街。法国反政之后，三为民主，而官吏之威权益横。美国华盛顿立法至精，而苞苴贿赂之风，至今无由尽绝。善夫斯宾塞尔之言曰："民之可化，至于无穷，惟不可期之以骤。"而吾孔子亦曰："为邦百年，胜残去杀。"又曰："虽有王者，必世后仁。"程子曰："有《关雎》、《麟趾》之风，而后可以行周礼。"古今哲人，知此盖审。故曰：欲知其合，先察其分。天下之物，未有不本单之形法性情以为其聚之形法性情者也。是故贫民无富国，弱民无强国，乱民无治国。

然则假令今有人于此，愤中国之积弱积贫，攘臂言曰：胡不使我为治？使我为治，则天下事数著可了耳，十年以往，其庶几乎！然则其道将奚由？彼将曰：中国之所以不振者，非法制之罪也，患在奉行不力而已。祖宗之成宪具在，吾宁率由之而加实力焉。于是而督责之令行，刺举之政兴。如是而为之十年，吾决知中国之贫与弱犹自若也。何则？天下大势，犹水之东流，夫已浩浩成江河矣，乃障而反之，使之在山，此人力所必不胜也。

于是又有人焉，曰：法制者，圣人之刍狗，先王之蘧庐也，一陈不可复用，一宿不可复留。宇宙大势，既日趋于混同矣，不自其同于人者而为之，必不可也。方今之计，为求富强而已矣。彼西洋诚富诚强者也，是以今日之政，非西洋莫与师。由是于朝也则建民主，立真相；于野也则通铁轨，开矿功。练通国之陆军，置数十百艘之海旅，此亦近似而差强人意矣。然使由今之道，无变今之俗，十年以往，吾恐其效将不止贫与弱而止也。

盖一国之事，同于人身。今夫人身，逸则弱，劳则强者，固常理也。然使病夫焉，日从事于超距羸越之间，以是求强，则有速其死而已矣。今之中国，非犹是病夫也耶？且夫中国知西法之当师，不自甲午东事败衄之后始也。海禁大开以还，所兴发者亦不少矣：译署，一也；同文馆，二也；船政，三也；出洋肄业局，四也；轮船招商，五也；制造，六也；海军，七也；海署，八也；洋操，九也；学堂，十也；出使，十一也；矿务，十二也；电邮，十三也；铁路，十四也。拉什数之，盖不止一二十事。<u>此中大半，皆西洋以富以强之基，而自吾人行之，则淮橘为枳，若存若亡，不能实收其效者，则又何也？</u>苏子瞻曰："天下之祸，莫大于上作而下不应。上作而下不应，则上亦将穷而自止。"斯宾塞尔曰："富强不可为也，政不足与治也。相其宜，动其机，培其本根，卫其成长，则其效乃不期而自立。"是故苟民力已薾，民智已卑，民德已薄，虽有富强之政，莫之能行。盖政如草木焉，置之其地而发生滋大者，必其地之肥硗燥湿寒暑与其种性最宜者而后可。否则，萎蘼而已，再甚则僵槁而已。往者，王介甫之变法也，法非不良，意非不美也，而其效浸淫至于亡宋，此其故可深长思也。管、商变法而行，介甫之变法而敝，在其时之风俗人心与其法之宜不宜而已矣。达尔文曰："物各竞存，最宜者立。"动植如是，政教亦如是也。

夫如是，则中国今日之所宜为，大可见矣。夫所谓富强云者，质而言之，不外利民云尔。然政欲利民，必自民各能自利始；民各能自利，又必自皆得自由始；欲听其皆得自由，尤必自其各能自治始；反是且乱。顾彼民之能自治而自由者，皆其力、其智、其德诚优者也。是以今日要政，统于三端：一曰鼓民力，二曰开民智，三曰新民德。夫为一弱于群强之间，政之所施，固常有标本缓急之可论。惟是使三者诚进，则其治标而标立；三者不进，则其标虽治，终亦无功；此舍本言标者之所以为无当也。虽然，其事至难言矣。夫中国今日之民，其力、智、德三者，苟通而言之，则经数千年之层递积累，本之乎山川风土之攸殊，导之乎刑政教俗之屡变，陶均炉锤而成此最后之一境。今日欲以旦暮之为，谓有能淘洗改革，求以合于当前之世变，以自存于偪儳烦扰之中，此其胜负通窒之数，殆可不待再计而知矣。然而自微积之理而观之，则曲之为变，固有疾徐；自力学之理而明之，则物动有由，皆资外力。今者外力逼迫，为我权藉，变率至疾，方在此时。智者慎守力权，勿任旁夺，则天下事正于此乎而大可为也。即彼西洋之克有今日者，其变动之速，远之亦不过二百年，近之亦不过五十年已耳，则我何为而不奋发也耶！

然则鼓民力奈何？今者论一国富强之效，而以其民之手足体力为之基，此自功名之士观之，似为甚迂而无当。顾此非不佞一人之私言也，西洋言治之家，莫不以此为最急。历考中西史传所垂，以至今世五洲五六十国之间，贫富弱强之异，莫不于此焉肇分。周之希腊，汉之罗马，唐之突厥，晚近之峨特一种，莫不以壮佼长大，耐苦善战，称雄一时。而中土畴昔纷争之代，亦皆以得三河六郡为取天下先资。顾今或谓自火器盛行，懦夫执靶，其效如壮士惟均，此真无所识知之论也。不知古今器用虽异，而有待于骁猛坚毅之气则同。且自脑学大明，莫不知形神相资，志气相动，有最胜之精神而后有最胜之智略。是以君子小人劳心劳力之事，均非气体强健者不为功。此其理吾古人知之，故庠序校塾，不忘武事，壶勺之仪,射御之教,凡所以练民筋骸,鼓民血气者也,而孔孟二子皆有魁桀之姿。彼古之希腊、罗马人亦知之,故其阿克德美柏拉图所创学塾。之中,莫不有津蒙那知安此言练身院。属焉,而柏拉图乃以骈胁著号。至于近世,则欧罗巴[1]国,尤鳃鳃然以人种日下为忧,操练形骸,不遗余力。饮食养生之事,医学所详,日以精审。此其事不仅施之男子已也,乃至妇女亦莫不然。盖母健而后儿肥,培其先天而种乃进也。去岁日本行之,《申报》论其练及妇女,不知所云。嗟夫,此真非以裹脚为美之智之所与也!

故中国礼俗,其贻害民力而坐令其种日偷者,由法制学问之大,以至于饮食居处之微,几于指不胜指。而沿习至深,害效最著者,莫若吸食鸦片、女子缠足二事,此中国朝野诸公所谓至难变者也。然而夷考其实,则其说有不尽然者。今即鸦片一端而论,则官兵士子,禁例原所未用。假令天子亲察二品以上之近臣大吏,必其不染者而后用之,近臣大吏各察其近属。如是而转相察,藩臬察郡守,郡守察州县,州县察佐贰,学臣之察士,将帅之察兵,亦用是术焉。务使所察者,人数至简,以期必周。如是定相坐之法而实力行之,则官兵士子之染祛;官兵士子之染祛,则天下之民知染其毒者必不可以为官兵士子也,则自爱而求进者必不吸食。夫如是,则吸者日少,俟其既少,然后著令禁之,旧染渐去,新染不增,三十年之间可使鸦片之害尽绝于天下。至于缠足,本非天下女子之所乐为也,拘于习俗而无敢畔其范围而已。假令一日者,天子下明诏,为民言缠足之害,且曰:继自今,自某年所生女子而缠足,吾其毋封。则天下之去其习者,犹热之去燎而寒之去翣也。夫何难变之与有?夫变俗如是二者,非难行也,不难行而不行者,以为无与国是民生之利病而已。而孰知种以之弱,国以之贫,兵以之窳,胥于此焉阶之厉耶!是鸦片、缠足二事不早为之所,则变法者皆空言而已矣。

<u>其开民智奈何?</u>今夫尚学问者则后事功,而急功名者则轻学问,二者交失,其实则相资而不可偏废也。顾功名之士多有,而学问之人难求,是则学问贵也。东土之人见西国今日之财利,其隐赈流溢如是,每疑之而不信;迨亲见而信矣,又莫测其所以然;及观其治生理财之多术,然后知其悉归功于亚丹斯密之一书,此泰西有识之公论也。<u>是以制器之备,可求其本于奈端;舟车之神,</u>

---

[1]巴,原作"化",据文意改。

可推其原于瓦德；用电[1]之利，则法拉第之功也；民生之寿，则哈尔斐之业也。而二百年学运昌明，则又不得不以柏庚氏之摧陷廓清之功为称首。学问之士，倡其新理，事功之士，窃之为术，而大有功焉。故曰：民智者，富强之原。此悬诸日月不刊之论也。

顾彼西洋以格物致知为学问本始，中国非不尔云也，独何以民智之相越乃如此耶？或曰：中国之智虑运于虚，西洋之聪明寄于实，此其说不然。自不佞观之，中国虚矣，彼西洋尤虚；西洋实矣，而中国尤实。异者不在虚实之间也。夫西洋之于学，自明以前，与中土亦相埒耳。至于晚近，言学则先物理而后文词，重达用而薄藻饰。且其教子弟也，尤必使自竭其耳目，自致其心思，贵自得而贱因人，喜善疑而慎信古。其名数诸学，则藉以教致思穷理之术；其力质诸学，则假以导观物察变之方，而其本事，则筌蹄之于鱼兔而已矣。故赫胥黎曰："读书得智，是第二手事，唯能以宇宙为我简编，民物为我文字者，斯真学耳。"此西洋教民要术也。

而回观中国则何如？夫朱子以即物穷理释格物致知，是也；至以读书穷理言之，风斯在下矣。且中土之学，必求古训。古人之非，既不能明，即古人之是，亦不知其所以是。记诵词章既已误，训诂注疏又甚拘，江河日下，以至于今日之经义八股，则适足以破坏人才，复何民智之开之与有耶？且也六七龄童子入学，脑气未坚，即教以穷玄极眇之文字，事资强记，何裨灵襟！其中所恃以开瀹神明者，不外区区对偶已耳。所以审覈物理，辨析是非者，胥无有焉。以是为学，又何怪制科人十九鹘突于人情物理，转不若农工商贾之有时而当也。今之蒿目时事者，每致叹于中国读书人少；自我观之，如是教人，无宁学者少耳。今者物穷则变，言时务者，人人皆言变通学校，设学堂，讲西学矣。虽然，谓十年以往，中国必收其益，则又未必然之事也。何故？旧制尚存，而荣途未开也。夫如是，士之能于此深求而不倦厌者，必其无待而兴，即事而乐者也。否则刻棘之业虽苦，市骏之赏终虚，同辈知之则相忌，门外不知则相忘，几何不废然反也！是故欲开民智，非讲西学不可；欲讲实学，非另立选举之法，别开用人之涂，而废八股、试帖、策论诸制科不可。

至于新民德之事，尤为三者之最难。今微论西洋教宗如何，然而七日来复，

---

[1]电，原作"靈"，形近而訛，據文意改。

必有人焉聚其民而耳提面命之。而其所以为教之术，则临之以帝天之严，重之以永生之福。人无论王侯君公，降以至于穷民无告，自教而观之，则皆为天之赤子，而平等之义以明。平等义明，故其民知自重而有所劝于为善。今夫"上帝临汝，勿贰尔心""相在尔室，尚不愧于屋漏"者，大人之事而君子之所难也。而西洋小民，但使信教诚深，则夕惕朝乾，与吾之大人君子无所异。内省不疚，无恶于志，不为威惕，不为利诱，此诚教中常义，而非甚瑰琦绝特之行者也。民之心有所主，而其为教有常，故其效能如此。

至于吾民，则姑亦无论学校义废久矣，即使尚存如初，亦不过择凡民之俊秀者而教之。至于穷檐之子，编户之氓，则自褓襁以至成人，未尝闻有孰教之者也。孟子曰："饱食暖衣，逸居而无教，则近于禽兽。"夫饱食暖衣之民，无教尚如此。则彼饥寒逼躯，救死不赡者，当何如乎？后义先利，诈伪奸欺，固其所耳。曩甲午之办海防也，水底碰雷与开花弹子，有以铁滓沙泥代火药者。洋报议论，谓吾民以数金锱铢之利，虽使其国破军杀将失地丧师不顾，则中国今日之败衄，它日之危亡，不可谓为不幸矣。此其事足使闻者发指，顾何待言！然诸君亦尝循其本而为求其所以然之故与？盖自秦以降，为治虽有宽苛之异，而大抵皆以奴虏待吾民。虽有原省，原省此奴虏而已矣；虽有燠咻，燠咻此奴虏而已矣。夫上既以奴虏待民，则民亦以奴虏自待。夫奴虏之于主人，特形劫势禁，无可如何已耳，非心悦诚服，有爱于其国与主，而共保持之也。故使形势可恃，国法尚行，则觍靦夥面，胡天胡帝，扬其上于至高，抑其己于至卑，皆劝为之；一旦形势既去，法所不行，则独知有利而已矣，共起而挺之，又其所也，复何怪乎！今夫中国之詈诟人也，骂曰畜产，可谓极矣，而在西人则莫须有之词也。而试入其国，而骂人曰无信之诳子，或曰无勇之怯夫，则朝言出口而挑斗相死之书已暮下矣。何则？彼固以是为至辱，而较之畜产万万有加焉，故宁相死而不可以并存也。而我中国，则言信行果仅成硁硁小人，君子弗尚也。盖东西二洲，其风尚不同如此。苟求其故，有可言也。

西之教平等，故以公治众而尚自由，自由故贵信果。东之教立纲，故以孝治天下而首尊亲，尊亲故薄信果。然其流弊之极，至于怀诈相欺，上下相遁，则忠孝之所存，转不若贵信果者之多也。且彼西洋所以能使其民皆若有深私至爱于其国与主，而赴公战如私仇者，则亦有道矣。法令始于下院，是民各奉其所自主之约，而非率上之制也，宰相以下，皆由一国所推择。是官者，民之所设以厘百工，而非徒以尊奉仰戴者也，抚我虐我，皆非所论者矣。出赋以庇工，无异自营其田宅；趋死以杀敌，无异自卫其室家。吾每闻英之人言英，法之人言法，以至各国之人之言其所生之国土，闻其名字，若我曹闻其父母之名，皆胧挚固结，若有无穷之爱也者。此其故何哉？无他，私之以为己有而已矣。

是故居今之日，欲进吾民之德，于以同力合志，联一气而御外仇，则非有道焉使各私中国不可也。顾处士曰："民不能无私也，圣人之制治也，在合天下之私以为公。"然则使各私中国奈何？曰：设议院于京师，而令天下郡县各公举其守宰。是道也，欲民之忠爱必由此，欲教化之兴必由此，欲地利之尽必由此，欲道里之辟、商务之兴必由此，欲民各束身自好而争濯磨于善必由此。呜呼！圣人复起，不易吾言矣！

此三者，自强之本也，不如是则虽有伊尹、吕尚为之谋，吴起、李牧为之战，亦将浸衰浸灭，必无有强之一日决也。虽然，无亦有其标者焉。然则治标奈何？练兵乎？筹饷乎？开矿乎？通铁道乎？兴商务乎？曰：是皆可为。有其本则皆立，无其本则终废。自甲午以来，海内樊然并兴者亦已众矣，其效何若？其有益于强之数与否，识时审势之士将能言之，无假鄙人深论者也。虽然，有一事焉，自仆观之，则为标之所最亟而不可稍或迂缓者也。其事维何？曰：必朝廷除旧布新，有一二非常之举措，内有以慰薄海臣民之深望，外有以破敌国侮夺之阴谋，则庶几乎其有豸耳。不然，是琐琐者，虽百举措无益也。善夫吾友□□□之言曰："万国蒸蒸，大势相逼，变亦变也，不变亦变。变而变者，变之权操诸己；不变而变者，变之权让诸人。"《传》曰："无滋他族，实逼处此。"愿天下有心人三复斯言，而早为之所焉可耳。

36

盛宣怀

拟设天津中西学堂请奏明立案[1]
（1895）

敬禀者：窃于光绪二十一年闰五月二十九日奉宪台札开：

光绪二十一年闰五月二十八日，承准军机大臣字寄，奉上谕：自来求治之道，必当因时制宜。况当国事艰难，尤宜上下一心，图自强而弭隐患。朕宵旰忧勤，惩前毖后，惟以蠲除痼习，力行实政为先。叠据中外臣工条陈时务，详加披览，采择施行。如修铁路，铸钞币，造机器，开矿产，折南漕，减兵额，创邮政，练陆军，整海军，立

---

[1] 盛宣怀（1844—1916），字杏荪，号愚斋，江苏武进（今常州）人。入李鸿章幕，建议"由官设局"，招募商股，试办轮船公司。轮船招商局成立，任职会办。后又历任中国电报局总办、华盛纺织总厂督办、上海铁路局总公司督办，接办汉阳铁厂，创建中国通商银行。义和团运动后，因参与策划"东南互保"，受慈禧赏识，任工部左侍郎、会办商约大臣。是中国近代史上的著名官商。本文为盛宣怀任天津海关道时呈北洋大臣王文韶准予创设天津中西学堂并奏明立案的禀帖。该文收录于《皇朝经世文三编》卷一。《皇朝经世文新编》卷五上亦收录该文，题作"拟设天津中西学堂章程禀"，附章程、功课、经费，无王文韶批示。今据《皇朝经世文三编》（光绪壬寅（1902）上海书局石印本）卷一录文，并据《皇朝经世文新编》（光绪辛丑（1900）上海书局石印本）卷五上录头等二等学堂功课，附于文末。

学堂，大抵以筹饷练兵为急务，以恤商惠工为本源，皆应及时举办。至整顿厘金，严核关税，稽察荒田，汰除冗员各节，但能破除情面，实力讲求，必于国计民生，两有裨益。各直省将军督抚将以上诸条，各就本省情形，与藩臬两司暨各地方官悉心筹画，酌度办法，限文到一月内分晰复奏。当此创巨痛深之日，正我君臣卧薪尝胆之时。各将军督抚受恩深重，具有天良，谅不至畏难苟安，空言塞责。原折片均着抄给阅看，将此各谕令知之。钦此钦遵。寄信前来，合行恭录谕旨，抄录原奏，札饬悉心筹议。札到该司道等即便钦遵，迅速妥筹议复，以凭酌核具奏。等因。奉此。

伏[1]查自强之道，以作育人才为本；求才之道，尤宜以设立学堂为先。光绪十二年，前任津海关道周馥禀请在津郡设立博文书院，招募学生，课以中西有用之学。嗣因与税务司德璀琳意见不合，筹款为难，致将造成房屋抵押银行，蹉跎十年，迄未开办。可见创举之事，空言易，实行难；立法易，收效难。况树人如树木，学堂迟设一[2]年，则人才迟起一年。日本维新以来，援照西法，广开学堂书院，不特陆军海军将弁皆取材于学堂，即今[3]之外部出使诸员，亦皆取材于律例科矣。制造、枪炮、开矿、造路诸工，亦皆取材于机器工程科、地学化学科矣。仅十余年，灿然大备。中国智能之士，何地蔑有，但选将才于侏人广众之中，拔使才于诗文帖括之内。至于制造工艺，皆取材于不通文理、不解测算之匠徒，而欲与各国絜长较短，断乎不能。

职道之愚，当赶紧设立头等二等学堂各一所，为继起者规式。惟二等学堂功课必须四年，方能升入头等学堂。头等学堂功课必须四年，方能造入专门之学，不能躐等，即难免迟暮之憾。现拟通融求速办法，二等学堂本年拟由天津、上海、香港等处，先招已通小学堂第三年功夫者三十名，列作头班；已通第二年功夫者三十名，列作二班；已通第一年功夫者三十名，列作三班；来年再续招三十名，列作四班，合成一百二十名为额。第二年起，每年即可拔出头班三十名，升入头等学堂。其余以次递升，仍每年挑选三十名入堂，补四班之额，源源不绝。此外国所谓小学堂也。至头等学堂，本年拟先招已通大学堂第一年功夫者，精选三十

---

[1]伏，原作"复"，据《皇朝经世文新编》卷五上改。
[2]一，原作"十"，据《皇朝经世文新编》卷五上改。
[3]学堂即今，原作"机器工程"，据《皇朝经世文新编》卷五上改。

名，列作末班，来年即可升列第三班，并取二等之第一班三十名，升补头等[1]第四班[2]之缺。嗣[3]后按年递升，亦以一百二十名为定额。至第四年底，头等头[4]班三十名，准给考单，挑选出堂，或派赴外洋，分途历练，或酌量委派[5]洋务职事。此外国所谓大学堂也。

职道与曾充教习之美国驻津副领事丁家立考究再三，酌拟头等二等学堂章程，功课必期切近而易成。大约头等学堂每年需经费银三万九千余两，二等学堂每年需经费银一万三千余两，共需银五万二千两左右。现值国用浩繁，公款竭蹶[6]，事虽应办，而费实难筹。职道查津海钞关，近年有收开平煤税每年约库平银一万四五千两，为从前所无之税款，似可尽数专提，以充学堂经费。又天津米麦进口，自光绪十九年禀明每石专抽博文书院经费银三厘，每年约收捐银三四千两。拟每石改收银五厘，亦不为多。又电报局禀明由天津至奉天借用官线递寄海兰泡出洋电报，每字津贴洋银一角，电线通时，每年约计应缴洋三四千元，营口一带线断之后，已经停止。嗣后锦州至奉天，改造商线，仅借用天津至锦州官线一段，贴费更微。拟令电报局以后不计字数，每年捐缴英洋二万元。又招商局运漕由沪至津轮船，向系援照沙宁船成案，装运土货，例准二成免税，藉以抵制洋商。拟令招商局以后在承运漕粮运脚免税项下，每年捐缴规银二万两。以上合计每年捐银五万二千两左右，全数解交津海关道库存储，专备天津头等二等学堂常年经费。通筹扯算，似可有盈无绌。

所有头等学堂，应即照前北洋大臣李批准周前道原拟，以博文书院房屋为专堂。现经胡臬司顾全大局，由粮台设法筹款，向银行赎回，作为公产。其屋价内原有总税务司赫德及津海关[7]税务司德璀琳捐款在内，如仍作学堂，税务司亦必乐从。所需购办格致化学器具书籍等项，及聘请教习川资创办应用之款，不在常年经费之内。查光绪十九年起至二十一年四月止，米捐存银八千余两，拟即在此款内核实动用。二等学堂应觅地另行盖造。拟在开办初年教习学生尚未齐全，应余

---

[1] 等，原作"班"，据《皇朝经世文新编》卷五上改。
[2] 班，原作"等"，据《皇朝经世文新编》卷五上改。
[3] 嗣，原脱，据《皇朝经世文新编》卷五上补。
[4] 头，原脱，据《皇朝经世文新编》卷五上补。
[5] 委派，原作"派委"，据《皇朝经世文新编》卷五上乙正。
[6] 蹶，《皇朝经世文新编》卷五上作"蹷"。
[7] 关，原脱，据《皇朝经世文新编》卷五上补。

经费之内提用，毋庸请发公款。其房屋未造成之先，应即借用头等学堂，房屋甚宽，足可敷[1]用。

所有学堂事务，任大责重，必须遴选深通西学体用兼备之员总理，方不致有名无实。头等学堂拟请宪台札委二品衔候选道伍廷芳总理，二等学堂拟请札委同知衔候补知县蔡绍基总理，并拟订请美国人丁家立为总教习。该堂延订中西教习，考取学生，购办机器书籍等事，均由职道会商伍道、蔡令及总教习，于年内妥速开办，以免因循，虚旷岁月。向来学堂有会办、提调、监督各名目，今拟[2]一概删除，藉省开销而杜纷杂。谨缮呈章程清折，是否有当，伏乞宪台俯赐鉴核，迅赐批示遵行，并请奏明立案，以垂久远，实为公便。肃此敬请勋安，伏乞垂鉴。

谨将拟设天津头等二等学堂章程功课经费，与总教习丁家立酌议各款，分缮清折，恭呈钧鉴。

北洋大臣王　批：

据禀创设头等二等学堂，遴选学生各以一百二十名为定额，应需经费每年约共银五万五千两。该道仰体时艰，就本任及经管招商电报各局设法筹款，不动丝毫公帑，洵属讲求时务，公而忘私。所拟章[3]程功课，均甚妥协。伍道廷芳、蔡令绍基深谙西学，准派为学堂总办，各司其事，并准延订美国人丁家立[4]为总教习。一切应办事宜，责成该道会商，妥为布置，即于年内开办。各项捐款，每年全数解存关库，随时支用，年终汇册报查，勿稍含混。余如所议办理。仰候具奏，另檄行知。仍将章程功课照钞两分，迅速呈送，以凭分咨军机处、总理衙门查核，并候札饬伍道等遵照。缴。折存。初四日。

附　头等学堂功课

历年课程分四次第：

第一年　几何学　三角勾股学　格物学　笔绘图　各国史鉴　作英文论
　　　　翻译英文

第二年　驾驶并量地法　重学　微分学　格物学　化学

---

[1] 可敷，原作"敷可"，据《皇朝经世文新编》卷五上乙正。
[2] 今拟，原脱，据《皇朝经世文新编》卷五上补。
[3] 章，原作"商"，据文意改。
[4] 丁家立，原作"丁立家"，据文意乙正。

　　　　　　笔绘图并机器绘图　作英文论　翻译英文

第三年　天文工程初学　化学　花草学　笔绘图并机器绘图　作英文论
　　　　翻译英文

第四年　金石学　地学　考究禽兽学　万国公法　理财富国学
　　　　作英文论　翻译英文

专门学分为五门：

一、工程学　专门演习工程机器　测量地学　重学　汽水学　材料性质学　桥梁房顶学　开洞挖地学　水力机器学

一、电学　深究电理学　讲究用电机理　传电力学　电报并德律风学　电房演试

一、矿务学　深奥金石学　化学　矿务房演试　测量矿苗　矿务略兼机器工程学

一、机器学　深奥重学　材料势力学　机器　汽水机器　绘机器图　机器房演试

一、律例学　大清律例　各国通商条约　万国公法等

北洋大学堂

洋人教习五名

一、工程学算学教习一名

一、格物学化学教习一名

一、矿务机器学地学教习一名

一、机器学绘图学教习一名

一、律例学教习一名

华人教习汉文二名

一、讲读经史之学

一、讲读《圣谕广训》

一、课策论

华人教习洋文六名

一、华人洋文教习，视其所通何学，则由洋文总教习调度，帮助洋人教习。

二等学堂功课

历年课程分四次第：

第一年　英文初学浅书　英文功课书　　英字拼法　朗诵书课　数学

第二年　英文文法　英字文[1]拼法　朗诵书课　英文尺牍　翻译英文　数学并量法启蒙

第三年　英文讲解文法　各国史鉴　地舆学　英文官商尺牍　翻译英文　代数学

第四年　各国史鉴　坡鲁伯斯第一年　格物书　英文尺牍　翻译英文　平面量地法

洋文华教习八名

一、四班，每班英文正教习一名，帮教习一名。

汉文华教习四名

一、讲读四书经史之学

一、讲读《圣谕广训》

一、课策论

---

［1］英字文，当作"英文字"。

37

李端棻
请推广学校折[1]
（1896）
光绪二十二年五月初二日

奏为时事多艰，需材孔亟，请推广学校，以励人材，而资御侮，恭折仰祈圣鉴事。窃臣闻国于天地，必有与立，言人才之多寡，系国势之强弱也。去岁军事既定，皇上顺穷变通久之义，将新庶政，以图自强。恐办理无人，百废莫举，特降明诏，求通达中外能周时用之士，所在咸令表荐，以备擢用。纶綍一下，海内想望，以为豪杰云集，富强立致。然数月以来，应者寥寥，即有一二，或仅束身自好之辈，罕有济难瑰伟之才，于侧席盛怀，未能尽副。夫以中国民众数万万，其为士者十数万，而人才乏绝，至于如是，非天之不生才也，教之之道未尽也。

夫二十年来，都中设同文馆，各省立实学馆、广方言

---

[1] 李端棻（1833—1907），字苾园，贵州贵筑（今属贵阳）人。同治二年（1863）进士。入翰林，官至礼部尚书。举荐康有为、谭嗣同，力主变法图强，提倡教育改革，最早上疏奏请设立京师大学堂。戊戌政变失败后，发遣新疆。后得赦返乡，主讲贵州经世学堂，大讲西学，宣扬民主、民权、博爱、自由等思想。著有《苾园诗存》。该折据光绪辛丑（1900）上海书局石印本《皇朝经世文新编》卷五上录文，略有文字错误，据《光绪朝东华录》光绪二十二年五月丙申条(《光绪朝东华录》第四册，中华书局，1958年，第3791-3794页）校改。奏折时间据《光绪朝东华录》补。

馆、水师武备学堂，自强学堂，皆合中外学术，相与讲习，所在而有。而臣顾谓教之之道未尽，何也？诸馆皆徒习西语西文，而于治国之道，富强之原，一切要书，多未肄及，其未尽一也。格致、制造诸学，非终身执业，聚众讲求，不能致精。今除湖北学堂外，其余诸馆，学业不分斋院，生徒不重专门，其未尽二也。诸学或非试验测绘不能精，或非游历察勘不能确。今之诸馆，未备图器，未遣游历，则日求之于故纸堆中，终成空谈，无自致用，其未尽三也。利禄之路，不出斯途，俊慧子弟，率从事帖括，以取富贵。及既得科第，遂与学绝，终为弃材。今诸馆所教，率自成童以下，苟逾弱冠，即以通籍，虽或向学，欲从末由，其未尽四也。巨厦非一木所能支，横流非独柱所能砥，天下之大，事变之亟，必求多士，始济艰难。今十八行省只有数馆，每馆生徒只有数十。士之欲学者，或以地僻而不能达，或以额外而不能容。即使在馆学徒一人有一人之用，尚于治天下之才，万不足一，况于功课不精，成就无几，其未尽五也。此诸馆所以设立二十余年，而国家不一收奇才异能之用者，惟此之故。

曰：然则岩穴之间，好学之士，岂无能自绩学以待驱策者？曰：格致、制造、农商、兵矿诸学，非若考据、词章、帖括之可以闭户獭祭而得也。书必待翻译而后得读，一人之学，能翻群籍乎？业必待测验而后致精，一人之力，能购群器乎？学必待游历而后征实，一人之身，能履群地乎？此所以虽有一二倜傥有志之士，或学焉而不能成，或成矣而不能大也。乃者钦奉明诏，设官书局于都畿，领以大臣，以重其事。伏读之下，仰见圣神措虑，洞悉本原。臣于局中一切章程，虽未具悉，然知必有良法美意，以宣达圣意，阐扬风化者。他日奇才异能，由斯而出，不可胜数也。

惟育才之法，匪限于一途；作人之风，当遍于率土。臣请推广此意，自京师及以各省府州县，皆设学堂。府州县学，选民间俊秀子弟年十二至二十者入学，其诸生以上欲学者听之。学中课程，诵"四书"、《通鉴》、小学等书，而辅之以各国语言文字及算学、天文、地理之粗浅者，万国古史近事之简明者，格致理之平易者，以三年为期。省学选诸生年二十五以下者入学，其举人以上欲学者听之。学中课程，诵经、史、子及国朝掌故诸书，而辅之以天文、地理、算学、格致、制造、农、商、兵、矿、时事、交涉等学，以三年为期。京师大学，选举贡、监年三十以下者入学，其京官愿学者听之。学中课程，一如省学，惟益加专精，各执一门，不迁其业，以三年为期。其省学、大学所课，门目繁多，可仿宋胡瑗经义治事之例，分斋讲习，等其荣途，一归科第，予以出身，一如常官。如此则人争濯磨，士知向往，风气自开，技能自成，才不可胜用矣。

或疑似此兴作，所费必多。今国家正值患贫，何处筹此巨款？臣查各省及府州县，率有书院，岁调生徒入院肄业，聘师讲授，意美法良。惟奉行既久，积习日深，多课帖括，难育异才。今可令每省每县各改其一院，增广功课，变通章程，以为学堂。书院旧有公款，其有不足，始拨官款补之。因旧增广，则事顺而易行；就近分筹，则需少而易集。惟京师为首善之区，不宜因陋就简，示天下以朴[1]，似当酌动帑藏，以崇体制。每岁得十余万，规模已可大成，中国之大，岂以此十余万为贫富哉？

或又疑所立学堂既多，所需教习亦众，窃恐乏人堪任此职。臣以为事属创始，学者当起于浅近，教者亦无取精深。今宜令中外大吏，各举才任教习之士，悉以名闻，或就地聘延，或考试选补，海内之大，必有可以充其任者。学堂既立，远之得三代庠序之意，近之采西人厂院之长，兴贤教能之道，思过半矣，然课其记诵，而不廓其见闻，非所以造异才也。就学者有日进之功，其不能就学者无讲习之助，非所以广风气也。今推而广之，厥有与学校之益相须而成者，盖数端焉。

一曰设藏书楼。好学之士半属寒畯，购书既苦无力，借书又难其人，坐此固陋寡闻，无所成就者，不知凡几。高宗纯皇帝知其然也，特于江南设文宗、文汇、文澜三阁，备度秘籍，恣人借观。嘉庆间大学士阮元推广此意，在焦山灵隐起立书藏，津逮后学。自此以往，江浙文风，甲于天下，作人之盛，成效可睹也。泰西诸国颇得此道，都会之地皆有藏书。其尤富者至千万卷，许人入观，成学之众，亦由于此。今请依乾隆故事，更加增广，自京师及十八行省省会，咸设大书楼，调殿板及各官书局所刻书籍，暨同文馆、制造局所译西书，按部分送各省以实之。其或有切用之书，为民间刻本，官局所无者，开列清单，访明[2]价值，徐行购补。其西学书陆续译出者，译局随时咨送。妥定章程，许人入楼看读，由地方公择好学解事之人，经理其事。如此，则向之无书可读者，皆得以自勉于学，无为弃才矣。古今中外有用之书，官书局有刻本者居十之七八，每局酌提数部[3]，分送各省，其费至省，其事至顺，一奉明诏，事即立办。而饷遗学者，增益人才，其益盖非

---

[1] 朴，原作"仆"，据《光绪朝东华录》改。
[2] 明，原作"画"，据《光绪朝东华录》改。
[3] 数部，原作"部数"，据《光绪朝东华录》乙正。

浅鲜也。

二曰创仪器院也。格致实学，咸藉[1]试验，无视远之镜，不足言天学，无测绘之仪，不足言地学，不多见矿质，不足言矿学，不习睹汽机，不足言工程之学。其余诸学，率皆类是。然此等新器，所费不赀[2]，家即素封，亦难备购，学从何进，业焉能成。今请于所立诸学堂，咸别设一院，购藏仪器。令诸学徒皆就试习，则实事求是，自易专精。各器择要而购，每省拨万金以上，已可粗备。此后陆续添置，渐成大观，则其费尚易措筹，而学徒所成，视昔日纸上空谈，相去远矣。

三曰开译书局也。兵法曰："知己知彼，百战百胜。"今与西人交涉，而不能尽知其情伪，此见弱之道也。欲求知彼，首在译书。近年以来，制造局、同文馆等处译出刻成已百余种，可谓知所务也。然所译之书，详于术艺，而略于政事，于彼中治国之本末，时局之变迁，言之未尽。至于学校、农政、商务、铁路、邮政诸事，今日所亟宜讲求者，一切章程条理，彼国咸有专书详哉言之，今此等书悉无译本。又泰西格致新学、制造新法，月异岁殊，后来居上。今所已译出者，率十年以前之书，且数亦甚少，未能尽其所长。今请于京师设大译书馆，广集西书之言政治者，论时局者，言学校、农、商、工、矿者，及新法、新学近年所增者，分类译出，不厌详博，随时刻布，廉值发售，则可以增益见闻，开广才智矣。

四曰广立报馆也。知今而不知古，则为俗士；知古而不知今，则为腐儒。欲博古者，莫若读书；欲通今者，莫若阅报。二首相须而成，缺一不可。泰西每国报馆，多至数百所，每馆每日出报，多至数万张。凡时局、政要、商务、兵机、新艺、奇技、五洲所有事故，靡所不言。阅报之人，上自君后，下自妇孺，皆足不出户，而于天下事了然也。故在上者，能措办庶务，而无壅蔽；在下者，能通达政体，以待上之用。富强之原，厥由于是。今中国邸钞之外，其报馆仅有上海、汉口、广州、香港十余所。主笔之人，不学无术，所言率皆浅陋，不足省览。总署海关近译西报，然所译甚少，又未经印行，外间末由得见。今请于京师及各省会，并通商口岸，繁盛镇埠，咸立大报馆，择购西报之尤善者，分而译之。译成，除恭缮进呈御览，并咨送京外大小衙门外，即广印廉售，布之海内。其各省政俗土宜，亦由各馆派人查验，随时报闻，则识时之俊日多，干国之才日出矣。

---

[1]藉，原作"集"，据《光绪朝东华录》改。
[2]赀，原作"资"，据《光绪朝东华录》改。

五曰选派游历也。学徒既受学数年，考试及格者，当选高才以充游历。游历之道有二：一、游历各国，肄业于彼之学校，纵览乎彼之工厂，精益求精，以期大成；二、游历各省，察验矿质，钩核商务，测绘舆地，查阅物宜，皆限以年期，厚给薪俸，随时著书，归呈有司，察其切实有用者，为之刊布，优加奖励。其游惰而无状者，官则立予降黜，士则夺其出身。数年之后，则轺轩绝域之士，斐然成章；郡国利病之书，备哉粲烂矣。或疑近年两次所派游历学生，未收大效，不知前者所派游历，乃职官而非学童，在中国既未经讲求，至外洋亦未尝受学，故事涉空衍，寡有所成。其所派学生，又血气未定，读中国书太少，遽游历绝域，易染洋风，虽薄有技能，亦不适于用。今若由学堂选充，两弊俱免，其所成就，必非前此之所能例也。

　　夫既有官书局、大学堂以为之经，复有此五者以为之纬，则中人以下，皆可自励于学，而奇才异能之士，其所成就益远且大。十年以后，贤俊盈廷，不可胜用矣。以修内政，何政不举？以雪旧耻，何耻不除？上以恢列圣之远猷，下以慑强邻之狡启，道未有急于是者。若仰蒙采择，乞饬下中外大臣，妥议章程，取旨施行。臣愚一得之见，是否有当，伏乞皇上圣鉴训示。谨奏。

中国近代科学先声
ZHONGGUO JINDAI KEXUE XIANSHENG

京师大学堂

38

孙家鼐

官书局议覆开办京师大学堂折[1]
（1896）

奏为遵筹京师建立学堂大概情形，恳恩拨款开办，恭折覆陈，仰祈圣鉴事。本年七月十三日，准总理各国事务衙门咨开，议覆刑部左侍郎李端棻奏请推广学校以励人才折，内京师建立大学堂一节，系为扩充官书局起见，请饬下管理书局大臣察度情形，妥筹办理等因，奉旨依议。钦此钦遵。

咨行到局。臣查本年正月总署原奏请立官书局，本有建设学舍之说，臣奉命管理书局，所奏开办章程，亦拟设立学堂，延请教习。是学堂一议，本总署原奏所已言，亦即官书局分内应办之事。刻开办书局，时近半年，各处咨取书籍，译印报章，草创规模，粗有眉目。惟苦于经费不足，只能略添仪器，订购铅机，蒐求有用之图书，采摭各

---

[1] 孙家鼐（1827—1909），字燮臣，号蛰生，别号澹静老人。安徽寿州（今寿县）人。咸丰九年（1859）状元，授编修，与翁同龢同为光绪帝师。光绪二十四年（1898），以吏部尚书、协办大学士主办京师大学堂。八国联军侵华，随清帝逃亡西安，返京授吏部尚书、体仁阁大学士，晋升武英殿充学务大臣。该折据《时务报》第二十册（光绪二十三年二月十一日，4–7页）录文。此文又收录于《光绪政要》卷二十二、《变法自强奏议汇编》卷四、《皇朝经世文新编》卷五上等处。

邦之邮电,俾都人士耳目见闻,稍加开拓而已。若云作育人才,储异日国家之大用,则非添筹经费,分科立学不为功。独是中国京师建立学堂,为各国通商以来仅有之创举,苟仅援前此官学义学之例,师徒授受以经义帖括,猎取科名,亦复何裨大局?即如总署、同文馆、各省广方言馆之式,斤斤于文字语言,充其量不过得数十翻译人才而止。福建之船政学堂、江南制造局学堂及南北洋水师武备各学堂,皆囿于一材一艺,即稍有成就,多不明大体,先厌华风,故办理垂数十年,欲求一缓急可恃之才而竟不可得者,所以教之之道,固有未尽也。此中国旧设之学堂,不能仿照办理也。

泰西各国,近今数十载,人才辈出,国势骤兴,学校遍于国中,威力行于海外。其都城所设之大学堂,规模闳整,经费充盈,教习以数百计,生徒以数万计。其学有分四科者、五科者、六科者,仍广立中学小学,以次递升,暗与中国论秀书升之古制相合。遂以争雄竞长,凌抗中朝,莘莘群才,取之宦中而皆备,非仅恃船坚炮利为也。当兹事变日多,需才孔亟,以蓄艾卧薪之意,为惩前毖后之方,亟应参仿各国大学堂章程,变通办理,以切时用。第各国分科立学,规制井然,而细绎其用心致力之端,终觉道器分形,略于体而详于用。故虽励精图治,日进富强,而杂霸规为,未能进于三代圣王之盛治者,亦其学限之耳。况外国学校,经费充溢,千狐集腋,非一日所成,骤欲一蹴而几,安得有此财力。此外国大学堂之法,亦有不能全行仿办者也。

臣与在局诸臣,悉心筹议,深知此事定制之难,创始之不易。且中国堂堂大国,立学京师,尤四海观瞻之所系,一或不慎,则徒招讥议,无补时艰,反不如不办之为愈矣。刻仍内外函商,周咨博访,务求悉臻美善,以期仰副圣明。谨先将现在筹办大概情形,胪为六事,缕析为我皇上陈之:

一曰宗旨宜先定也。中国五千年来,圣神相继,政教昌明,决不能如日本之舍己芸人,尽弃其学而学西法。今中国京师创立大学堂,自应以中学为主,西学为辅;中学为体,西学为用;中学有未备者,以西学补之;中学有失传者,以西学还之。以中学包罗西学,不能以西学凌驾中学。此是立学宗旨。日后分科设教,及推广各省,一切均应抱定此意,千变万化,语不离宗。至办理章程,有必应变通尽利者,亦不得拘泥迹象,局守成规,致失因时制宜之妙。

二曰学堂宜造也。书局初开,为节省经费起见,暂赁民房,一切已多不便。今学堂将建,则讲堂、斋舍,必须爽垲宜人;仪器、图书,亦必庋藏合度。泰西各国，使署密迩，闻中国创立学校，亦将相率来游，若湫隘不堪，适贻外人笑柄。拟于京师适中之地，择觅旷地，或购民房，创建学堂，以崇体制。先建大学堂一区，容大学生百人，四围分建小学堂四所，每学容小学生三十人。堂之四周，仍多留隙地，种树莳花，以备日后扩充，建设藏书楼、博物院之用。

三曰学问宜分科也。京外同文、方言各馆，西学所教亦有算学、格致诸端，徒以志趣太卑，浅尝辄止，历年既久，成就甚稀，不立专门，终无心得也。今拟分立十科：一曰天学科，算学附焉；二曰地学科，矿学附焉；三曰道学科，各教源流附焉；四曰政学科，西国政治及律例附焉；五曰文学科，各国语言文字附焉；六曰武学科，水师附焉；七曰农学科，种植水利附焉；八曰工学科，制造格致各学附焉；九曰商学科，轮舟铁路电报附焉；十曰医学科，地产植物各化学附焉。总古今，包中外，该体用，贯精粗，理索于虚，事征诸实，立格以待奇杰，分院以庋图书。风会既开，英才自出，所谓含宏光大，振天纲以赅之也。虽草创规模，未能开拓，而目张纲举，已为万国所无，他日并包六合之机，权舆于是矣。

四曰教习宜访求也。大学堂内，应延聘中西总教习各二人。中国教习，应取品行纯正，学问渊深，通达中外大势者，虽不通西文可也。外国教习，须深通西学，兼识华文，方无扞格，如实难其选，则拟先聘一人，脩脯必丰，礼敬必备。中西教习，一律从同，此燕昭筑黄金台，以待天下贤士之意也。四小学堂，每堂延中西教习各一人，亦须学正品端，足为师表者，乃膺其选。西师所教，先以英法方言，如能兼习德俄，尤便翻译书籍，应俟届时察酌办理。

五曰生徒宜慎选也。大学堂学生，年以二十五岁为度，以中学西学一律赅通者为上等，中学通而略通西学者次之，西文通而粗通中学者又次之。仍分三班，发给薪水，头班月八金，二班六金，三班四金，由同文、方言各馆调取。内外各衙门咨送及举贡生监曾学西文者，自行取结投考。惟中西各学，均须切实考验，第其优劣，分别去留。仍须性行温纯，身家清白，方能入选。四小学之学生。年以十五岁为度，便于习学语言。创办时额数无多，暂由满、汉各官员子弟中报名投考，亦须中文粗通、识字稍多者，方能入选。不足再出示招考，由乡邻具结，确系读书世家，乃准与考。考取入学，自备薪水，不出束脩。数年后中西各学俱通，升入大学堂，始给薪水，以示鼓励。

六曰出身宜推广也。学而不用，养士何为；用违其才，不如不用。中国素重科目，不宽予以出身之路，终不能鼓舞人才。拟参酌中西，特辟三途，以资激励。一曰立科。光绪甲申，礼部议覆潘衍桐折，请立算学一科，以二十名取中一名，然屡届人数均不满额。拟援此例，立时务一科，包算学在内，乡会试由大学堂咨送与考。中式名数，定额宜宽，应俟学堂规模大定之时，请旨办理。二曰派差。学生应试不中者，由学堂考验，仿西例奖给金牌文凭，量其所长，咨总署派往中国使馆，充当翻译随员，或分布南北洋海军、陆军、船政、制造各局，帮办一切，以资阅历。三曰分教。泰西各国，有所谓师范学堂者，专学为师。大学堂学生，如不能应举为官者，考验后，仿泰西例奖给牌凭，任为教习。各省立学之始，皆先向京师大学堂咨取充当，则师资有自，俯仰无忧，京外各学堂，亦可联为一气矣。

此六事者，准今酌古，原始要终，实已兼包中外。以后详细办法，或应行推广，一切未尽事宜，容当博采群言，随时奏明请旨。惟是开办之始，筹款为先。泰西各国学校，岁需几与官俸兵饷相等，有多至华银八千余万两者。英京大学堂岁支九百万镑，故尔规模闳整，俊彦云兴。中国总署同文馆岁费二十余万两，天津医学堂岁费十万两，各省同文、方言各馆，水师武备各堂，岁费十余万、数万两不等。大抵草率狭隘，日久因循，卒未闻成就一人，足以上济国家之急，固缘办理之未善，亦苦于经费之不敷耳。

今京师创立大学堂，款太多则筹措维艰，款太少则开销不足。思维再四，昕夕旁皇，伏念学堂一事，屡经臣工条奏，明旨饬行，良以时局多艰，亡羊补牢，非有人才，不能自立。今设学堂于辇毂之地，耳目近接，稽察易周，臣等仍当慎选真才，力求核实，以上副圣主寤寐求贤之至意。内外诸臣，受恩深重，以人事君之素志，具有同心，岂宜惜此区区，致挠盛举！应请旨饬下户部飞饬南北洋大臣，无论何款，按月各拨银五千两，解交户部，作为京师学堂专款。自奉旨之日为始，由臣饬派局员，按月领取，俾得从容布置，刻期一载，当可告成。此款比之泰西，固属泰山之毫末，即较之各省学堂、同文各馆，亦尚系酌中之数、得半之间，而不敢斤斤于体制所存，率请多拨者，实以无征不信。创始维艰，俟他日成效已彰，人才渐出，续行奏请添拨款项，广置生徒，以渐推行于各省。庶循名责实，慎始图终，海宇倾风，贤才辈出，师师济济，为国干城，内治外交，永不必借材异地。此则皇上之洪福，臣等之素心，抑亦宗庙社稷之神灵所默为呵护者已。所有筹议学堂大概情形，及请拨款开办缘由，谨缮折上陈，伏乞皇上圣鉴训示。谨奏。

39

沈桐生

东西学书录提要总叙自叙[1]
（1897）

今夫道之大原出于天，纲常名教历亘古而常新；学之通变因乎时，政法艺术贵通今以致用。我朝龙兴辽沈，统一寰区，厚泽深仁，重熙累洽，故凡有血气莫不尊亲。而且右文稽古，褒德录贤，太学尊师，圜桥观听，卉服弟子，入监横经，孔孟祢述之教，如日中天，如水行地，士生其间，得以沐浴诗书，涵濡雨露，何其幸也！然而大地事故积久愈繁，欲昭伟略而匡时变，须审敌情而广师资。洪惟列祖列宗扩长驾远驭之规，顺牖世觉民之义，牢笼八纮，经纬万端。恭考顺治二年，世祖章皇帝任南怀仁、汤若望等，令制浑天星球、地平日晷仪，以定历法；康熙四十四年，圣祖仁皇帝诏翰林院习外国文字；乾隆年间，高宗纯皇帝开四库全书馆，译出西书四十一家，悉予箸录；道光二十五年，宣宗成皇帝因俄罗斯进书三百五十余部，命庋弆秘阁，择要翻录；咸丰十一年，文宗显皇帝允恭亲王之奏，建总理各国事务衙门，既乃考取满汉军机章京，入衙

---

[1] 沈桐生，生卒不详，浙江绍兴人，清末民初书法家，擅写大字。辑《光绪政要》三十四卷，著《东西学书录提要总叙》二卷。此文为该书自叙，据中国科学院自然科学史研究所藏光绪二十三年（1897）读有用书斋刻本《东西学书录提要总叙》录文。

门办事；同治六年，穆宗毅皇帝设同文馆于京师，十年又募聪颖子弟出洋学艺。固已百度贞明，庶绩咸熙矣。

逮及今上皇帝御极以来，测海贡珍，重译献表，内禀慈圣之训诲，外授廷臣之枢画，举凡制造、海军、铁路、矿务诸大政，靡不宏规式廓，大猷翼新。迩者西鳌梗道，东鲽跳波，我皇上发愤为雄，开经济之科，广学校之设，合万类以甄陶，宪四方而立极。所谓含宏广大，振天纲以赅之者也。凡在食毛践土，延颈举踵，莫不忭舞乎康衢，而思润色乎鸿业。桐生咕哗陋儒，草茅下土，当束发授书之日，存致身报国之心。比来担簦负笈，从游贤俊，焚膏继晷，盗窃陈编。用是不揣固陋，网罗译箸，博之约之，抉之择之，类存之，综论之，辑成《东西学书录》。析其要旨，冠以总叙，愧未能钩玄[1]提要，通学术之指归，亦惟是区类分门，识群书之流别而已。书既成，爰比事属辞，谨赘数语，以识其后曰：

粤自炎帝嗣基，翠妫受箓，玄穹渐剖，离躔攸分，璇玑玉衡，孔壶漏箭，授时观象，各擅灵奇。然而窥筒测器，弥新弥精。知地球自转，绕日而行，则本轮、均轮之说可废；知日与恒星亦有微动，则岁差、岁实之故可明。所以灵台纂历象之编，毫厘密合；节署辑畴人之传，流壤兼收。<u>此天学之可述者也。</u>

夫读《春秋》纬候之书，则四游本自不停；观《礼记》曾参之论，则四角未尝相掩。故昼夜长短，视环绕于金乌；潮汐盈虚，窥缺圆于玉兔。以及冰洋火山，地质有冷热之别；恒风骤雨，地气有涨缩之殊。是知勺水拳石，均布濩于扶舆；沧海桑田，感迁流于宙合。<u>此地理地质学之可述者也。</u>

至若《尔雅》纪要荒，极泰远、汎国、祝栗、濮铅之远；《逸书》图王会，穷平林、义渠、质沙、曲集之遥。以及金壶来秦，紽罽通汉，不过偶附职贡，略予羁縻。今回、欧、阿、澳、美，九万里译鞮纷来；黄白黑棕，五大洲种类咸集。故征伐会盟，欲震威稜于域外；疆域险要，须熟形势于胸中。<u>此地志学之可述者也。</u>

至于敷言试功，虞书著明扬之典；贤升秀举，王制定铨选之条。逮及汉崇制策，晋尚门资，唐重墨试，金著程文。皆所以振拔夫人材，网罗乎英俊。彼夫溥通专门，既阶分而级限；学堂书院，必业卒而名成。虽云重艺而轻道，尚能崇实以黜浮。<u>学制之可述者也。</u>

夫览风后《握奇》之经，图分八阵；参太公《阴符》之秘，制备六韬。以及

---

[1] 玄，原避"玄烨"讳作"元"，今改回本字。下"玄穹"同。

输墨攻守之巧，孙吴训练之规，累代相承，成法毕著。今时殊而势易，当博采而兼收。盖兵学至精，兵事綦繁，故于器械则当尽机轴相籍轻重互配之理，于战阵则宜识进退击刺疏密分合之机。他若水火分度，钢铁韧坚，弹药疾徐，礁沙隐显。炮则圆径殊制，枪则速率异宜。凡此诸端，均资研究，庶为知方之选，堪操必胜之权。此兵学之可述者也。

至若青黎黄壤，《禹贡》辨土地之宜；艺稷条桑，《豳风》详种植之制。读官礼所载，园廛漆林，均巡方而布算；览亚圣所陈，材木鱼鳖，皆纤悉而缕详。今则辨种储肥，古法参用土化；耘田汲水，新器可代人工。续致富之奇书，洵齐民之要术。此农学之可述者也。

若夫神圣迭兴，开物成务，因落叶而制舟，见飞蓬而造车，乃自智创巧述，日异月新。神州飞毂，穴蚁隧而驾鼍梁，千里捷于一瞬；海国驰输，画鹢首而穿鳄港，重洋亦止须臾。以及杼轴窃天孙之巧，钱币铸王面之文，土制塞门德而来，钢有别色麻之号，羌分曹而授艺，自物备而器成。此工学之可述者也。

至于唐开互市，边关有茶马之征；明遣宝船，番舶擅珠犀之利。今则嫁布赊钱，山集于外府；蜑人泉客，麇聚于边疆。启驵侩无厌之求，夺间阎有恒之业。惟励懋迁而勤组制，庶塞厄漏而挽利权。此商学之可述者也。

若夫虞廷命五刑以讨罪，《周礼》建三典以诘奸。是知嘉石钧金，盛世亦多讞录；赭衣黑纆，大廷自有常刑。盖禁觚即可安长，明法所以弼教。彼夫凭证保，延律师，质讯虽可尽情；重监禁，轻罚锾，宽纵焉能止辟。即寓矜全之意，不无姑息之诮。此法律学之可述者也。

至若《周官》约剂，书于丹图；晋侯誓盟，有如白水。今则合纵连衡，欢联樽俎；采风问俗，职重辖轩。虽非汉谕尉陀，陆贾奉书以往；差比唐亲回鹘，殷侑承命以行。欲争一字之名，当籀万国之法。庶几国制既崇，强邻胥泯衅隙；邦交永固，远人敬问起居。此交涉学之可述者也。

夫吉甫撰郡县之志，未尽域中；景纯注山海之经，空谭荒外。自史氏代兴，殊方爰记。扶桑蓬岛，传附东瀛；弱水流沙，近穷西域。身毒启疆于博望，大秦通译于永元。凡其蹶张十万，摽揪三方；铩戟称雄，锥刀竞算。袭屠耆之贡，呈犁鞬之琛。露纷而谒祆神，焚顶而亲梵法。儵诡情状，控扼爰艰。要其盛衰迭代之机，文野推迁之迹；祸福倚伏之数，割据分并之形，前后同轨，中外一辙。将牗荒而烛远，必践实以徵详。此史学之可述者也。

至若河游神马，图开八卦之先；洛出灵龟，书备九畴之用。数明隶首，术受《周髀》，理象兼赅，规樸略具。圆出于方，而割圆八线之义生；方原于矩，而直角等边之法具。以及纵横定位，肇自《孙经》；垛叠演图，见于郭术。他如地动成仪，海圆测镜，范围弥广，推衍无穷。凡兹西法，悉本东来。信异地之同符，如闭门而合辙。此算学之可述者也。

夫览萧相之图，能知厄塞；效贾耽之画，能别华夷。固知高卑夐绝，弧线可度其环周；盈冲显殊，经纬易循其布算。今则绘图测地，艺善法精，约其围径，参厥广轮，准望分率，高下直衰，靡不厘然合度，并然有条。匪惟职方之蓍蔡，亦系航海之金针。此图学之可述者也。

至若朴人列于《周礼》，铁官详于《汉书》。盖丹甑银瓮，呈天地之精华；陊谷巉岩，蕴乾坤之宝藏。既验苗而辨质，复绝险而缒幽。故凿井及泉，藉桔槔以戽水；剥肤存液，烛炉焰以腾霄。以及渊泉达臭，空穴来风。工欲善事，先资利器。此矿学之可述者也。

若夫亢害承制，阴阳互变，铄金离木，刚柔相推。古义昭著，新理胚胎。今则质定流定，参二炁絪缊之理；化分化合，体五行生克之精。用之于组制，则化朽腐为神奇；用之于洗炼，则化渣滓为精华。故凡质点微尘，体积分剂，爰摄诸力，多寡比例，金石草木之性，轻淡炭养之分，皆当穷其纤微，庶能施诸实用。此化学之可述者也。

至若子午相乘，则怒而生雷；阴阳夹持，则激而为电。与夫顿牟拾芥，磁石引针，载籍有征，感动无异。今则森森表道，飒飒飞书，以铜片触电，以精锜发电，减增均协其宜；以铁线引电，以罗轮报电，远近罔有弗达。他若电灯耀空中之月，电炮燃水底之雷，惟兹人巧，可夺天工。此电学之可述者也。

若夫阳燧取火，阴燧取水，印影镜中枢之理；正木景长，柂木景短，即表度测影之规。今则光线光表，辨析于毫芒；镜突镜窊，窥观夫巨细。固不徒鸢飞窗隙，马走灯前，聊资游嬉，无关奥旨。此光学之可述者也。

至若金镈节鼓，注水以取声；鞈井伏罂，穴地以听远。巧制精思，旧法可征。今则声传声回，辨及微秒；声稀声密，析及豪厘。固不独器号留声，摄聲欵于耳内；筒名闻病，通呼吸于肺中。此声学之可述者也。

若夫均发均县，说详墨翟；蜕水蜕地，语出亢仓。乃自地心吸力，悟于尘坠蘋，而奈端之动律出；蒸气涨力，推自煮茗，而瓦特之汽机成。观夫静重以摄引，动重以运转。压托旋劈握其枢，汽柜圆而长，汽尺准以平。消息盈虚定其数，信机键之合度，如累黍而不差。此重学汽学之可述者也。

粤自神农尝百草，而巫彭伊挚，调攻补温凉之剂；轩辕图明堂，而岐伯俞跗，参望问闻切之精。以及刀圭劙刮，为割症所祢祖；竹筳导量，识全体所源流。盖既落形气之中，难尽谢阴阳之寇。故凡血轮贯注，脑筋觉悟，卫生要旨，济世经方，当广益而集思，藉参详而印证。此医学与全体学之可述者也。

至若鄂跗蓓蕾，均有孳娠之理；跂行喙息，尽在覆载之中。既上渗而下浃，宜俯察以仰观。故含汁聚胞，化机可悟；予齿去角，至理堪思。非徒辨类识名，绣兹謦欬；亦当察形尽性，归我弥纶。此动植物学之可述者也。

综此诸端，而东西学之规制于是乎赅括而咸备矣。虽然，审机达变，救时之良策也；正本清源，翼教之苦心也。乃自伪学萌芽，朱洪犄角，积非乱是，领异标新。既欲斲方以为圆，旋且因噎而废食。挽彼狂澜，辟兹邪说，申明大义，敬告同人。

夫掩四海以为家，君则乘离而出震；备百僚以供职，臣则就日而瞻云。今欲屈九五之尊，从二三之说，四时为辅，而潜察璇图；三画连中，而妄窥神器。裂冠毁冕，昧天泽之常规；剖斗折衡，启草野之非分。此民主之谬也。

夫发号施令，赖独断夫乾纲；宣化承流，必群效夫巽顺。今若议院是设，人尽争权，驯至处士横议；或朝秦而暮楚，物论沸腾，竟吠尧而助桀。垂裳虽云正己，筑室安见有成。此议院之谬也。

夫孔攻异端，孟距诐辞，二氏既兴，大儒滋惧。昌黎《原道》，庐陵《本论》，觚觚遗则，煌煌巨篇。自李祖白煽播邪说，杨光先愤激昌言，淘名教之功臣，作中流之砥柱。今必欲踵基督之陋说，逐罗马之颓波。洪水横流，万姓裂眦；星火燎原，四海痛心。等彼命于虫沙，陷吾民于禽兽。此西教之谬也。

夫天尊地卑，阖辟定乾坤之位；仪文礼制，经曲分上下之规。今西俗扶阴抑扬[1]，先配后祖。接吻握手，丑态毕宣；露臂徒跣，诡状可噱。必欲平男女之等，去拜跪之仪，是谓用夷而变夏，必致坏纪而蔑伦。此西俗之谬也。

总之，欲维国势，先励学术；欲励学术，先正人心。故帝王之道集大成，高掌远蹠，四民之智识宏开；春秋之义在居正，铁贬衮褒，万古之经常聿著。凡我

---

[1]扬，据文意当作"阳"。

普天率土，海澨山陬，当共深爱戴之忱，以辅斯昌明之会，将见我圣朝声教诞敷，纯风丕洽。雕题交趾，咸屈膝以投诚；乌弋黄支，均回面而受吏。率迩者踵武，逖听者风声。校文讲义之官，采遗于内；怀荒振远之使，论德于外。合车书于南北，一候尉于东西。上以恢列圣之远猷，下以慴强邻之狡启。真足絣万嗣，扬洪辉，奋景炎，播芳烈，教敷一时，泽流千古矣。

桐生尝欲牟网巨帙，环络鸿篇，沦涤源流，掇拾菁华。上规端临《文献》之书，近法仪征《纂诂》之集，辑为中外政学纲目一书。顾菲才自愧，夙志难逮。兹编所述，择焉不精，语焉不详，不过儿笘之录，兔园之册而已，罅漏滋多，识者谅焉。若其体大物博，聚精会神，是又责在振奇袭古之士，承明著作之才，非桐生之所敢望也。恭录其缘起如右。

龙飞光绪二十三年四月会稽沈桐生自叙于上海南洋公学

40
康有为
请废八股试帖楷法试士改用策论折[1]
（1898）

光绪二十四年四月二十八日

奏为恭谢天恩，特许专折奏事，请罢弃八股试帖楷法取士，复用策论，冀养人才，以为国用，恭折仰祈圣鉴事。窃臣以疏贱，荷蒙召对，询臣以中外之事、救国之谟，对逾二时，皆承嘉纳。天颜有喜，并问取所著各书，咸令写进，又令随时上陈，特许专折奏事。殊恩异数，非臣之贱所当被蒙；粉骨碎身，非臣之愚所能上报。臣窃惟今变法之道万千，而莫急于得人才；得才之道多端，而莫先于改科举。今学校未成，科举之法未能骤废，则莫先于废弃八股矣。夫八股之无用，臣即业八股以窃科第者也，从其业之既久，知其害之尤深。面对未详，敢为我皇上先陈之。

夫自《春秋》讥世卿而选郊野，汉世举孝秀而考经行。六朝至唐、宋，词章与帖括并用；元、明及国朝，经义与试帖俱行。自周与宋，曾取士于学校；经汉迄今，多试士以策论。虽立法各殊科，要较之万国，比之欧土，皆用贵族，尤为非才，则选秀于郊，吾为美矣。任官先试，我莫先焉。美国行之，实师于我。夫若汉之光禄四行，宋臣司

---

[1] 据宣统三年（1911）铅印本《戊戌奏稿》录文。标点参考《康有为全集》第四集（中国人民大学出版社，2007年，第78-80页）。

马光之十科试士,朱子之学校贡举法,皆为良法,惜不见行。且凡法虽美,经久必弊;及其弊已著,时会大非,而不与时消息,改弦更张,则陷溺人才,不周时用,更非立法求才之初意矣。推宋王安石之以经义试士也,盖鉴于诗赋之浮华寡实,帖括之迂腐无用,故欲藉先圣深博之经文,令学者发精微之大义,以为诸经包括人天,兼该治教,经世宰物,利用前民。苟能发明其大义微言,自可深信其通经致用。立法之始,意美法良。迨至明与国初,人士渐陋。然抉经心而明义理,扶人伦而阐心性,当闭关之世,虽未尽足以育才兴学,犹幸以正世道人心焉。

惟垂为科举,立法过严,以为代圣立言,体裁宜正,不能旁称诸子而杂其说,不能述引后世而谬其时,故非三代之书不得读,非诸经之说不得览。于是汉后群书,禁不得用;乃至先秦诸子,戒不得观。其博学方闻之士,文章尔雅,援引今故,间征子纬,旁及异域,则以为犯功令而黜落之。若章句督儒,学问止于《论语》,经义未闻《汉书》,读《礼记》则严删国恤,学《春秋》则束阁三传。若夫《周礼》以经国家,《仪礼》以范人伦,以试题不及,无人读诵。乃至《诗》《书》《易》《礼》之本经,亦复束汉注唐疏而不观;甚乃《学》《庸》《论》《孟》之微言,亦只守兔园坊本之陋说。盖以功令所垂,解义只尊朱子;而有司苟简,三场只重首场。故令诸生荒弃群经,惟读四书;谢绝学问,惟事八股。于是二千年之文学,扫地无用,束阁不读矣。渐乃忘为经义,惟以声调为高歌;岂知圣言,几类俳优之曲本。东涂西抹,自童年而呀唔摹仿;妃青俪白,迄白首而按节吟哦。既因陋而就简,咸闭聪而黜明。试官妄取,谬种展转以相传;学子循声,没字空疏而登第。虽有经文五义,皆以短篇虚衍;虽有问策五道,皆依题字空对。但八股清通,楷法圆美,即可为巍科进士、翰苑清才,而竟有不知司马迁、范仲淹为何代人,汉祖、唐宗为何朝帝者!若问以亚非之舆地、欧美之政学,张口瞪目,不知何语矣。既流为笑语,复秉文衡,则其展转引收,为若何才俊乎?

然凡此所讥,尚属进士、举贡生员以上者也。若夫童试,恶习尤苛。断剪经文,割截圣语,其小题有枯困缩脚之异,其搭题有截上截下之奇,其行文有钓伏渡挽之法。譬如《中庸》"及其广大,草木生之",则上去"及其广"三字,下去"木生之"三字,但以"大草"二字为题。如此之例,不可殚书。无理无情,以难学者。不止上侮圣言,试问工之何益?而上自嘉、道,下迄同、光,举国人士,伏案揣摩,皆不出此"大草"之文法也。

夫人士之才否，国命之所寄托也。举贡诸生，为数无几。若童生者，士之初基，吾国凡为县千五百，大县童生数千，小县亦复数百，但每县通以七百计之，几近百万人矣。夫各国试皆无额，惟通是求；而吾国学额寡少，率百数十额乃录一人。故录取者百之一，而新试者不止百之一。故多有总角应试，耄耋犹未青其衿者；或十年就试，已乃易业。假三十年之通，则为三百万人矣。故有人士终身，未及作一大题，以发圣经大义者。夫以总角至壮至老，实为最有用之年华、最可用之精力，假以从事科学，讲求政艺，则三百万之人才，足以当荷兰、瑞典、丹墨、瑞士之民数矣。以为国用，何求不得？何欲不成？乃以三百万可用之精力、人才、月日，钩心斗角，敝精费神，举而投之枯困搭截文法之中。以言圣经之大义，皆不与之以发明也。徒令其不识不知，无才无用，盲聋老死，是比白起之坑长平赵卒四十万，尚十倍之。其立法之谬异、流弊之奇骇，诚古今所未闻，而外人所尤怪诧者矣。即以臣论，卯角学文，于小题搭截，尤畏苦之。其文法严苛，过于钳网，触处皆犯。束书不读，稍能习熟，若复涉群书，置而不事，即复犯文法。故六应童试，见摈以此。知其于学问，最相阻相反也。且童生者，全国人之蒙师也。师之愚陋盲瞽既极，则全国人之闭塞愚盲益甚。是投全国人于盲瞽也，何以为国？昔在一统闭关之世，前朝以之愚民则可矣；若夫今者，万国交通，以文学政艺相竞，少不若人，败亡随之。当此绸缪未雨之时，为兴学育才之事；若追亡救火之急，犹恐其不能以立国也。而乃以八股试多士，以小题枯困截搭缚人才，投举国才智于盲瞽，惟恐其稍为有用之学，以为救时之才也，不亦反乎？

然则中国之割地败兵也，非他为之，而八股致之也。故臣生平论政，尤痛恨之。即日面奏，荷蒙圣训，以八股为学非所用。仰见圣明，洞见积弊。夫皇上既深知其无用矣，何不立行废弃之乎？此在明诏一转移间耳。而举国数百万人士，立可扫云雾而见青天矣。从此内讲中国文学，以研经义、国闻、掌故、名物，则为有用之才；外求各国科学，以研工艺、物理、政教、法律，则为通方之学。以中国之大，求人才之多，在反掌间耳。

尚虑群臣守旧，或有阻挠。皇上睿虑，内断于心，请勿下部议，特发明诏，立废八股。其今乡会童试，请改试策论，以其体裁，能通古证今，会文切理，本经原史，明中通外。犹可救空疏之宿弊，专有用之问学。然后宏开校舍，教以科学。俟学校尽开，徐废科举。其试帖风云月露之词，亦皆无用；其楷法方光乌之尚，尤为费时。昔在闭关之世，或以粉饰夫承平；今当多难之秋，不必敝精于无用。应请定例，并罢试帖，严戒考官，勿尚楷法，庶几人士专研有用之学。其于立国育才，所关至大。臣愚颛颛，首以是请。恭折叩谢天恩，伏惟皇上圣鉴。谨奏。

41
康有为
请以爵赏奖励新艺新法新书新器新学设立特许专卖折[1]
（1898）

光绪二十四年五月初八日

工部主事臣康有为跪奏，为请以爵赏奖励新艺、新法、新书、新器、新学，设立特许专卖，以励人才、开民智而济时艰，恭折仰祈圣鉴事。窃寻吾人民极多，倍于欧洲十六国，而国势极弱，由无鼓励新艺、新法、新书、新器、新学致之也。窃考上古之强角力，故务争战以尚武；近世之强斗智，故务学识以开新。尝究欧洲富强之原，由于厉学开新之故。当元、明以前，大为教皇所愚，累为回教所破，愚弱已甚，过于中国。至明永乐时，英人倍根创为新义，以为聪明凿而愈出，事物踵而增华；主启新，不主仍旧；主宜今，不主泥古。请于国家立科鼓厉，其士人著有新书，发从古未创之说者，赏以清秩高第；其工人制有新器，发从古未有之巧者，予以厚币功牌，皆许其专利，宽其岁年；其有寻得新地，为人迹所未辟，身任大工为生民所利赖者，予以世爵。于是国人踊跃，各竭心思，争求新

---
[1] 原折见《杰士上书汇录》（故宫博物馆院藏内府抄本，《广州大典》影印）卷二。《戊戌奏稿》所辑《请厉工艺奖创新折》即本于此折，惟文义颇有乖违。今据《康有为全集》第四集（中国人民大学出版社，2007年，第298-300页）将两折一并录出。

法，以取富贵。各国从之。

数十年间，科仑布寻得美洲万里之地，辟金山以致富，每年得银巨万，而银钱流入中国矣。墨领遍绕大地，知地如球；而荷兰、葡萄牙大收南洋，据台湾而占濠镜矣。哥白尼发地之绕日，于是利玛窦、熊三拔、艾儒略、南怀仁、汤若望挟技来游。其入贡有浑天地球之仪、量天缩地之尺，而改中国历宪矣。

电学则乾隆时美人弗蓝格林考出物质体内皆有电气，于是道光末年创电线，近年电灯、德律风、留声器从此出焉。化学则乾隆时英人加芬底矢创考出轻气，伯理斯理创考得硝、炭、强三气，德人拉非泄创考得养、硝、炭强合而成风，于是造雨、造雾、造冰，一切可化分代造物矣。光学则自康熙时英人奈端创立，近英人雍姓创得光质为气，流有层级，丹人罗美耳查得光行分时行三千万里，而道光时出照相法，近且能照脏腑鬼神矣。重学则自明万历时意人加利略考得物坠下之迟速由地之吸力；英人奈端考得抛物，并水与液质流动及物相摄引之理，创为风雨表；法人巴斯加勒创制压柜，能以一斤起四百斤；乾隆三十四年，英人瓦得创水气运机之器，铁路、轮船皆由此出。

明末，英人哈芳测得人身皆血脉贯成，而医学变。植物学为荷兰人罗贝勒创出，英人格路测草木经络质体及花之雌雄，而后林木园圃种植繁盛。富国学则乾隆时师米得堂著《富国策》，明生利分利之义，旧章尽废，而泰西民富百倍。意人拉发夜创油画之法，而蜡人亦从此出。嘉庆时，英人华忒创以机代工织布之器，于是英布出口值五六万万。美人创缝衣机器，一分钟可缝三千针。近泰西农人垦地、播种、刈麦，皆用新机器。乾隆时，法人创煤气灯而遍大地。道光时，英主悬赏格以招新式时表者，故伦敦表冠欧洲。嘉庆十二年，英人富吞创成轮船。道光十年，英人施蒂芬森造成火轮车，而后膛枪、无烟药、钢甲、鱼雷船继踵并出。

盖近百年来，新法尤盛。各国及日本有专卖特许寮，掌鼓厉民人制造新器。凡有创制新器及著一书，皆报官准其专卖，或三十年，或五十年，不准他人仿造，并赏给牌照以为光荣，视其器物分作数等。如美人爱的森，辛巳年八月创成电灯，至九月，美之华盛顿、纽约，法之巴黎，英之伦敦，皆已燃遍。爱的森以专卖电灯之故，巨富至五千万。格兰斯顿罢总统而贫，撰一说部骤行，得三十余万。故其国人争以创新器、著新书为业。穷岁月，传子孙，破产业，沉思渺虑，苦心孤诣，为之以得一新器、新书可富贵累世也。

考英国自明至乾隆前，大辂椎轮，乃始草创，岁出新器数十种；自乾隆二十八年至咸丰二年，岁出新器约二百五十种；自咸丰三年至同治十年，岁出新器二千种；近三十年，则多至三四千种。进之法国则岁出九千种，美国为最盛，岁出且万二千种；退之若奥则八百余种，意七百余种，丹麦、比利时四五百种，俄亦三百余种。

民之智与愚，国之贫与富，皆视其出新器之多寡觇之。美养兵仅二万，而诸国不敢正视者，以其为地球最富、最智之国，岁出新器、新书最多故也。英地仅比印度地一省，而英商一公司，遂能削平、控治印度万里之国。美人铁路如织网丝，五里十里，纵横午贯，而富甲大地。俄人筑之，辟地万里。近者英之得印度、缅甸，俄之得西伯利亚至珲春，法之得越南，皆筑铁路以逼三垂矣。合十余国人士所观摩、君相所激厉、师友所讲求，事无大小，皆求新便。近以船械横行四海，故以薄技粗器之微，而为天下政教之大。人皆惊洋人气象之强、制造之奇，而推所自来，皆由立爵赏以劝智学为之。

夫爵赏者，奔走天下之具。人主操之以控天下，如牧者之驱群羊，视鞭所指，南北东西，莫不如意。齐桓公好紫，而一国皆紫；楚灵王好细腰，而宫中饿死；城中广袖，城外全帛；风行草偃，有必然者。故科举尚八股，则士人日夜呫哗，高吟低唱，皆八股矣；词馆尚楷法，则士人日夜伏案，弄笔调铅，皆白折矣。推八股、白折之勤勤，皆能为量天缩地之精奇也，视在上者意之所注耳。《易》曰：守位曰仁，聚人曰财。其称诸圣，不过开物成务、利用前民而已。

方今欲保国自立，非强兵不可，强兵非练士数十万、铁舰百艘不可。而铁舰大者费至数百千万，克虏伯炮精者，费数巨万，皆需数万万巨款。欲设学购械，非富国不可；欲富其国，非智其士、智其农工，多著新书、多制新器不可。欲士民多出新书、新器，非去其八股、白折之学，而悬新器、新书之赏，驱数百万之人士、数万万之农工商，转而钩心构思，求新出奇，不能为功。

伏愿皇上观古今之运，通中外之故，特立新器、新书之赏表，高标以为招海内庶士，必有应之者。请饬下总署议定劝厉制新器、著新书专科，凡有新器、新书呈学政，或总署存案，由学政咨行督抚会衔加以奖厉，给予特许专卖执照，准其专利数十年。或用梁制二十四班，或用宋制流外官阶，另制名号以为荣奖。或用补服及外国宝星例，以花鸟为饰，分作数等，名为徽章，以昭宠异。其有能自创学堂、自修道路、自开水利，有功于民者，酌其大小，给以世爵。顷中国之大，尚无枪炮厂，宜募民为之。德铁匠得赍赐创造后膛枪而破法，克虏伯创成精炮，绝冠地球，赏以男爵。今以世爵募民，必有精器出焉。臣保三年之后，奇材新器，云出雾渝，民利并开，不可究宣。以中国聪明灵敏之才，四万万人民之众，踊跃舞蹈，竭其耳目心思，以赴皇上之求，何求不得哉！臣一得之见，是否有当，谨附片具陈，伏维皇上圣鉴。谨奏。

附：请厉工艺奖创新折

奏为请劝厉工艺，奖募创新，以智民富国，恭折仰祈圣鉴事。窃臣深维立国致治之故，当审时变消息之宜。孔子时圣，以其知新，故新民为先，礼时为大。吾中国之政教风俗，数千年如一揆也，只有保守，而绝无进化者，盖尊古守旧为之也。夫中国何为尊古守旧？盖一统闭关，无所求望，但君主寡欲，国无兵争大乱，小民不饥不寒，仰事俯畜，养生送死无憾；教化既行，则号称太平，登封行而颂声作，以为郅治之极矣。故中国人语称天下，印度、罗马人亦语称天下，盖皆限于地域、闻见使然也。

夫人之愿欲无穷，而治之进化无尽。虽使黄金铺地，极乐为国，终有愁怨，未尽美善。但使永永闭关，则昔一统之治法，使民无智无欲，质朴愿悫，礼节廉耻，孝弟忠信，相安相乐，亦复何加焉。无如数十年间，汽船自绝海而驶来，铁路由异域而通至，电线电话[1]可万千里而通语文，甚且汽球翔舞于空中。虽有高城峻天，亦复无关可闭矣。

臣窃怪诸欧小国，仅如吾一府一县，大如英、德、法、奥、意，亦不过吾一二省；其民大国仅得吾十之一，小国得吾百之一。而大国富强，乃十倍于我，小国亦与我等，其理何哉？深考其由，则以诸欧政俗学艺竞尚日新，若其工艺精奇，则以讲求物质故。自乾隆末华忒新创汽机，英人以为地球复生日。自嘉庆元年拿破仑募奖新器、新书，而精器日出，至今百年，创新器者凡十九万余。于是诸欧强国，遂以横行大地，搜括五洲，夷殄列国，余波震荡，遂及于我。自是改易数万千年之旧世界为新世界矣。

近者电学新发，益难思议。但就往者汽机所成，倍人力者三十，故其国[2]富强

---

[1] 电线电话，《康有为全集》作"电话电线"，据《戊戌奏稿》改。
[2] 国，《康有为全集》脱，据《戊戌奏稿》补。

之力，亦倍三十。是故安南、缅甸、突尼斯、马尼达斯加土地人民，与英、法比者，英、法力实三十倍之，故如巨象之压猫犬，曾不一蹴矣。吾国土地人民十倍于彼，而富强力三十倍，则亦三倍于我，故吾幸未灭，而为彼所弱，可比较而得之矣。

方今万国交通，政俗学艺，日月互校，优胜劣败，淘汰随之。置我守旧闭塞、无知无欲之国民，投于列国竞争日新又新之世，必不能苟延性命矣。臣每思之，恐惧无已。虽然，以中国之[1]广土众民，发明新民之义，以知新为学识，以日新为事业，奉我圣训，采彼良规，奖导新机，讲求物质，一转移间，而吾富强加三十倍，无敌于天下矣。

夫士农工商，国之石民，而世有轻重。吾国古者首去渔猎，则以农立国，是故分田制禄之经，重农贵粟之论，布满经史，甚至天子躬耕以劝导之。以重农故，则轻工艺，故诋奇技为淫巧，斥机器为害心，锦绣纂组，则以为害女红，乃至欲驱末业而缘南亩。此诚闭关无知无欲之至论矣。

若夫今者，汽船、铁路、电线、飞球，一器之出，震惊万国，破变教义。一厂之大，人十数万，有如小国。若夫德有得赉赐后膛枪而胜奥，有克虏伯炮而破法，工业所关，剧大如此。

夫工者，因物质生化之自然而变化妙用之，及至讲求日新，精妙入神，则人代天工矣。夫天称造物，神曰造化，曰造云者，工之谓耳。故国尚农则守旧日愚，国尚工则日新日智，乃理之相寻，视其所导而已。今美国人士，昼夜研精，皆日以思创新器为事，若吾国人之事八股举业然。若爱的森一创电灯，一创留声器，不数月而行遍万国。但彼率举国人为有用日新日智之业，吾率举国人为无用守旧日愚之业，所行所趋之道相反，故致富致强之道，亦适相反而成正比例也。

夫今已入工业之世界矣，已为日新尚智之宇宙矣，而吾国尚以其农国守旧愚民之治与之竞，不亦慎乎？皇上诚讲万国之大势，审古今之时变，知非讲明国是，移易民心，去愚尚智，弃守旧，尚日新，定为工国而讲求物质，不能为国，则所以导民为治，自有在矣。

乞下明诏奖励工艺，导以日新，令部臣议奖创造新器、著作新书、寻发新地、启发新俗者。著新书者，查无抄袭，酌量其精粗长短，与以高科，并许专卖。创

---

[1] 之，《康有为全集》脱，据《戊戌奏稿》补。

新器者，酌其效用之大小，小者许以专卖，限若干年，大者加以爵禄，未成者出帑助成。其有寻新地而定边界、启新俗而教苗蛮、成大工厂以兴实业、开专门学以育人才者，皆优与奖给。则举国移风，争讲工艺，日事新法，日发新议，民智大开，物质大进，庶几立国新世，有恃无恐。伏乞皇上圣鉴。谨奏。

42

刘坤一、张之洞

变通政治人才为先遵旨筹议折[1]
（1901）

光绪二十七年五月二十七日

奏为变通政治，人才为先，遵旨筹议奏陈，仰祈圣鉴事。窃臣等钦奉光绪二十六年十二月初十日上谕：法令不更，锢习不破，欲求振作，当议更张。着军机大臣、大学士、六部九卿、出使各国大臣、各省督抚，各就现在情形，参酌中西政要，举凡朝章国故，吏治民生，学校科举，军政财政，当因当革，当省当并，或取诸人，或求诸己。如何而国势始兴，如何而人才始出，如何而度支始裕，如何而武备始修，各举所知，各抒所见，通限两个月，详悉条议以闻。等因。钦此。仰见我皇上惩毖多难，必欲扫积习以济时艰，感涕之余，且愧且奋。

---

[1] 刘坤一（1830—1902），字岘庄，湖南新宁人。咸丰间参加湘军，对抗太平军，因功累迁广西布政使。同治三年（1864），升江西巡抚，十三年（1874），调署两江总督。光绪元年（1875），擢任两广总督。次年，授两江总督兼南洋通商大臣。义和团运动后，参加"东南互保"运动。有《刘坤一遗集》传世。此为《江楚会奏变法》三折之一。《江楚会奏变法》由两江总督刘坤一领衔，湖广总督张之洞主稿，立宪派张謇、沈曾植、汤寿潜等参与筹划，包括兴学育才、整顿中法、采行西法三折。本折为兴学育才折，据光绪九年（1901）两湖书院刻本《江楚会奏变法》录文。该折亦见民国十七年（1928）刻《张文襄公全集·奏议》卷五十二。

臣等尝闻之《周易》，乾道变化者，行健自强之大用也。又闻之《孟子》，过然后改，困然后作，动心忍性，增益所不能者，生于忧患之枢机也。上年京畿之变，大局几危，其为我中国之忧患者，可谓巨矣！其动忍我君臣士民之心性者，可谓深矣！穷而不变，何以为国？然则修中华之内政，采列国之专长，圣道执中，洵为至当。惟是中国贫弱废弛之弊，或相沿百余年，或相沿二千余年，一旦欲大加兴革，必须规画周详，确有下手之处，然后气血生而宿痾自去，疣痈决而元气可支。窃谓中国不贫于财而贫于人才，不弱于兵而弱于志气。人才之贫，由于见闻不广，学业不实。志气之弱，由于苟安者无履危救亡之远谋，自足者无发愤好学之果力。保邦致治，非人无由，谨先就育才兴学之大端，参考古今，会通文武，筹拟四条：一曰设文武学堂，二曰酌改文科，三曰停罢武科，四曰奖劝游学。敬为圣主陈之：

一、设文武学堂。取士之法，自汉至隋为一类，自唐至明为一类，无论或用选举，或凭考试，立法虽有短长，而大意实不相远。汉魏至隋，选举为主，而亦间用考试，如董、晁、郤、杜之对策是也。唐宋至明，考试为主，而亦参用选举，如温造、种放之征召是也。要之，皆就已有之人才而甄拔之，未尝就未成之人才而教成之。故家塾则有课程，官学但凭考校，此皆与三代学校之制不合。现行科举章程，本是沿袭前明旧制。承平之世，其人才尚足以佐治安民，今日国蹙患深，才乏文敝，若非改弦易辙，何以拯此艰危？然而中国见闻素狭，讲求无素，即有考求时务者，不过粗知大略，于西国政治，未能详举其章；西国学术，未能身习其事。现虽举行经济特科，不过招贤自隗始之意，只可为开辟风气之资，而未必遽有因应不穷之具。考《周官·司徒》之职，《小戴礼·学记》之文，大率皆以德行道艺兼教并学，学成而后用之。此外见于经传者，乡国之学皆兼六艺，大夫之职必备九能。书礼干戈，司成并教；寄象鞮译，王制分官。海外图经，伯益所传；润色专对，《论语》所重。又按三代之制，庠序之称曰士，卒伍之称亦曰士，实为文武合一，文武并重之明征。若孔子兼通文武，学于四裔，尤圣人躬行垂教之彰彰者。此后汉举使才，唐采回历，《隋志·经籍》多收方言，明初文科亦兼骑射。钦惟我朝康熙年间，测天造炮皆用西人，内府地图创用西法之经纬线，此图所刻铜板，即用东洋铜板之阴阳文，尼布楚界碑兼用三体文字。乾隆年间，《西域同文志》兼列清、汉、蒙古、西番、托忒、回部之书。至于内廷功课，八旗授官，皆系文武兼习。祖宗旧制，洵足为万代法程。

今泰西各国学校之法，犹有三代遗意，礼失求野，或尚非诬。其立学教士之要义有三：一曰道艺兼通；二曰文武兼通；三曰内外兼通。其教法之善有四：一曰求讲解不责记诵；一曰有定程亦有余暇；一曰循序不躐等；一曰教科之书官定颁发，通国一律。大小各学，功有浅深，意无歧异。其考校进退章程，皆用北宋国学积分升舍之法，才能优绌，切实有据。既不虞试官偏私，亦不至摸索偶误，故其人才日多，国势日盛。德之势最强，而学校之制，惟德最详；日本兴最骤，而学校之数在东方之国为最多。兴学之功，此其明证。

其学校教法，大率少年者先入小学堂，先教以浅近文理、算法、史事、格致之属。小学堂又分初等、高等两种。小学成后，选入中学堂，所学门类甚多，名曰普通学。如国教、格致、算学、地理、史事、绘图、体操、兵队操、本国行文法、外国言语文字行文法等事，皆须全习，惟外国文字只兼习一国。无论大小学堂，皆有讲国教一门，皆有学兵队之操场。日本之教科，名曰伦理科，所讲皆人伦道德之事，其大义皆本五经、四书。普通学毕业后，发给凭照，升入高等学堂，习专门之学。自此以后，然后文武分途，或文或武听其便，惟文武皆必先习普通。

至专门之学，习文事者名高等学校，英分经、教、法、医、化、工六科，又另设专门农、商、矿学。法与英略同，德又另设专门工学。日本高等学校亦分六门：一法科，二文科，三工科，四理科，五农科，六医科。每科所习学业各有子目，其余专门，各有高等学校。查日本门目，与中国情形较近，欧美无学不兼讲西教，日本无学不兼讲伦理。习武备者，名士官学校，略分地理、战史、战法、军械、测绘、工程、经理、军医八门，兼习外国文字、兵式体操、兵队操、行军操、射的、击刺、乘骑、游水等事。射的即枪炮打靶，击刺即短刀刺枪互击。

习文事者，高等学校毕业后，发给凭照，略如中国举人，分类量能而授以官。其愿再学者，升入大学校，大学校毕业领照者，略如中国进士。习武备者，普通毕业后，先入营练习半年，方入士官学校；士官学校毕业后，仍须入营练习三年，方为毕业。第一年学为兵，第二年学为弁，第三年即在其营内充弁。其弁亦名下士官，其分际略如中国把总、外委、额外。此堂毕业后，发给凭照，其国家即用为各军少尉。自少尉以上皆名士官，大尉、中尉、少尉，略如都司、守备、千总。自官少尉以后，可在本营叙劳升转。若仅由充兵出身者，官至特务曹长为止，曹长略如把总。仅由士官学校出身者，官至大佐为止，大佐略如副将，中佐、少佐如参、游。若欲为大将、中将、少将者，仍须升少佐、中佐后，再入陆军大学校三年。习水师者，名海军大学校。其海陆大学校体制与文事大学校同。大将如统兵大臣，中将、少将如提镇。以上所举，皆日本官名，取其易晓。

各国学制、教法，节目虽有小异，用意事事相同。其大中小学之年限，无论文武，大率三四五年不等，等级渐深者，子目亦渐加多。其东西各国，今昔章程微有不同者，大约西繁而东简，西迟而东速，昔专一而今变通。如西国马上不放火枪，日本近三年始于马上操枪之类。其学校监督皆用武官为之，以武官于礼节规矩最为谨严详密，文职偶有脱略，武官断不通融。此外国学校教士官人之大略也。

臣等仅参酌中外情形，酌拟今日设学堂办法。拟令州县设小学校及高等小学校，童子八岁以上入蒙学，习识字，正语音，读蒙学、歌诀诸书。除四书必读外，五经可择读一二部。家塾、义塾悉听其便，由绅董自办，官劝导而稽其数，每年报闻上司可也。十二岁以上入小学校，习普通学，兼习五经，先讲解后记诵，但解经书浅显义理，兼看中外简略地图，学粗浅算法至开立方止，学粗浅绘图法至画出地面平形止，习中国历代史事大略、本朝制度大略，习柔软体操。三年而毕业，绅董司之，官考察之。十五岁以上入高等小学校，解经书较深之义理，学行文法，学为策论、词章，看中外详细地图，学较深算法至代数几何止，学较深绘图法至画出地上平剖面、立剖面、水底平剖面止，习中国历史大事、外国政治学术大略，习器具体操，兼习外国一国语言文字之较浅者。此学必设兵队操场，三年而毕业，官司之，绅董佐之。毕业后本管府考之，分数及格者，给予凭照，作为附生，送入府学校，分数欠者留学。

府设中学校，十八岁高等小学校毕业取为附生者，入中学校，习普通学。其有监生世职职衔愿入普通学者亦听，但须酌捐学费，与附生一律教课。其有营弁、营兵文理通畅，能解算法、绘图，考验有据者，亦准收入。此学温习经史地理，仍兼习策论、词章，并习公牍、书记文字；学精深算法，至弧三角、航海驶船法止；学精深绘图法，至测算经纬度、行军图，目揣远近、斜度止；习中国历史、兵事；习外国历史、律法、格致等学，外国政治、条约，即附于律法之内，并讲明农、工、商等学之大略；习兵式体操，兼习外国一国语言文字之较深者。词章一门亦设教习，学生愿习与否，均听其便。弁兵入学者，专学策论，免习词章。此学亦必设兵队操场。三年而毕业，学政考之，给予凭照，作为廪生，送入省城高等学校。

省城应设高等学校一区，大省容二三百人，中小省容百余人。屋舍不便者，分设两三处亦可，但教法必须一律，非由中学校普通学毕业者不能收入。拟参酌东西学制，分为七专门：一经学，中国经学、文学皆属焉；二史学，中外史学、中外地理学皆属焉；三格致学，中外天文学、外国物理学、化学、电学、力学、光学皆属焉；四政治学，中外政治学、外国律法学、财政学、交涉学皆属焉；五兵学，外国战法学、军械学、经理学、军医学皆属焉；六农学；七工学，凡测算学、绘图学、道路、河渠、营垒、制造军械、火药等事皆属焉。共七门，各认习一门，惟人人皆须兼习一国语言文字。此学亦必设兵队操场。至医学一门，以卫生为义，本为养民强国之一大端。然西医不习风土，中医又鲜真传，止可从缓。惟军医必不可缓，故附于兵学之内。并另设农、工、商、矿四专门学校各一区，专以考验实事为主，机器、药料、试验场皆备，亦三年而毕业。其普通学成，愿入此四学者听。入此四学者，中国经学、文学皆令温习。无论何学，皆有兵队操场。其习武者，专设一武备学校，择普通毕业之廪生愿习武者送入。四书、中国历史、策论，人人兼习，其余悉依外国教课之法，并专习一国语言文字。或仿日本，并设一炮工学校，专学制造枪炮之法，均三年而毕业。

文学生高等学校毕业后，除农、工、商、矿专门四学另为章程外，此七门学生，学律法者，派入交涉局学习实事，名曰练习学生；学兵法者，派入各营学习实事，亦名曰练习学生；其余五门学生，均随其所愿，派入农、工、商、矿等局，兼习实事，名曰兼习学生，均以实在局在营一年为度。农、工、商、矿四专门学三年毕业后，农学派赴本省外县山乡、水乡考验农业，工学派赴本省、外省华洋工厂考验制造，商学派赴南北繁盛口岸考验商务，矿学派赴本省、外省开矿之山、炼矿之厂考验采炼，均名曰练习学生，亦均以实在出外游历练习一年为度。其武学生武备学校毕业后，令入营学习操练一年，半年充兵，半年充弁，以实在营一年为度。合计在学肄业及出外练习，文武各门均四年学成。先由督抚、学政考之，再由主考考之，取中者除送入京师大学校外，或即授以官职，令其效用。大学校学业又益加精，门目与省城所设高等专门学校同，三年学成会试，总裁考之，取中者授以官。此大中小学教法、门目、等级、年限之大略也。

其考用之法，高等小学学成者，本管知府考之；普通中学学成者，学政考之，均不弥封。县送府考，府送学院考，均须详注分数。知府、学政考取榜示，亦须注明分数，不准浑沦取进。高等专门学成者，督抚、学政分文武两途考之，应分几场，临时酌定，取者作为优贡，武者作为武优贡。其文事由他途径入普通中学洊送农、工、商、矿四专门学非由生员者，及由普通中学毕业径入四门专学非由高等学毕业者，其武事由弁兵径送入普通学非由生员者，一并准其与考。其优贡所取人数，视本省中额加倍。钦派考官会同督抚、学政，亦分文武两途考之，应分几场，临时酌定。考其专门之学及各国语言文字，非优贡不得与考。大率督抚、学政所取优贡，即系录送乡试之意，应试人少，且诸学有须面试者，勿庸糊名易书。考中者作为举人，其非由生员出身及非由高等出身者，作为副榜，择其中式前半若干名，分别送入京城文武大学校。所以止送一半入大学校者，一为京师大学若欲全容天下举人，费用过多，故减半送京，以节经费；一为分半就职，俾得及时效用，以应目前急需。其有未获送入大学校者，及已经送京而不愿入大学校愿就职者，听；其未送大学校而不愿就职，自愿留学以待下科者，亦听。就职者，文授以七品小京官及六七品佐贰首领，分部分省候补，或充各局委员；武授以守备、千总等官，发营差委。考官照学政例，准带幕友二三人。同考官由外省酌量访求聘委，不拘官阶，亦不必本省人员。

京城设文事大学校，水军、陆军大学校各一，学业又益加精，门目略与省城专门学校同。学成者钦派总裁大臣考之，作为进士。经廷试后，文授以部属、知县等官，武授以都司、守备等官，均令分部分省分标候补，优其序补班次，勿庸归选。如朝廷需用编书修史、应奉文字之词臣，宿卫禁廷之侍卫，应随时听候谕旨考选，不在科举常例之内。

统计自八岁入小学起，至大学校毕业止，共十七年。计十八岁为附生，二十一岁为廪生，二十五岁为优贡、举人，二十八岁为进士，除去出学入学程途、考选日期外，亦不过三十岁内外，较之向来得科第者并不为迟。此大中小学层递考取录用之大略也。

其取中之额，即分旧日岁科考取进学额以为学堂所取生员之额，分乡、会试中额以为学堂所中举人、进士之额，优贡应请新定学堂之额，大率比本省中额加倍而略多。初开办数年，学堂未广，取中尚少，前两科每科分减旧日中额学额三成，第三科每科分减旧额四成。十年三科之后，旧额减尽，生员、举人、进士皆出于学堂矣。至日久才多以后，应仿各国章程，视其学业分数以为中额之多少，并可不拘定额，以昭核实而资策励，总须较旧额之数有增无减。此学堂取中额数、移拨旧额，日后并不限以定额之大略也。

或谓废八股则人不读经书，不尊圣贤，不宗理学。不知八股始自前明，自汉至宋皆无八股，何以传经卫道，代有名儒，忠孝节义，史不绝书？即如周、程、张、朱，乃理学之宗主，其时未尝有八股也。或谓废八股则人不能为文。不知文章之美者，莫如春秋之《左》《国》，战国之诸子，两汉之马班，唐宋之八家，其时未尝有八股也。或谓废八股则旧日专攻帖括者无进身之路。不知历来擅长八股诸名家，亦必系学赡才敏、文笔优长之士。其最著者，前明如唐顺之、归有光，国朝如韩菼、方苞辈，即不由场屋，岂患无自见之学、登进之阶？故能为好时文者，考试策论固属优为，兼习诸学亦非难事。无论少年易于改业，即二十五岁以上至五十岁者，除外国语言、精微算法外，何事不能通晓？若从此三科十年以后，不能中式而又不能改习诸学，则断非有才有志之人，国家取之，何益于用？然此辈仍可为小学、中学经书、词章之师。其衰老不第而学行尚有可取者，可由督抚、学政访察考选，朝廷优予体恤。六十岁以上者，酌给职衔；五十岁以下者，广设其途，分别举贡生员，用为知县、佐贰、杂职。详见酌改文科专条，似亦足以安宿儒而慰寒畯矣。捐纳既停，即中等儒生岂患无出路哉？此裁减旧日学额、中额，仍将从前举贡生员分别录用之大略也。

论外国设学之定法，自宜先由小学校办起，层累而上，以至中学、高等学、大学，方为切实有序。惟经费太绌，师范难求，只可剀切劝谕，竭力陆续筹办。若必待天下遍设数万小学、数百中学，然后升之高等学、大学而教之用之，至速亦须十年。时事日棘，人不我待，刻舟胶柱，必致空言误事。今日为救时计，惟有权宜变通，先自多设中学及高等学始，选年力少壮、通敏有志之生员，迅速教之。先学普通，缓习专门，应各就省城及大府酌量情形迅速筹办，以资目前之用。取才由粗入精，立法由疏入密，凡事何莫不然？将来小学林立，中学亦多，则循序渐进，取材既裕，而教法亦不劳矣。查三十岁而入官，科名不得为晚；自初学以至学成，十七年而成文武兼备之人才，造就不得为迟。惟事急需才，恐难久待。查日本文武各种学校，皆有速成教法，于各项功课择要加功，于稍缓者量加省减，刻期毕业。应请旨饬出使大臣李盛铎，切托日本文部、参谋部、陆军省代我筹计，酌拟大中小学各种速成教法，以应急需。此权宜救急，先设普通中学暨采访速成教法之大略也。

惟成事必先正名，三代皆名学校，宋人始有书院之名。宋大儒胡瑗在湖州设学，分经义、治事两斋，人称为湖学，并未尝名为书院。今日书院积习过深，假借姓名，希图膏奖，不守规矩，动滋事端。必须正其名曰学，乃可鼓舞人心，涤除习气。如谓学堂之名不古，似可即名曰各种学校，既合古制，且亦名实相符。

总之，中华所以立教，我朝所以立国者，不过二帝三王之心法，周公、孔子之学术。今宗旨则不悖经书，学业则兼通文武，特以世变日多，故多设门类以教士，取其周知四国，博学无方，正与经传所载三代教士取人之法相合，看似无事非新，实则无法非旧。且经史、词章仍设专门，学人、文人皆有自见之路，何得以唐人专考词章之下策，前明八股之俳体，视为儒者正宗哉？

臣等所拟以上办法，不过明宗旨，标门类，分等级，计年限，筹出路，除妨碍，举其大略如此。至于详细章程究应如何斟酌损益之处，应候敕议裁定。此一事为救时首务，振作大端，伏望我皇上思危处患，饬取日本学校章程，迅速详议，乾断施行，收人心以固国基。四海瞻仰，首在此举矣。

一、酌改文科。科举一事，为自强求才之首务，时局艰危至此，断不能不酌量变通。半年来谘访官绅人士，众论佥同。两广督臣陶模、山东抚臣袁世凯咨来奏稿，言之甚为恳切。改章大指，总以讲求有用之学，永远不废经书为宗旨。拟即照光绪二十四年臣之洞所奏变通科举奉旨允准之案酌办。原奏乃系参酌古今，求实崇正，力驳侈谈新学者之谬论，不过原本旧章，力求核实而已。大略系三场先后互易，分场发榜，各有去取，以期场场核实。头场取博学，二场取通才，三场归纯正，以期由粗入精。头场试中国政治、史事，二场试各国政治、地理、武备、农、工、算法之类，三场试四书、五经经义，经义即论说考辨之类也。头场十倍中额，二场三倍中额。原奏经礼部通行陕西，有案可查。惟声、光、化、电等学，场内不能试验，拟请删去。此系原本朱子救弊须兼他科目取人之意，欧阳修随场去留鄙恶乖诞以次先去之法，而又略仿现行府县覆试童生、学政会考优贡之章，且可免寒士之候榜艰难，考官之疲劳草率，似乎有益无弊，简要易行。

窃惟今日育才要指，自宜多设学堂，分门讲求实学，考取有据，体用兼赅，方为有裨世用。惟数年之内，各省学堂不能多设，而人才不能一日不用。即使学堂大兴，而旧日生员年岁已长，资性较钝，不能入学堂者亦必须为之筹一出路，是故渐改科举之章程，以待学堂之成就。似此办法，策论乃诸生所能，史学、政治、时务乃三场策题所有，考生断不致因改章而阁笔，科场更可因改章而省费，而去取渐精，学业渐实，所得人才固已较胜于前矣！

兹拟将科举略改旧章，令与学堂并行不悖，以期两无偏废。俟学堂人才渐多，即按科递减科举取士之额，为学堂取士之额。其颖敏有志者，必已渐次改业归入学堂。其学优而年长者，文平而品端者，尽可宽格收罗，量材录用。或取作副榜，多取数名；或令充岁贡，倍增其额；或推广大挑，每科一次；或挑作誊录，令其议叙有资；或举人比照孝廉方正，生员比照已满吏，准其考职，令其入官效用。宜汇总核计以上各途推广录用之数，足以抵每科减额之数，则旧日专习时文者，亦尚有进身之阶。十数年以后，奋勉改业者日多，株守沈沦者日少，且仍可为小学堂、中学堂经书、词章之师，其衰老者可从优赏给职衔。总之，但宜多设其途，以恤中才之寒畯，而必当使举人、进士作为学堂出身，以励济世之人才。只可稍宽停罢场屋试士之期，而不可使空疏无具者永占科目之名。果使捐纳一停，则举贡生员决不患其终无出路。此则兼顾统等，潜移默化，而不患其窒碍难行者也。

一、停罢武科。文武两科并称，而两科之轻重利弊，迥然不同。国家任官求才，无论章程如何，总之必用读书明理之士。因近年帖括之士有文无实，故改章以求实学。先略改科举章程，以取已有之人才；次广设学堂，以教未成之人才。他日专门学成，体用兼备，仍是此等读书明理之人。其法小变，其意仍同。若武科则不然。硬弓刀石之拙，固无益于战征；弧矢之利，亦远逊于火器。至于默写武经，大率皆系代倩，文字且不知，何论韬略！以故军兴以来，以武科立功者，概乎其未有闻。凡武生、武举、武进士之流，不过恃符豪霸，健讼佐斗，抗官扰民。既于国家无益，实于治理有害。此海内人人能言之，无待臣等之烦言者也。

或谓武生等可使改习枪炮。不知利器散布民间，流弊太大，实无防察之法，万不可行。或谓武生等可使入武备学堂肄业。不知学堂定法，无论水师、陆师，皆必须曾读书通文理。若不识文字者，虽有西师善教，精者不能解，粗者不能记，断无受教之地。或谓武科所以收强梁不驯之人才。不知凡应武试者，大率小康之家子弟，椎鲁游荡，不肯读书，乃使之习武，以博科目之荣。其弓马衣装之费，较之文生为多，故世俗有"穷文富武"之谚。夫取士求将，本欲得良善守法之士，教以礼义，授以技能，以备干城腹心之用，岂有搜罗不逞，加虎以冠？且天下盗贼会匪亦多矣，岂武科所能网罗者哉？今日勇营甚多，其材武有力之辈皆可容纳，何藉武科？或谓古今名将未必尽能知书。不知古之孙、吴、韩、岳、戚继光，今之罗泽南、王鑫、彭玉麟等，何一非学古能文之士？间有不学问而为名将者，多由阅历而来，故兵勇起家为良将者有之。然在今日，已不能与强敌角胜，若应武科者平日所习皆与兵事无涉，既不晓枪炮之精，复不谙营阵之法，及取中武科，年齿已长，习气已深，循资数年，即可为参、游、都守，何所谓阅历哉？

查国家官制，武职以行伍为正途；八旗世家，无非兵籍。此时讲求兵事，必须武学、西操相资为用。其学堂毕业入营操练精熟者，自必予以出身，浉擢官职，将来内而禁卫，外而将校，皆可于此取之。考拔擢用之法，另详专条。若仍以循旧之武科，滥厕右职，殊于讲武励才之出路有妨。近年自故督臣沈葆桢以后，中外大臣言武科改章者甚多，盖久已共知其弊。臣等揆之今日时势，武科无益有损，拟请宸断，奋然径将武科小考，乡、会试等场一切停罢，其旧日之武进士、武举、兵部差官，一律发标学习，考察人材，酌量委用补署，不必按资挨次选补实缺。武生年壮有志者，令其讲求武学，以备应募入伍之用；疲老者听其改业。如此则学堂讲武学者，营弁精操练者，在标有战功劳绩者，登进之途较宽，必皆鼓舞奋兴，而将校皆有实用。此诚自强讲武之一大关键也。

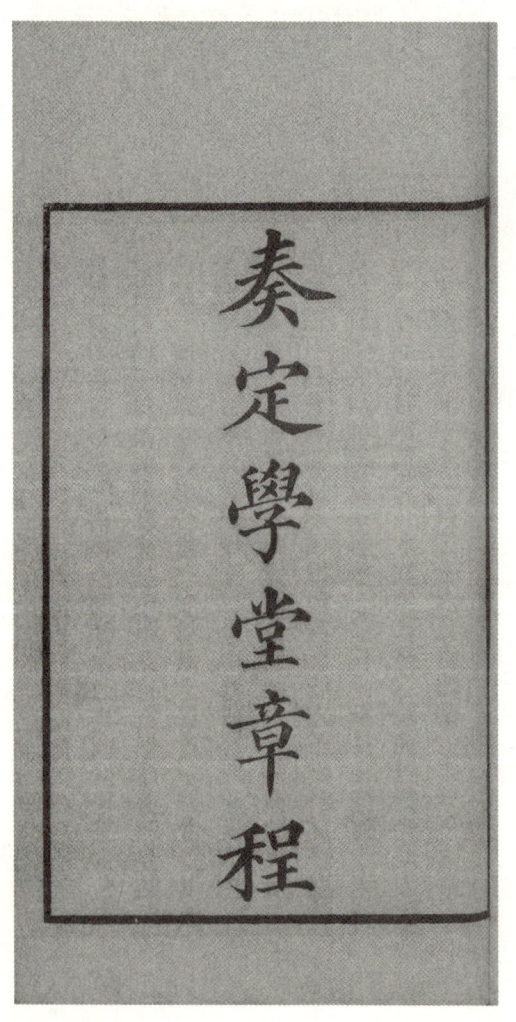

一、奖劝游学。学堂固宜速设矣，然而非多设不足以济用。欲多设则有二难，经费巨，一也；教习少，二也。求师之难，尤甚于筹费。天下州县皆立学堂，数必逾万，无论大学、小学，断无许多之师，是则惟有赴外国游学一法。查外国学堂，法整肃而不苦，教知要而有序。为教师者，类皆实有专长，其教人亦有专书定法。凡立一学，必先限定教至何等地位，算定几年毕业，总计此项学业共须几年，若干时刻方能教毕，按日排定，每日必作几刻工夫，定为课程，一刻不旷，如期而毕，故成效最确，学生亦愿受教。而教法尤以日本为最善，文字较近，课程较速，其盼望学生成就之心至为恳切。传习易，经费省，回华速，较之学于欧洲各国者，其经费可省三分之二，其学成及往返日期可速一倍。

江、鄂等省学生在日本学堂者多，故臣等知之甚确。

此时宜令各省分遣学生出洋游学，文武两途及农、工、商等专门之学，均须分门认习，但须择其志定文通者乃可派往。学成后得有凭照回华，加以覆试，如学业与凭照相符，即按其等第作为进士、举贡，以辅各省学堂之不足，最为善策。此时日本人才已多，然现在欧洲学堂附学者尚数百人，此举之有益可知。并宜专派若干人入其师范学堂，专学师范，以备回华充各小学、中学普通教习，尤为要著。再，官筹学费，究属有限，拟请明谕各省士人，如有自备资斧出洋游学，得有优等凭照者，回华后覆试相符，亦按其等第作为进士、举贡。如此，则游学者众而经费不必尽由官筹。盖游学外国者，但筹给经费，而可省无数之心力，得无数之人才，已可谓善策矣。若自备资斧游学者，准按凭照优奖录用，则经费并不必多筹，尤善之善者矣。

此四条为求才图治之首务，其间事理，皆互相贯通，互相补益。故先以此四事上陈，盖非育才不能图存，非兴学不能育才，非变通文武两科不能兴学，非游学不能助兴学之所不足。揆之今日时势，幸无可幸，缓无可缓。仰恳宸衷独断，决意施行。其间条目章程，自须详议；而大纲要旨，无可游移。其有为因循迁就之说者，惟赖朝廷坚持，勿为其所摇夺。其余各条，另折奏上。臣等往复商酌，意见一切相同，未便各自具折，转嫌雷同重复。谨合词恭折覆陈，伏祈皇太后、皇上圣鉴。谨奏。

刘坤一、张之洞
遵旨筹议变法谨拟采用西法十一条折[1]
（1901）

光绪二十七年六月初五日

奏为遵旨筹议变法，谨拟采用西法十一条，恭折续陈，仰祈圣鉴事。窃臣等筹拟兴学育才四条及整顿中法十二条，业经两次会同奏陈在案。窃惟取诸人以为善，舜之圣也；多闻择其善者而从之，多见而识之，孔子之圣也。是故舜称大知，孔集大成。方今环球各国，日新月盛，大者兼擅富强，次者亦不至贫弱。究其政体学术，大率皆累数百年之研究，经数千百人之修改，成效既彰，转相仿效。美洲则采之欧洲，东洋复采之西洋。此如药有经验之方剂，路有熟游之图经，正可相我病证，以为服药之重轻；度我筋力，以为行程之迟速，盖无有便于此者。今蒙特颁明诏，鉴前事之失，破迂谬之谈，将采西法以补中法之不足。虚己之衷，恢宏之度，薄海内外，无不钦仰，翘首拭目，以观自强之政。顾西法纲要，更仆难终，情形固自有异同，行之亦必有次第。臣等谨就切要易行者，胪举十一条：一曰广派游历，二曰练外国操，三曰广军实，四曰修农政，

---

[1] 此为《江楚会奏变法》三折之采行西法折，据光绪九年（1901）两湖书院刻本《江楚会奏变法》录文。该折亦见民国十七年（1928）刻《张文襄公全集·奏议》卷五十四。

五曰劝工艺，六曰定矿律、路律、商律、交涉刑律，七曰用银元，八曰行印花税，九曰推行邮政，十曰官收洋药，十一曰多译东西各国书，大要皆以变而不失其正为主。谨为我皇上胪陈之：

一、广派游历。欧美强盛，窥伺中国，已百年矣；中外通商，交涉日繁，已五十年矣。然而自强无具，因应无方，驯致妄开巨衅，几危大局者，则皆坐见闻不广之一病，于各国疆域、政治、文学、武备茫然不知。同治季年，虽已派游历，设驻使，遣学生，而迂陋谬妄之人，闻出洋者之言，则诋其妄；见总署之官属，则恶其污。于是，相戒以讲洋务为讳。甚至上年夏间，京外大僚犹有谓洋人不能陆行者，有谓使馆、教堂既毁，洋人即从此绝迹者。锢蔽至此，致召阽危，诚可痛矣！

论今日育才强国之道，自以多派士人出洋游学为第一义。惟游学费繁年久，其数不能过多。且有年齿较长不能入学堂者，有已经出仕不愿入学堂者，欲求急救之方，惟有广派游历之一法。观其国势，考其政事、学术，察其与我国关涉之大端，与各国离合之情事。回华后将其身经目睹者，告语亲知，展转传说，自然群迷顿觉，急思变计。惟游历之员，浅学不如通才之有益，庶僚又不如亲贵之更有益。盖浅学徒眩其新奇，通才乃得其深意；亲贵归国，所任皆重要之职事，所识皆在朝之达官，故其传述启发，尤为得力。考之经传，则公族世卿，时通盟聘；征之近事，则俄储德藩，接踵东来。可见此举为觇国问政之要务。拟请敕派王公大臣以及宗室后进、大员子弟，翰詹科道部属各项京官，分赴各国游历，询其愿往者，请旨遴选酌派，不愿者听。归国时察其实有进益之员，游历一年者酌奖，游历三年者优奖。惟西洋路远费多，东洋路近费省，游历西洋者，其奖擢名次在游历东洋之先。其未经选派自备资斧游历者听，归国时一体考察给奖。蒙奖者量材任用，以后新派总署堂官、章京，海关道员，出使大臣及随员，必选诸曾经出洋之员。惟游历人员才识高下不同，未必人人皆有实济，故必须多选数十员或百员，陆续派往，以备将来选择拔擢。经费虽多，万不可省。至此后各省督抚、司道、府，殆无一衙门无交涉事件者。若仍前拘墟固执，全无考究，必致因应失宜。即京城各部院，虽各有职司，然不通外情，则处事建言，动多隔膜。此非多储通才，无从供用。

并拟请明定章程，自今日起，三年以后，凡官阶、资序、才品，可以开坊缺、送御史、升京卿、放道员者，必须曾经出洋游历一次，或三年或一年均可。若未经出洋者，不得开坊缺、送御史、升京卿、放道员。如此则自备资斧游历者必多，通才日众，而经费不劳官筹矣。至外省府厅州县，谙悉交涉者尤罕。以后内河行轮，联单办货，入山开矿，传教游历，势将各县皆有，尤恐动滋事端，并请敕下各省督抚选派官员出洋游历。实缺官愿往者，免开其缺。游历一年者外奖，三年者奏请内奖，经费准其开支。自备资斧者从优请奖。其奖擢名次，亦以西洋、东洋为先后。惟游历实效，以遍游欧美、日本为全功，而以先游日本为急务。盖游历者若无翻译相随，瞠目泛览，仍无所得。东瀛风土文字，皆与中国相近，华人侨寓者亦多，翻译易得，便于游览询问，受益较速，回华较早。且日本诸事虽仿西法，然多有参酌本国情形斟酌改易者，亦有熟察近日利病删减变通者，与中国采用尤为相宜。

尝考西国兴盛之初，皆由游历而起，求新地，涉冰洋，探南极，穷幽极远，备历艰辛。于是见闻日广，智慧日开，遂成富强之业。今日欧美各洲，无一水不通轮船，无一国不通铁路，商旅如织，学校如林，有翻译为之传达，有驻使为之照料，较之西人之游历，甘苦迥殊，取益尤易。观其实政，睹其实效，见其新器，求其新书，凡吏治、财政、学制、兵备，一一考询记录，携之回华，以供我之采择而仿行焉。开聪明而长志气，无实于此，无速于此。今朝廷锐意求治，采取西法。夫西法非数言所能尽其要领，亦非耳食所能究其异同。出洋之员既多，则互相发明，利弊自见。故今日欲起积弱而抗群强，其开此第一扃钥，必自游历始。

一、练外国操。伏读谕旨有云，懿训以为取外国之长，乃可补中国之短。夫外国之所最长者，盖莫过于兵矣。古圣人师蚁为阵，师蠡为舟，取益无方，正见宏大。兵事一端，尤须知己知彼，相机因应。故吴欲伐楚，则学车战；晋欲败狄，则改步卒。汉伐匈奴，则用越骑；晋平孙吴，则造楼船。皆系仿彼之长，补我之短。圣祖仁皇帝征三藩，则用西洋人南怀仁铸红彝大炮，至今炮上尚铸有南怀仁之名。高宗纯皇帝征金川，则于香山仿造石礌，令禁军习攻礌之技。要皆用外国之利器，效敌人之专长。此则神谟武烈，兼采众长，不囿成见之明效也。今日最重善邻，尤须固圉。若我兵力不振，则友邦亦无从扶持。

西国自百年以来，日与群强相角，故兵事讲求最精，一一著有成书，迥非前代外国之比。纪律既肃，火器尤精，至于测量绘图，人人通晓；工韬医药，事事周详。查二十年来，各省练习洋操，屡奉俞旨。乃近年忽有人创为西操不如中操之空言，枪炮不如刀矛之谬论。不知中国向无快枪、快炮、地雷、电线、行军铁路等事，若只用绿营、勇营老阵，并不知此各项器具名目、形式、用法，平日何从操练？临战之时，敌枪、敌炮发于二三里、六七里之外，刀矛只及五步之内，不待敌军追近，而已全军尽没矣。与之交战且不能，而况于取胜乎！

查营制操法，欧美各洲各国大率相同，其略有参差者，不过微末小节，良由各国相尚以兵，故推求极精，不能改易。试思环球各强国，其练兵皆同此一法，而谓中华兵力最弱之国，反能别创一器一法以取胜，此事理之所必无者也。此皆由旧日将领于新式快枪、快炮既未深谙，于西法营阵、濠垒、测绘诸事尤未讲习，且年力已衰，习气已深，养骄畏难，不愿降心考究。其甚不肖者，更以西法营制严明，不能作弊，故平日则以空言欺人，临阵则仓卒奔溃。前鉴具在，可谓创巨痛深。

相应请旨通谕中外统兵大臣、督抚、提镇，严饬各营将士，必宜洗心涤虑，赶紧讲求练习外国操之法，断不可故见自封，再误国事。滑惰搪塞者黜之，但学皮毛不解实用者撤之。惟是欲求实用，必须将东西洋武备诸书，详切讲明，一一照办，断无卤莽捷获之方。查各国武备学堂，其教将练兵要指约有十二：一曰教士以礼，使知有耻自重之法；一曰调护士卒居处饮食之法；一曰讲明枪炮弹药质性源流之法；一曰枪炮线路取准之法；一曰掘濠筑垒避枪炮之法；一曰马步炮各队择地借势之法；一曰测量绘图之法；一曰队伍分合转变之法；一曰守卫侦探之法；一曰行军工程制造之法；一曰筹备行军衣粮辎重之法；一曰行军医药之法。上自统领，下至哨弁，人人皆须通晓。

惟西人兵制，营中从无用教习之说。营、哨官皆系读书通文理之人，既由学堂教成，而又入营练习一两年者，始能派充。若统领则必须由营官又入大学校学习数年，始能擢任。故学堂有教习，而营中无教习。其临敌调队，择地进退，皆听命于营官；施放枪炮之迟速，指示表尺之远近，皆听命于哨官。而营、哨官又豫先禀承大略于统领。其平日操场之演习，讲堂之教授，皆系统领、营官、哨官、兵勇节节指授，亲口自传口令。故统领所知所能必胜于营官，营官必胜于哨官，哨官必胜于兵勇，方能胜任。若统领、营官懵然不解，专恃教习教操，则虽有教法而无权力，平日操练断无进益，临敌仍是营、哨妄行调度，所学全归无用。查日本设有户山学校，因日本早年将士素以长刀击刺为长，不以火器、西操为善，故特设此学，使旧日将领常至其中，看新法将兵之操练，讨论如何变通改练之法，讨论既久，遂渐知捐弃故技。中国欲开启宿将偏执空谈之弊，此举亦可仿行。能领悟讲求者用之，不能改悟者，只可任以绿营缉捕弹压之事，不宜使带精练备战之军。此时改章之初，统领、营官但须粗通文义，哨官但须略能识字。数年后，武备学堂人才渐多，则非学堂出身者不得派充统领、营、哨各官，方能一气贯注。至西人平日操练时，体恤指授之实功；临战应敌时，鼓勇决胜之关键，注重全在哨官，此项人才尤宜精选。总之，今日练兵最急，练将尤急。欲得精兵，必取年在二十岁以下者教之；欲求良将，大率必取年在三十岁以下者教之，取年在四十岁以下者选择而酌用之，若震于宿将之虚名，则武备永无起色。

　　臣等渥荷厚恩，当此创巨痛深之日，灼见练兵一端必须改弦易辙，乃可图存，不敢不力破迂妄之说，免其欺诳朝廷而终误国家也。抑练兵尤有要者，外国于其都城皆设有专管筹画兵事之大臣，英、法、德等国名曰总营务处，日本名曰参谋本部，略如宋人枢密院之意，专掌全国水陆兵制、饷章、地理图籍、操练法式、储备粮饷、转运车船、外交、侦探等事。平日之豫筹，临时之调度，皆以此官掌之，与今日之兵部但司册籍者不同，与军机处之内外、文武大政无不统管者亦不同。盖诸事豫筹则军储备，专官经理则考核精，全国之军归一衙门综理，则饷械、操法事事画一；大臣督察，则外省废弛不办者，不能隐饰。中国欲练精兵，非设此衙门不可。其章程请敕出使大臣李盛铎向日本索取译寄，采择用之。惟其参谋部总长须深于兵事，起自行间者，方使任之，并非仅用亲贵资格。中国欲设此官，自宜先择深于外国兵制、操法者，方为有益。若仍以旧日军营诸将之议论为衡，恐反多掣肘而害事矣。中外文武大员能语此者，恐不易得。拟请在京先设一参谋馆，访求各国兵书，选四、五品以下各官，令其考订采择，随时函询日本参谋部，务须尽解其精意，并随时询商外省督抚，众议允协，编纂成书。再由政务处奏请通饬遵办，方免窒碍，此则慎重而求实之策也。

　　一、广军实。和约虽定，战备不可不修，我无战具，则和局不能保矣；经费虽艰，军械不可不制，不制军械，则将士永不知今日战阵为何事矣。大厂自难多开，小办必须努力。现在外洋军火既禁两年，无从购办，江、鄂两局岂能供海内之取求？此后江、鄂两局，除加功精究，筹款扩充，并于厂内设立学堂，以教员弁外，并拟设法筹款，自造枪机、炮机、弹机，以待各省购用学制，免专恃外购，仰他人之鼻息，增中土之漏卮。至直隶各局，自必设法修复。拟请将广东、山东、四川三省制造局，极力扩充，其余南北各省，皆令设法筹款，量力各设一制造局。款多则兼炼钢、造枪、造弹三事，款少则兼造两种，再少则只造弹一种。若虑机炉大工费巨，则炼钢炉每日出钢一吨半吨者亦可，枪机每年出数百枝者亦可，枪弹机则每年出一二十万者亦可。盖枪炮一事，其用甚急，其理甚精，深通甚难。近年各将领谙晓新式枪炮者，实不甚多，百人中不能一二，文员则千人中不能一二，此臣等所考校而深知者。若不令切实讲求，则械弹潮锈，零件损失，全然不觉；药力、弹路相时取准，全然不知；至于修理机簧，开花引信，更所不解。平日不能操，临战不能用，故沿边省分，必须每省量力各设一局，瘠远省分或两省共设一局，但令小具规模即可。并由各省派遣武员，来江、鄂两省制造局学习，如能派人赴日本各国学习尤善。庶几督抚及将领、文员，皆可切实考究，俾知新械之精，价值之贵，制造之难，练习之不易，平日则不致损伤，有事则熟谙施放。将弁之明昧，可以考核；战事之难易，可以晓悟。且一年数百枝，十年则数千枝，求艾虽迟，终胜不蓄。<u>至于自造制械之机，尤为防患塞漏之要著。</u>臣等当设法筹款，奏明办理。此不特储械之长策，兼亦练兵之实际也。

一、修农政。中国以农立国，盖以中国土地广大，气候温和，远胜欧洲，于农最宜，故汉人有天下大利必归农之说。夫富民足国之道，以多出土货为要义。无农以为之本，则工无所施，商无可运。近年工商皆间有进益，惟农事最疲，有退无进。大凡农家，率皆谨愿愚拙，不读书识字之人，其所种之物，种植之法，止系本乡所见，故老所传。断不能考究物产，别悟新理新法，惰陋自甘，积成贫困。<u>今日欲图本富，首在修农政；欲修农政，必先兴农学。</u>查外国讲求农学者，以法、美为优，然译本尚少。近年译出日本农务诸书数十种，明白易晓，且其土宜风俗与中国相近，可仿行者最多。其间即有转译西国农书，一切物性土宜之利弊，推广肥料之新法，劝导奖励之功效，皆备其中。

查光绪二十四年九月，曾奉旨令各省设农务局。拟请再降明谕，切饬各省认真举办。查汉、唐以来，皆有司农专官，并请在京专设一农政大臣，掌考求督课农务之事宜。立衙门，颁印信，作额缺，不宜令他官兼之，以昭示国家敦本重农之意，责成既专，方有成效。即如我朝官制，于礼部外另设乐部，其意可师。京师农务大学校，即附设农政衙门之内。其衙门宜建于空旷处所，令其旁有隙地，以资考验农务实事之用。劝导之法有四：

<u>一曰劝农学。</u>学生有愿赴日本农务学堂学习，学成领有凭照者，视其学业等差，分别奖给官职。赴欧洲、美洲农务学堂者，路远日久，给奖较优。自备资斧者，又加优焉，令其充各省农务局办事人员。

一曰劝官绅。各省先将农学诸书广为译刻，分发通省州县。由省城农务总局将农务书所载各法，本省所宜何物，择要指出，令州县体察本地情形，劝谕绅董，依法试种。年终按照饬办门目，填注一册，土俗何种相宜，何法已能仿行，何项收成最旺，通禀上司，刊布周知，有效者奖，捏报者黜。每县设一劝农局，邀集各乡绅董来局讲求。凡谷、果、桑、棉、林木、畜牧等事，择其与本地相宜者种之养之，向来不得法者改易之，贫民无力者助之资本，种养得法者官赏以酒肉花红。数年之后，行之有效，绅董给奖。中者奖以督抚匾额，上者奖以衔封，出力兼捐资者奖以御书匾额。地方官有效得奖者加级，准其随带，公罪可从宽免。最优者奖实在升阶。地方官不举办农政者，照溺职例参革。

一曰导乡愚。各项嘉种新器，乡民固无从闻知，僻县亦难于购致。宜由各省总局多方访求，筹款购办仿制。昔齐桓公献戎菽，宋仁宗求占城早稻，汉武帝令大司农从赵过造便巧田器，皆农务宜求嘉种新器之明证。应先于省城设农务学校，选中学校普通学毕业者肄业其中，并择地为试验场，先行考验实事，以备分发各县为教习。并将各种各器发给通省，令民间试办，先则概不取价，有效则略取价值，务令极廉。其试办之法，先其通用者，后其专门者，如讲求各种肥料，仿造各种风车、水车，去害稼各虫，每年换种各物，以助地力之类。先其易者，后其难者，如山乡劝种番薯、羊芋，水泽种苇，斥卤种稗之类。先其本轻者，后其费巨者，如种树先榆、柳，果实，后松、杉，畜牧先鸡、鸭、牛、羊，后骡、马之类。先其保已有之利者，后其开未见之利者，如察病蚕，讲制茶，求棉种之类。先其获利速者，后其见效迟者，如种蒲桃取酒，种桐柏取油，种樟取脑为先，求蜂种、求鱼种为后之类。

一曰垦荒缓赋税。今日筹度支者，多以垦荒为言。夫垦荒而责以升科，此荒之所以不垦也。计发、捻平定以后，已四十年；晋、豫大祲以后，已二十年。生齿之蕃，已复其故，平原沃壤、江岸沙洲，大率皆已垦种无遗。其因亏本争讼而荒废者，仅千百中之一二。所谓荒者，不过官吏捏饰，豪民匿报，实系未垦者，深山之岩谷、沿海之斥卤而已。垦山地者，人劳利薄，又以村孤人少，时有不虞，故开辟有限。垦海滩者，捍潮变碱，费多效迟，人烟稀少，守望不易，故听其荒废。然而材木之利必资于山，统计中国全局，仍是山岭多于平地。至沿海北起榆关，南迄通海，延袤二千余里，若山岭听其为榛莽，海滨听其为斥卤，实为可惜。

今日欲兴农务，惟有将垦荒升科之期，格外从缓。而又设法以鼓舞之，能开山地者，报官给照，宽期升科；多开者，种杂粮至十石种以上，种树至一千株以上，酌予奖赏。查各省高山，无论多土多石，皆能种树，真系不毛者甚少。故欧美各国，从无无树之童山，而考课林木之实在有效与否，尤为显易。此事宜责成州县，由总局委员依限往查，其山上有无树木，一览而知，不能掩饰。如此则山地之利开矣。垦海滩者，亦报官给照，资本较巨，升科之期尤须从宽。种杂粮种草木，俱听其便，断不必强令开作稻田。并拟采用徐贞明之说，一人能开若干顷者，奖以职衔封典。如此则海滩地之利开矣。

至于沿江沿河沙洲，皆系沃壤，私垦者尺寸无遗，随年增长，贫民畏坍涨之无常而不敢报，势豪贪无粮之腴壤而不尽报，往往争讼胶葛，械斗繁滋。今宜查明实数，除已报垦纳粮者不计外，亦造册给照，宽期升科。即以此田作为试验农学新法之地，即责成原垦之人，自愿照新法试行者，呈明愿种何物，或种美国肥大之棉，或种代蔗造糖之西国萝葡、美国芦粟等类，或仿照美洲牧牛、牧豕、机器耕田之法，以及各种相宜之种植、畜牧。因洲田皆系水滨大地，故于西法农务相宜。数年以后，官督绅董，查明有成效者，即给予管业，且予奖赏。苟且欺饰，并不遵行者，其地本系官地，罚令入官。如此则洲地之利开矣。

所有种植、畜牧各物，无论山地、海滩地、洲地，凡系新增名目，运往各处，十年之内概免厘税。地利既辟，农学之效即见，风气一开，仿行必众，其为益于国家者宏且远矣，岂在目前征粮纳税之微末乎？

此外，则沿海有种蚝种蚬之法，内海有捕海鱼采海味之利，本多而利厚，外国最为讲求注意。近年反仰给东洋，坐失已利。应责成该处州县，劝集公司举办，绅富助资借本与该公司者，分别旌奖。至东三省，地方广阔，土脉最厚，荒地尤多，然必须力强赀饶，才能率众者，方能前往开垦，非零星农民所能济事。拟请特定章程，一人能开田若干顷者，从优奖以实官；绅富助资借本者，分别旌奖，以期鼓舞。此亦实根本，息盗贼之计也。

再，蒙古生计，以游牧为主。近数十年来，蒙部日贫，藩篱疏薄。亦请敕下蒙古各部落王公暨该处将军大臣，酌拟有益牧政事宜，奏明办理。至向章每年内地各省出口买马者，须在兵部请领马票，进口后仍须赴部烙验，章程甚密，道途亦多周折。购马之费既多，则马价必求减省，故口马之销路不旺。查北省耕地兼用马，运载多用骡，若内地马多，于农事亦有裨益。方今蒙古之与腹省，情同一家，似不必多设限制。拟请敕部酌议，将请领马票之例，量加改定，贩马入口贸易，商民出口购买者，均听其便。但令贩马商民，于本省报明咨部，并由各口具报一数，以备稽核，则口马之销路既旺，而蒙古生计亦可稍纾矣。

一、劝工艺。世人多谓西国之富以商，而不知西国之富实以工。盖商者运已成之货，工者造未成之货，粗者使精，贱者使贵，朽废者使有用。有工艺然后有货物，有货物然后商贾有贩运。《考工记》曰："百工之事，皆圣人之所作。"《中庸》曰："来百工则财用足。"夫以足财归之于工，此古圣人富国之要策，重工之微旨也。不惟此也，商之盛由于财力，必资本充而后盈余厚，故计银钱以为本息。工之盛由于人力，有一人之技艺，则有一人之成器，故计人以为本息。外国财多，中国人多。今日中国讲富国之术，若欲以商务敌欧美各国，此我所不能者也。若欲以工艺敌各国，此我所必能者也，劝工之道有三：

一曰设工艺学堂。堂中设机器厂，择读书通文理之文士，教以物理学、化学、算学、机器学、绘图学，学成使为工师，择聪敏少年之艺徒，教以运用机器之方，辨别物料之法，各种紧要制造之程式，熔铜、打铁、炼钢、解木、柔革、烧火砖、造水泥、炼焦炭各门之实事，学成使之为匠目。盖外国工师，皆是学人，与匠目不同。一深通其理，而亦目验其事；一身习其事，而亦渐悟其理。学问实者，工师亦可动手作工；阅历深者，匠目亦能自出新意。至学堂大小，工艺门类多少，则视其经费酌办，渐次扩充，万不可缓。

一曰设劝工场。西国常有赛会之举，聚本国、他国之货物，萃于其中。人见己国货精工巧，则来购者多；我见他国货精工巧，价贵销多，则力求追步。此欧洲赛会之本意也。日本效之，故设劝工场，亦名货物陈列所。今宜于沿江沿海及内地各省大城巨镇，各设劝工场一区，备列本省出产货物、工作器具，纵人入观，外国人尤要。一以察各国之好恶，一以考工艺之优绌，使工人自相勉励。此事并不甚难，惟在朝廷严饬各省，切实举行，并将出产若干种，人工制造若干种，每年奏报。若经过海关出口之土产名目增多，工匠制造新器增多，工厂增多者，藩司、关道有奖；不办者予以处分。则无形之中，收效多矣。

一曰良工奖以官职。按《考工记》曰："国有六职，百工与居一焉。"故《考工记》之官，皆专门工匠也。拟恳朝廷明定章程，各学堂学成之工师及各局制造有效之匠目，准由各省考验确实，分别保奖。工师授以文职，匠目授以武弁。如有文士艺徒自备资斧，至外国学堂工厂学习有成者，验其凭照，按其等差，分别保奖官职，尤较在中国学习者，更予从优。

三事并行，中国工艺自然日进。假如愚民小工一月得工钱三四千者，学成后一月可得工资银数十元。土货一年出口值二百兆者，以后若能每年加增十分之一，十年以后出口之货即可加倍，关税之多，自不待言。至于自创新法，造成各种货物者，给予牌照，准其专利若干年。凡人工所成之货，厘税尤须从轻，新出式样并免厘税三年，亦为鼓舞工艺之要务。总之，欲养穷民，查荒地不如劝百工；欲塞漏卮，拒外人不如造土货，富民富国，确实可凭。如此则但患生齿之不繁耳，岂患生齿之日繁乎？

一、定矿律、路律、商律、交涉刑律。中国矿产富饶，蕴蓄而未开；铁路权利兼擅，迟疑而未办。二事久为外人垂涎，近数年来，各国纷纷集股来华，知我于此等事务尚无定章，外国情形未能尽悉，乘机愚我，攘利侵权。或藉开矿而揽及铁路，或因铁路而涉及开矿。此国于此省幸得利益，彼国即于他省援照均沾。动辄号称某国公司，漫指数省地方为其界限，只知豫先宽指地段，不知何年方能兴办。近年法于云、贵，德于山东，英、意于晋、豫，早有合同，章程纷歧，恐未必尽能妥善。此次和议成后，各国公司更必接踵而来，各省利权将为尽夺，中国无从自振矣。且此后内地各处矿务、铁路，洋人无处不有，不受地方官约束，任意欺压平民。地方官只有保护弹压之劳，养兵缉捕之费，无利益可沾，无抵制之术。一旦百姓不堪欺陵，或滋事端，又将株连多人，赔偿巨款，为害何可胜言？此必须访聘著名律师，采取各国办法，秉公妥订矿路，画一章程。无论已经允开允修之矿路，未经议开议修之矿路，统行核定，务使界址有限，资本有据，兴办有期，国家应享权利有著，地方弹压保护有资，华洋商人一律均沾。洋人有范围，则稍知敛戢；平民免欺侮，则渐泯猜嫌。至滋生事端，公司受累，亦须分别有因无因，办犯赔偿，亦须豫定限制。庶中国自然之大利，不至为中国无穷之大害，尤今日之急务也。

再，互市以来，大宗生意全系洋商，华商不过坐贾零贩。推原其故，盖由中外贸迁，机器制造，均非一二人之财力所能。所有洋行，皆势力雄厚，集千百家而为公司者。欧美商律最为详明，其国家又多方护持，是以商务日兴；中国素轻商贾，不讲商律，于是市井之徒苟图私利，彼此相欺，巧者亏逃，拙者受累，以故视集股为畏途，遂不能与洋商争衡。况凡遇商务讼案，华欠洋商，则领事任意要索；洋欠华商，则领事每多偏袒。于是华商或附洋行股分，略分余利；或雇无赖流氓为护符，假冒洋行。若再不急加维持，势必至华商尽为洋商之役而后已。

必中国定有商律，则华商有恃无恐，贩运之大公司可成，制造之大工厂可设，假冒之洋行可杜。华商情形较熟，工价较轻，费用较省，十年以后，华商即可自立，骎骎乎并可与洋商相角矣。且征收印花税，其公司、工厂、行栈挂号等费，皆系与商律相辅而行之事，必有商律方能兴办，故又不可不急行编定也。至刑律，中外迥异，猝难改定。然交涉之案，华民西人所办之罪，轻重不同；审讯之法，亦多偏重。除重大教案，新约已有专条，无从更定外，此外尚有交涉杂案及教案尚未酿大事者，亦宜酌定一交涉刑律，令民心稍平，后患稍减，则亦不无小补。

拟请由总署电致各国驻使，访求各国著名律师，每大国一名，来华充当该衙门编纂律法教习，博采各国矿务律、铁路律、商务律、刑律诸书，为中国编纂简明矿律、路律、商律、交涉刑律若干条，分别纲目，限一年内纂成。由该衙门大臣斟酌妥善，请旨核定，照会各国，颁行天下，一体遵守。惟所有各国律师，必须确系律学著名、曾办大事之人，不妨优给薪水。庶各国闻名敬服，知中国矿、路、商各律及交涉刑律，系其订定，不致争执妄驳，方为有益。此项教习，其合同内须议定归矿路商务大臣节制，并随事与该衙门提调商办，一面于该衙门内设立矿律、路律、商律、交涉刑律等学堂，选职官及进士、举贡充当学生。纂律时帮同翻译缮写，纂成后随同各该教习再行讲习律法，学习审判一两年。四律既定，各省凡有关涉开矿山、修铁路，以及公司、工厂，华洋钱债之事，及其他交涉杂案，悉按所定新律审断。两造如有不服，止可上控京城矿路、商务衙门，或在京审断[1]，或即派编纂律法教习前往该省会同关道审断。一经京署及律法教习复审，即为定谳，再无翻异。京城学生毕业，并须随同洋员学习审判此等案件，学成后即派往各口充审判官。随时添选学生，接续学习，以期多储人才，取用不竭。各洋教习既为我编纂四项新律，兼能教授学生，即可长留在京，以备谘访，而资教授。果能及早定此四律，非特兴利之先资，实为防害之要著矣。

一、用银元。银元之利有三：平色画一，出纳分明，吏胥不能舞弊勒索，官民不致贴补受累，一也。商贾交易，简捷无欺，驵侩无权，既益于行旅，亦便于汇兑，二也。官款收发，全用银元，以大元为母，小元为子，相辅而行，工火局用外，尚有盈余，三也。惟官发之款，若系采办官物、制造工料等事，商民物价、

---

[1]"两造如有不服"至"在京审断"，原本脱，据《张文襄公文集·奏议》（《续修四库全书》第511册影印民国十七年刻本）卷五十四补。

工价必然暗加其中，且出纳皆以大元为主，小元不能过多。然铸数、发数既多，盈余亦尚不少，此为整齐银币之善政，尚不在有无盈余也，惟有最要两义。

或谓中国用银皆以两计，各国洋银皆系七钱二分，宜每元改为一两，方为整齐适用。此论未尝无见，特是钱币之制，权量之法，必先有雄厚之力，乃能操转移之权。中国财窭商弱，不能自为风气，以后尤甚。若银元轻重恰与洋银相同，尚可依傍洋银而行；设改为一两，与洋银数目参差，恐沿江沿海洋行不肯行用，商埠不行，内地必阻。故仍须铸七钱二分者，方有畅行之益。

或又谓官收则按库平库色补足，官发则以银元当纹银计算，不必补水，部库可岁得巨款。此则万万不可，出纳必须一律，商民方能流通。盖交官之款，自必指定专收中国龙纹银元。然则收款所进之龙元，仍是官局发出之原物，必官先发一万，然后民间有交官之一万。是官款发出时，已先将此一万之盈余扣收在库矣。果能收发一律，则商民信用不疑。散布天下，或办货，或积存，周转不已，大率皆在民间，岂能将每年发出之数，全以缴纳官款还之于库乎？若出纳不一，则民间亦以九成视之，其势断断不能通行。且为英国、麦西哥、日本诸国银元所轧，必致从而压价，每元尚不及九成之实数。华商自行压价，何论洋商？商埠既须折算，民间安肯收用？壅滞亏折，其损多矣，尚何盈余之有乎？昔咸丰年间，尝行钞票矣，徒以计臣不知理财之大道，不考宋人交子、会子之用法，不筹票本，其意但欲出空纸以换实银。于是出纳两歧，发款搭成多，收款搭码少，或收款全不准搭，或发款全用钞票。户部既不视为实银，民间亦遂视为虚器。数年之后，壅废不行，钞票一百值银二两。此乃前车之鉴，万不宜以此自阻银元之销路也。

一、行印花税。查外国征商之政，除烟、酒、洋药外，大率皆无关税，其巨款全在印花税。凡有关银钱、物业之契约、单据，领用官局印花黏贴其上。其大意在抽银不抽货；抽已卖之货，不抽未卖之货；抽四民百业凡有进项之人，不仅抽商贾贸易之人。故西人解印花税之义曰："此乃银钱税也。"今日筹款，此事似可仿行。且洋关现议加税，外人必欲免内地厘金，若行印花税尚可藉资抵补。查各国印花税章程，光绪二十二年曾经总署饬各驻使向各国查取译送，惟英国印税章程最为详密，且系参赞马格里所译，解说亦较明晰。日本于前三年新经改定，于东方情形为较近。但中外情形略有不同，外国商富民饶，产业价值贵，银钱往来多，故所抽巨；中国商贫民苦，本业既微，转移亦少，如契约、合同、股票、汇票、期票、提单之类，皆属有限。其遗产一项，英国最为巨款，其重税全在旁支承受，亲友分得，每年总数收十四兆余镑，而遗产一项多至八兆余镑。中国产业本廉，又系子孙相继，故此税势不能多。然中国若[1]能办成，即较英国得二十分之一，亦可征银五六百万。但其查考领用之法，分别差等之数，甚为繁细。查英、法征收印花税，初办时亦多梗阻，皆系第二次改章，始克畅行。中国初办之时，隐匿必多，推敲过细，不免纷扰，只可稍为从宽，不求算无遗策。必须十年八年以后，稽核之法渐周，自然日臻畅旺矣。应请敕查各国章程，斟酌妥议举办。

一、推行邮政。查外洋各国邮政，为筹款一大端，大率岁入皆银数千万两，而递信最速。中国驿站为耗财一大端，岁费约三百万两，而文报最迟。盈亏相反，迟速亦相反，然则此事必宜变通可知。其故由于有驿州县，马必缺额，又复疲瘦，州县以此为津贴，管驿家丁以此为利薮，故文报必致迟延。官绅书信间有外加马封附文递送者，有驿官以其非例准之条，又系不费之惠，故既不驳回，亦不收费，浮沈听之。州县不当驿路者，设铺司，武官文报交塘汛，其延搁更甚于驿站。

中国既无邮局，于是英、德、美、日本诸国，在中国自设信局，侵我利权，实非万国通例。自光绪二十一年奉旨饬催总税务司赫德办理，光绪二十二年，沿海沿江渐设邮局，附于海关税务司兼办，于是沿江沿海公文私信，迅速胜前而信资极省。因税务司禁信局由轮船寄信，而又虑信局滋闹，故内地信函仍由信局转递转交。其章程，每代信局寄信一包，重一磅者，收费一角。而信局一磅重之包封，其包内之信少者二三十封，多者五六十封，其收民间之费，每信一封至少须制钱一百，故税司所设之邮局，用费不敷尚多。此盖因垄断而生调停，因调停而致赔累。

今拟与各省州县遍设邮政局，即令州县管理，由省城总局妥定章程，刊发印花，领用粘贴，用过照数报销，即以原有驿站、铺司各经费拨充局用。内河内地分别设立快划、快马、健夫驰递，明定章程，准带官民私信。所有京外文武衙门文报、书信，统归此局递送。其文报责成，仍照驿站向章。其信资务宜从省，以广招徕。如有欲汇寄银钱及汇票者，亦准附带，但须照海关邮局章程，每信一封至多准寄或洋银十元，或银七两。其原有信局，听其自然。民间带信，或托官局，或托商局，均听其便。官局若费省而迅速，自然来者日多。查核该县官局，每年用去印花之数，即知所收信资之数。计该县一年收费若干，即于次年发驿铺经费

---

[1] 中国若，原本脱，据《张文襄公文集·奏议》卷五十四补。

时扣除若干。行之既久，信资日增，驿费日减。十年之后，专取信资，即敷局费，驿铺各费可以全行省出。惟外国识字人多，故书信多；中国识字人少，故书信少。此等创办之事，不能遽计赢余，但使驿铺经费专取之于信资，则每年可省用款三百万矣。至该县地势不同，或马或船或夫，或水陆互用，统由该县酌量，不为遥制，但以妥速为主。其局费统于驿铺经费内，自行酌剂支用。其局即设衙署内，并无另需费用，并须于境内大镇酌设分局。此局不须多人，亦无多事，但派一人驻于客栈即可，或附于店铺代办亦可。但经管发印花、收信函、收信资而已，并无多费。未收信资之先，绝不裁减驿费，亦不再发一钱。此事于国有益，于民亦便；于商局无伤，于州县亦毫无所损。以后该州县所收信资，如已敷向来请领驿铺经费之数，其盈余者，解归省局充公，仍提三成作为该州县奖励，以为创办奋勉者劝。统计各省繁盛城镇，约有二百余处，驿费既敷，以后每年亦可得进款二三十万。此时沿江沿海地方，其由轮船者暂归税司；内河无论轮船民、船及岸上陆行者，统归州县。畅行以后，再行体察情形，如能并江海轮船邮局，亦归之州县，勿庸税务司兼管，尤为善策。

至与各国商明，中国亦入邮政公会一节，此时华洋人寄信不多，尚可从缓。惟各省邮局应名曰驿政局，以免与税司之邮政局相混。应由各省督抚督饬臬司，责成州县设局办理。省出之费，汇解藩司，并不需用洋员，以杜干预内政之渐，且免与有驿州县递送文报，胶葛窒碍。海关邮局未归州县之先，邮政局与驿政局彼此互相代寄信件。内地寄内地者，只贴驿局印花；内地寄通商各口者，加贴邮局印花一分；通商各口寄内地者，加贴驿局印花一分。其驿局与邮局彼此往来交易一切细章，随后详酌。

至铁路通行之处，所有铁路常年受国家保护维持，应为国家递送书信，微伸报效之忱。沿路各州县，应得专差附搭火车，往来经管信件，不取车费。惟万不可将公文信件交与铁路公司经管，致启授权外国之弊。总之，此事若归州县兼办，则费不另筹。局由州县酌设，进退裕如，既无大益，亦无所损，即或无赢，亦必无绌。若另行委员设局，则廷寄奏报要件，设有迟误，必多推诿，故惟有责成州县之无弊也。

一、官收洋药。方今筹饷最急，然而零星罗掘，难得巨款。厘金将撤，碍难再加；盐价屡加，亦难过重。惟有加价于洋药，则不病民而增巨饷。查法国及西班牙运售火柴、吕宋烟，日本在台湾收售洋药、土药，皆由公家收买分销，今拟仿照其法。检海关贸易册，光绪二十五年洋药进口销售者五万九千一百六十一担。溯查以前五年，大率五万担上下，最多者六万三千一百余担，最少者四万八千九百余担。每担一百斤，以六万余担计，合九千六百万两。现在时价，每两价银五钱，姑以大率作一万万两计算，共计价银五千万两，税厘在内。拟以后由官设局，在各关进口时，全行收买，然后转发散商，分销各省，照时价加二成，发商转运转售，除税厘照数拨还海关外，计每年可得盈余一千万两。官局先向洋商总收，继听华商领运，发商以后，运赴何路，价值低昂，销数盈绌，全不过问，尤为简易。但每两五钱，系华商转售之价，其中必有余利，然则买价尚可在五千万两之内。惟香港及沿海一带，须设巡缉小兵轮数艘。光绪十三年赫德开办洋药税厘并征时，创设巡轮，其船式、船数、地段、经费及巡缉之法，总署均有奏案可考。上海宜设总局，各海关进口处所宜设分局，计巡船及总分局委员、司事人役经费，约计需银二百万两以内。开办之初，须筹银一千万两以为资本，即向外国银行息借应用，分为十年归还。此乃有著之还款，利息必轻。先与议定总数，随时陆续提用起息。除去巡船局费、岁还借款本息，实可得银七百万。十年后借款还清，即可岁赢八百万，洵为巨款。先行试办一年，办有成效，一年后再加价一成，则盈余更巨。若华商运销畅顺，以后售价仍可相时酌加，即加价五六成以至加倍，亦于良民无损。设或因加价滞销，候至半年尚无起色，则酌量减价。极之仍照向来售价，自可销出，亦必无赔折之理。向来洋药到口，未必立时全行销去，今由官全数收买，亦于洋商有益。可与该洋商议明，每年共分几批，每批货到，立时付定银二三成，其余付给三个月期票。三月以后，自然华商分来领运，即以商资转付洋商。惟初行加价转售之章，华商必然观望，希图减价。不及半年，存货已尽，断不能始终把持，故必须宽筹半年资本，方能坚持定价。然洋商既可收期票，故只须筹三个月之费，即已足敷周转。自去年土药加税三成以后，土药运销之数并未减少。然则洋药加价二三成，亦必无碍。药商未必始终抗阻，至内地土药业经加收税厘三成，则英商当亦无所藉口。若各官局有未经照加者，应查明切饬，一律实加三成。其巡船未造成之先，可暂以南北洋兵轮充用，经费亦可稍省。此举应先与英国商明，订立专约，每年包销六万担，不准多运来华。包收二年，二年后体察情形，再订续约。近十年销数不旺，至光绪二十五年而始多。今每年有切实销数，英人当亦乐从。惟华商出洋私运进口，不可不防，若非英国实力助我防察，断难尽行杜绝。除巡船稽察外，应与英国切实议定，只有各口官收，英商不准丝毫私售华商，以杜影射。如查出有华商私买私运，重立罚约。印度若不滥售，则偷运之弊立穷。在我防之则甚难，在英人禁之则甚易，此为第一关键。若英肯订约实办，则此举之有益巨饷，确有把握矣。拟请钦派大臣一员，驻沪办理此事，名为总理药务大臣。此事任重款巨，而其事甚简，只须操守廉正，确实可信，于外国情形不隔阂者，即可胜任。其各口分局委员，统听该大臣选派考核，随时偶一分往巡察。此举在中法则无害于民生，在西法则无碍于商务，应请朝廷饬议迅速施行。

一、多译东西各国书。今日欲采取各国之法，自宜多译外国政术、学术之书。译书约有三法：一令各省访求译刻，译多者准请奖。然经费有限，书不能多也。一请明谕各省举贡生员，如有能译出外国有用之书者，呈由京外大臣奏闻，从优奖以实官，或奖以从优虚衔，发交各省刊行，如此则费省矣。然外国要书流播入中国者，无几不能精也。一请敕令出使大臣访求该国新出最精最要之书，聘募该国通人为正翻译官，即责令所带随员、学生助之。通洋文而文理深者，充副翻译官；文理优而洋文浅者，充帮办翻译官。其全不通洋文而文理平常者，不准充出洋随员、学生，以杜滥竽糜费之弊。限三年之内，每人译书若干种，每种若干字，回华缴呈，不得短缺。短缺及过少者，不准保举。如此则去时洋文虽浅，归时洋文必深，于随员、学生之学业，暗中多所成就，而所译皆切用之书矣。然犹不能速也，并拟请敕令出使日本大臣，多带随员、学生，准增其经费，倍其员额，广搜要籍，分门翻译，译成随时寄回刊布。缘日本言政言学各书，有自创自纂者，有转译西国书者，有就西国书重加删订酌改者，与中国时令、土宜、国势、民风大率相近。且东文东语通晓较易，文理优长者欲学翻译东书，半年即成，凿凿有据，如此则既精而且速矣。

以上各条，皆举其切要而又不可不急行者，布告天下，则不至于骇俗；施之实政，则不至于病民。至若康有为之邪说谬论，但以传康教为宗旨，乱纪纲为诡谋，其实于西政西学之精要全未通晓。兹所拟各条，皆与之判然不同。且大率皆三十年来已经奉旨陆续举办者，此不过推广力行，冀纾急难，而大指尤在考西人富强之本源，绎西人立法之深意。伏望圣明深察远览，早赐施行。使各国见中华有发愤为雄之志，则鄙我侮我之念渐消；使天下士民知朝廷有改弦更张之心，则顽固者化其谬，望治者效其忠，而犯上作乱之邪说可以不作，天下幸甚。所有第三次筹议各条，臣等谨合词恭折具奏，伏祈皇太后、皇上圣鉴。谨奏。

44 林森

《科学世界》发刊词[1]
（1903）

欧洲理科之学，在前世纪，不别为专家，惟推寻概要，包函于哲学之内。犹吾古代儒者，亦有言阴阳五行、金石蛇虫之说也。中世以还，名贤辈出，尊观察，重实验，自然科学始渐自哲学分离，而一切心理、人群、政法、经济，且寖蒙间接之助，而一新理解焉。夫考自然，穷物化，抉迷信，治怪谈，其要切人身，故足以辨类知方，供实际生活之需用，而其至纯且大，又足以动感情，陶品行，发高尚优美之趣，而起进取活泼之风。玩天者宏，玩地者察。外感内兴，所从来远也。海通以来，欧西文物，益益内输，士夫创见，矜慕疑似，诧为彼土所长，概尽于是，隘矣！而近世学风，则又务以气概相高，思想孤悬，实风下坠，

---

[1] 林森（1868—1943），原名林天波，字子超，号长仁，福建闽县（今闽侯）人。早年入兴中会，后率会加入中国同盟会。中华民国成立，当选为南京临时政府参议院议长。1917年，随孙中山赴广州发动护法运动，任大元帅府外交部长。1927年以后历任南京国民党中央特别委员会委员、国民政府委员、立法院长、国民党中央监察委员等职。1931年接替蒋介石，出任国民政府主席。该文据《科学世界》第一号卷首录文。

至不复辨[1]认物化名词。而校学教程，甚或删除理科，以为知要，则吾学界之受病尤甚矣。且吾人亦知西欧巨子，如达尔文、斯宾塞、赫胥黎何如人乎，吾欢迎而崇拜之者，固以为彼族之膨胀、国势之盛张，皆原于种源进化天演诸论。庸讵[2]知诸贤之始学，陟荒履幽，捕蝘蜓、皇螽、蛄蟖、芋蠋，以视成长之迹、迁变之方，并及卉木织质、金石系统，爬剔沙泥，穷老年月，何其瘁也。而及其达天，则穷天巧，发为论说，秩为民俗，则固范围不过，足以弥盖空际而有余。呜呼，理科之内容亦极盛矣乎！今者我国多难，风潮恶烈，日进以高，绝非放论空言，为能抗免来日大难。天佑我下民，元元不可知矣。要之，极意研求，企实业之改良，而图种姓之进步，则固吾人对社会国家之义务，不可一日废也。同志诸君，有鉴于此，既设仪器馆于海上，用复裒集见闻，绍介当世。弥愿我教育大家，青年学士，藉此交通，益增兴味尔。

---

[1] 辨，原作"辦"，形近讹字，据文意改。
[2] 讵，原作"距"，形近讹字，据文意改。

张 謇

请设工科大学公呈[1]
（1905）

光绪三十一年乙巳

窃惟虞廷以共工命官，《周礼》有考工之说。欧美各国，工列专科；日本崛兴，先图工业。转换生熟之货，沟通农商之邮，合古今之政书，证中外之学说，未有不致力于工而能国者也。

中国宫室车服之程，日用饮食之器，累代因仍，大都尚质，即有精制，亦居少数。自海禁大开，欧风东渐，于是梱载麋至，日月相续，瑰文丽采，奇技神工，阗塞都会，下逮乡曲，嗜之者无贵无贱，欢迎乐用。日人诇我市情，投以贱值，其货输入，尤形腾踔。而我之出口，但有生货，偶兴制造，则化学分析而成之资料，又无一不购自外洋。

---

[1] 张謇（1853—1926），字季直，号啬庵。江苏南通人。光绪二十年（1894）状元，授翰林院编修。次年，奉张之洞命创办大生纱厂。光绪二十八年（1902），创办通州师范学校。光绪三十一年（1905），创建南通博物苑。南京政府成立后，任实业总长。同年，改任北京政府农商总长兼全国水利总长。张謇主张"实业救国"，是我国近代著名的实业家。该文据《张季子九录·教育录》（《近代中国史料丛刊续编》第九十七辑影印民国二十年）卷二录文。该公呈由湖南巡抚端方于宣统元年五月上奏。

由是以推，工苟不兴，国终无不贫之期，民永无不困之望，可以断言矣。

<u>苟欲兴工，必先兴学。</u>前此南皮相国督两江时，謇曾以工场机械之富，江海交通之利，教员易致，学生易于参观之便，陈请就上海制造局附近，建设一完全高等工学，相国韪之。嗣议移制造局于皖南，久而未果，计其时日，又七八年。设使当时采议即行，工学生徒去毕业不远矣。官愁民叹，穷且逾前，岁月滔滔，坐听废弃。謇等时相聚言，未尝不为之伤心太息也。顷闻学部有南北两大学之议，贵部堂亦已于盐斤加价内岁筹十余万两，以为之备，诚盛意也。顾大学全备六科，科目既繁，规模至大，言乎建设，非百万不可；言乎岁支，非数十万不可；言乎学额，非数千不可；言乎秩序，非各省先有中等高等之卒业生数百不可。棋劫将穷，河清难俟，权衡形势，而先其所至急，<u>莫若仍就上海制造局相近，先建工科大学，即以已成之中国工学，为高等工学豫备，次第经营，四五年后即可希望成效之发生，有完全之工学。</u>更三数年，各省热心从事工业之处，得有相助为理之人，不至如今日实业之摛埴冥行，瞎骑盲进。其于国计民生，关系实重且要。为此联名恳请，如获允行，再由謇等酌度校址。陈请鉴核，无任急切待命之至。

學與術

沧江

論說 壹

吾國向以學術二字相連屬爲一名辭。禮記鄉飲酒義云。古之學術道者。莊子天下篇云。天下之治方術者多矣。又云。古之所謂道術者惡乎在。凡此所謂術者。卽學也。惟漢書霍光傳贊稱光不學無術學與術對舉始此近世泰西學問大盛學者始將學與術之分野釐然畫出各勤厥職以前民用試語其概要則學也者觀察事物而發明其眞理者也術也者取所發明之眞理而致諸用者也。例如以石投水則沈投以木則浮觀察此事實以證明水之有浮力此物理學也應用此眞理以駕駛船舶則航海術也研究人體之組織辨別各器官之機能此生理學也應用此眞理以療治疾病則醫術也學與術之區分及其相關係凡百皆準此善夫生計學大家倭兒格之言也曰「科學(英Sciance 德 Wisseveschaft)也者以研索事物原因結果之關係爲職志者也事物之是非良否非所問彼其所務者則就一結果以探索其所由來就

學與術 一

46 梁启超

学与术[1]
（1911）

吾国向以"学术"二字相连属为一名辞，《礼记·乡饮酒义》云："古之学术道者。"《庄子·天下篇》云："天下之治方术者多矣。"又云："古之所谓道术者恶乎在？"凡此所谓术者，即学也。惟《汉书·霍光传》赞称光"不学无术"，学与术对举始此。近世泰西，学问大盛，学者始将学与术之分野，厘然画出，各勤厥职，以前民用。试语其概要，则学也者，观察事物而发明其真理者也；术也者，取所发明之真理而致诸用者也。例如以石投水则沈，投以木则浮，观察此事实，以证明水之有浮力，此物理学[2]也。应用此真理以驾驶船舶，则航海术也。研究人体之组织，辨别各器官之机能，

---

[1] 梁启超（1873—1929），字卓如，号任公。广东新会（今属江门）人。光绪间举人，戊戌变法领袖之一，变法失败后流亡日本，在海外推动君主立宪。辛亥革命之后一度入北洋政府，担任司法总长，晚年任清华研究院国学导师。该文发表于宣统三年六月初一日（1911年6月26日）《国风报》第二年第十五号，署名"沧江"。《饮冰室合集·文集》卷二十五下（上海中华书局，1936年，第11-14页）收录。今据《饮冰室合集·文集》录文，参《国风报》校改。

[2] 学，原文脱，据《国风报》补。

此生理学也。应用此真理以疗治疾病，则医术也。学与术之区分及其相关系，凡百皆准此。善夫生计学大家倭儿格之言也，曰："科学（英Science，德Wissenschaft）也者，以研索事物原因结果之关系为职志者也。事物之是非良否非所问，彼其所务者，则就一结果以探索其所由来，就一原因以推断其所究极而已。术（英Art，德Kunst）则反是，或有所欲焉者而欲致之，或有所恶焉者而欲避之，乃研究致之避之之策以何为适当，而利用科学上所发明之原理原则，以施之于实际者也。由此言之，学者术之体，术者学之用，二者如辅车相依而不可离。学而不足以应用于术者，无益之学也；术而不以科学上之真理为基础者，欺世误人之术也。"

倭氏之言如此，读此而中外得失之林可以见矣。我国之敝，其一则学与术相混，其二则学与术相离。学混于术，则往往为一时私见所蔽，不能忠实以考求原理原则；术混于学，则往往因一事偶然之成败，而胶柱以用诸他事。离术言学，故有如考据帖括之学，白首矻矻，而丝毫不能为世用也。离学言术，故有如今之言新政者，徒袭取他人之名称，朝颁一章程，暮设一局所，曾不知其所应用者为何原则，徒治丝而棼之也，知我国之受敝在是，则所以救敝者其必有道矣。

近十余年来，不悦学之风，中于全国，并前此所谓无用之学者，今且绝响，吾无取更为纠正矣。而当世名士之好谈时务者，往往轻视学问，见人有援据学理者，动斥为书生之见，此大不可也。夫学者之职，本在发明原理原则以待人用耳。而用之与否，与夫某项原则宜适用于某时某事，此则存乎操术之人，必责治学者以兼之，甚无理也。然而操术者视学为不足轻重，则其不智亦甚矣。今世各科学中，每科莫不各有其至精至确之原则若干条。而此种原则，大率皆经若干人之试验，累若干次之失败，然后有心人乃参伍错综以求其原因结果之关系，苦思力索而乃得之者也。故遵之者则必安荣，犯之者则必彫悴。盖有放诸四海而皆准，俟诸百世而不惑者。试举其一二。例如言货币者，有所谓格里森原则，谓恶货币与良货币并行，则良者必为恶者所驱逐，此一定之理。凡稍治生计学者皆能知之，而各国之规定币制者，盖莫敢犯之也。而我国当局，徒以乏此学识，乃至滥铸铜元以痛毒至今矣。例如银行不能发无准备金之纸币，不能发无存款之空票，放款与人，最忌以不动产为抵押，此亦稍习银行学者所能知而莫敢犯也。而我国以上下皆乏此学识，故大清银行及各私立银行纷纷不支矣。例如租税以负担公平为原则，苟税目选择不谨，或税率轻重失宜，则必涸竭全国税源，而国与民交受其敝，此亦凡稍治财政学者所能知而莫敢犯也。而我国当局徒以乏此学识，乃至杂税烦苛，民不聊生，而国库亦终不能得相当之收入矣。

凡此不过略举数端，而其他措施，罔不例是。夫当局苟实心任事，则误之于始者，虽未尝不可以补救之于终，然及其经验失败而始谋补救，则中间之所损失不已多乎。而况乎其一败涂地末从补救者，又往往而有也。又况乎其补救之策，亦未必遂得当，而或且累失败以失败也。实则此种失败之迹，他国前史，固已屡见，曾经无量数达人哲士，考求其因果关系，知现在造某因者，将来必产某果，为事万无可逃。见现在有某果，知其必为前此某因所演成，而欲补救之，则亦惟循一定之涂轨，丝毫不容假借。凡此者在前人经几许之岁月，耗几许之精力，供几许之牺牲，乃始发明之以著为实论。后人则以极短之晷刻，读其书，受其说，而按诸本国时势，求用其所宜而避其所忌，则举而措之裕如矣。此以视冥行踯躅，再劳试验，再累挫败，然后悟其得失者，岂止事半功倍之比例而已哉！夫空谈学理者，犹饱读兵书而不临阵，死守医书而不临症，其不足恃固也。然坐是而谓兵书医书之可废，得乎？故吾甚望中年以上之士大夫现正立于社会上而担任各要职者，稍分其繁忙之晷刻，以从事乎与职务有关系之学科。吾岂欲劝人作博士哉，以为非是则体用不备，而不学无术之讥，惧终不能免耳。

任鸿隽
说中国无科学之原因[1]
（1911）

今试与人衡盱而论吾国贫弱之病，则必以无科学为其重要原因之一矣。然则吾国无科学之原因又安在乎？是问也吾怀之数年而未能答，且以为苟得其答，是犹治病而抉其根，于以引针施砭，荣养滋补，奏霍然之功而改起死之效不难也。今欲论吾国科学之有无，当先知科学之为何物。

科学者，智识而有统系者之一大名。就广义言之，凡智识之分别部居，以类相从，井然独绎一事物者，皆得谓之科学。自狭义言之，则智识之关于某一现象，其推理重实验，其察物有条贯，而又能分别关联抽举其大例者谓之科学。是故历史、美术、文学、哲理、神学之属非科学也，而天文、物理、生理、心理之属为科学。今世普通之所谓科学，狭义之科学也。持此以与吾国古来之学术相较，而科学之有无可得而言。

今夫吾国学术思想之历史，一退化之历史也。秦汉以

---

[1] 任鸿隽（1886—1961），重庆垫江人，化学家。在美国获哥伦比亚大学化学硕士，参与创办中国科学社和《科学》月刊，并长期担任领导工作。回国后曾担任北京大学教授、四川大学校长、中央研究院总干事兼化学研究所所长等。本文发表于《教育周报》1911年第76期第1-5页，兹据录文。

后，人心梏于时学。其察物也，取其当然而不求其所以然。其择术也，鹜于空虚而引避乎实际。此之不能有科学不待言矣。即吾首出庶物之圣人，如神农之习草木，黄帝之创算术。以及先秦诸子墨翟、公输之明物理机巧，邓析、公孙龙之析异同，子思有天圆地方之疑，庄子有水中有火之说，扬己者或引之以明吾国固有之长，而抑他人矜饰之焰。不知凡上所云云，虽足以显吾种胄之灵明，而不足证科学之存在。何则，以其智识无统系条贯故也。

虽然，欧洲之有科学，三数百年间事耳，即谓吾国古无科学，又何病焉。顾吾尝读史而有疑矣。欧洲当罗马帝国沦于蛮族，其学界之黑暗，殆非吾秦汉以来所可伦拟。迨十六世纪文学复兴，而科学萌芽同时并茁，弗兰西氏培根（Francis Bacon）导其端，加里雷俀（Galileo），牛顿（Newton）明其术，其后硕师辈出，继长增高，以有今日之盛。吾国则周秦之间，尚有曙光。继世以后，乃入长夜。沉沉千年，无复平旦之望。何彼方开脱之易，而吾人启迪之难也。谓东西人智慧不相若耶，则黄帝子孙早以神明著称矣。谓社会外像利于彼而毒于此耶，则吾国异端罢斥视彼方宗教之禁制方之蔑如矣。是故吾国之无科学，第一非天之降才尔殊，第二非社会限制独酷，一言以蔽之曰，未得研究科学之方法而已。

曩者哈佛大学校长爱里亦脱（C. W. Eliot）尝觇国于东方矣。归而著书告其国人曰："关于教育之事吾西方有一物，是为东方人之金针者，则归纳法（Induction Method）是也。东方学者驰于空想，渊然而思，冥然而悟，其所习为哲理。奉为教义者纯出于先民之传授，而未尝以归纳的方法实验之以求其真也。西方近百年之进步，既受赐于归纳的方法矣。吾人欲救东方人驰骛空想之病，而使其有独立不倚、格致事物、发明真理之精神，亦唯有教以自然科学，以归纳的论理、实验的方法，简炼其官能，使其能得正确之智识于平昔所观察者而已。"谅哉言乎！足为吾中国无科学之原因安在之答解矣。或曰论理学之要术有二，一曰演绎法（Deductive Method），一曰归纳法。二者之于科学也，如车之有两轮，如鸟之有两翼，失其一则无以为用也。今独以无归纳法为无科学之大原因，亦有说乎？曰吾谓归纳法为研究科学之必要，吾固未言演绎法非研究科学之必要也。虽然，无归纳法则无科学，其说可得，请于下方明之。

第一，归纳法者实验的也。论理学上之定义曰，由特例而之通义者曰"归纳"，由通义而得特例者曰"演绎"。其应用于科学也，则演绎者先定例以验事实之合否，归纳者积多数试验以抽总赅之定律，其不同之点，则归纳法尚官感，而演绎法尚心思。归纳法置事实于推理之前，演绎法置事实于推理之后是也。夫演绎法执一本以赅万殊，在辩论上常有御人口给之便，然非经始科学之道，盖以人心之简，驭自然事物之繁，欲得一正确不移之前提，固甚难也。难之则将废然无所用心，或奋其小智，发凡起例，应用于事物而不验，犹无例也。欲得正确之前提，必自从事实验始。实验积，关系见，而后相应之设论（Hypothises）生。设论者依实验而出，又待实验而定者也。使所设者试之实验而不应，弃之可也。试之实验而应，而定例乃立。是故实验之后虽用设论，而其结论仍出于事实之归纳，而非由悬拟之演绎，故从事归纳则不得不重实验，有实验而后有事实，而后科学上之公例乃有发明之一日。善夫阿里士多德之言曰："无官感则无归纳，无归纳则无智识，无智识则不足知自然之定律。"吾国学者之病端在不恃官感而恃心能，其钻研故纸高谈性理者无论矣，乃如王阳明之格物，独坐七日；颜习斋之讲学，专尚三物；彼固各有所得，然何其与今之研究科学殊术哉。此吾国无科学之大原因也。

　　第二，归纳法者进步的也。科学为统系之智识。唯其为有统系之智识，亦能为有统系之发达。即合众事实而得一公例，而此公例又生新事实，合诸新事实又发见新公例。循环递引，以迄无穷。此略繙一专门之书，而可得其兆迹者也。举其最近之例，如物理学者研究稀薄气体中电流传导之理，而得所谓阴极光线（Cathode Ray）。因研究此阴极光线之性质，而得电子（Electron）之说。因此阴极光线之射触于试验管壁，而得所谓 X 光线。因研究 X 光线，而得所谓 E、β、γ 光线。因此三种光线，而发见镭之放射作用（Radioactivity），而元素不变之说且因以震动焉。不特此焉，一科学之进步常足以影响于他科，而挟以俱进。此任观一性质相近之两科学而可得其例者也。如数学上微积分法发明而后，物理之进步乃益可睹。物理学上高压与低温之术发明而后，化学上之气体定律乃益确定，元素分析之法乃益精密。化学上光色分析（Spectrum Analysis）与物理学上光波长短之研究精，而后日球之质体与空间恒星之进退可推算而知也。夫事理联属，相引愈进，然非用归纳法以为研究，则前者于后者为无意味，用归纳法有时虽误，而亦有得。读者亦知化学之起原乎？当物质不变定律之未发明也，欧洲人士精心炼金之术，以谓黄金可以由他质变成。于镕铸化炼，不遗余力。而其结果，则黄金未得，而化学以之始诞。此无他，以其发见种种新事实为研究之资故也。不由归纳法，则虽圣智独绝，极思想之能，成开物之务，亦不过给于一时，未能继美于来祀。某说部言有西人适中国者，以吾指南针发明在数千年前，谓必精美逾彼所有，入市急购一具，则彼所见为数千年前之物无异。凡若此类，其例宏多，岂特一指南针哉。故无进步之术者，必无进步之学，此可质之万世者也。

　　要之科学之本质，不在物质，而在方法。今之物质与数千年前之物质无异也，而今有科学，数千年前无科学，则方法之有无为之耳。诚得其方法，则所见之事实无非科学者。不然，虽尽贩他人之所有，亦所谓邯郸学步，终身为人厮隶，安能有独立进步之日耶，笃学之士可以知所从事矣。

下篇　民国

地學雜誌第三年第一號

●論叢●

中華地質調查私議 幷序

理學士 章鴻釗著

予友章君演羣研究地質學有年矣庚戌夏予調查中華農業君履勘南嶺地質聯袂歸國斯時炎暑薰天烈日炙地君躡草履手鐵鎚跋涉山川不憚勞頓岩石磊磊荊棘莽莽凡絕壁層巒靡所不至閱三月餘事竟返東鏡察岩質博考羣籍閱一年而報告成予讀之驚為奇作獨生平未聞之語實闡古來未闢之奇如火山遺跡之發見上下石炭紀層之關係南嶺山脉造成時代之觀察支那層前後中華地質之變遷之數者其最著者也縱橫乎觀察上下其議論駁難歐儒之說舌戰日師之詰是非研究深奧胸具卓見者敢道一語乎日者遇君於白下出地質調查私議一篇以示予此篇乃首論中華地質所占之地位次

01

章鸿钊

中华地质调查私议[1]
（1912）

予友章君演群，研究地质学有年矣。庚戌夏，予调查中华农业，君履勘南岭地质，联袂归国。斯时炎暑薰天，烈日炙地，君蹑草履，手铁锤，跋涉山川，不惮劳顿。岩石磊磊，荆棘莽莽，凡绝壁层峦，靡所不至，阅三月余。事竟返东，镜察岩质，博考群籍，阅一年而报告成。予读之惊为奇作，不独生平未闻之语，实阐古来未辟之奇，如火山遗迹之发见，上下石炭纪层之关系，南岭山脉造成时代之观察，支那层前后中华地质之变迁。之数者，其最著者也。纵横乎观察，上下其议论，驳难欧儒之说，舌战日师之诘，是

---

[1] 章鸿钊（1877—1951），字演群，浙江吴兴（今湖州）人。地质学家，地质学教育家，中国近代地质学奠基人之一，中国科学史事业开拓者。早年官费留学日本，获东京帝国大学理学部地质系学士。回国后考取"格致科进士"，聘为京师大学堂农科地质学讲师。南京国民政府成立后，任实业部矿政司下设地质科科长，拟《中华地质调查私议》一文，倡导勘查地质以摸清家底。后历任地质研究所所长、地质调查所地质股股长等职。1922年，推动中国地质学会成立，任首任会长。此据《地学杂志》第三年第一号，第三、四号合刊（1912年）录文。

非研究深奥、胸具卓见者敢道一语乎？日者遇君于白下，出地质调查私议一篇以示予，此篇乃首论中华地质所占之地位，次则地质调查之缓急，终乃其计划布置也。旷观中外，统筹全局，施之我国，洵至当之论矣。夫近世科学，原有纯粹应用之殊，而应用之途，更有个人、国家之别。今子之学，无论学理与实用，均与国家发展之前途息息相关，故非得国家提倡而维持之，不足以大展其用。若斯篇者，其发轫之始乎？诚如子之说，俾调查计划得以实行，则不数年，而神州钟毓之菁华，将一旦大明于世。其所发见，岂仅南岭一隅之观察而已哉？君其速付剞劂，以质当世，爰弁数语以为之序。中华民国元年三月中浣，农学士陶昌善谨识于南京实业部。

　　泰西十九世纪，工业随科学以勃兴，而应其所求，地质之调查事业亦遂蒸蒸劝进。相趋相竞，而无纪极，施及于今，欧洲全陆，亘于南北美，除希腊、土耳其、塞维亚等二三孱弱不振国之外，无国无调查局，无国无地质图，亦无国无地质报告书。险阻如阿非利加，燠暑如印度半岛，星罗棋布如南洋群岛，以及涸阴沍寒、人迹罕至之两极地方，亦莫不蹑蹻携斧，挈队探险而至，以其所得，饷遗于世。虽凤毛麟爪，亦斯世之祥矣。况乎我夏实维地之奥区，神皋占东亚之大半。泰西硕学，先后莅至，图形其海陆，经纪其山川，启发其珍宝，归而笔之纪之，以告其国人者，则有如李希德芬氏之《支那》一书（Richthofen：*China*），劳纪氏之《东方游纪》（Loczy：*Reise des grofen Szechnyi*），威利士之《支那考察谈》（Wellis：*Research in China*）。三者皆谈中国之地质者，鸿篇巨制，诚穷禹壤之奥秘矣。继而起者，如瑞西海定氏，五入西藏，穷年不返，著作如等身焉。俄之地质学者，亦时印足迹于内地，或探河源，或搜宝藏，靡有已时。近岁日本夙学，先后啣其政府之命，航海而至，探矿产，察山脉；或自酿资斧，来而实地考验者，东西南北，惟所驰骋矣。然而我国疆宇辽廓，负山阻壑，舟车所不通者，且强半焉，乃欲以异国之人遍游兹土，无论其未得达也，即强得达焉，宁亦非我国之僇辱乎？

　　夫专制时代，学术晦盲，人文否塞，语以俯相地质，以润色黄舆，鲜有不非笑之。而今则政体方新，万国瞻瞩，乃使神州大陆长此缄封，与南北两洋同为未开辟之土宇，而欲恃此以跻五族于大同，竞列强之烈采也，乌可得欤？鸿钊蒿目时艰，扩怀九有，知地力物产会有穷时，而每每员舆，终未能使东亚一隅独阒其光华，以长任荆榛之芜塞焉。谨乃举我国国土之地位与地质调查之缓急及其计划，次第陈之。

一、我国地质于世界中所占之地位

自地积言之，我国国于亚之中土，东达东海，西尽川藏，南沿雷琼，北包蒙回诸部落，占全亚面积四分之一，二十五倍地日本，视欧洲全陆，犹复乎过之。地沃野丰，百物殷阜，人口稠密，文物灿烂于古昔，此诚天地之奥区也。顾人杰者地自灵，人言东洋历史，支那历史而已，我亦言东亚地质，我国地质而已。

溯欧亚山脉，本同源而共流，实均托根于巴密尔，由是而东西走。走于西者为欧洲山脉，首为兴都库施，离阿富汗而入伊兰，为厄尔巴耳斯山脉，再西北走而为高加索，半折于西南，而为刀律西山脉，作黑海之南缘焉。屡平屡起，而没于厄尔阿海，为群岛，再起而入于亚尔伯山脉领域矣。最西为比勒搠阿山，为法西两国之境。盖犹其余绪耳。其走于东者，乃入亚西亚境，首为喀剌昆仑，为托兰斯喜马拉耶，再东南行为喜马拉耶。夫喜马拉耶，实世界之最高山也。其哀浮垒斯脱峰，高实八千八百四十米突，世无其匹，以为西藏与印度之国境焉。由是南折而为印度支那山系，冈峦纠纷，足以壮天地之崄介而有余。由喀剌昆仑复东走而为秦岭，以没于淮徐之间，与南岭实接触焉。其北为阿尔金山，为贺兰山，为阴山，又其北为天山，与昆仑之间有塔里木之低原焉。又北而为阿尔泰山，以带于蒙古之西境。是亚西亚最大山脉，皆起伏于我国封域之内。我国之地质不明，而欧亚山系之连锁与其枢纽无由见焉。不惟此也，南岭山脉，李希德芬氏以之示平行连山（Rost gebirge）之标准也，太行山脉，乃断落弧形（Zerrungsbogen）之程式也，太平洋沿岸山脉，尤所谓调和山系（Harmonische Kettung）之特征也。是山脉所系之巨也已如此。

河则扬子江之流域，为一百七十七万平方基鲁米突[1]，其长为五千二百基鲁米突；黄河流域为九十八万平方基鲁米突，其长为四千一百基鲁米突。于亚西亚水系中，除俄国俄比等二三巨河之外，盖莫与京矣。其自西徂东，纡余委蛇而赴于海也，奔驰于九有之间，而灌注乎神皋之大半，是综理水系者所必详焉。

---

[1] 基鲁米突，即千米（Kilometre）。

若夫地形则如所谓闭塞盆地（Offlossloss becken），如阶段地貌（Staffel），如沿海湾抱（Bogen），均足以资形学家之考索，而于地相中特树一帜者。

不惟此也，东方地质，莫详于日本。顾日本枝叶也，中华本也。离本而言枝叶，则枝叶何所附丽乎？或曰：昆仑山脉东南走而入于海，再起折于东北，而日本三岛成焉。或曰：日本三岛乃南岭山脉之尾闾也。二说未知孰是，而要非深明我国之地质以后，无以讨论此大疑案也。况日本上古地层，半多缺略，其后火山岔兴，地变激烈，其层位之可得而断论者，固甚罕乎。

山脉也，水系也，地形也，西与泰西，东与日本之连络也，要皆视我国调查事业发展之如何而始嶷然以有所据，其地位诚綦重矣。抑又闻之，支那层（Sinianformation）展布之广远，他国无有焉。其石英斑岩之起伏于舟山群岛之间，若是乎绵邈而辽阔者，世界罕闻焉。李希德芬氏云然。南方之赤砂，北方之黄土，高为层数千百尺，极峥嵘之观者，欧美所未见也。世所谓冰河时代者，乃地球已由近古而入于第四纪之始，而我国长江流域，遥自上古支那层此是合寒武利亚纪与奥道维相纪言之，我国此层最发达，故西人谓之支那层。以前，而有冰河之迹者，此实美国威利士氏之所发见也。其他珍闻创例，以我国之地大物博，钟毓久而蕴蓄丰者，他日之所获，何止于此。我虽不欲知之，而款关欲启发之者，仍踵相接也，夫亦谁能御之？

二、我国地质调查之时机

调查地质，有学理与实用两途。昔欧西以调查事业委之学会者，是专为研究学理之时期。至其利已普而以公帑经营之。是由学理而渐进于实用矣。要之，二者恒相需相奖，以互相劝进于无穷。我国是时无论学理与实用，均宜以此为急切不容缓之图者，诚以非是则无以嶷然奠国于亚东，挹东西列强而进于文明之域焉耳。譬之一身，俄国，亚西亚之头目也；日本、印度、菲律宾与印度支那半岛等，皆其肢体也；我国，心腹也。以头目、肢体委其责于心腹，犹之可也；乃以心腹而委其责于头目、肢体，则东亚地质永沈湮于东方一鳞、西方一爪之里，而遂无鳌然昌明于世之期，而我黄帝子孙不能以所生息于是、饮啄于是之土地，自开发而潜明之，则群将詈我为世界文明之污辱，而欲免为天地之不肖子也难矣。故微论调查之后大利辄随之也，即无实用一途，而吾犹将以贡献真理为地主应尽之义。

如亚洲地盘之构造若何？山脉生成之原理与状貌若何？古今地层发展之次序若何？海陆沧桑之频繁与气候之递嬗若何？沿海岛屿之连络若何？以及古代生物之消长、今后山岳川河之变迁又若何？凡若此者，均为学理上切要之问题，世界文明诸国所日夜图维，炭炭有所事者，而我国犹以为非其时耶？

若言实用，则其途广矣。方政体之革新，而人民之担负愈重；担负愈重，则生计愈艰；生计愈艰，则发展愈滞。故谋国者首宜尽地之利以裕民之财，而后新政可得而言焉。则调查地质之利讵浅鲜哉。

农为邦本，自昔已然，而土性不明，则肥田乏术。人口日增而收获日减，亦谋国者之所深忧也。是宜考地质以明土性，而矿肥尤所必察焉。

欧美致富之术，矿业为多。五金之利，我国夙已知之。诚使地质日明，则金何只五？而非金矿属尤相倍蓰而什百焉。四川之盐田，山西之油井，南北十数行省之煤矿，何以至今不振兴？

工业之振兴，首恃原料，如建筑之石材，陶器之原土，以及硫黄、硝石、石英等。凡天生之物，效用于工作者何限？地质不明，而工业何资焉？

交通之利，莫如铁道。然而开山凿洞，则随石理之纵横而难易自殊；设轨施工，又以地盘之松劲而趋避自异。是治铁道者不可不济以地质学之智识也。

我国自古以河为患，堤防壅塞，是诚术之疏者。然而平当决河深川之谋，贾让移民避灾之策，亦有未能行于迁徙频仍、地狭人满之日者，是宜详察北方地质，以治其本源焉。

瑞珉琅玕，仅存其名；火齐骇鸡，今稀其产。讵地之灵秀已发泄无遗耶？地质明而宝石得论定矣。

他如水理、卫生、防灾，以及化学、物理学之应用试验，均无不息息与地质相关。此非我国今日之宜有所事乎？言学理则对于斯世而所负之责任巨，言实用则对于本国而所收之功效宏。及今为之，则亡羊而补牢，或犹未晚。失此不图，而犹侈谈富强也，则吾未之知矣。

三、调查之计画

以调查事业委之于私立学会之手者，其例古矣，而不适于今。取之我国，尤无济焉。是调查局之设尚矣。顾经营之始，何所取法乎？试即欧美诸强与日本地质调查事业参观而比儗之。

（一）英国

于伦敦设立联合王国地质所，而分置三支所，又于其属地置加那太地质及博物调查所，及印度地质调查所。人员则所长一名，所长补佐二名，主任地质技师七名，地质技师三十一名，此后制图及技师试补数名。技师之内有古生物、岩石矿物分析之专门技师各一名。经费则千九百五年总计一万七千二百九镑，旅费二百五十镑。调查事项如岩层及地平层之性质与分布，工业原料、土壤、水理、卫生、有用岩石矿物等，并及于人口之影响，关于土工之事项，以及主要之化石、岩石、矿物之产地等。

（二）法国

于巴里设法兰西地质及矿床调查所，属于工务省。人员则所长一名，次长一名，其余职官技师合七十七名。内十名专以矿床调查为事，皆工务省之技师及大学教授兼任之。所长以下诸技术官不给俸，惟调查时始给旅费，故设官多而经费省。然官多兼务，事业沈滞，亦一弊也。其调查事项，纯粹地质之外，尤重矿床，专以开发富源为主。普法战争之后，探索炭脉，尤至力焉。

（三）澳匈利

澳国地质调查所设于维也纳，属于文部省。人员则所长一名，次长一名，主任地质技师四名，地质技师九名，技师试补三名，主副分析技师合三名，兼务补助者六名。经费则千九百六年经常费十八万七千三十二苟洛乃，临时费八千苟洛乃。其调查事项与英同。匈国地质调查所，置于布大伯什特，初并于澳国调查所，千八百六十九年始分离者也。共分四课，土性地质课、地质课、矿床地质课、分析课是也。匈盖法于澳，而尤注重于矿床及土性者。

（四）德国

于伯灵设普鲁西地质调查所及矿山大学，其余各联邦各置调查所。一年之内，各所长定时会于伯林，而谋其统一。普国调查所属于工商部省，矿山大学实先成立，后与地质所合并者。然自千九百七年，始与矿山大学各置长焉，人员与经费则逐年增加。至千九百七年，经费合计百四万一千八百七十马克云。共分平地、山地、矿床三课。平地课以农业为主，山盐属于此。矿床课无主任，而分任于平地与山地之两课。分析则受官民之依托而征其金，以分析土壤，故规模大也。

（五）俄国

俄国与芬兰各有地质调查所。俄国地质调查所设于圣彼得堡，人员则所长一名，主任地质技师五名，地质技师六名，分析技师二名，技师补数名。又有评议员会，以大学教授及有令誉学者组织之。千八九十七年经费共九万四千罗布云。以土地广，地质图之缩尺小。然有关实用之地，以缩尺大者行之，如炭田及矿山地是也。此外有宫内省御料地质课，又有西比利亚铁道沿线地质调查之举。其意乃在广求煤铁石材与砂金之原产地，更详察水理土质，以为建筑之补助。

（六）伊大利

伊大利矿山局地质课属于农工商务省，为矿山局之一课。盖初则于农工商务省设地质调查委员会以行之，继置地质课。会有会长与副会长及委员若干名，课有课长与次长及技师十余名。分全国为七区，各技师各定区域而任调查。其调查事项，兼及市街铁道、铁道、钻井、贮水池、水源、河川、治水、山崩、都邑、地盘及地底等。

（七）美国

美国发达最晚，而亦最速。其合众国地质所设于华盛顿，而属于内务省。调查之始，以无精粗地图，故兼及测量。又流水之利，美为第一，谋国者所必详焉。故该调查所分地质、地形与流水为三大部，合出版与庶务而为五部也。其组织如次：

一 地质部　地质及古生物课　阿拉司加矿产课　采矿及矿产课　化学及物理课

二 地形部　东部地形课　西部地形课　地理及森林课

三 水理部　地表水理课　地下水理课　应用水理课

四 出版部　共八种

五 庶务部　共四课

各课各设课员，各有专掌，又有为特别调查者。其规模之宏大，世无其比。经费则逐年增加如次：

千八百八十九年　　八十万一千二百四十弗（除印刷费）

千八百九十九年　　八十四万四千七百四十弗

千九百四年　　　　百四十八万四千八百二十弗

千九百五年　　　　百五十一万三千四百八十二弗

各州有先合众国调查所而着手事业者，尔后或中止，或再兴，或有与调查所协力进行者。概置地质技师两三名，为报告或纪录。其沿革不详焉。

（八）日本

日本地质调查之始，似以农为主，故以地质属于农务局，而于土性尤致力焉。其后或为地质课，或为地质调查所。或属于农商务省，或属于矿山局，沿革不一。其内部组织亦时有详略，其大要则别地质、土性、分析、地形及庶务之五课。人员则所长一名之外，近时技师九名，属二名，技手十八名。初以外国人为监理，今则悉以本国人充之。经费则岁有增减，屡有为特别调查以支出临时经费者。如矿肥、石油及重要矿山等是也。

以上乃八强调查组织之概略。其规模宏大，发展敏活者，莫如美；整然而有条理，以渐进于完满之域者，英、普为首，澳、匈次之，俄、伊又次之。法则制度稍异，然经费节而事亦克举，设专员以调查矿床，亦有足师者。日本则限于经费，其事业一若沉滞者然，然所举各事，类皆有条不紊，参酌各国，以从其所长，又能善应国运，以为发展之地，其前途亦未有艾焉。

调查地质，各国皆分内务与外务。外务则行之于野外，内务则施之于室内者也。英国则内务期短，而外务期长。德、澳、匈则反之。法则无专员，外务则一任各人自由行之。矿床则各国皆所置重，而设专课以经理之者，法、普与匈是也。土性则除澳、法两国外，罕不竞竞详察焉。地质图类皆以陆地测量部所出版者为据，分详图与总图之二。详图则以法之八万分一为最小，以普之二万五千分一为最大。总图则在十万分一至三十万分一之间为多。俄则土地大，故总图之缩尺亦最小。陈列馆及图书库，鲜不设备之。且得视其整理之如何，以觇其国调查事业之趋向与其进行之程度。故各国互重视焉。

然则我国将何所趋步乎？窃谓调查地质之举有三：不可无经费、地图与地质专门人才是也。使我国三者兼有之，则为英可也，为普、为澳与匈可也。使无地图而有经费与人才，则以地势论，以历史论，尤宜师美。若所啬者只在经费，则法之制度亦有足多者；无人才，则日本之初制犹可援焉，然而规模狭隘，施诸我国地大物博广漠无涯之土地，则扞格而已矣。然则我国果何所有乎？使无其一，已无以谋其全，至三者皆无，而又何侈谈之足尚哉？然而犹有以此为不容己之图者，则地位之高贵与时势要求之切迫使之然也。<u>今于无可计划之中为计划之地，则亦曰：亟设局，所以为之经略之基；亟趋实利，以免于首事之困；亟兴专门学</u>

校，以育人才，广测量事业，以制舆图，而谋夫大举之日。如是而已。

何以言之？设官之始，宜于实业部设地质调查局，并设矿山大学，以一人兼局长与大学长。于局内设地质、矿床、土性、地形、分析、庶务之六课，各设专员以分掌其务。人员不足则以外国人补充之，其设额视事之繁简而异。又于理科大学即格致科大学。置地质学科以育专门人才。且以矿山大学及地质科教员为名誉职员，使兼任调查与鉴定之责。经营之始，每年约以内务之期二之一为外务之期。惟大学教员之兼任者，其外务得于夏季休学时行之，归校后得委以岩石、化石与矿物之鉴定，以相济焉。

着手之始，宜以南京近地为第一区。盖以地势论，则南京与北京孰轩孰轾，诚未易言。以地质论，则南京为秦岭与南岭两大山脉相接触之地，其东渡东海远接于扶桑三岛者，亦始于此。固非若北京一隅，为黄土之所窟宅，而黯然无华者比也。况乎地图已成，二万分之一。则措手自易。故事必以此为始基，毫无疑议。俟第一区告成，他省地图渐次出版，而后及于他区。俟中华本土告成，而后及于新回蒙藏。事之次序，亦当如此。

地质总图，各国恒以十万分一至三十万分一者为之。然我国土地辽远，且自中古以降，此地质时代之中古。海陆升沉变迁之例不繁，而施色自简，故于本土以缩尺百万分一之地图行之，于边土如新回蒙藏者以三百万分一之地图行之，而亦无不足。此就施色者言，用之于实地调查则不可也。昔俄国地质总图有缩尺八十四万分一、二百五十万分一、六百三十万分一等者，亦犹是焉耳。三百万分一之地图求之尚易，百万分一之地图如无新版。当以日本陆地测量部所刊之东亚百万分一舆图为据，有缺略与讹谬者，临时修正之。其图以经度五度、纬度二度半为一幅，于我国本土共得四十余幅，虽详略不均，亦当今所未有矣。

详图则以缩尺十万分一以上者行之。余去夏入杭州山地，以察南岭之一部，其时则用《浙江水陆道里记》所附之图，约为十万分一。今杭州府五县地质图及英文报告则存于日本东京帝国理科大学内。其矿山重地如煤铁之可供国用者，以缩尺尤大者为之，以期据图窥全豹为度。

总图则期以二十年成之，详图则择地而施，固非此限。或曰：以日本三岛之地，昔和田氏议分地质调查为豫察及详查之二，期以十二年成之，而卒未果，以我国之大，何易言此？则答曰：我国土地虽广，而地质纯简，不如日本之变动剧而纷纭万态也。且前有东西诸彦之考察谈，其上古地层之分布已具有端倪，中古以后，地史已入和平时代，变迁不繁，而地质亦易见。诚使进行有方，无中途挫折之虞，则待之二十年而已可矣。况时势日迫，使复从容以缓其收效之期，又何以餍人望哉？

我国以农业为本，以矿业为急，故于调查局内设矿床与土性两课以专司之，且示以实利，则发展尤易也。地形课虽主测量与制图，然以区区调查局之力，何能及远？当复谋之陆军部，俾于其部内设舆图总局，而于各省设分局，以期事业之速举。分析课得受官民之依托，而征其金，以资补助。于庶务课置图书馆与陈列馆，各设专掌。陈列馆则每年择期公开，以供众览。民间有关于地质参考之品物，务征集之。兹定各课所掌之事务如左：

地质课

  地质之调查

  地层构造之考察

  有用矿类与矿物之调查

  地质图与说明书及报文类之编制

矿床课

  矿床之调查

  矿石标本之采集试验

  矿床图与说明书及报文类之编制

土性课

  土性之调查

  土性与植物之关系试验

  矿肥之调查

  土性图与说明书及报文类之编制

地形课

  地形测量之事项

  实测地形图之编制

分析课

  地质上重要材料之分析试验

  工矿业及农业上应用材料之分析试验

庶务课
> 文书会计编辑图书及参考陈列品等均归职掌

其特别事项，宜派专员，支出临时费以从事调查，如油井、盐田、矿肥及重要矿产等是也。经费则随时增减，至难衡定。泰西各国，类有基础，故有经费不繁而事克举者，美则异此，故费亦至巨。然虽以日本困乏之国，又屡年经营，规模略具，而自明治十五年至三十七年之间，其常年经费，常往来于四万元至十万元之间。我国经营伊始，调查之事项孔繁，虽至节省，亦当以每年十万元为度。幸而民智大开，事业勃起，则依托分析试验而受其征金，争购地质图书以收其余利，其所入亦当有可观耳。一俟人才蔚起，经费充裕，全国舆图告成，而后于各省分设支局，或合数省而为一支局，以期大举。夫实大者声宏，蹠巨者行远。如是，而我国虽大，举而经理之，犹掇之也。

附　设地质调查储才学校缘起

地质调查之始，以经费、地图与专门人才为三大要素，前议已尽言之。顾经费不登夫巨额，则鸠集非难；地图虽限于一隅，而首事克举。惟人员则非作育于前，虽阅几何年，而未能蔚起，以为国家用者，是尤有事于调查地质者所宜首先筹及者也。前议援德国制于实业部设矿山大学，于理科大学内设地质学科，以育专门人才。惟大学之设，经费巨而收效远，且学生非已卒业于高等相当之学校，具有各科之门径者，则教授殊难，使必俟大学办有成效，而后次第举行调查事业，则此数年间将徒傍徨于辍拾补苴之末计，而无一事之进行。揆之时势，未为当也。今拟于建立大学之外，再设地质调查储才学校，使属于调查局，期于二三年之间造就技师与技手若而人，统以有学术与经验者，驰赴实地，相助考察。俟大学学生毕业，择其尤优异者，使分赴各省组织支局，以期大举。如是庶远以树长久之宏规，近以收旦夕之速效，而于斯业之前途，其所裨益，或有足多者欤！

抑又思之，地质调查储才学校虽属于调查局，而经营原意，只在作人，措施事宜，无关行政。其建设之位置，自可因地制宜，不必以调查局附丽于实业部，而并其储才学校亦附丽之也。蒙以为地质调查局应首创于北京，而储才学校宜暂置于南部，既归统属，无碍分营，相其地位，莫南京若也。何以言之？江宁山脉西接昆仑，南交南岭，东连沿海诸岛屿，脉络纷歧，便于观察，其便一也。缩尺二万分一之地图已成，则诸生实习，有所凭藉，其便二也。南方矿产集中于此，以诸生演习之时间，即寓以矿产调查之实利，其便三也。北京既于格致科大学置地质学科，而南方则无之。今于南京兴讲习之所，则不必尽驱南方之有志斯学者负笈北上，其便四也。北京则官衙林立，公所云集，欲建一校舍，必择地兴工而始成之。南京则公所之可借用者尚多，其便五也。前议以江宁为地质调查第一区域，今储才学校适兴于此，其便六也。以其余址，将来即改设中华地质调查支局，其便七也。或曰：调查局在北，而储才学校在南，则设备益多而经费益巨，且奈之何？然抑思储才学校之设，不得以附丽于调查局，而设备得以少减，况其他利益，犹更仆难数乎？故曰：相其地位，莫南京若也。今述其简章如次。

简　章

一、宗旨　本校专以造就地质调查技师与技手为宗旨。

一、入学资格　已在中学校或与中学校资格相等之学校毕业，且中文明通，而于研究地质夙有希望者，均得开具履历志愿，甄录入学。

一、学级　共分甲、乙两级。乙级两年毕业，甲级三年毕业。

一、学额　开办之始，先招五十人，甲、乙两级各半。其后或增或减，或暂停招，逐年酌定。

一、学资　不取学资，自给房膳，修学旅行时，得视公款之盈绌，酌量津贴，以资鼓励。

一、学期　每年共分三学期，阳历九月起至年终为第一期，正月至三月终为第二期，四月至六月为第三期。

一、学课

第一年　甲、乙两级同		每星期时间
地质学		讲义三小时
矿物学		讲义二小时，实习三小时
岩石学		同前
动物学		讲义二小时
地球历史学	第二学期起	讲义二小时
化学实验		一回

地质修学旅行		择假期中行之

第二年　甲级

构造地质学		讲义二小时
古生物学		讲义二小时
地理学		讲义三小时
矿床学		讲义三小时
岩山学实验		二回
植物学	第二学期起	讲义二小时
地质旅行报告		
地质修学旅行		

第二年　乙级

构造地质学		讲义二小时
古生物学		讲义二小时
地理学		讲义三小时
矿床学		讲义三小时
岩石学实验		二回
地图演习	第三学期起	一回
地质旅行报告		
修学旅行		

第三年　甲级

地文学		讲义三小时
地质讲话		时时
岩石实验		二回
采矿学		讲义二小时
地图演习	第三学期起	一回
地质旅行报告		

一、考试规则　每年考试三回，于每学期之终行之，其统年平均分数六十分以上者为及格。

一、卒业后录用　乙级毕业者得为技手，甲级毕业者得为技师，其录用之次序，视成绩为先后。

丁文江
工商部试办地质调查说明书[1]
（1913）

吾国地大物博，人众民勤，矿产之富，土地之肥，山泽之利，甲于全球，诚所谓天府之国也。近十年来，忧时之士，莫不知生计窘迫之可虞，弃利于地之非计。于是大声疾呼，空言鼓吹者有之，奔走经营集资实行者有之。至于今日，实业之不可复缓，举国中稍有知识者类能言之矣。然环顾全国，生计之窘迫如故也，实业之不发达如故也。新创之事业仅能支持者十不得一二，完全失败者十必且八九，而旧事业之不能自立，日就衰败者又踵相接焉。推求其故，曰：资本之不充也，交通之不便也，人才之缺乏也，道德之堕落也。凡此众因，有其一即足以为实业之大

---

[1] 丁文江（1887—1936），江苏泰兴人。地质学家、社会活动家，中国地质事业奠基人。早年赴英留学，获格拉斯哥大学动物学及地质学双学士学位。1911年回国，参加京师学部留学生考试，与章鸿钊相识。中华民国成立后，历任工商部矿政司地质科科长、农商部地质研究所所长、地质调查所所长等职，后任北京大学地质学教授。该文发表于《政府公报》1913年第339期，今据《政府公报分类汇编》1915年第32期第83—87页录文，校点参考《丁文江文集》第三卷（湖南教育出版社，2008年，第163—166页）。

障，吾国今日殆兼而有之，其不能发达也固宜。然假使今日资本充足，交通便利，人才丰富，道德完固，其足以望实业之发达乎？曰：必先从事于地质调查。

盖凡所谓实业者，无不取材于地，今徒曰地大物博，而不知地若何大，物若何博，于实际无益也。夫欲兴矿业，必先知矿质之优劣，矿床之厚薄；欲筹农林，必先知土性之肥瘠，山川之形势，固不待智者而后知也。然窃以为处吾国今日之情势，尤不可不从事于调查者，盖又有别因焉。何以言之？曰：吾国今日地利无穷，而资本有限，以有限之资本营无穷之事业，不得不择此事业中之获利最厚者而先治之，以为实业发达之根据。今苟不先调查全国之利源而统计之，比较之，则又何从预测何者获利厚？何者获利薄乎？不特此也，今日有识之士咸谓私人资本不足，必仰给于国家；国家岁入不敷，必求助于外债；外债不可滥借，必归权于中央，是诚然矣。然中央欲以有限之外债，供各省无限之要求，则势有所不能；若拒此而允彼，则又启争之道也。譬如川有石油，陕亦有石油，石油之可获利，夫人而知之也。故川人曰中央借款，必先用之于川，陕人曰必先用之于陕，而中央借款之可以供开采石油用者，其数固非甚巨，以之营一省之油，且惧其不足，分之于两省，则必将两败。故中央不得不统计全局之利害，揆其轻重缓急而先后之。然苟非调查有素，确知两省油质之优劣，区域之广狭，开采之难易，运费之贵贱，则又何以服争者之心乎？且吾国今日以私人资本从事于矿者，固非全无也，政府纵不能补助之，亦必有确实之知识，然后可以监督之，使不为不肖者所利用。

澳洲产金最多地也，然澳人尝曰：近五十年中，澳洲所出之金，可以筑一凯旋门而有余。然资本金之消耗丧失，其数殆倍之。其所以然者，澳洲昔极荒僻，奸宄之徒往往借采矿为名，号召资本以为乘机攫利计。今吾国人心之腐败，股东之愚鲁，法网之疏漏，不啻十倍于澳洲。而一般之心理又习闻吾国天产之丰富，以为随地皆利，有苗必旺，以至为不道德者之所乘，其流弊有不可胜言者。

若政府有负责任之机关，专从事于调查，则不特可以为政府之顾问，使能尽其监督之天职，且其图籍报告皆可为资本家参考之资料，彼营私欺人者，亦将无所用其伎俩矣。然所谓调查云者，非特集十数才智之士，搜中外图籍之关于地质者而抄袭之也；又非特简一二科员技正分赴各地，谘询旧日之矿工、知事之父老而略为记载报告也。盖必简富有学识经验之士，携斧斤入山泽，而从事于实地之测验，归则出其所得于山野者，穷年累月而研究之，制图立说以供实用，故其事非一朝一夕之所能成功。盖尝以欧洲地质调查局之成绩计之，每人每年约能步行六千里，所测之地约一千方[1]里。吾国地面广大，且无可用之地图，单以本部言其面积，约共十五兆方里。以十年为普及全国之期，则共需调查员千五百人，单以调查员之[2]薪水计，则年需三百余万，其器具、图籍、印刷、旅行等费，尚不在此数焉。然欧洲各局之调查皆极详细，可用以绘一万分之一之图，故需时日如此之久。

今若分全国为三区：其矿产丰富，不日可望发达者为第一区；交通便利，有关于实业者为第二区；交通困难，无实业之价值者为第三[3]区。于第一区中为详细之调查，绘图以二万分之一为准；第二区调查稍略，绘图以十万分之一为准；第三区则仅调查其大概，以绘二十五万分之一之图统计。吾国地面属于第一区者不足十之一，属于第二区者不过十之三，属于第三区者约十之六七。今若以十五年为期，首三年为试办期，第三年后遂次增加调查员若干人，地质之外同时从事于地图之测量，至十五年可望普及全国。夫如是则调查有详略，着手有次第，虽不能为最后之报告，而实可为他日详细调查之根据，而为实业发达之先声。今谨就试办期中所应筹划之事而分言之，如下：

一、设地质研究所。调查地质着手之难，难于经费与人才。然试办期中不期大举，则经费鸠集尚不甚难。惟经验之才、技术之士，非作育于前，难收效于后。北京大学虽有地质一科，然不足以供地质调查之用者，其故有三：（一）缓不济急。大学学生必先毕业于预科或高等学堂，至少必须六年始可得用。（二）

---

[1] 方，原作"三"，据《丁文江文集》第三卷改。

[2] 之，原作"方"，据《丁文江文集》第三卷改。

[3] 三，原作"一"，据《丁文江文集》第三卷改。

学生太少。北京大学理科本不发达，而理科中之地质科尤甚，计自开办以至今日，卒业者共止三人。（三）学生过于文弱，不耐劳苦。盖大学学生入学时皆已在二十以外，以前初无相当之运动，入地质科后亦未尝受野外长期之实习，故有此弊。以上三因，半由于学生之习惯，半由于年限之过长，皆非一时之所能改革。今若必俟大学办有成效，而后着手调查，则此数年中将徒傍徨于掇拾补苴之末技，而无一事之进行。揆之时势，未为当也。今拟由本部别设地质研究所，招中学毕业学生，学业优异、体力强健者，期于三年内造就技士，若而人以为第四年大举地步。且北京大学此次地质学生卒业后，一时尚无学生，其书籍、仪器、校舍或可借用，以节经费，当由本部与大学校长商酌决定，总期以最少之经费得最大之效果，当以教育部之所乐为者也。

二、设地质调查团。地质研究所之设，本为着手调查之第一步。然只设研究所，足以达试办之目的乎？曰：不可。吾国今日习地质者，虽不乏人，而有经验者则绝无之。今若集此数人于研究所中，而使之终年从事于教课，则三年以后，其无经验固犹昔也，夫岂特无经验而已哉！且安居逸处，筋肉委疲，三年以后，不复能从事于奔走跋涉，而地质调查将终无实行之期矣，其不可一也。教授地质必需材料，地史地文，尤须多采本国之例，始可免隔膜之病。若研究所教员于本国地质初无确实之经验，则教授时势，必钞袭各国之成例，而无心得之足言，其不可二也。野外调查之材料，非有相当之书籍完备之标本，则无研究之方法。书籍尚可购置，标本则多数散布于欧美之博物院中，除其最普通者不能得之于市上也。集之之法当多搜集吾国标本，择其相同者，寄之欧美博物院，以为交换计。积之既久，则可不费一钱，而集各国标本之大成。否则，此三年中兢兢于无精神之教课，三年后从事调查时仍无可依据之基本，其不可三也。今拟设地质调查团，其团员以研究所教员兼之；一年之中平均以半年从事于教授，半年从事于调查，惟须依团员任事之时期，定课程之次第，使学生终年不致废学可已。

试办调查地质简章【略】

地质研究所章程【略】

說林

敬告青年工學家

會長 詹天佑

莽莽神州豈長貧弱日富日強首賴工學交通不便何以利運輸機械不良何以精製作若夫礦產之關與市場之建築孰非工學之範圍皆係經營之要著嗚呼我工學家之責任不亦綦重耶近以來人才蔚起凡各專科碩學濟濟或積經驗以邃故知或渡重洋以求新理而國內學校所產英才亦日增不已工學之前途發達可期實業之振興翹足以俟將不讓歐美以前驅豈僅偕扶桑而并騎雖然默察社會之情形細觀工學界之狀況有不能已於言而為我青年工學家告者厥有數端爰簡陳之以為針砭

（一）精研學術以資發明　鏡以淬而日明鋼以鍊而益堅凡諸學術進境無窮駕輕就熟乃有發明橫觀世界之潮流物質進步一瀉千里由人力而進於汽機由汽機而臻於電力電可無線以傳艇可航空而駛二十世紀之世界實賴工學家以左右之返觀乎我國工學界則所發明者尚稀有所聞豈智力不歐美若而司梯芬瓦

三　文華印務局刊

中華工程師會第四期會報

03

詹天佑

敬告青年工学家[1]
（1914）

莽莽神州，岂长贫弱？曰富曰强，首赖工学。交通不便，何以利运输？机械不良，何以精制作？若夫矿产之辟兴，市场之建筑，孰非工学之范围，皆系经营之要着。呜呼，我工学家之责任，不亦綦重耶！晚近以来，人才蔚起，凡各专科，硕学济济。或积经验，以邃故知；或渡重洋，以求新理。而国内学校所产英才，亦日增不已。工学之前途，发达可期；实业之振兴，翘足以俟。将不让欧美以前驱，岂仅偕扶桑而并骑？虽然，默察社会之情形，细观工学界之状况，有不能已于言，而为我青年工学家告者，厥有数端。爰简陈之，以为针砭。

（一）精研学术以资发明。镜以淬而日明，钢以炼而益坚。凡诸学术，进境无穷，驾轻就熟，乃有发明。横观世界之潮流，物质进步，一泻千里。由人力而进于汽机，由汽机而臻于电力，电可无线以传，艇可航空而驶。二十

---

[1] 詹天佑（1861—1919），广东南海（今属佛山）人，中国近代铁路工程专家。曾就读于美国耶鲁大学土木工程系，回国后主持修建多条铁路，其中包括中国自主设计并建造的第一条铁路，即京张铁路。后倡议成立中华工程师会，被推选为会长。本文发表于《中华工程师学会会报》1914年第4期第3-6页，兹据录文。

世纪之世界，实赖工学家以左右之。返观乎我国工学界，则所发明者尚稀有所闻，岂智力不欧美若，而司梯芬、瓦特、弗兰克、毛利之流，不能产于中国耶？曰：否。惟怠于深求，研究不足所致耳。青年学子，一出校门，辄辍学业，得一位置，已自满足。及至实地工作，亦惟求称职而已。至于退食之暇，尚发奋求学者，实为少数。于是囿于旧闻，不求精进，甚至自矜一得，迹近恃盈，而彼邦日有发明，我则瞠乎其后。如是而望工学之进步，不亦难乎？故必从事业以求精理，温故业而启新知。凡外国有新理新器之发生，务研究其原因，而从事仿效，加以种种之试验，作成种种之模型。虽失败于前，必改良于后，殚精积虑，终有贯通之一日，又何难于发明哉？

（二）崇尚道德而高人格。道德者，人之基础也。学术虽精，道德不足，犹诸筑高屋于流沙之上，稍有震摇，无不倾倒。欧美富强，实普通人民皆守自然道德所致也。近世人心浇薄，古道难行，毁谨厚者为迂腐，誉巧辩者为能才。而我工学家以实学为根本，切忌浸染于狂流。杨震四知之说，阳明良知之谈，乃道德最精之义，为吾人必守之箴。即凡作一事，无论人言之是非，先求己心之安泰。必须以事业为前题，诉良心而无怍，方可坦然行之。勿屈己以徇人，勿沽名而钓誉。以诚接物，毋挟褊私，圭璧束身，以为范则。不因权利而操同室之戈，不以小忿而萌倾轧之念。视公事如家事，以己心谅人心，皆我青年工学家所必守之道德也。

（三）循序以进，毋越范围。行远自迩，登高自卑，一蹴而几，非可永久。工程事业，必学术经验相辅而行，徒恃空谈，断难任事。是以东西各国，凡初卒业于学校者，无论成绩如何，必先居以下位，待其阅历渐进，逐次提升。故一旦位高权大，下级情形既已深悉，统率驾驭自必有方。事虽纤微，莫不了于胸中，而人亦不敢以伪相试。我国京张铁路首订工程员司升转章程，严定资格，即本此意，现各铁路亦多沿用。深冀青年工程学子，力体斯惜，勿袭高深之学说，勿以下位为鄙夷，勿方出校门，遽以为人不我若，勿在下级嗤上级者无能。以服从为要义，力祛骄矜，以勤谨为方针，务求深造。举凡细微之事，亦必躬自亲之。昔俄皇大彼得，曾身为船厂工人，卒成一代英主。故曰物有本末，事有先后，拾级而登，终达峰极。若夫浮躁狂妄者流，未有不败者。

（四）筹画须详，临事以慎。凡工学青年，一旦身亲实事，无论其职位高下，恒负一部分之责任，指挥多数之工人。苟筹谋稍涉疏忽，则群下因之误事矣。惟事必豫谋，通盘筹算，临时方免张皇失措之弊。至于管理包工人等，尤须格外详慎。盖包工者，本属营业性质，无不以利为归，其目的所属，固不在谋公益也。而其为人又多狡滑善辩，对于经验较浅之工程管理者，恒存尝试之心，复能鼓其如簧之舌，逞一方面之理由。若不深察其性质，慎己之行为，鲜不受其愚弄也。然而详慎云者，非犹豫之谓也。若把握不定，遇事踌躇，或因人言而轻更办法，则己之短处，适为人所窥破，其下更得施其朦混之狡谋。及至偾事，人不我谅，必自损其名誉焉。就御下而言，过放任则自失尊严，遇苛刻则人怀怨望，必也兼用恩威，善于操纵，不假事权于人，不轻信左右，小心翼翼以为之，则鲜有偾事者也。

以上所述，虽仅就修业、进德、守规、处事而举其大纲，实为青年工学家立身之要则，幸勿以老生常谈、无关宏旨而忽略焉。尤有进者，厥惟畛域之不可分也。凡各科工学专家，无论其留学东西各国，与夫国内卒业，及以经验成名者，既属工程学子，固皆以发扬国人技术，增进国家利益为目的，各宜同心协力，不容有所歧视。天下一家，中国一人，此圣人所以为圣也。愿群公其共勉之，不佞有厚望焉。

04 陈独秀
敬告青年[1]
（1915）

窃以少年老成，中国称人之语也；年长而勿衰（Keep young while growing old），英美人相勖之辞也。此亦东西民族涉想不同现象趋异之一端欤？青年如初春，如朝日，如百卉之萌动，如利刃之新发于硎，人生最可宝贵之时期也。青年之于社会，犹新鲜活泼细胞之在人身。新陈代谢，陈腐朽败者无时不在天然淘汰之途，与新鲜活泼者以空间之位置及时间之生命。人身遵新陈代谢之道则健康，陈腐朽败之细胞充塞[2]人身则人身死；社会遵新陈代谢之道则隆盛，陈腐朽败之分子充塞社会则社会亡。

准斯以谈，吾国之社会，其隆盛耶？抑将亡耶？非予之所忍言者。彼陈腐朽败之分子，一听其天然之淘汰，惟不愿以如流之岁月，与之说短道长，希冀其脱胎换骨也。予所欲涕泣陈词者，惟属望于新鲜活泼之青年，有以自觉而奋斗耳！自觉者何？自觉其新鲜活泼之价值与责任，而

---

[1] 陈独秀（1879—1942），安徽怀宁人，政治家、思想家、文学家，中国共产党创始人和早期领导人之一。1915年创办《新青年》（原名《青年杂志》），1917年担任北京大学文科学长。新文化运动的倡导者和发起者，五四运动主要领导人。本文发表于《青年杂志》1915第1期第1-6页，兹据录文。

[2] 细胞充塞，原作"充塞细胞"，据义乙正。

自视不可卑也。奋斗者何？奋其智能，力排陈腐朽败者以去，视之若仇敌，若洪水猛兽，而不可与为邻，而不为其菌毒所传染也。呜呼！吾国之青年，其果能语于此乎？吾见夫青年其年龄而老年其身体者十之五焉，青年其年龄或身体而老年其脑神经者十之九焉。华其发，泽其容，直其腰，广其膈，非不俨然青年也；及叩其头脑中所涉想、所怀抱，无一不与彼陈腐朽败者为一丘之貉。其始也，未常不新鲜活泼，浸假而为陈腐朽败分子所同化者有之；浸假而畏陈腐朽败分子势力之庞大，瞻顾依回，不敢明目张胆，作顽狠之抗斗者有之。充塞社会之空气，无往而非陈腐朽败焉。求些少之新鲜活泼者，以慰吾人窒息之绝望，亦杳不可得。循斯现象，于人身则必死，于社会则必亡。欲救此病，非太息咨嗟之所能济，是在一二敏于自觉勇于奋斗之青年，发挥人间固有之智能，决择人间种种之思想——孰为新鲜活泼，而适于今世之争存；孰为陈腐朽败，而不容留置于脑里。利刃断铁，快刀理麻，决不作牵就依违之想，自度度人，社会庶几其有清宁之日也。青年乎！其有以此自任者乎？若夫明其是非，以供抉择，谨陈六义，幸平心察之。

一、自主的而非奴隶的

等一人也，各有自主之权，绝无奴隶他人之权利，亦绝无以奴自处之义务。奴隶云者，古之昏弱对于强暴之横夺，而失其自由权利者之称也。自人权平等之说兴，奴隶之名，非血气所忍受。世称近世欧洲历史为"解放历史"：破坏君权，求政治之解放也；否认教权，求宗教之解放也；均产说兴，求经济之解放也；女子参政运动，求男权之解放也。解放云者，脱离夫奴隶之羁绊，以完其自主自由之人格之谓也。我有手足，自谋温饱；我有口舌，自陈好恶；我有心思，自崇所信；绝不认他人之越俎，亦不应主我而奴他人。盖自认为独立自主之人格以上，一切操行，一切权利，一切信仰，唯有听命各自固有之智能，断无盲从隶属他人之理。非然者，忠孝节义，奴隶之道德也；*德国大哲尼采（Nietzsche）别道德为二类：有独立心而勇敢者曰贵族道德（Morality of Noble）；谦逊而服从者曰奴隶道德（Morality of Slave）*。轻刑薄赋，奴隶之幸福也；称颂功德，奴隶之文章也；拜爵赐第，奴隶之光荣也；丰碑高墓，奴隶之纪念物也。以其是非荣辱，听命他人，不以自身为本位，则个人独立平等之人格消灭无存，其一切善恶行为，势不能诉之自身意志而课以功过，谓之奴隶，谁曰不宜？立德立功，首当辨此。

二、进步的而非保守的

不进则退，中国之恒言也。自宇宙之根本大法言之，森罗万象，无日不在演进之途，万无保守现状之理。特以俗见拘牵，谓有二境，此法兰西当代大哲柏格森（H. Borgson）之《创造进化论》（*L' Evolution Creatrice*）所以风靡一世也。以人事之进化言之：笃古不变之族，日就衰亡；日新求进之民，方兴未已，存亡之数，可以逆睹。矧在吾国，大梦未觉，故步自封，精之政教文章，粗之布帛水火，无一不相形丑拙，而可与当世争衡？举凡残民害理之妖言，率能征之故训，而不可谓诬。谬种流传，岂自今始！固有之伦理、法律、学术、礼俗，无一非封建制度之遗，持较皙种之所为，以并世之人，而思想差迟，几及千载，尊重廿四朝之历史性，而不作改进之图，则驱吾民于二十世纪之世界以外，纳之奴隶牛马黑暗沟中而已，复何说哉！于此而言保守，诚不知为何项制度文物，可以适用生存于今世。吾宁忍过去国粹之消亡，而不忍现在及将来之民族，不适世界之生存而归削灭也。呜呼！巴比伦人往矣，其文明尚有何等之效用耶？皮之不存，毛将焉傅？世界进化，骎骎未有已焉。其不能善变而与之俱进者，将见其不适环境之争存，而退归天然淘汰已耳，保守云乎哉？

三、进取的而非退隐的

当此恶流奔进之时，得一二自好之士，洁身引退，岂非希世懿德？然欲以化民成俗，请于百尺竿头，再进一步。夫生存竞争，势所不免，一息尚存，即无守退安隐之余地。排万难而前行，乃人生之天职。以善意解之，退隐为高人出世之行；以恶意解之，退隐为弱者不适竞争之现象。欧俗以横厉无前为上德，亚洲以闲逸恬淡为美风。东西民族强弱之原因，斯其一矣。此退隐主义之根本缺点也。若夫吾国之俗，习为委靡，苟取利禄者，不在论列之数。自好之士，希声隐沦，食粟衣帛，无益于世，世以雅人名士目之，实与游惰无择也。人心秽浊，不以此辈而有所补救，而国民抗往之风，植产之习，于焉以斩。人之生也，应战胜恶社会，而不可为恶社会所征服；应超出恶社会，进冒险苦斗之兵，而不可逃遁恶社会，作退避安闲之想。呜呼！欧罗巴铁骑入汝室矣，将高卧白云何处也？吾愿青年之为孔墨，而不愿其为巢由；吾愿青年之为托尔斯泰与达噶尔（R. Tagore），印度隐遁诗人。不若其为哥伦布与安重根！

四、世界的而非锁国的

并吾国而存立于大地者，大小凡四十余国，强半与吾有通商往来之谊。加之海陆交通，朝夕千里。古之所谓绝国，今视之若在户庭。举凡一国之经济政治状态有所变更，其影响率被于世界，不啻牵一发而动全身也。立国于今之世，其兴废存亡，视其国之内政者半，影响于国外者恒亦半焉。以吾国近事证之，日本勃兴，以促吾革命维新之局；欧洲战起，日本乃有对我之要求。此非其彰彰者耶？投一国于世界潮流之中，笃旧者固速其危亡，善变者反因以竞进。吾国自通海以来，自悲观者言之，失地偿金，国力索矣；自乐观者言之，倘无甲午、庚子两次之福音，至今犹在八股、垂发时代。居今日而言锁国闭关之策，匪独力所不能，亦且势所不利。万邦并立，动辄相关，无论其国若何富强，亦不能漠视外情，自为风气。各国之制度文物，形式虽不必尽同，但不思驱其国于危亡者，其遵循共同原则之精神，渐趋一致，潮流所及，莫之能违。于此而执特别历史国情之说，以冀抗此潮流，是犹有锁国之精神，而无世界之智识。国民而无世界智识，其国将何以图存于世界之中？语云："闭户造车，出门未必合辙。"今之造车者，不但闭户，且欲以《周礼·考工》之制，行之欧美康庄，其患将不止不合辙已也！

五、实利的而非虚文的

自约翰·弥尔（J. S. Mill）实利主义唱道于英，孔特（Comte）之实验哲学唱道于法，欧洲社会之制度，人心之思想，为之一变。最近德意志科学大兴，物质文明造乎其极，制度人心为之再变。举凡政治之所营，教育之所期，文学技术之所风尚，万马奔驰，无不齐集于厚生利用之一途。一切虚文空想之无裨于现实生活者，吐弃殆尽。当代大哲，若德意志之倭根（R. Eucken），若法兰西之柏格森，虽不以现时物质文明为美备，咸揭橥生活 英文曰 Life，德文曰 Leben，法文曰 La vie 问题，为立言之的。生活神圣，正以此次战争，血染其鲜明之旗帜。欧人空想虚文之梦，势将觉悟无遗。夫利用厚生，崇实际而薄虚玄，本吾国初民之俗。而今日之社会制度、人心思想，悉自周汉两代而来，周礼崇尚虚文，汉则罢黜百家而尊儒重道，名教之所昭垂，人心之所祈向，无一不与社会现实生活背道而驰。倘不改弦而更张之，则国力将莫由昭苏，社会永无宁日。祀天神而拯水旱，诵《孝经》以退黄巾，人非童昏，知其妄也。物之不切于实用者，虽金玉圭璋，不布粟粪土！若事之无利于个人或社会现实生活者，皆虚文也，诳人之事也。诳人之事，虽祖宗之所遗留，圣贤之垂教，政府之所提唱，社会之崇尚，皆一文不值也！

六、科学的而非想像的

科学者何？吾人对于事物之概念，综合客观之现象，诉之主观之理性而不矛盾之谓也。想像者何？既超脱客观之现象，复抛弃主观之理性，凭空构造，有假定而无实证，不可以人间已有之智灵，明其理由，道其法则者也。在昔蒙昧之世，当今浅化之民，有想像而无科学，宗教美文，皆想像时代之产物。近代欧洲之所以优越他族者，科学之兴，其功不在人权说下，若舟车之有两轮焉。今且日新月异，举凡一事之兴，一物之细，罔不诉之科学法则，以定其得失从违。其效将使人间之思想云为，一遵理性，而迷信斩焉，而无知妄作之风息焉。国人而欲脱蒙昧时代，羞为浅化之民也，则急起直追，当以科学与人权并重。士不知科学，故袭阴阳家符瑞五行之说，惑世诬民；地气风水之谈，乞灵枯骨。农不知科学，故无择种去虫之术。工不知科学，故货弃于地，战斗生事之所需，一一仰给于异国。商不知科学，故惟识罔取近利，未来之胜算，无容心焉。医不知科学，既不解人身之构造，复不事药性之分析，菌毒传染，更无闻焉，惟知附会五行、生克、寒热、阴阳之说，袭古方以投药饵，其术殆与矢人同科。其想像之最神奇者，莫如"气"之一说，其说且通于力士羽流之术。试遍索宇宙间，诚不知此"气"之果为何物也！凡此无常识之思惟，无理由之信仰，欲根治之，厥维科学。夫以科学说明真理，事事求诸证实，较之想像武断之所为，其步度诚缓。然其步步皆踏实地，不若幻想突飞者之终无寸进也。宇宙间之事理无穷，科学领土内之膏腴待辟者，正自广阔。青年勉乎哉！

任鸿隽
科学与工业（节选）[1]
（1915）

吾闻今之谈学术者有言："古之为学者于文字，今之为学者于事实，二十世纪之文明无他，即事实之学战胜文字之学之结果而已。"斯言也，何其深切著明，而足代表科学之精神与能事也。自十七世纪培根、笛卡儿、加里雷倭、牛顿诸哲人降世以后，实验之学盛而科学之基立。承学之士，奋其慧智，旁搜博证，继长增高，遂令繁衍之事物，蔚为有理之科条。自然之奥窍愈明，人事之愿欲毕备。黉舍之中，百科灿然，授受精研，如恐不及。计自乡庠以逮大学，其人非愚钝，上达无碍者，必习明于几何代数之理，方圆形体之算；其在物理，必明于动力能量之定律，声先电磁之原理；其在化学，必明于八十三元子之化合，酸碱中性之变应，乃至有机物类之夥赜；其在自然界中，物植之生长，地质之构成，茫然无知，又学者之耻。甚哉！今日为学之道，诚与空言格物而坐俟豁然之一旦者，其难易繁简，不可同年语矣。是道也，不独先进之国为然，即步人后尘，遑遑然唯恐不及者，又何莫不然？读者试思吾国自以学校之制代科举，所遑遑然以求者，非此科学之移植，而坐收兴业之效耶？所殷殷然以忧者，非此学校之未足尽

---
[1]本文发表于《科学》1915年第10期第1089—1099页，兹据录文。

移植科学之天职，而奏兴业之实效耶？唯然，而言者不能无疑矣。

疑者曰：今之学校以实验科学为教者，吾不知其何居。凡诸物理化学诸书所有者，既成之定律与已往之实验耳，自牛顿之动力三律以至最近质射之理，观之诚亹亹矣，而何有于利用厚生之事？化学上能制绿气与钠质矣，而取盐者必穿井凿山，煮炼以得之，不恃试验室而后备也。是故学问与事业，常不相合，所谓高等教育科学能事者，不过为饰己炫人之具，而于前用殖货之事无与焉。吾欲兴一业，制一器，吾但就市人而问焉可矣，安用殚精竭虑，驰骛于精征要妙之理论，事倍而功乃半耶？

上所云云，不敢谓代表一般学者之心理，然略窥科学之门径而未竟厥源委者，则往往有此疑。今欲明科学之应用，当先言今昔工业之异。昔之所谓工业者，约言之，则如村女之织纫，匠人之斧椓，与陶冶之范器。其治业也，无过四体手足之勤；其庸劳也，无过十室百夫之众。其出产足给初民日用之需，其周流唯限于乡邑邻里之近。是故其事业之嬗衍也，唯是箕裘之递绍，而无学问思想之事行乎其中。今也不然，机械之用兴而分业之效著，一业之佣工，动以千万计；一工之所产，又十百倍于前焉。璝货山积，通市并海，财利之积愈弥，则兴业之情愈盛，而工业之进步，乃为时势所通桴而不容已。此谈生计者所以划欧洲十八世纪学术之发明，为工业革命时代，而西方百余年来物质之发达，国富之增进，胥由于此。吾且弗言吾国产业之迟顿不进，其原因安在。吾且与读者一观欧洲十八世纪以前工业之状态，盖若与我不相迳庭，而百余年来彼方进步之速，发达之盛，乃使我望尘莫及，临岩而返，何也？吾思之，吾重思之，十八世纪以前之西方，与今日之中国，其学术之未及于工业同也，故其沉滞不进之状亦同。十八世纪以后之西方，与今日之中国，其工业学术之发达异也，故其工业进退之状亦异。虽然，十八世纪以前之欧洲，科学虽未大昌，而种子则已萌芽于培根之归纳论理与牛顿诸氏之实验发明。今之中国，既无科学矣，而国人乃未梦及科学与工业之关系。学术之不修，原理之不习，贸贸然号于众曰：兴工业！兴工业！无本而求叶茂，见弹而求鸮炙，是不亦太早计矣乎。

是故古今工业之异点安在乎？一言以蔽之曰：古之工业，得于自然与习惯之巧术；今之工业，得于勤学精思之发明。古之工业，难进而易退；今之工业，有进而无退。何则？有学问以为后盾故也。今欲列举近世之工业出学问讲求之结果者以实吾言，其事无往不在，悉数之更仆未可终也。

【略】

SCIENCE

科學

本期要目

心理學與物質科學之區別
說中國無科學之原因
水力與汽力及其比較
中美農業異同論
生物學概論

民國四年正月
科學社發行

第一卷 第一期　　每冊二角五分

06
科学社

《科学》发刊词[1]
（1915）

迩来杂志之作亦夥矣。愤时之士，进不得志于时，退则摇笔鼓舌，以言论为天下倡。抑或骚人墨客，抑郁无聊，亦能摅写怀抱，发舒性情，鸿文丕焕，号召声类。此固政客文人所有事，而于前民进德之效，未尝不有获也。独是一物之生，有质而后有力；一事之成，有本而后有末。五石之瓠，非不庞然大也。以盛水浆，其坚不能自举。世界强国，其民权国力之发展，必与其学术思想之进步为平行线，而学术荒芜之国无幸焉。历史具在，其例固俯拾即是也。

抑欧人学术之门类亦众矣，而吾人独有取于科学。<u>科学者，缕析以见理，会归以立例，有觑理可寻，可应用以正德利用厚生者也</u>。百年以来，欧美两洲声明文物之盛，震铄前古，翔厥来原，受科学之赐为多。<u>科学之为物，未可以一二言尽也</u>。科学之效用，请得略而陈之。今夫吾人今日，陆行则驭汽车，水行则驾轮舟，绝尘而驰，一日千里。山陵失其险阻，海洋失其邈远，五方异族，往来如一

---

[1] 据民国四年（1915）《科学》第 1 卷第 1 号第 3-7 页录文。

堂者，此发明蒸汽机关者之赐也，趋利赴急，片时可寄千里之书，亲戚远离，睽居而得晤言之雅，则发明电力机械者之赐也。且也，机械之学，进而益精；蒸汽电力，以为原动。则一日而有十年之获，一人而收百夫之用，生产自倍，闾阎殷赈。近稽统计，远西名邦，若美，若英，若法，若德，二十年间，国富之增，或以十倍，或以五倍，或以三倍。假非其人好勤远略，糜财经武，则彼社会学家所理想"去贫"之说，未始不能实现也。此科学之有造于物质者也。

不宁唯是，生民之初，与天然战，其所恃者，唯是体力。洪水饥馑疫厉夭札之来，无以御之也。挽近科学大昌，风雨之变，测候既精，地形之利，相度必尽。不惟洪水饥馑之灾可免也，乃生物之理，辨极于微茫；药石之用，利尽乎金石；卫生之要，普为常识；疫厉之氛，消于比户。大耋可以坐登，寿考竟得力致。故千八百五十年，美国人平均岁数[1]为二十三岁零百分之十者；至千九百年，则为二十六岁零百分之三十三。千百五十一年，英国人平均岁数为二十六岁零百分之五十六者；至千九百年，则为二十八岁零百分之九。其增长之律，盖可睹矣。此科学之有造于人生者也。

不宁唯是，科学所影响于人类之智识，又有可言者。当中世纪之初，欧洲大陆有宗教迷信，为人类智识进步之障碍。不独学说之背于教义者，莫由滋长也。乃谓听天敬神，则自然可任，桎梏人心，莫此为甚。使非科学家如加里雷倭（Galelio）者，本其好真之心，行其求是之志，血战肉薄，与宗教争此思想上之自由，则至今犹蒙屯可也。文学复兴之后，人竞文彩，则赫胥黎、斯宾塞尔之徒，又主张以自然科学为教育学子要道。乌乎！今人抵掌而谈地方，伏地而拜闪电，则三尺童子，知悼笑之矣。然非得科学上之证明，究何以识地之本形与电之原理哉？此科学之有造于智识者也。

不宁唯是，科学与道德，又有不可离之关系焉。今人一言及科学，若啬属于智识，而于道德之事无与焉者，此大误也。管子曰："仓廪实而知礼义，衣食足而知荣辱。"此古今不易之定理也。故科学之直接影响于物质者，即间接影响于道德。且人之为恶，固非必以是为乐也，辨理之心浅，而利害之见淆，故有时敢为残贼而不顾。自科学大昌，明习自然之律令，审察人我之关系，则是非之见真，而好恶之情得。人苟明于经济学之定理，知损人之终于自损也，必不为以邻为壑

---

[1]原注：一国平均岁数，以其国人数除其总岁数算得之。

之行。明于社会学之原理，知小己之不能独存，而人生以相助为用也，而人偶共作慈祥岂弟之心油然而生矣。又况以科学上之发明，交通大开，世界和同，一发全身之感，倍切于畴昔。狭隘为己之私，隐消于心曲，博施济众，泽及走禽，恤伤救难，施于敌士，四海一家，永远和平，皆当于科学求之耳，奚假铄外哉。

乌乎！临渊羡鱼，不如退而结网；过屠门而大嚼，不如归而割烹。国人失学之日久矣，不独治生楛窳，退比野人，即数千年来所宝为国粹之经术道德，亦陵夷覆败，荡然若无，民生苟偷，精神形质上皆失其自立之计。虽闭关自守，犹不足以图存，矧其在今之世耶？夫徒钻故纸，不足为今日学者，较然明矣。然使无精密深远之学，为国人所服习，将社会失其中坚，人心无所附丽，亦岂可久之道。继兹以往，代兴于神州学术之林，而为芸芸众生所托命者，其唯科学乎，其唯科学乎！

同人不佞，赖父兄伯叔之力，得负笈远西，亲睹异邦文物之盛。日知所亡，坎然其不足也。引领东顾，睠然若有怀也。诚不自知其力之不副，则相与攫讲习之暇，抽日月所得，著为是报，将以激扬求是之心，引发致用之理，令海内外好学之士，欲有所教于同人者，得所藉焉。是则同人所私愿，而社稷尸祝之者也。

科學方法論一：

科學方法與精神之大概及其實用

胡 明 復

"科學"問世以來，迄今已一載有半，雖於科學大體之關係上屢所有貢獻，然於科學之方法則未及，卽偶及之亦未詳加討論，豈以其爲非要而忽之乎？非也，正以其要而未敢易言耳。顧科學之範圍大矣：若質，若能，若生命，若性，若心理，若社會，若政治，若歷史，舉凡一切之事變，孰非科學應及之範圍，雖謂之盡宇宙可也。披耳生 (Pearson)[1] 曰"夫科學之資材，蓋與宇宙齊限：非僅限於現今實在之宇宙而已也，凡倂宇宙以內生物所有過去未來之歷史盡屬焉。苟令過去未來現在之事變無一不經研究分析類別而與他事相聯絡矣，則科學可謂已造其極。然此非謂人生不絕，人史不輟，則科學其永無終期乎？"且夫事理之繁，變端之奇，種類之多，性質之異，在在增加科學之困難，學者目眩智迷，莫知所從，乃欲於無窮之中取其同異，通其變化，溯其通則，不亦難乎？則科學方法之重要，可想而知矣．

且夫科學何以異於他學乎？謂其取材之不同乎？則哲學與文學皆取材於自然，而皆不以科學稱，且科學之中，每有

---

[1] Karl Pearson: *The Grammar of Science*, Second edition, 1900, London, p. 12.

07 胡明复
科学方法与精神之大概及其实用[1]
（1916）

"科学"问世以来，迄今已一载有半，虽于科学大体之关系上屡所有贡献，然于科学之方法则未及。即偶及之，亦未详加讨论，岂以其为非要而忽之乎？非也，正以其要而未敢易言耳。顾科学之范围大矣：若质，若能，若生命，若性，若心理，若社会，若政治，若历史，举凡一切之事变，孰非科学应及之范围？虽谓之尽宇宙可也。披耳生（Pearson）[2]曰："夫科学之资材，盖与宇宙齐限，非仅限于现今实在之宇宙而已也，凡并宇宙以内生物所有过去未来之历史，尽属焉。苟令过去、未来、现在之事变无一不经研究分析类别而与他事相联络矣，则科学可谓已造其极。然此非谓人生不绝，人史不辍，则科学其永无终期乎？"且夫事理之繁、变端之奇、种类之多、性质之异，在在增加科学之困难。学者目眩智迷，莫知所从，乃欲于无穷之

---

[1] 胡明复（1891—1927），江苏无锡人，数学家。在美国获哈佛大学博士学位，也是中国第一个在国外获得的数学博士学位。曾参与创建中国最早的综合性科学团体"中国科学社"，以及最早的综合性科学杂志《科学》。本文发表于《科学》1916年第7期第719-727页，兹据录文。

[2] 原注：Karl Pearson: *The Grammar of science*, Second edition, 1900, London, p.12.

中取其同异，通其变化，溯其通则，不亦难乎？则科学方法之重要，可想而知矣。

且夫科学何以异于他学乎？谓其取材之不同乎？则哲学与文学皆取材于自然，而皆不以科学称。且科学之中，每有彼此之间犹南辕之与北辙，而有时反与非科学相关至密切者。夫取材相同而科学与非科学乃判然两分，物质不类而反同列为科学，是何故欤？盖科学必有所以为科学之特性在，然后能不以取材分。此特性为何？即在科学之方法。

披耳生曰[1]：

"苟科学方法能成习惯，则凡事皆可成科学，此为科学方法之特点。科学之范围无限，取材无穷，举凡自然之现象，与社会之生活，文化发展之过去未来，皆为科学之资材。科学之主体在其特异之方法，而不在其资材之为何种。有搜集事变而分析类别之以察其关联通理者，无论其事之为何物，概为应用科学方法，而以科学家名之。然此事变，可为人类历史之过去，可为通都大邑之统计，可为极远星球上之大气，可为蠕虫腹内之消化器，亦可为微生物之生活史。非所论之资材有以定其为科学与否，而其方法实为之。"

然则科学方法特异之处何在？为演绎乎？抑为归纳乎？先请一辩演绎、归纳二法之性质。

演绎者，自一事或一理推及他事或他理，故其为根据之事理为已知，或假设为已知，而其推得之事理为已知事理之变体或属类。归纳则反是。先观察事变，审其同违，比较而审察之，分析而类别之，求其变之常、理之通，然后综合会通而成律，反以释明事变之真理。故归纳之法，其首据之事理为实事，而其归纳之结果则为通理，即实事运行之常则也。自此性质上之区别观之，科学之方法当然为归纳的，科学取材于外界，故纯粹演绎不能成科学。此理至明。盖演绎必有所本，今所究为外界，则所本必不可为人造。是以演绎之先，必有归纳为之基。

虽然，纯粹归纳亦不能成科学。夫科学之原理必始于归纳固矣，然归纳有极点乎？严格言之，事变不尽，则归纳之理不立。日月东昇西落，此人所习知，而归纳之结果也，然安知明日不西昇东落乎？故虽日月东昇西落之常理，亦不得谓为绝对之归纳，其理之永远确实与否终在不可知之列。然则宇宙之变无已时而人世有限，归纳之理其永不立矣乎！是以科学上之归纳，犹常事上之归纳，皆有其

---

[1]原注：Pearson：同书，p.12.

限制，盖仅能征集多数之事变而观其通则，非能尽宇宙中之事变也。以其归纳非绝对，故其归纳所成之理仍含有假设之性质，犹谓苟此归纳之理确为真理，则此理为真。易词言之，归纳之理仍不啻为假设之理，第其假设根据于事实，非凭空意造之类耳。

科学之方法，乃兼合归纳与演绎二者。先作观测，微有所得，乃设想一理以推演之，然后复作实验，以视其合否。不合则重创一新理，合而不尽精切则修补之，然后更试以实验，再演绎之，如是往返于归纳演绎之间。归纳与演绎既相间而进，故归纳之性不失，而演绎之功可收，斯为科学方法之特点。

然余所欲特别着重者，为其归纳之性。不有此性，科学已失其为科学，遑顾其他，此所以科学之发达不在中古以前而在文化再兴（Renaissance）以后也。此理至明。科学之目的，在求自然界之真。自然既无求于人，则人必就之。欲解释事变，则不能不根据于事变，然后实事与理解乃能契合。归纳之性，盖使理论与事实常相接触也。

科学方法之大概，约如上述。其于科学自身上之重要，人所尽知，无庸作者赘述。然科学方法之影响，尚远出于科学自身发达以外。科学知识于人类思潮、道德、之文化、之影响视其有功人类犹远过之，于此遂不得不合科学之方法与精神二者为一谈。精神为方法之髓，而方法则精神之郭也。是以科学之精神，即科学方法之精神。

科学方法之惟一精神，曰"求真"。取广义言之，凡方法之可以致真者，皆得谓之科学的方法；凡理说之合于事变者，皆得谓之科学的理说；凡理论之不根据于事实者，或根据于事实而未尽精切者，皆科学所欲去。概言之，曰"立真去伪"。故习于科学而通其精义者，仅知有真理而不肯苟从，非真则不信焉。此种精神，直接影响于人类之思想者，曰排除迷信与妄从。考诸西国科学发达史，盖自科学发展以来，几无日不与旧迷信、旧习尚、旧宗教、旧道德相搏战，然其结果则不特科学自身之发展而已也，即风俗道德与宗教亦因之日进于纯粹，而愈趋于真境。怀忒（Andrew D. White）[1]谓自历史上观察之，凡科学与宗教之搏战，其结果无不为两利。赫胥黎论自有科学以后思想之变异，谓"中古之时，咸信地为

---

[1] 原注：A. D. White: *A History of the Warfare of Science with Theology in Christendom*, 1914, Introduction.

宇宙之中心，而世界则为人类而设造。然今则谓自然为天然有规则之运行，非有外物之可为指使，故人类之职务在察求其运行之规则，利用之以自治其身。且古今崇信之端亦大异矣。古者泥于陈言古训，寻章摘句；今则以自然之真为维一标准，且自知人类知识之残缺不完，而求真之诚益坚。立言而不以实事为之根，由今视之，非特伪诞，且罪孽也"。即此数事，其影响于吾人处世之态度，遇事之方术者至大，虽谓近世文明出于是焉，非过言也。返顾吾国，则犹如西国之中世纪，斤斤焉于古人之一言数语，而不察于实事，似以为宇宙中之大道至理皆可由此一言数语中得之。今日"复古"之潮流，犹是此心理之流毒。而此种寻章摘句之又一大恶果，则为其重于章句而忽于真义，是以往往言不由衷，言行相违，宛如两人。廉耻道丧，而文化亦日即衰落。学问道德政治社会，皆存其形仪而失其实际，可慨也已。然则有补救之方策乎？曰有，提倡科学，以养"求真"之精神。知"真"，则事理明，是非彰，而廉耻生；知"真"则不复妄从而逆行。此为中国应究科学之最大原因。若夫科学之可以富国强兵，则民智民德发育以后自然之结果，不求而自得者也。

且夫社会国家之康健稳固，全系于社会国家中个人之责任心。人类无群，无以自存，故有社会，有国家。故国家社会为民有，为民造，为民主，而国民对于国家社会遂有其应尽之责。科学审于事理，不取意断，而惟真理是从，故最适于教养国民之资格。审于事理，则国家社会与个人之利害关系明。不从意断，则遇事无私。惟真理是从，故人知其责之所在。自反面言之，国民对于社会国家心切，故监察綦严，虽有败类佥壬而社会国家不为所倾覆。此科学精神之直接影响于社会国家之安宁与稳固者也。

且夫社会之事变，亦自然之现象也，何独不可以科学之方法解决社会上之问题？近世西国每数年必为一统计，每有一事则为调查，于是于社会上之倾向，之习好，之弊端，之优点，皆了然无遗，乃复依情设救，防患于未然，其成绩盖已昭著矣。复试举地方卫生，劳工生活诸事，孰非与社会全体有密切之关系而皆可以科学之方法解决者也。更进而言之，试论外斯曼性传之说[1]。其说谓吾人习成之习惯而本非天授者，不能遗传。今姑不论其说之为完满与否。假令此说而实，则人之生性为善而习于为恶者，其子其孙不必即生性为恶。故苟以善良之教育与其

---

[1] 原注：Weissmann: *Essays on Heredity and Kindred Biological Problems*, Oxford, 1889.

子孙，而不令与恶社会相接触，则其子孙多能为善。反之，生性为恶者，虽偶习于善，其子其孙亦必不良，即可以直接或间接之方法阻滞其繁殖。此于无形之中增加社会之善良份子也。诚令外斯曼之说不尽然，此理仍不因之少弱。盖吾人之行为，系于生性者半，系于教育者半，去其恶性而授以良教育，此不易之至理也。

今之论科学救国者，又每以物质文明工商发达立说矣。余亦欲为是说。虽然，科学不以实用始，故亦不以实用终。夫科学之最初，何尝以其有实用而致力焉，在"求真"而已。真理既明，实用自随，此自然之势，无庸勉强者也。是以"求真"为主体，而实用为自然之产物，此不可不辩者。自科学发达以后，凡阅三世纪而后其实用乃大见，科学之先祖固未尝梦想有今日也。夫科学之最初，莫不始于至微，其最初皆无关紧要，而其结果则往往为科学界立新纪元，于社会上造一新思潮、新文化。如牛顿之万有引力，以石落与月转相合于一理；伽尔伐尼（Galvani）以死蛙与铁铜相接，其足乃自伸缩；达尔文之观察动植种子随境变宜之现象；又如巴斯多耳与他人之研究种种微生物。若此者，其始皆至微，绝无实用之可言，而其结果则不特科学界上开辟新纪元，宇宙全体之观念为之大变，而凡吾人平日之生活态度、交通方法、社会行为、道德思想，俱受其直接与间接之极大影响。当其发见之初，无非出于研究者"求真"之一念，并未计及其有实用否也，故其精力智虑能集于至微，不以其无实用之价值而弃之，而其功乃不朽。苟令研究者孳孳以实用为主，诚恐其终无所获也。谁复预知伽尔伐尼之蛙足为今日海底电线之伏根哉！科学史上尤不乏其例也。

夫未知其有用而终竭终身之力求之者，其间殆有一种不可思议之精神在。朴完卡雷（Poincaré）曰[1]："彼乐之，故从事焉；彼乐之，以其为至美。苟自然而非至美者，则不值一知，此生亦复何趣。余为此言，非谓自然之能悦我耳目也，亦非谓其能致用于我也。是二者，我亦不谓恶，第非我所重耳。我所谓至美者，为自然界中事物网理之和一，而此则惟纯智能察之。此为主体，其所为吾人所觉视而应用者为其霞光。苟此主体不存，则吾人习见之丽之美，皆将如梦魇而非久永。且纯智中之至美，为自存，为无待，为无上至珍。为科学，故科学家乐为捐生，虽人生之乐利犹为其次焉。"

自然之美，在其简而通。人智可思之，可窥之，而不可尽之。简而通，故宜

---

[1] 原注：Poincaré: *Science and Method*（English translation），p.22.

于知识；宜于知识，故最宜于实用。是则自科学之实用，亦可略见自然之为至美矣。马赫（Mach）则谓科学之倾向取捷径，取其费力最少而收效最多，故最简捷而通彻者则得认以为真律。然非自然之为至美，又焉能有此？论者慎勿以为今日欧美之文化为其有科学之实用也，此特为其近因近果而非其主因。其主因则在其民族之爱自然之至美；爱自然之至美，故乐于求真理。朴完卡雷以希腊文化之能独盛于古代，今日欧人之能优胜于世界，悉归功于希腊与欧民之爱纯智中之至美[1]，岂过言哉！吾人可以知所重矣。

  吾标题为科学方法而遂纵论及科学之精神与其实用者，盖方法与精神本为一体，不有其精神而求通其方法，末由也。其方法之实际，将于次篇言之。

---

[1] 原注：Poincaré: 同书，p.24.

08 侯德榜

科学与工业[1]
（1917）

（本篇系1917年在科学年会演说辞）

鄙人本年在外实习七阅月，所见工厂十数所，兹谨将在厂观察结果与诸君讨论，惟时间短促，未能涉及其详，是可憾已。鄙人本题系"科学与工业"，即讨论科学与工业相关之密切。

科学有以专指纯粹的科学或狭义的科学而言，皆非其全也。科学不必限于物[2]理化学，亦不必限于生理哲学，科学乃有统系的思想之意也。凡人生事业，天然界现象，用心思考察之，将所得结果条分类别，皆得称科学。故今日论政治之书称政治学，论家国富源之书称经济学，论教育之书称教育学，论商业之书称商学。质而言之，一项事业有能细费心思，察其关系，求其因果，即该事业之科学。

何谓工业？工业者，应用科学学理之事业也。工业家精于科学学理，且具有应用该学理之才干者也。科学家求科学之律令，工业家用科学之律令。科学家作试验于试验

---

[1] 侯德榜（1890—1974），福建闽侯人，化学家，中国近代化学工业奠基人之一。在美国哥伦比亚大学获博士学位，回国后与范旭东合作，创立侯氏制碱法，筹建化工企业。新中国建立后任中国科协副主席、中国化工学会理事长等。本文发表于《科学》1918年第1期第38-42页，兹据录文。

[2] 物，原讹作"特"，据文意改。

室；工业家作试验于工业场。科学家所为小而精；工业家所为大而约。然其所究者皆天然界之法理也。科学家能将其所得施诸实用，即成工业家；工业家在其事业考求新法，发明新理，亦即科学家。科学、工业体同而用异耳。

今欲证科学与工业相关之密切，请将实业中之要素抽绎而略论之，始知两者实节节相关。凡具办工业必具下开之六要素：

1. 原料　　4. 器械
2. 资本　　5. 管理
3. 人才　　6. 销发

1. 原料　兴办工业须先有原料。而原料非随手拾得，必须人力采求。又原料往往须先经多少理治，方可用以制物品。例如地中之矿砂，何以采求之则矿师之事，矿师必须精于矿学。矿学者、科学学理应用于矿业者也。既得矿砂，则此矿砂非即可用以制成商品也。又必待锻冶，而何以锻冶之，则冶金家之事，冶金家必须精于冶金学。冶金学者，科学学理应用于冶金者也。其他原料以此类推，此科学与工业之关系一也。

2. 资本　原料既备矣，无资本则实业仍不能举办，矧近今事业需本极重，断非一人一家所能独任，必也合夥乎！集股乎！向银行借贷乎！资何以合，股何以集，借贷照何例，公司如何组织，赢利如何支配，种种营业问题，非精通经济学、商学、银行、簿记诸学之人，不克胜任，而经济学、商学、银行学、簿记等亦即科学也。此工业与科学之关系又一也。

3. 人才　凡开办工业，制造一品必用精通该品制造之人。此项专门人才即今所称某某制造科工程师是已，其人精学理，富实验，凡关于制造之法悉由其人监督。厂内另设有试验室，凡物料在制造中各阶级均须由该试验室稽验。遇一法不甚完善，则由该试验室研究，别求新法，期或节省工力，或促短时间，或改良品质，或减轻成本。国中非科学精进，学科美备，不能养成此项人才。此科学与工业相关又一也。

4. 器械　近今工厂每廿四小时出品之多，为数千万只，为重十百吨，则非机器不能为功。且欲求货品精致、小大划一，尤非用机器不可。机器之行必赖动力，或汽力，或电力，或水力不一，然制造此项机器，发生此项动力，乃器械工程师、电机工程师、土木工程师之事。而此项之人各精于力学、电学、水学者，此类之

科學與工業

侯德榜

（本篇係1917年在科學年會演說辭）

鄙人本年在外實習七閱月,所見工廠十數所,茲謹將在廠觀察結果與諸君討論,惟時間短促未能涉及其詳,是可憾已,鄙人本題係"科學與工業,"即討論科學與工業相關之密切.

科學有以專指純粹的科學或狹義的科學而言,皆非其全也.科學不必限于物理化學,亦不必限于生理哲學,科學乃有統系的思想之意也.凡人生事業,天然界現象,用心思攷察之,將所得結果條分類別,皆得稱科學,故今日論政治之書稱政治學,論家國富源之書稱經濟學,論敎育之書稱敎育學,論商業之書稱商學,質而言之,一項事業有能細費心思,察其關係,求其因果,即該事業之科學.

何謂工業?工業者應用科學學理之事業也.工業家精於科學學理,且具有應用該學理之才幹者也.科學家求科學之律令;工業家用科學之律令.科學家作試驗于試驗室;工業家作試驗于工業場.科學家所爲小而精;工業家所爲大而約.然其所究者皆天然界之法理也.科學家能將其所得施諸實用,即成工業家;工業家在其事業攷求新法,發明新理,亦即科學家,科學工業體同而用異耳.

学又皆应用的科学。此科学与工业相关又一也。

5. 管理 管理初视似与科学无关，其实关系至为重要。欧美之人初亦忽之，今已见及此。甲、乙两工厂所用原料同，器械亦相垺，及至出货售卖，甲厂享大赢利，乙厂则小有盈余。无他，管理之法善与不善也。在于一定时间，如何求最多出品；由定量原料，如何得最多成品；造作应照何种规则，举动各定若干时间；工人如何鼓励；如何启导；何以省工力；何以节废弃。种种研究，一面有利于工人，一面大造福于工厂。是以今日学校设商业管理专科（Business Management）、工程管理专科（Engineering Administration），而工厂则行科学管理之法（Scientific Management：Taylor System 等）。此等之事在昔视如无足轻重，今则立为专科。此科学与工业相关又一也。

6. 销发 既有原料、资本、器械、人才，得制出成品矣。若货品不能及时销售，或壅积不易畅销，则工厂终归失败。况近今工厂每日出货既多，若无科学的办法，必有停滞之虑。故今日各厂设有广告处，专管发登广告之事；批发处专管招徕购买之事。此外，设诸办事处于国中大埠（如美国各大厂皆有办事处设于纽约），又延聘若干经理人，分遣国内外各埠为本厂说项，赞数本厂货物之特色，劝人购用。（如本厂制造机器，则其经理人往往到顾客之家，察其详情，劝其用若干马力之机器，教其如何安置，如何作用，而不取分文。）此种布置有如有机体物，其机关之灵巧，办理之完善，非有科学的办法莫克臻此。此科学与工业相关又一也。

不特科学与工业有密切之关，而且工业每从科学而生。昔之青靛（indigo）由青靛草叶滴取，今之青靛用化学法制造，则人为的青靛之工业，科学之所产也。昔之土耳其红（alizarin or turkey red）由茜草根滴取，今之土耳其红用化学法制造，则人为的土耳其红之工业，科学之所产也。其他如樟脑、橡皮等，昔由天然出产，今因科学昌明，以人为代之。此类工业不能毕举。盖自正面言之，有科学即有工业，何则？科学具，自有以科学用于实业者，则是工业具矣。有工业亦不至无科学，何则？求工业之精美，必须精究该业之科学，由是科学亦兴矣。自反面言之，无科学不能振兴工业，无工业无以促进科学，科学工业两者辅车相依，莫能脱彼此而独立。

09
蔡元培
读周春岳君《大学改制之商榷》[1]
（1918）

周君所引定案二条，为校务讨论会所提出者。其后经教育部改定，而于六年九月二十七日，颁修正之《大学令》，则第一条虽如旧（今之第八条），而第二条则更定为左之第二条、第三条：

第二条　大学分为文科、理科、法科、商科、医科、农科、工科。

第三条　设二科以上者，得称为大学；其但设一科者，称为某科大学。

周君主张增加中学年限，而不以大学设预科为然，固亦持之有故。然吾国中学虽止四年，而合以前之小学四年、高等小学三年，计之实已为十一年。德国之中学虽曰九年，而小学毕三年级者，可直入中学，合计实十二年，较我国

---

[1] 蔡元培（1868—1940），浙江绍兴人，民国教育家和革命家、政治家，辛亥革命后任教育总长，1916年至1927年间任北京大学校长，推动了新文化运动。1928年至1940年任中央研究院院长。该文原分两部分，分别刊登于《北京大学日刊》1918年4月15日与16日第四版"艺文"。又见载于《新青年》1918年第4卷第5号。今据《北京大学日刊》录文。

多一年。法国之中学七年，而小学毕三年级者，亦可直入中学，合计实止十年，较我国乃少一年。其他英、美、日本各国，合中学、小学年级计之，亦大抵不出十二年以上。而德国中学分为三种，实为大学及高等学校之预备。法国中学于后三年分四班，亦即此意。是皆于中学中含两种作用：（一）高等普通学；（二）高等专门教育之预备是也。德、法之中学制，皆兼此两种作用，故年限较长。而我国及日本制，则偏重高等普通学，故年限较短，于大学则特设预科。（日本之高等学校，亦即大学之预科。）两者各有所长，鄙意则以后者为较便。盖一国之中，中学之数必远过于大学。入中学者，初不必皆入大学。若编入大学预科之课程于中学，则不便于不入大学之中学生，一也。我国教育尚未发达，各地方之中学，程度至为不齐。编入大学预科课程，毕业后亦往往不能直入大学，反不如设一预科以消息之，二也。中学之经费，出于各地方；大学之经费，出于中央。（其私立者，亦必财力较厚。）于各地方骤增中学延长年限之经费，其糜费较多，而实行之期，不免参差。若在大学保存预科之制，则糜费较少，而履行易，三也。故预科之制，似无改革之必要。惟我国中小学年限，虽较法国多一年，而中学毕业生程度，远不及法国学生。则（一）由我国兴学未久，教授多未合法；（二）由我国人学国文，既较西人为难，而学外国语，则尤难于欧美各国人之互学。既于此二者倍蓰其日力，则他种科学，不免相形见绌也。若仿日本制，延长中学为五年，当能较善。然如德国制，自小学以至大学毕业，不过十六年，而彼国学者，如阿斯佛尔等，尚病其过长，以为于机械的学校中，耗费青年服务社会之日力，至为可惜。而我国现行学制，自小学以至大学毕业，已占十七年，若又增一年，则十八年矣。是否过长，此亦不可不研究者也。

周君又以通常大学专设文、理二科为不然。案此条为鄙人所提议。<u>鄙人之意，学与术虽关系至为密切，而习之者旨趣不同。文、理，学也。</u>虽亦有间接之应用，而治此者以研求真理为的，终身以之。所兼营者，不过教授著述之业，不出学理范围。<u>法、商、医、工，术也。</u>直接应用，治此者虽亦可有永久研究之兴趣，而及一程度，不可不服务于社会；转以服务时之所经验，<u>促其术之进步。与治学者之极深研几，不相侔也。鄙人初意，以学为基本，术为支干，不可不求其相应。</u>故民国元年修改学制时，主张设法、商等科者，不可不兼设文科。<u>设医、农、工各科者，不可不兼设理科。</u>是年十月所颁之大学令第三条曰："大学以文、理二科为主。须合于左列各款之一，方得名为大学：（一）文、理二科并设者；（二）文科兼法、商二科者；（三）理科兼医、农、工三科，或二科、一科者。"即鄙人所草也。六年以来，除国立北京大学外，其他公立、私立者，多为法、商等科，间亦兼设法科、工科，均无议及文、理二科者。足为吾国人重术而轻学之证。至于兼设文、理、法、工、商各科之北京大学，则又以吾国人科举之毒太深，升官发财之兴味本易传染，故[1]文、理诸生亦渐渍于法、商各科之陋习。（治法、工、商者，本亦可有学术上之兴会，其专以升官发财为的者，本是陋习）而全校之风气，未易澄清，于是有学、术分校之议。鄙人以为治学者可谓之"大学"，治术者可谓之"高等专门学校"。两者有性质之别，而不必有年限与程度之差。在大学，则必择其以终身研究学问者为之师，而希望学生于研究学问以外，别无何等之目的。其在高等专门，则为广集资料，实地练习起见，方且于学校中设法庭、商场等雏形，则夫延现任之法吏、技师以教之，亦无不可；即学生日日悬毕业后之法吏、技师以为的，亦无不可。以此等性质之差别，而一谓之"大"，一谓之"高"，取其易于识别，无他意也。然我国曾仿日本制，以高等学堂为大学堂之预备。又现制高等专门学校之年限，少于大学三年或四年。社会上对于"大"字、"高"字，显存阶级之见，不免误会。故鄙人所提于校务讨论会者，不持前说而持一切皆为大学之说，惟于分合之间调剂之。此则以文、理两科为普通大学，而其他各科别称某科大学之主张也。周君主张综合不在一处之各科以为大学，此不独伦敦大学为然，法国之大学亦多如此，在鄙人以为无甚理由。若取其教科之互相补充耶，则如德制之高等工商学校，并不组入大学，而其中有若干科目，任学生互听。盖各校自可有联络之作用，初不在乎综合。若以为"增机关增经费"耶，则未知各科不在一处之组合，有何等经费可省也？故鄙人以为此皆无虑。惟鄙人虽有前议，且亦得校务讨论会全体之赞同，而教育部终不以为然。故修正《大学令》，并不指定何科，而仅为"专设一科"。若"两科以上"之规定，对于各方面，无不可通。或如周君之意，合六科、七科而为一大学，可也。或如元年旧令，设文、理二科，或文、法、商三科，或理工、理医等二科，可也。或如鄙人之议，专设文、理二科，及别设工科、法科等一科，亦可也。或如各种私立大学之专设法、商二科，亦无不可也。使周君见此令，当释然矣。

---

[1] 故，原作"改"，系"故"形近讹字，据《新青年》第4卷第5号改。

何爲科學家？

任鴻雋

這篇文字，是我才由美國回來的時候，在上海寰球學生會的演說當時曾經上海各日報記載過但是記得不完備，我久想把他另寫出來。後來新青年記者來要文章一時無以應命因趁此機會把這個題目寫出來同大家商量。

我同了幾位朋友從美國回到上海的第二天，就看見了幾家報紙，在本埠新聞欄中，大書特書的道，「科學家回滬」。我看了這個題目就非常的惶惑起來你道爲什麽原故呢？因爲我離中國久了，不曉得我們國人的思想學問造到了甚麽程度這『科學家』三個字若有是認真說起來，我是不敢當的；若是照傍的意思講起來，我是不願意承受的，所以我今天倒得同大家講講。

我所說的傍的意思大約有三種，一種是說科學這東西是一種玩把戲，變戲法，無中可以生有，不可能的變爲可能講起來是五花八門但是於我們生活上面是沒有關係的。有的說，你們天天講空氣是生活上一刻不可少的，爲甚麽我沒看見甚麽空氣也活了這麽大年紀呢？有的說用了機械就會起機心；我們還是抱甕灌園何必去用桔橰呢有的說用化學精製過的鹽和糖倒沒有那未經精製過的鹹甜得有味。有的說，「不乾不淨吃了不生毛病」，何必講求甚麽給水工程考驗水中的微生物呢總而言之這種見解，看得科學既是神祕莫測又是了無實用所以他們也就用了一個『敬鬼神而遠之』

10 任鸿隽
何为科学家[1]
（1919）

这篇文字，是我才由美国回来的时候，在上海寰球学生会的演说。当时曾经上海各日报记载过，但是记得不完备，我久想把他另写出来。后来《新青年》记者来要文章，一时无以应命；因趁此机会，把这个题目写出来，同大家商量。

我同了几位朋友，从美国回到上海的第二天，就看见了几家报纸，在本埠新闻栏中，大书特书的道，"科学家回沪"。我看了这个题目，就非常的惶惑起来。你道为什么原故呢？因为我离中国久了，不晓得我们国人的思想学问，造到了甚么程度。这"科学家"三个字，若是认真说起来，我是不敢当的；若是照旁的意思讲起来，我是不愿意承受的，所以我今天倒得同大家讲讲。

我所说的傍的意思，大约有三种。一种是说科学这东西，是一种玩把戏、变戏法，无中可以生有，不可能的变为可能，讲起来是五花八门，但是于我们生活上面，是没有关系的。有的说，你们天天讲空气是生活上一刻不可少

---

[1] 本文发表于《新青年》1919年第3期第247–253页，兹据录文。

的，为什么我没看见什么空气，也活了这么大年纪呢？有的说，用了机械，就会起机心，我们还是抱瓮灌园，何必去用桔槔呢？有的说，用化学精制过的盐和糖，倒没有那未经精制过的咸甜得有味。有的说，"不干不净，吃了不生毛病"，何必讲求什么给水工程，考验水中的微生物呢？总而言之，这种见解，看得科学既是神秘莫测，又是了无实用，所以他们也就用了一个"敬鬼神而远之"的态度。拿来当把戏看还可以，要当一件正经事体去做，就怕有点不稳当。这种人心中的科学，既是如此；他们心中的科学家，也就和上海新世界的卓柏林、北京新世界的左天胜差不多。这种科学家，我们自然是没有本领敢冒充的。

第二种是说科学这个东西，是一个文章上的特别题目，没有什么实际作用。这话说来也有来历。诸君年长一点的，大约还记得科举时代，我们全国的读书人，一天埋头用功的，就是那"代圣贤立言"的八股。那时候我们所用的书，自然是那《四书味根录》《五经备旨》等等了。过了几年，八股废了，改为考试策论经义。于是我们所用的书，除了《四书》《五经》之外，再添上几部《通鉴辑览》《三通考辑要》和《西学大成》《时务通考》等。那能使用《西学大成》《时务通考》中间的事实或字句的，不是叫做讲实学，通时务吗？那《西学大成》《时务通考》里面，不是也讲得有重学、力学以及声、光、电、化种种学问吗？现在科学家所讲的，还是重学、力学以及声、光、电、化这等玩意——只少了《四书》《五经》《通鉴》《三通》等书。所以，他们想想，二五还是一十，你们讲科学的，就和从前讲实学的是一样，不过做起文章来，拿那化学、物理中的名词公式，去代那子曰、诗云、张良、韩信等字眼罢了。这种人的意思，是把科学家仍旧当成一种文章家，只会钞袭，就不会发明；只会拿笔，就不会拿试验管。这是他们由历史传下来的一种误会，我们自然也是不能承认的。

第三种是说科学这个东西，就是物质主义，就是功利主义。所以要讲究兴实业的，不可不讲求科学，你看现在的大实业，如轮船、铁路、电车、电灯、电报、电话、机械制造、化学工业，那一样不靠科学呢？要讲究强兵的，也不可不讲求科学，你看军事上用的大炮、毒气、潜水艇、飞行机，那一样不是科学发明的？但是这物质主义、功利主义太发达了，也有点不好。如像我们乘用的代步，到了磨托车，可比人力车快上十倍，好上十倍了。但是"这磨托车不过供给那些总长督军们出来，在大街上耀武扬威、横冲直撞罢了，真正能够享受他们的好处的，有几个呢？所以这物质的进步，到了现在，简直要停止一停止才是。"再说"那科学的发达，和那武器的完备，如现在的德国，可谓登峰造极了，但是终不免于一败。所以那功利主义，也不可过于发达，现在德国的失败，就是科学要倒霉的朕兆。"照这种人的意思，科学既是物质功利主义，那科学家也不过是一种贪财好利、争权狗名的人物。这种见解的错处，是由于但看见科学的末流，不曾看见科学的根源；但看见科学的应用，不曾看见科学的本体。他们看见的科学既错了，自然他们意想的科学家，也是没有不错的。

现在我们要晓得科学家是个甚么人物，须先晓得科学是个甚么东西。

第一，我们要晓得科学是学问，不是一种艺术。这学术两个字，今人拿来混用，其实是有分别的。古人云"不学无术"，可见学是根本，术是学的应用。我们中国人，听惯了那"形而上""形而下"的话头，只说外国人晓得的，都是一点艺术。我们虽然形下的艺术赶不上他们，这形而上的学问，是我们独有的，未尝不可抗衡西方，毫无愧色。我现在要大家看清楚的，就是我们所谓形下的艺术，都是科学的应用，并非科学的本体；科学的本体，还是和那形上的学，同出一源的。这个话我不详细解释解释，诸君大约还有一点不大明白。诸君晓得哲学上有个大问题，就是我们人类的智识，是从甚么地方得来的。对于这个问题，各哲学家的见解不同，所以他们的学派就指不胜屈了。其中有两派绝对不相容的，一个是理性派。这派人说，我们的智识，全是由心中的推理力得来的，譬如那算术和几何，都是由心里生出来的条理，但是他们的公理定例，皆是真确切实，可以说是亘古不变的。至于靠耳目五官来求智识，那就有些靠不住了。例如我们看见的电影，居然是人物风景，活动如生，其实还是一张一张的像片在那里递换。又如在山前放一个炮仗，我们就听得一阵雷声，其实还是那个炮仗的回响。所以要靠耳目五官去求真智识，就每每被他们骗了。还有一个是实验派。这派人的主张说，天地间有两种学问：一种是推理得出的，一种是推理不出的。譬如上面所说算术和几何，是推理得出的。设如我们要晓得水热到了一百度，是个甚么情形；冷到了零度，又是个甚么情形，那就凭你甚么天纵之圣，也推理不出来了。要得这种智识，只有一个法子，就是把水拿来实实在在的热到一百度，或冷到零度，举眼一看，就立见分晓。所以这实验派的人的主张，要讲求自然界的道理，非从实验入手不行。这种从实验入手的办法，就是科学起点。（算术几何也是科学的一部分，但是若无实验学派，断无现今的科学。）我现在讲的是科学，却把哲学的派别叙了一大篇，意思是要大家晓得这理性派的主张，就成了现今的玄学，或形上学

（玄学也是哲学的一部分）。实验派的主张，就成了现今的科学。他们两个正如两兄弟，虽然形象不同，却是同出一父。现在硬要把大哥叫做"形而上的"，把小弟叫做"形而下的"，意存轻重，显生分别，在一家里，就要起阋墙之争，在学术上，就不免偏枯之虑。所以我要大家注意这一点，不要把科学看得太轻太易了。

第二，我们要晓得科学的本质，是事实不是文字。这个话看似平常，实在非常重要。有人说，近世文明的特点，就是这事实之学战胜文字之学。据我看来，我们东方的文化所以不及西方的所在，也是因为一个在文字上做工夫，一个在事实上做工夫的原故。诸君想想，我们旧时的学者，从少至老，那一天不是在故纸堆中讨生活呢？小的时候，读那四书五经子史古文等书，不消说了。就是到了那学有心得、闭户著书的时候，也不过把古人的书来重新解释一遍，或把古人的解释来重新解释一遍。倒过去一桶水，倒过来一桶水，倒过去倒过来，终是那一桶水，何尝有一点新物质加进去呢？既没有新物质加进去，请问这学术的进步从何处得来？这科学所研究的，既是自然界的现象，他们就有两个大前提。第一，他们以为自然界的现象，是无穷的；天地间的真理，也是无穷的。所以只管拼命的向前去钻研，发明那未发明的事实与秘藏。第二，他们所注意的是未发明的事实，自然不仅仅读古人书，知道古人的发明，便以为满足。所以他们的工夫，都由研究文字移到研究事实上去了。唯其要研究事实，所以科学家要讲究观察和实验，要成年累月的，在那天文台上、农田里边、轰声震耳的机械工场，和那奇臭扑鼻的化学试验室里面做工夫。那惊天动地，使现今的世界非复三百年前的世界的各样大发明，也是由研究事实这几个字生出来的。就是我们现在办学校的，也得设几个试验室，买点物理化学的仪器，才算得一个近世的学校。要是专靠文字，就可以算科学，我们只要买几本书就够了，又何必费许多事呢？

讲了这两层，我们可以晓得科学大概是个甚么东西了；晓得科学是个甚么东西，我们可以晓得科学家是个甚么人物。照上面的话讲起来，我们可以说，科学家是个讲事实学问，以发明未知之理为目的的人。有了这个定义，那前面所说的三种误会，可以不烦言而解了。但是对于第三种说科学就是实业的，我还有几句话说。科学与实业虽然不是一物，却实在有相倚的关系。如像法勒第发明电磁关系的道理，爱迪生就用电来点灯。瓦特完成蒸汽机关，史荻芬生就用来作火车头。我们现在承认法勒第、瓦特是科学家，也一样承认爱迪生、史荻芬生是科学家。但是没有法勒第、瓦特两个科学家，能有爱迪生、史荻芬生这两个科学家与否，还是一个问题。而且要是人人都从应用上去着想，科学就不会有发达的希望。所以我们不要买椟还珠，因为崇拜实业，就把科学家搁在脑后了。

现在大家可以明白科学家是个甚么样的人物了，但是这科学家如何养成的？这个问题也狠重要，不可不向大家说说。我们晓得学文学的，未做文章以前，须要先学文字和文法，因为文字和文法是表示思想的一种器具。学科学的亦何莫不然。他们还未研究科学以前，就要先学观察、试验，和那记录、计算、判论的种种方法，因为这几种方法也是研究科学的器具。又因现今各科科学造诣愈加高深，分科愈加细密，一个初入门的学生，要走到那登峰造极的地方，却已不大容易。除非有特别教授，照美国大学的办法，要造成一个科学家，至少也得十来年。等我把这十年分配的大概，说来大家听听。才进大学的两三年，所学者无非是刚才所说的研究科学的器具，和关于某科的普通学理。至第四年、第五年，可以择定一科，专门研究，尽到前人所已到的境界，并当尽阅他人关于某科已发表的著作（大概在杂志里面）。如由研究的结果，知道某科中间尚有未解决的问题，或未尽发的底蕴，就可以同自己的先生商量，用第六、第七两年，想一个解决的方法来研究他。如其这层工夫成了功，在美国大学就可以得博士学位了。但是得了博士的，未必就是科学家。如其人立意做一个学者，他大约仍旧在大学里做一个助学，一面仍然研究他的学问。等他随后的结果，果然是发前人所未发，于世界人类的智识上有了的确的贡献，我们方可把这科学家的徽号奉送与他。这最后一层，因为是独立研究，狠难定其所须的日月，我们暂且说一个三年五年，也不过举其最短限罢了。这样的科学家，虽然不就是牛顿、法勒第、兑维、阜娄、达尔文、沃力斯，也有做牛顿、法勒第、兑维、阜娄、达尔文、沃力斯的希望。这样的科学家，我们虽然不敢当，却是不敢不勉的。

11 梁启超
科学万能之梦[1]
（1920）

大凡一个人，若使有个安心立命的所在，虽然外界种种困苦，也容易抵抗过去。近来欧洲人却把这件没有了。为什么没有了呢？最大的原因，就是过信"科学万能"。原来欧洲近世的文明有三个来源，第一是封建制度，第二是希腊哲学，第三是耶稣教。封建制度规定各人和社会的关系，形成一个道德的条件和习惯。哲学是从智的方面研究宇宙最高原理及人类精神作用，求出个至善的道德标准。宗教是从情的、意的两方面，给人类一个"超世界"的信仰，那现世的道德自然也跟着得个标准。十八世纪前的欧洲，就是靠这个过活。

自法国大革命后，封建制度完全崩坏，古来道德的条件和习惯大半不适于用，欧洲人的内部生活渐渐动摇了。社会组织变更原是历史上常态，生活就跟着他慢慢蜕变，

---

[1] 本文选自梁启超《欧游心影录》第一章上篇，该书是梁启超创作的游记体哲学著作，最初发表于1920年3月上海《时事新报》。《饮冰室合集》收入时作了删减，题作《欧游心影录节录》。今据《饮冰室合集·专集》（上海中华书局，1926年，第10–12页）卷二十三录文。

本来没有什么难处。但这百年来的变更却与前不同，因科学发达结果，产业组织从根柢翻新起来。变既太骤，其力又太猛，其范围又太广，他们要把他的内部生活凑上来和外部生活相应，却处处措手不及。最显著的就是现在都会的生活，和从前堡聚的村落的生活截然两途。聚了无数素不相识的人在一个市场或一个工厂内共同生活，除了物质的利害关系外，绝无情感之可言，此其一。大多数人无恒产，恃工为活，生活根据，飘飘无着，好像枯蓬断梗，此其二。社会情形太复杂，应接不暇，到处受刺戟，神经疲劳，此其三。劳作完了想去耍乐，耍乐未完又要劳作，昼夜忙碌，无休养之余裕，此其四。欲望日日加高，百物日日加贵，生活日日加难，竞争日日加烈，此其五。以上所说，不过随手拈出几条。

　　要而言之，近代人因科学发达，生出工业革命，外部生活变迁急剧，内部生活随而动摇，这是很容易看得出的。内部生活本来可以凭宗教哲学等等力量，离去了外部生活依然存在。近代人却怎样呢？科学昌明以后，第一个致命伤的就是宗教。人类本从下等动物蜕变而来，那里有什么上帝创造，还配说人为万物之灵吗？宇宙间一切现象，不过物质和他的运动，那里有什么灵魂，更那里有什么天国？讲到哲学，从前康德和黑格尔时代，在思想界俨然有一种权威像是统一天下。自科学渐昌，这派唯心论的哲学便四分五裂。后来冈狄的《实证哲学》和达尔文的《种源论》同年出版，旧哲学更是根本动摇。老实说一句，哲学家简直是投降到科学家的旗下了。依着科学家的新心理学，所谓人类心灵这件东西，就不过物质运动现象之一种，精神和物质的对待，就根本不成立；所谓宇宙大原则，是要用科学的方法试验得来，不是用哲学的方法冥想得来的。这些唯物派的哲学家，托庇科学宇下建立一种纯物质的纯机械的人生观，把一切内部生活、外部生活，都归到物质运动的"必然法则"之下。这种法则，其实可以叫做一种变相的运命前定说。不过旧派的前定说，说运命是由八字里带来或是由上帝注定；这新派的前定说，说运命是由科学的法则完全支配。所凭借的论据虽然不同，结论却是一样。

　　不惟如此，他们把心理和精神看成一物。根据实验心理学，硬说人类精神也不过一种物质，一样受"必然法则"所支配。于是人类的自由意志，不得不否认了。意志既不能自由，还有什么善恶的责任？我为善不过那"必然法则"的轮子推着我动，我为恶也不过那"必然法则"的轮子推着我动，和我什么相干？如此说来，这不是道德标准应如何变迁的问题，真是道德这件东西能否存在的问题了。现今思想界最大的危机，就在这一点。宗教和旧哲学，既已被科学打得个旗靡辙乱，这位"科学先生"便自当仁不让起来，要凭他的试验发明个宇宙新大原理。却是那大原理且不消说，敢是各科各科的小原理也是日新月异。今日认为真理，明日已成谬见。新权威到底树立不来，旧权威却是不可恢复了。所以全社会人心，都陷入怀疑、沉闷、畏惧之中。好像失了罗针的海船遇着风、遇着雾，不知前途怎生是好。既然如此，所以那些什么乐利主义、强权主义越发得势。死后既没有天堂，只好尽这几十年尽地快活；善恶既没有责任，何妨尽我的手段来充满我个人欲望。然而享用的物质增加速率，总不能和欲望的腾升同一比例，而且没有法子令他均衡。怎么好呢？只有凭自己的力量自由竞争起来。质而言之，就是弱肉强食。近年来甚么军阀、甚么财阀，都是从这条路产生出来，这回大战争，便是一个报应。

诸君又须知，我们若是终久立在这种唯物的机械的人生观上头，岂独军阀、财阀的专横，可憎可恨，就是工团的同盟抵抗乃至社会革命，还不同是一种强权作用？不过从前强权，在那一班少数人手里；往后的强权，移在这一班多数人手里罢了。

总之，在这种人生观底下，那么千千万万人前脚接后脚的来这世界走一躺住几十年，干什么呢？独一无二的目的就是抢面包吃。不然，就是怕那宇宙间物质运动的大轮子缺了发动力，特自来供给他燃料。果真这样，人生还有一毫意味，人类还有一毫价值吗？无奈当科学全盛时代，那主要的思潮，却是偏在这方面。当时讴歌科学万能的人，满望着科学成功，黄金世界便指日出现。如今功总算成了，一百年物质的进步，比从前三千年所得还加几倍。我们人类不惟没有得着幸福，倒反带来许多灾难，好像沙漠中失路的旅人，远远望见个大黑影，拚命往前赶，以为可以靠他向导，那知赶上几程，影子却不见了，因此无限凄惶失望。影子是谁？就是这位"科学先生"。欧洲人做了一场科学万能的大梦，到如今却叫起科学破产来。这便是最近思潮变迁一个大关键了。

（自注）读者切勿误会，因此菲薄科学，我绝不承认科学破产，不过也不承认科学万能罢了。

12
胡 适
清代汉学家的科学方法（节选）[1]
（1919—1921）

I

研究欧洲学术史的人知道科学方法不是专讲方法论的哲学家所发明的，是实验室里的科学家所发明的；不是亚里士多德（Aristotle）、倍根（Bacon）、弥儿（Mill）一般人提倡出来的，是格利赖（Galileo）、牛敦（Newton）、勃里斯莱（Priestley）……一班人实地试行出来的。即如世人所推为归纳论理的始祖的倍根，他不过曾提倡知识的实用和事实的重要，故略带着科学的精神。其实他所主张的方法，实行起来，全不能适用，决不能当"科学方法"

---

[1] 胡适（1891—1962），安徽绩溪人，中国现代思想家、历史学家、文学家、哲学家。早年留学美国康乃尔大学、哥伦比亚大学，回国后任北京大学教授，提倡白话文，领导新文化运动。后任北京大学校长，台湾"中研院"院长。本文共分为八章，一至六章成稿于1919年，发表于《北京大学月刊》1919年第5期第23-37页，亦分两期登载于《科学》1920年第2-3期；第七章成稿于1920年，发表于《北京大学月刊》1920年第7期第49-54页；第八章成稿于1921年，发表于《北京大学月刊》1922年第9期第21-23页。兹据《北京大学月刊》节录。

清代漢學家的科學方法

胡 適

I.

研究歐洲學術史的人知道科學方法不是專講方法論的哲學家所發明的,是實驗室裏的科學家所發明的,不是亞里士多德(Aristotle),倍根(Bacon),彌兒(Mill)一般人提倡出來的,是格利頓(Galileo),牛敦(Newton),勃里斯來(Priestley)一般人實地試行出來的·即如世人所推爲歸納論理的始祖的倍根,他不過曾提倡知識的實用和事實的重要,故略帶着科學的精神·其實他所主張的方法,實行起來,全不能適用,決不能當"科學方法"的尊號·後來科學大發達,科學的方法已經成了一切實驗室的公用品,故彌兒能把那時科學家所用的方法編理出來,稱爲歸納法的五種細則·但是彌兒的區分,依科學家的眼光看來,仍舊不是科學用來發明眞理解釋自然的方法的全部·彌兒和倍根都把演繹法看得太輕了,以爲只有歸納法是科學方法·近來的科學家和哲學家漸漸的懂得假設和證驗都是科學方法所不可少的主要分子,漸漸的明白科學方法不單是歸納法,是演繹和歸納相互爲用的,忽而歸納,忽而演繹,忽而又歸納時而由個體事物到全稱的通則時而由全稱的假設到個體的事實都是不可少的·我們試看古今來多少科學的大發的尊号。后来科学大发达，科学的方法已经成了一切实验室的公用品，故弥儿能把那时科学家所用的方法编理出来，称为归纳法的五种细则。但是弥儿的区分，依科学家的眼光看来，仍旧不是科学用来发明真理解释自然的方法的全部。弥儿和倍根都把演绎法看得太轻了，以为只有归纳法是科学方法。近来的科学家和哲学家渐渐的懂得假设和证验都是科学方法所不可少的主要分子；渐渐的明白科学方法不单是归纳法，是演绎和归纳相互为用的，忽而归纳，忽而演绎，忽而又归纳——时而由个体事物到全称的通则，时而由全称的假设到个体的事实——都是不可少的。我们试看古今来多少科学的大发明，便可明白这个道理。更浅一点，我们走进化学实验室里去做完一小盒材料的定性分析，也就可以明白科学的方法不单是归纳一项了。

欧洲科学发达了二三百年，直到于今方才有比较的圆满的科学方法论。这都是因为高谈方法的哲学家和发明方法的科学家向来不狠接近，所以高谈方法的人至多不过能得到一点科学的精神和科学的趋势；所以创造科学方法和实用科学方法的人，也只顾他自己研究试验的应用，不能用哲学综合的眼光把科学方法的各方面详细表示出来，使人了解。哲学家没有科学的经验，决不能讲圆满的科学方法论；科学家没有哲学的兴趣，也决不能讲圆满的科学方法论。

不但欧洲学术史可以证明我这两句话，中国的学术史也可以引来作证。

II

当印度系的哲学盛行之后，中国系的哲学复兴之初，第一个重要问题就是方法论，就是一种逻辑。那个时候——程子到朱子的时候——禅宗盛行，一个"禅"字几乎可以代表佛学。佛学中最讲究逻辑的几个宗派，如三论宗和法相宗，都狠不容易研究，经不起少许政府的摧残，就狠衰微了。只有那"明心见性，不立文字"的禅宗仍旧风行一世。但是禅宗的方法完全是主观的顿悟，决不是多数人"自悟悟他"的方法。宋儒最初有几个人曾采用道士派关起门来虚造宇宙论的方法，如周濂溪、邵康节一班人。但是他们只造出几种道士气的宇宙观，并不曾留下什么方法论。直到后来宋儒发现了《礼记》里面一篇一千七百五十个字的《大学》，方才算是寻得了中国近世哲学的方法论。自此以后，直到明代和清代，这篇一千七百五十个字的小书仍旧是各家哲学争论的焦点。程、朱、陆、王之争，不用说了。直到二十多年前康有为的《长兴学记》里还争论"格物"两个字究竟怎样解说呢！

《大学》的方法论，最重要的是"致知在格物"五个字。程子、朱子一派的解说是：

> 所谓"致知在格物"者，言欲致吾之知，在即物而穷其理也。盖人心之灵莫不有知，而天下之物莫不有理。惟于理有未穷，故其知有不尽也。是以《大学》始教，必使学者即凡天下之物，莫不因其已知之理而益穷之，以求至乎其极。至于用力之久，而一旦豁然贯通焉，则众物之表里精粗无不到，而吾心之全体大用无不明矣。（朱子补《大学》第五章）

这一种"格物"说便是程、朱一派的方法论。这里面有几点狠可注意。（1）他们把"格"字作"至"字解，朱子用的"即"字，也是"到"的意思。"即物而穷其理"是自己去到事物上寻出物的道理来。这便是归纳的精神。（2）"即凡天下之物，莫不因其已知之理而益穷之，以求至乎其极"，这是狠伟大的希望。科学的目的，也不过如此。小程子也说，"语其大至天地之高厚，语其小至一物之所以然，学者皆当理会。"倘宋代的学者真能抱着这个目的做去，也许做出一些科学的成绩。

但是这种方法何以没有科学的成绩呢？这也有种种原因。（1）科学的工具器械不够用。（2）没有科学应用的需要。科学虽不专为实用，但实用是科学发展的一个绝大原因。小程子临死时说，"道着用，便不是。"这种绝对非功用说，如何能使科学有发达的动机？（3）他们既不讲实用，又不能有纯粹的爱真理的态度。他们口说"致知"，但他们所希望的，并不是这个物的理和那个物的理，乃是一种最后的绝对真理。小程子说，"今日格一件，明日格一件，积习既多，然后脱然有贯通处。"又说，"自一身之中，至万物之理，但理会得多，自然豁然有觉悟处。"朱子上文说的"至于用力之久，而一旦豁然贯通焉，则众物之表里精粗无不到，而吾心之全体大用无不明矣"。这都可证宋儒虽然说"今日格一事，明日格一事"，但他们的目的并不在今日明日格的这一事。他们所希望的是那"一旦豁然贯通"的绝对的智慧。这是科学的反面。科学所求的知识正是这物那物的道理，并不妄想那最后的无上智慧。丢了具体的物理，去求那"一旦豁然贯通"的大澈大悟，决没有科学。

再论这方法本身也有一个大缺点。科学方法的两个重要部分，一是假设，一是实验。没有假设，便用不着实验。宋儒讲格物全不注重假设。如小程子说"致知在格物，物来则知起。物各付物，不役其知，则意诚不动"。天下那有"不役其知"的格物？这是受了《乐记》和《淮南子》所说"人生而静，天之性也；感于物而动，性之欲也"，那种知识论的毒。"不役其知"的格物，是完全被动的观察，没有假设的解释，也不用实验的证明。这种格物如何能有科学的发明？

但是我们平心而论，宋儒的格物说，究竟可算得是含有一点归纳的精神。"即凡天下之物，莫不因其已知之理而益穷之"，一句话里，的确含有科学的基础。朱子一生有时颇能做一点实地的观察。我且举朱子《语录》里的两个例：

（1）今登高山而望，群山皆为波浪之状，便是水泛如此。只不知因什么事凝了。

（2）尝见高山有螺蚌壳或生石中。此石即旧日之土，螺蚌即水中之物。下者却变而为高，柔者却变而为刚。此事思之至深，有可验者。

这两条都可见朱子颇能实行格物。他这种观察，断案虽不正确，已狠可使人佩服。后来西洋的地质学者，观察这种现状，加上胆大的假设，作为有系统的研究，便成了历史的地质学。

III

起初小程子把"格物"的物字解作"语其大至天地之高厚，语其小至一物之所以然"，又解作"自一身之中，至万物之理"。这个"物"的范围，简直是科学的范围。但是当科学机械不完备的时候，这样的科学野心不但做不到，简直是妄想。所以小程子自己先把物的范围缩小了。他说"穷理亦多端，或读书讲明义理；或论古今人物，别其是非；或应接事物，处其当然；皆穷理也"。这是把"物"字缩到"穷经、应事、尚论古人"三项。后来朱子便依着小程子所定的范围。朱子是一个读书极博的人，他的一生精力，大半都用在"读书穷理""读书求义"上。他曾费了大工夫把《四子书》《四经》(《易》《诗》《书》《春秋》)自汉至唐的注疏细细整理一番，删去那些太繁的和那些太讲不通的，又加上许多自己的见解，作成了几部简明贯串的《集注》。这几部书，八百年来，在中国发生了莫大的势力。他在《大学》《中庸》两部书上用力更多。每一部书有《章句》，又有《或问》，《中庸》还有《辑略》。他教人看《大学》的法子，"须先读本文，念得；次将《章句》来解本文，又将《或问》来参《章句》，须逐一令记得，反复寻究，待他浃洽；既逐段晓得，将来统看温寻过，这方始是"。看这一条，可以想见朱子的格物方法在经学上的应用。

他这种方法是狠繁琐的。在那禅学盛行的时代，这种方法自然狠受一些人的攻击。陆子批评他道：

"易简工夫终久大，支离事业竟浮沈。"

"支离事业"就是朱子一派的"传注"工夫。陆子自己说：

"学苟知本，则《六经》皆我注脚。"

又说，"《六经》注我，我注《六经》。"他所说的"本"，就是自己的心。他说，"宇宙即是吾心，吾心即是宇宙。"他又说，"万物皆备于我，只要明理。然理不解自明，须是隆师亲友。"

朱子说"人心之灵，莫不有知，而天下之物，莫不有理"。这是说"理"在物中，不在心内，故必须去寻求研究。陆子说"此心此理，实不容有二"。心就是理，理本在心中，故说"理不解自明"。这种学说和程、朱一系所说"即物而穷其理"的方法，根本上立于反对的地位。

后来明代王阳明也攻击朱子的格物方法。阳明说：

"众人只说格物要依晦翁，何曾把他的说去用。我着实曾用来。初年与钱友同论做圣贤要格天下之物，因指亭前竹子，令去格看。钱子早夜去穷格竹子的道理，竭其心思，至于三日，便致劳神成疾。当初说他是精力不足。某因自去穷格，早夜不得其理，到七日亦以劳思致疾。遂相与叹圣贤是做不得的，无他大力量去格物了！"

王阳明这样挖苦朱子的方法，虽然太刻薄一点，其实是狠切实的批评。朱子一系的人何尝真做过"即凡天下之物，莫不因其已知之理而益穷之"的工夫？朱子自己说："夫天下之物，莫不有理，而其精蕴则已具于圣贤之书，故必由是以求之。"从"天下之物"缩小到"圣贤之书"，这一步可算跨得远了！

王阳明自己主张的方法，大致和陆象山相同。阳明说："心外无物。"又说："物者，事也。凡意之所发，必有其事。意所在之事谓之物。"又说："如吾心发一念孝亲，即孝亲便是物。"他把"格"字当作"正"字解，他说："格者，正也，正其不正以归于正也。"他把"致知"解作"致吾心之良知"，故要人"于其良知所知之善者，即其意之所在之物，而实为之，无有乎不尽；于其良知所知之恶者，即其意之所在之物，而实去之，无有乎不尽"。这就是格物。

陆、王一派把"物"的范围限于吾心意念所在的事物，初看去似乎比程、朱一派的"物"的范围缩小得多了。其实并不然。程、朱一派高谈"即凡天下之物"，其实只有"圣贤之书"是他们的"物"。陆、王明明承认"格天下之物"是做不到的事，故把范围收小，限定"意所在之事谓之物"。但是陆、王都主张"心外无物"的，故"意所在之事"一句话的范围可大到无穷，比程、朱的"圣贤之书"广大得多了。还有一层，陆、王一派极力提倡个人良知的自由，故陆子说，"六经为我注脚。"王子说，"夫学贵得之心，求之于心而非也，虽其言之出于孔子，不敢以为是也。"这种独立自由的精神便是学问革新的动机。

但是独立的思想精神，也是不能单独存在的。陆、王一派的学说，解放思想的束缚是狠有功的，但他们偏重主观的见解，不重物观的研究，所以不能得社会上一般人的信用。我们在三四百年后观察程、朱、陆、王的争论，从历史的线索上看起来，可得这样一个结论："程、朱的格物论注重'即物而穷其理'，是狠有归纳的精神。可惜他们存一种被动的态度，要想'不役其知'，以求那豁然贯通的最后一步。那一方面，陆、王的学说主张真理即在心中，抬高个人的思想，用良知的标准来解脱'传注'的束缚。这种自动的精神狠可以补救程、朱一派的被动的格物法。程、朱的归纳手续，经过陆、王一派的解放，是中国学术史的一大转机。解放后的思想，重新又采取程、朱的归纳精神，重新经过一番'朴学'的训练，于是有汉学家的科学方法出现，这又是中国学术史的一大转机。"

IV

中国旧有的学术，只有清代的汉学可以当得起"科学"的名称。"汉学"一个名词包括甚广，大要可分四部分：

（1）文字学（Philology）。包括字音的变迁、文字的假借通转，等等。

（2）训诂学。训诂学是用科学的方法、物观的证据，来解释古书文字的意义。

（3）校勘学（Textual Criticism）。校勘学是用科学的方法来校正古书文字的错误。

（4）考订学（Higher Criticism）。考订学是考定古书的真伪、古书的著者，及一切关于著者的问题的学问。

因为"汉学"的范围狠广，故不容易寻一个总包各方面的类名；"汉学"两个字虽然不妥，但是因为他所包涵的意义比"小学""考据学"等等名词空泛得多，故只好采用他。

"汉学"这个名词狠可表示这一派学者的公同趋向。这个公同趋向就是不满意于宋代以来的学者用主观的见解来做考古学问的方法。这种消极方面的动机，起于经学上所发生的问题，后来方才渐渐的扩充，变成上文所说的四种科学。现在且先看汉学家所攻击的几种方法：

（1）随意改古书的文字。

（2）不懂古音，用后世的音来读古代的韵文，硬改古音为"叶韵"。

（3）增字解经。例如解"致知"为"致良知"。

（4）望文生义。例如《论语》"君子耻其言而过其行"，本有错误，故"而"字讲不通，宋儒硬解为"耻者，不敢尽之意；过者，欲有余之辞"，却不知道"而"字是"之"字之误（皇侃本如此）。

这四项不过是略举几个最大的缺点。现在且举汉学家纠正这种主观的方法的几个例。唐明皇读《尚书·洪范》"无偏无颇，遵王之义"，觉得下文都协韵，何以这两句不协韵？于是下敕改"颇"为"陂"，使与义字协韵。顾炎武研究古音，以为唐明皇改错了，因为古音"义"字本读为我，故与颇字协韵。他举《易象传》"鼎耳革，失其义也；覆公餗，信如何也"，又《礼记·表记》"仁者，右也；道者，左也；仁者，人也；道者，义也"，证明义字本读为我，故与左字、何字、颇字协韵。

又《易·小过》上六"弗遇过之，飞鸟离之"，朱子说当作"弗过遇之"。顾炎武引《易·离》九三"日昃之离，不鼓缶而歌，则大耋之嗟"，来证明"离"字古读为罗，与过字协韵，本来不错。

"望文生义"的例如《老子》"行于大道，唯施是畏"，王弼与河上公都把"施"字当作"施为"解。王念孙证明"施"字当读为"迤"，作邪字解。他举的证据甚多：(1)《孟子·离娄》"施从良人之所之"，赵岐注"施者，邪施而行"，丁公著音迤。(2)《淮南·齐俗训》"去非者，非批邪施也"，高诱注"施，微曲也"。(3)《淮南·要略》"接径直施"，高注"施，邪也"。——以上三证，证明施与迤通，《说文》说，"迤，衺行也。"(4)《史记·贾生传》"庚子日施兮",《汉书》写作"日斜兮"。(5)《韩非子》的《解老篇》解《老子》这一章，也说，"所谓大道也者，端道也。所谓貌施也者，邪道也。"——以上两证，证明施字作邪字解。这种考证法，还不令人心服吗？

这几条随便举出的例，可以表示汉学家的方法。他们的方法的根本观念可以分开来说：

（1）研究古书，并不是不许人有独立的见解，但是每立一种新见解，必须有物观的证据。

（2）汉学家的"证据"完全是"例证"。例证就是举例为证。看上文所举的三件事，便可明白"例证"的意思了。

（3）举例作证是归纳的方法。举的例不多，便是类推（Analogy）的证法。举的例多了，便是正当的归纳法（Induction）了。类推与归纳，不过是程度的区别，其实他们的性质是根本相同的。

（4）汉学家的归纳手续不是完全被动的，是很能用"假设"的。这是他们和朱子大不相同之处。他们所以能举例作证，正因为他们观察了一些个体的例之后，脑中先已有了一种假设的通则，然后用这通则所包涵的例来证同类的例。他们际实上是用个体的例来证个体的例；精神上实在是把这些个体的例所代表的通则，演绎出来。故他们的方法是归纳和演绎同时并用的科学方法。如上文所举的第一件事，顾炎武研究了许多例，得了"凡义字古音皆读为我"的通例。这是归纳。后来他遇着"无偏无颇，遵王之义"一个例，就用这个通则来解释他，说这个义字古音读为我，故能与颇字协韵。这是通则的应用，是演绎法。既是一条通则，应该总括一切"义"字，故必须举出几条"义读为我"的例，来证明这条"假设"确是一条通则。印度因明学的三支，有了"喻体"（大前提），还要加上一个"喻依"（例），就是这个道理。

V、VI【略】

VII

【略】

我们看了这种校勘学方法论，不能不佩服清代汉学家的科学精神。浅学的人只觉得汉学家斤斤的争辩一字两字的校勘，以为"支离破碎"，毫无趣味。其实汉学家的工夫，无论如何琐碎，却有一点不琐碎的元素，就是那一点科学的精神。

凡成一种科学的学问，必有一个系约，决不是一些零碎堆砌的知识。音韵学自从顾炎武、江永、戴震、钱大昕、段玉裁、王念孙，直到章炳麟、黄侃，研究古音的分部、声音的通转，不但分析更细密了，并且系统条理也更清楚明白了。训诂学用文字假借、声类通转、文法条例三项作中心，也自成系统。校勘学的头绪纷繁，很不容易寻出一些通则来。但清代的校勘学却真有条理系统，故成一种科学。我们试看王念孙《读淮南子杂志》的《后序》，说他订正《淮南子》共九百余条，推求"致误之由"，可得六十四条通则。这一篇一万二千字的空前长序（《读书杂志》九之二十二）真可算是校勘学的科学方法论。又如俞樾的《古书疑义举例》的五、六、七三卷也提出许多校勘学的通则，也可算是校勘学的方法论。

VIII

我想上文举的例很可以使读者懂得清代学者的治学方法了。他们的方法，总括起来，只是两点。（1）大胆的假设，（2）小心的求证。假设不大胆，不能有新发明；证据不充足，不能使人信仰。上文举的许多例，大概多偏重求证的一方面。我现在且引清学的宗师戴震论《尚书·尧典》"光被四表"的"光"字的历史作为最后的一条例，作为我这一篇方法论的总结束。

《尧典》"光被四表，格于上下"，蔡沈解"光"为"显"，这是最普通的解法。但是孔安国《传》说："光，充也。"光字作显解，何等近情近理！为什么古人偏要解作"充"字呢？岂不是舍近而求远吗？但是戴震说：

《孔传》："光，充也。"陆德明《释文》无音切。孔冲远《正义》曰："光，充，《释言》文。"据郭本《尔雅》："桄，颎，充也。"注曰："皆充盛也。"《释文》曰："桄，孙作光，古黄反。"用是言之，光之为充，《尔雅》具其义。……虽《孔传》出魏、晋间人手，以仆观此字，据依《尔雅》，又密合古人属词之法，非魏、晋间人所能，必袭取师师相传旧解，见其奇古有据，遂不敢易尔。后人不用《尔雅》及古注，殆笑《尔雅》迂远，古注胶滞，如光之训充，兹类实繁。余独以谓病在后人不能遍观尽识，轻疑前古，不知而作也。

戴震是不信伪《孔传》的人，但他却要为"光，充也"一句很不近情理的话作辩护士。我们且看他的说法：

《尔雅》桄字，六经不见。《说文》："桄，充也。"孙愐《唐韵》："古旷反。"《乐记》："钟声铿铿以立号，号以立横，横以立武。"郑康成注曰："横，充也。谓气作充满也。"释文曰："横，古旷反。"《孔子闲居》篇："夫民之父母乎，必达于礼乐之原，以致五至而行三无，以横于天下。"郑注曰："横，充也。"疏家不知其义出《尔雅》。《尧典》古本必有作"横被四表"者。横被，广被也。正如《记》所云："横于天下""横于四海"是也。横四表、格上下对举。……横转写为桄，脱误为光。追原古初，当读"古旷反"，庶合充霸广远之义。

这真是大胆的假设。他见郭本《尔雅》的桄字在孙本作光，又见《说文》有"桄，充也"的话，又见《唐韵》读桄为古旷反，而《礼记》的横字既训为充，又读古旷反——他看了这些事实，忽然看出他们的关系来，遂大胆下一个假设，说《尧典》的光字就是桄字，也就是横字。但是《尚书》的各本明明都作"光"字。戴震于是更大胆提出一个很近于武断的假设，说"《尧典》古本必有作横被四表者"。这话是乾隆乙亥（1755）年《与王内翰凤喈书》里说的。过了两年（1757）钱大昕和姚鼐各替他寻着一个证据：

（证一）《后汉书·冯异传》有"横被四表，昭假上下"。

（证二）班固《西都赋》有"横被六合"。

过了七年多（1762），戴震的族弟受堂又替他寻着两个证据：

（证三）《汉书·王莽传》："昔唐尧横被四表。"

（证四）王褒《圣主得贤臣颂》："化溢四表，横被无穷。"

过了许多年，他的弟子洪榜又看得一证：

（证五）《淮南·原道训》："横四围而含阴阳。"高诱注："横读桄车之桄。"是汉人横桄通用，甚明。

他的弟子段玉裁又寻得一证：

（证六）李善注《魏都赋》，引《东京赋》"惠风横被"，今本《东京赋》作"惠风广被"，后人妄改也。

这一个字的考据的故事，很可以表示清代学者做学问的真精神。假使这一个光字的古本作横已无法证实了，难道戴震就不敢下那个假设了吗？我可以断定他仍是要提出这个假设的。如果一个假设是站在很充分的理由上面的，即使没有旁证，也不失为一个很好的假设。但他终究只是一个假设，不能成为真理。后来有了充分的旁证，这个假设便升上去变成一个真理了。

戴震自己论这个字的考据道：

> 述古之难，如此类者，遽数之不能终其物。六书废弃，经学荒谬，二千年以至今。……仆情僻识狭，以谓信古而愚，愈于不知而作。但宜推求，勿为株守。例以光之一字，疑古者在兹，信古者亦在兹。

"但宜推求，勿为株守"八个是清学的真精神。

（附记）此篇第一至第六章是民国八年八月作的；第七章是九年春间作的；第八章是十年十一月作的。相隔日久，中间定有不贯串之处。将来有暇时，当细细修正。

十，十一，三。适。

13 梁启超
科学精神与东西文化[1]
（1922）

一

今日我感觉莫大的光荣，得有机会在一个关系中国前途最大的学问团体——科学社年会来讲演。但我又非常惭愧而且惶恐，象我这样对于科学完全门外汉的人，怎样配在此讲演呢？这个讲题——"科学精神与东西文化"，是本社董事部[2]指定要我讲的。我记得科举时代的笑话：有些不通秀才去应考，罚他先饮三斗墨汁，预备倒吊着滴些墨点出来。我今天这本考卷，只算倒吊着滴墨汁，明知一定见笑大方。但是句句话都是表示我们门外汉对于门内的"宗庙之美、百官之富"，如何欣羡，如何崇敬，如何爱恋

---

[1] 此文原有小标题"八月二十日在南通为科学社年会讲演"，系梁启超受邀于1922年8月20日在科学社年会上所作演讲稿，最早发表于《时事新报·学灯》，《饮冰室文集》卷三十九收录。今据《科学》杂志（1922年第7卷第9期，第859-870页）录文，个别文字有脱讹，据《饮冰室合集·文集》（上海中华书局，1936年，第1-9页）卷三十九补正。

[2] 董事部，原作"董事会"，据《饮冰室合集·文集》卷三十九改。

的一片诚意。我希望国内不懂科学的人，或是素来看轻科学、讨厌科学的人，听我这番话，得多少觉悟。那么，便算我个人对于本社一点贡献了。

近百年来科学的收获如此其丰富：我们不是鸟，也可以腾空；不是鱼，也可以入水；不是神仙，也可以和几百千里外的人答话。诸如此类，那一件不是受科学之赐？任凭怎么顽固的人，谅来"科学无用"这句话，再不会出诸口了。然而中国为什么直到今日还得不着科学的好处？直到今日依然成为"非科学的国民"呢？我想，中国人对于科学的态度，有根本不对的三点：

其一，把科学看得太低了、太粗了。我们几千年来的信条，都说的"形而上者谓之道、形而下者谓之器""德成而上，艺成而下"这一类话。多数人以为科学无论如何高深，总不过属于艺和器那部分，这部分原是学问的粗迹，懂得不算稀奇，不懂得不算耻辱。又以为我们科学虽不如人，却还有比科学更宝贵的学问，什么超凡入圣的大本领，什么治国平天下的大经纶，件件都足以自豪。对于这些粗浅的科学，顶多拿来当一种补助学问就毂了。因为这种故见横亘在胸中，所以从郭筠仙、张香涛这班提倡新学的先辈起，都有两句自鸣得意的话，说什么"中学为体，西学为用"。这两句话现在虽然没有从前那么时髦了，但因为话里的精神和中国人脾胃最相投合，所以话的效力，直到今日依然为变相的存在。老先生们不用说了，就算这几年所谓新思潮所谓新文化运动，不是大家都认为蓬蓬勃勃有生气吗？试检查一检查他的内容，大抵最流行的莫过于讲政治上、经济上这样主义那样主义，我替他起个名字，叫做西装式的治国平天下大经纶。次流行的莫过于讲哲学上、文学上这种精神那种精神，我也替他起个名字，叫做大餐式的超凡入圣大本领。我并不是说这些学问不该讲，但讲他须把他建设在科学基础之上。我们看倒了那些脚踏实地平淡无奇的科学，试问有几个人肯去[1]讲求？学校中能毂有几处像样子的科学讲座？有了，几个人肯去听？出版界能毂有几部有价值的科学书，几篇有价值的科学论文？有了，几个人肯去读？我固然不敢说现在青年绝对的没有科学兴味，然而兴味总不如别方面浓。须知这是积多少年社会心理遗传下来，对于科学认为"艺成而下"的观念，牢不可破。直到今日，还是最爱说空话的人最受社会欢迎。做科学的既已不能如别种学问之可以速成，而又不为社会所尊重，谁肯埋头去学他呢？

---

[1] 去，原作"出去"，"出"字当衍，据《饮冰室合集·文集》卷三十九删。

其二，把科学看得太呆了、太窄了。那些绝对的鄙厌科学的人且不必责备，就是相对的尊重科学的人，还是十个有九个不了解科学性质。他们只知道科学研究所产[1]结果的价值，而不知道科学本身的价值；他们只有数学、几何学、物理学、化学等等概念，而没有科学的概念。他们以为学化学便懂化学，学几何便懂几何；殊不知并非化学能教人懂化学，几何能教人懂几何，实在是科学能教人懂化学和几何。他们以为只有化学、数学、物理、几何等等才算科学，以为只有学化学、数学、物理、几何等等才用得[2]着科学；殊不知所有政治学、经济学、社会学等等，只要彀得上一门学问的，没有不是科学。我们若不拿科学精神去研究，便做那一门子学问也做不成。中国人因为始终没有懂得"科学"这个字的意义，所以五十年前很有人奖励学制船、学制炮，却没有人奖励科学。近十几年学校里都教的数学、几何、化学、物理，但总不见教会人做科学。或者说：只有理科工科的人们才要科学，我不打算当工程师，不打算当理化教习，何必要科学？中国人对于科学的看法大率如此。

其三[3]，把科学看得太势利了、太俗了。科学的应用近来愈推愈广。许多人讴歌他的功德，同时许多人痛恨他的流弊，例如一切战争杀人的器具，却是由科学发明出来；又如有了各种机器，便惹起经纶上大变动，富者愈富，贫者愈贫，于是欧美有些文字……等等，发为诡激之论，说社会不得安宁，都因为中了科学毒。我们中国那些不懂科学、讨厌科学的人听着这些话，正中下怀，以为科学时代已成过去。人家方且要救末流之弊，我们何必再走那条路呢？这流弊完全和科学本身无干，殊不知这些话，本来和庄子"浑沌凿窍"的比喻一般，窍该凿不该凿另是一问题，但我们能有法禁止他不凿吗？已经凿了又怎么样呢？这些无谓的辩难，且不必多管，就如他们之说科学果然有流弊，须知这流弊完全和科学本身无关。瓦德因为天地间有蒸汽这种原理，自己要去发明他，他并不管你大生纱厂要利用他来织绵花；奈端因为天地间有引力这种原理，自己要去发明他，并不管你放四十二生的炮要利用他测量射线。要而言之，科学是为学问而求学问，为真理而求真理。至于怎样的用他，在乎其人，科学本身只是有功无罪。我们撷拾欧美近代少数偏激之谭，来掩饰自己的固陋，简直自绝于真理罢了。

---

[1]产，原作"当"，据《饮冰室合集·文集》卷三十九改。
[2]得，原脱。据《饮冰室合集·文集》卷三十九补。
[3]"其三"以下至段末，《饮冰室合集·文集》删除未录。

我大胆说一句话：中国人对于科学这三种态度倘若长此不变，中国人在世界上便永远没有学问的[1]独立，中国人不久必要成为现代被淘汰的国民。

二

科学精神是什么？我姑从最广义解释："有系统之真智识，叫做科学；可以教人求得有系统之真智识的方法，叫做科学精神。"这句话要分三层说明：

第一层，求真智识。智识是一般人都有的，乃至连动物都有。科学所要给我们的，就争一个真字。一般人对于自己所认识的事物，很容易便信以为真；但只要用科学精神研究下来，越研究便越觉求真之难。譬如说"孔子是人"，这句话不消研究，总可以说是真的，因为人和非人的分别是很容易看见的。譬如说"老虎是恶兽"，这句话真不真便待考了。欲证明他是真，必要研究兽类具备某种某种性质才算恶，看老虎果曾具备了没有？若说老虎杀人算是恶，为什么人杀老虎不算恶？若说杀同类是恶，只听见有人杀人，从没听见老虎杀老虎。然则人容或可以叫做恶兽，老虎却绝对不能叫做恶兽了。譬如说"性是善"，或说"性是不善"，这两句话真不真，越发待考了。到底什么叫做"性"？什么叫做"善"？两方面都先要弄明白。倘如孟子说的性呀、情呀、才呀，宋儒说的义理呀、气质呀，闹得一团糟，那便没有标准可以求真了。譬如说"中国现在是共和政治"，这句话便很待考。欲知他真不真，先要把共和政治的内容弄清楚，看中国和他合不合。譬如说"法国是共和政治"，这句话也待考。欲知他真不真，先要问"法国"这个字所包范围如何，若安南也算法国，这句话当然不真了。看这几个例，便可以知道，我们想对于一件事物的性质得有真知灼见，很是不容易。要钻在这件事物里头去研究，要绕着这件事物周围去研究，要跳在这件事物高头去研究，种种分析研究结果，才把这件事物的属性大略研究出来，算是从许多相类似容易混淆的个体中，发现每个个体的特征。换一个方向，把许多同有这种特征的事物归成一类，许多类归成一部，许多部归成一组，如是综合研究的结果，算是从许多各自分[2]离的个体中，发现出他们相互[3]间的普遍性。经过这种种工夫，才许你开口说

---

[1] 的，原无，据《饮冰室合集·文集》卷三十九补。
[2] 分，原作"各"，据《饮冰室合集·文集》卷三十九改。
[3] 互，原文脱，据《饮冰室文集》卷三十九补。

"某件事物的性质是怎么样"。这便是科学第一件主要精神。

第二层，求有系统的真智识。智识不但是求知道一件一件事物便了，还要知道这件事物和那件事物的关系。否则零头断片的智识，全没有用处。知道事物和事物互相关系，而因此推彼，得从所已知求出所未知，叫做有系统的智识。系统有二：一竖，二横。横的系统，即指事物的普遍性，如前段所说。竖的系统，指事物的因果律。有这件事物，自然会有那件事物；必须有这件事物，才能有那件事物；倘若这件事物有如何如何的变化，那件事物便会有或才能有如何如何的变化。这叫做因果律。明白因果，是增加新智识的不二法门，因为我们靠他才能因所已知推见所未知；明白因果，是由智识进到行为的向导，因为我们预料结果如何，可以选择一个目的做去。虽然，因果是不轻容易谭的：第一，要找得出证据；第二，要说得出理由。因果律虽然不能说都要含有"必然性"，但总是愈逼近"必然性"愈好，最少也要含有很强的"盖然性"，倘若仅属于"偶然性"的便不算因果律。譬如说："晚上落下去的太阳，明早上一定再会出来。"说："倘若把水煮过了沸度，他一定会变成蒸汽。"这等算是含有必然性。因为我们积千千万万回的经验，却没有一回例外；而且为什么如此，可以很明白的说出理由来。譬如说："冬间落去的树叶，明年春天还会长出来。"这句话便待考。因为再长出来的并不是这块叶，而且这树也许碰着别的变故再也长不出叶来。譬如说："西边有虹霓，东边一定有雨。"这句话[1]越发待考。因为虹霓不是雨的原因，他是和雨同一个原因，或者还是雨的结果。翻过来说："东边有雨，西边一定有虹霓。"这句话也待考。因为雨虽然可以为虹霓的原因，却还须有别的原因凑拢在一处，虹霓才会出来。譬如说："不孝的人要着雷打。"这句话便大大待考。因为虽然我们也曾[2]听见某个不孝人着雷，但不过是偶然的一回，许多不孝人不见得都着雷，许多着雷的东西不见得都不孝；而且宇宙间有个雷公会专打不孝人，这些理由完全说不出来。譬如说："人死会变鬼。"这句话越发大大待考。因为从来得不着绝对的证据，而且绝对的说不出理由。譬如说："治极必乱，乱极必治。"这句话便很要待考。因为我们从中国历史上虽然举出许多前例，但说治极是乱的原因，乱极是治的原因，无论如何，总说不下去。譬如说："中国行了联省自治制后一定会太平。"

---

[1]话，原作"说"，据《饮冰室合集·文集》卷三十九改。
[2]曾，原作"會"，据《饮冰室合集·文集》卷三十九改。

这话也待考。因为联省自治虽然有致太平的可能性，无奈我们未曾试过。看这些例，便可知我们想应用因果律求得有系统的智识，实在不容易。总要积无数的经验，或照原样子继续忠实观察，或用人为的加减改变试验，务找出真凭实据，才能确定此事物与彼事物之关系。这还是第一步。再进一步，凡一事物之成毁，断不止一个原因，知道甲和乙的关系还不彀，又要知道甲和丙、丁、戊等等关系。原因之中又有原因，想真知道乙和甲的关系，便须先知道乙和庚、庚和辛、辛和壬等等关系。不经过这些工夫，贸贸然下一个断案，说某事物和某事物有何等关系，便是武断，便是非科学的。科学家以许多有证据的事实为基础，逐层逐层看出他们的因果关系，发明种种含有"必然性"或含有极强"盖然性"的原则，好象拿许多结实麻绳织组成一张网。这网愈织愈大，渐渐的函盖到这一组智识的全部，便成了一门科学。这是科学第二件主要精神。

第三层，可以教人的智识。凡学问有一个要件，要能"传与其人"。人类文化所以能成立，全由于一人的智识能传给多数人，一代的智识能传给次代。我费了很大工夫得一种新智识，把他传给别人，别人费比较小的工夫承受我的智识之全部或一部，同时腾出别的工夫又去发明新智识。如此教学相长，递相传授，文化内容自然一日一日的扩大。倘若智识不可以教人，无论这项[1]智识怎样的精深博大，也等于"人亡政息"，于社会文化绝无影响。中国凡百学问，都带一种"可以意会不可以言传"的神秘性，最足为智识扩大之障碍。例如医学，我不敢说中国几千年没有发明，而且我还信得过确有名医，但总没有法传给别人，所以今日的医学，和扁鹊、仓公时代一样，或者还不如。又如修习禅观的人所得境界，或者真是圆满庄严，但只好他一个人独享，对于全社会文化竟不发生丝毫关系。中国所有学问的性质，大抵都是如此。这也难怪，中国学问本来是由几位天才绝特的人"妙手偶得"，本来不是按步就班的循着一条路去得着，何从把一条应循之路指给别人？科学家恰恰相反，他们一点点智识，都是由艰苦经验得来。他们说一句话，总要举出证据，自然要将证据之如何搜集、如何审定一概告诉人。他们主张一件事总要说明理由，理由非能彀还元不可，自然要把自己思想经过的路线，顺次详叙。所以别人读他一部书或听他一回讲义，不惟能彀承受他研究所得之结果，一并承受他如何能研究得此结果之方法，而且可以用他的方法来批评他的错

---

[1] 这项，原作"怎样"，据《饮冰室合集·文集》卷三十九改。

误。方法普及于社会，人人都可以研究，自然人人都会有发明。这是科学第三件主要精神。

三

中国学术界因为缺乏这三种精神，所以生出如下之病证：

一、笼统。标题笼统，有时令人看不出他研究的对象为何物。用语笼统[1]，往往一句话容得几方面解释。思想笼统，最爱说大而无当不着边际的道理，自己主张的是什么，和别人不同之处在那里，连自己也说不出。

二、武断。立说的人既不必负找寻证据说明理由的责任，判断下得容易，自然流于轻率。许多名家著述，不独违反真理，而且违反常识的，往往而有。既已没有讨论学问的公认标准，虽然判断谬误，也没有人能驳他，谬误便日日侵蚀社会人心。

三、虚伪。武断还是无心的过失。既已容许武断，便也容许虚伪。虚伪有二：一，语句上之虚伪，如隐匿真证，杜撰假证，或曲说理由等等。二，思想内容之虚伪，本无心得，貌为深秘，欺骗世人。

四、因袭。把批评精神完全消失，而且没有批评能力，所以一味盲从古人，剽窃些绪余过活。所以思想界不能有弹力性随着时代所需求而开拓，倒反留着许多沈淀废质在里头为营养之障碍。

五、散失。间有一两位思想伟大的人，对于某种学术有新发明，但是没有传授与人的方法，这种发明便随着本人的生命而中断。所以他的学问，不能成为社会上遗产。

以上五件，虽然不敢说是我们思想界固有的病证，这病最少也自秦汉以来受了二千年。我们若甘心抛弃文化国民的头衔，那更何话可说！若还舍不得吗，试想二千年思想界内容贫乏到如此，求学问的涂径榛塞到如此，长此下去，何以图存？想救这病，除了提倡科学精神外，没有第二剂良药了。

我最后还要补几句话。我虽然照董事部指定的这个题目讲演，其实科学精神之有无，只能用来横断新旧文化，不能用来纵断东西文化。若说欧美人是天生成

---

[1] 用语笼统，原作"用笼统语"，《饮冰室合集·文集》卷三十九改。

科学的国民，中国人是天生成非科学的国民，我们可绝对的不能承认。拿我们战国时代和欧洲希腊时代比较，彼此都不能说是有现代这种崭新的科学精神，彼此却也没有反科学的精神。秦汉以后，反科学精神泼漫中国者二千年；罗马帝国以后，反科学精神泼漫于欧洲者也一千多年。两方比较，我们隋唐[1]时代，还有点准科学的精神不时发现，只有比他们强，没有比他们弱。我所举五种病证，当他们教会垄断学问时代，件件都有。直到文艺复兴以后，渐渐把思想界的健康恢复转来，所谓科学者才种下根苗。讲到枝叶扶疏，华实烂漫，不过最近一百年内的事。一百年的先进后进，在历史上值得计较吗？只要我们不讳疾忌医，努力服这剂良药，只怕将来升[2]天成佛，未知谁先谁后哩！我祝祷科学社能做到被国民信任的一位医生，我祝祷中国文化添入这有力的新成分，再放异彩！

---

[1]《饮冰室合集·文集》卷三十九"隋唐"下有"佛学"二字。
[2] 升，原作"生"，据《饮冰室合集·文集》卷三十九改。

14 梁启超
人生观与科学——对于张丁论战的批评[1]
（1923）

一

张君劢在清华学校演说一篇《人生观》，惹起丁在君做了一篇《玄学与科学》和他宣战。我们最亲爱的两位老友忽然在学界上变成对垒的两造，我不免也见猎心喜，要把我自己的意见写点出来助兴了。

当未写以前要先声叙几句话。

第一，我不是加在那一造去"参战"，也不是想斡旋两造做"调人"，尤其不配充当"国际法庭的公断人"。我不过是一个观战的新闻记者，把所视察得来的战况随手批评一下便了。读者还须知道，我是对于科学、玄学都没有深造研究的人。我所批评的一点不敢自以为是，我两位老友以及其他参战人、观战人，把我的批评给我一个心折的反驳，我是最欢迎的。

---

[1] 该文发表于1923年5月29日《晨报副刊》；《饮冰室合集·文集》（上海中华书局，1936年，第21—27页）卷四十收录。今据《饮冰室合集·文集》录文。

第二，这回战争范围，已经蔓延得很大了，几乎令观战人应接不暇。我为便利起见，打算分项批评。做完这篇之后，打算还跟着做几篇：（一）科学的智识论与所谓"玄学鬼"；（二）科学教育与超科学教育；（三）论战者之态度；等等。但到底作几篇，要看我趣味何如，万一兴尽，也许不作了。

第三，听说有几位朋友都要参战。本来想等读完了各人大文之后再下总批评，但头一件，因技痒起来等不得了；第二件，再多看几篇，也许"崔颢题诗"叫我阁笔，不如随意见到那里说到那里。所以这一篇纯是对于张丁两君头一次交绥的文章下批评。他们二次彼此答辩的话，只好留待下次。其余陆续参战的文章，我很盼早些出现。或者我也有继续批评的光荣，或者我要说的话被人说去，或者我未写出来的意见已经被人驳倒，那末，我只好不说了。

二

凡辩论先要把辩论对象的内容确定。先公认甲是什么乙是什么，才能说到甲和乙的关系何如。否则一定闹到"驴头不对马嘴"，当局的辩论没有结果，旁观的越发迷惑。我很可惜君劢这篇文章，不过在学校里随便讲演，未曾把"人生观"和"科学"给他一个定义；在君也不过拈起来就驳。究竟他们两位所谓"人生观"，所谓"科学"，是否同属一件东西，不惟我们观战人摸不清楚，只怕两边主将也未必能心心相印哩。我为替读者减除这种迷雾起见，拟先规定这两个名词的内容如下：

（一）人类从心界、物界两方面调和结合而成的生活，叫做"人生"；我们悬一种理想来完成这种生活，叫做"人生观"。（物界包含自己的肉体及己身以外的人类，乃至己身所属之社会等等。）

（二）根据经验的事实分析综合求出一个近真的公例以推论同类事物，这种学问叫做"科学"。（应用科学改变出来的物质或建设出来的机关等等，只能谓之"科学的结果"，不能与"科学"本身并为一谈。）

我解释这两个名词的内容，不敢说一定对，假令拿以上所说做个标准，我的答案便如下：

"人生问题，有大部分是可以——而且必要用科学方法来解决的；却有一小部分——或者还是最重要的部分是超科学的。"因此我对于君劢、在君的主张，觉得他们各有偏宕之处。今且先驳君劢。

君劢既未尝高谈无生，那么，无论尊重心界生活到若何程度，终不能说生活之为物能觳脱离物界而单独存在。既涉到物界，自然为环境上——时间空间——种种法则所支配，断不能如君劢说的那么单纯，专凭所谓"直觉"的"自由意志"的来片面决定。君劢列举"我对非我"之九项，他以为不能用科学方法解答者，依我看来十有八九倒是要用科学方法解答。他说"忽君主，忽民主，忽自由贸易，忽保护贸易；等等，试问论理学公例何者能证其合不合乎？"其意以为这类问题既不能骤然下一个笼统普遍的断案，便算屏逐在科学范围以外。殊不知科学所推寻之公例乃是：（一）在某种条件之下，会发生某种现象；（二）欲变更某种现象，当用某种条件笼统普遍的断案，无论其不能，即能，亦断非科学之所许。若仿照君劢的论调，也可以说"忽衣裘，忽衣葛，忽附子玉桂，忽大黄芒硝……，试问论理学公例何者能证其合不合乎？"然则连衣服饮食都无一定公例可以支配了，天下有这种理吗？殊不知科学之职务，不在绝对的普遍的证明衣裘衣葛之孰为合孰为不合，他却能证明某种体气的人在某种温度之下非衣裘或衣葛不可。君劢所列举种种问题，正复如此。若离却事实的基础，劈地凭空说君主绝对好，民主绝对好，自由贸易绝对好，保护贸易绝对好……，当然是不可能。却是在某种社会结合之下宜于君主，在某种社会结合之下宜于民主；在某种经济状态之下宜自由贸易，在某种经济状态之下宜保护贸易……。那么，论理上的说明自然是可能，而且要绝对的尊重。君劢于意云何？难道能并此而不承认吗？总之，凡属于物界生活之诸条件，都是有对待的；有对待的自然一部或全部应为"物的法则"之所支配。我们对于这一类生活，总应该根据"当时此地"之事实，用极严密的科学方法，求出一种"比较合理"的生活。这是可能而且必要的。就这点论，在君说"人生观不能和科学分家"，我认为含有一部分真理。

君劢尊直觉、尊自由意志，我原是赞成的，可惜他应用的范围太广泛，而且有错误。他说："……常有所观察也、主张也、希望也、要求也，是之谓人生观。甲时之所以为善者，至乙时则又以为不善而求所以革之；乙时之所以为善者，至丙时又以为不善而求所以革之。……"君劢所用"直觉"这个字，到底是怎样的内容，我还没有十分清楚。照字面看来，总应该是超器官的一种作用。若我猜得不错，那么，他说的"有所观察而甲乙丙时或以为善或以为不善"，便纯然不是直觉的范围。为什么"甲时以为善乙时以为不善"？因为"常有所观察"。因观察而以为不善,跟着生出主张希望要求;不观察便罢,观察离得了科学程序吗?"以为善不善",正是理智产生之结果。一涉理智,当然不能逃科学的支配。若说到自由意志吗,他的适用,当然该有限制。我承认人类所以贵于万物者在有自由意志,又承认人类社会所以日进,全靠他们的自由意志。但自由意志之所以可贵,全在其能选择于善不善之间而自己作主,以决从违。所以自由意志是要与理智相辅的。若像君劢全抹杀客观以谈自由意志,这种盲目的自由,恐怕没有什么价值了。(君劢清华讲演所列举人生观五项特征,第一项说人生观为主观的,以与客观的科学对立。这话毛病很大,我以为人生观最少也要主观和客观结合才能成立。)

  然则我全部赞成在君的主张吗?又不然。在君过信科学万能,正和君劢之轻蔑科学同一错误。在君那篇文章,很像专制宗教家口吻,殊非科学者态度。这是我最替在君可惜的地方,但也无须一一指摘了。在君说:"我们有求人生观统一的义务。"又说:"用科学方法求出是非真伪,将来也许可以把人生观统一。"(他把医学的进步来做比喻。)我说,人生观的统一,非惟不可能,而且不必要;非惟不必要,而且有害。要把人生观统一,结果岂不是"别黑白而定一尊"?不许异己者跳梁反侧,除非中世的基督教徒才有这种谬见,似乎不应该出于科学家之口。至于用科学来统一人生观,我更不相信有这回事。别的且不说,在君说:"世界上的玄学家一天没有死完,自然一天人生观不能统一。"我倒要问:万能的科学,有没有方法令世界上的玄学家死完?如其不能,即此已可见科学功能是该有限制了。闲话少叙,请归正文。

  人类生活,固然离不了理智,但不能说理智包括尽人类生活的全内容。此外还有极重要一部分——或者可以说是生活的原动力,就是"情感"。情感表出来的方向很多,内中最少有两件的的确确带有神秘性的,就是"爱"和"美"。"科学帝国"的版图和威权,无论扩大到什么程度,这位"爱先生"和那位"美先生",依然永远保持他们那种"上不臣天子,下不友诸侯"的身分。请你科学家把"美"来分析研究吧,什么线,什么光,什么韵,什么调……任凭你说得如何文理密察,可有一点儿搔着痒处吗?至于"爱",那更"玄之又玄"了。假令有两位青年男女相约为"科学的恋爱",岂不令人喷饭?又何止两性之爱呢。父子朋友……间至性,其中不可思议者何限?孝子割股疗亲,稍有常识的也该知道是无益。但他情急起来,完全计较不到这些。程婴杵臼,代人抚孤,抚成了还要死。田横岛上五百人,死得半个也不剩。这等举动,若用理智解剖起来,都是很不合理的，却不能不说是极优美的人生观之一种。推而上之，孔席不暖，墨突不黔，释迦割臂饲鹰，基督钉十字架替人赎罪，他们对于一切众生之爱，正与恋人之对于所欢同一性质。我们想用什么经验、什么轨范去测算他的所以然之故，真是痴人说梦。又如随便一个人对于所信仰的宗教，对于所崇拜的人或主义，那种狂热情绪，旁观人看来，多半是不可解，而且不可以理喻的。然而一部人类活历史，却十有九从这种神秘中创造出来。从这方面说，却用得着君劢所谓主观、所谓直觉、所谓综合而不可分析……话头。想用科学方法去支配他，无论不可能；即能，也把人生弄成死的没有价值了。

我把我极粗浅极凡庸的意见总括起来，是：

"人生关涉理智方面的事项，绝对要用科学方法来解决；关涉情感方面的事项，绝对的超科学。"

我以为君劢和在君所说，都能各明一义。可惜排斥别方面太过，都弄出语病来。我还信他们不过是"语病"，他们本来的见解，也许和我没有什么大分别哩。

以上批评"人生观与科学"的话，暂此为止。改天还想讨论别的问题。

十二年五月廿三日翠微山祕魔岩作

15 陈独秀
科学与人生观序[1]
（1923）

亚东图书馆汇印讨论科学与人生观的文章，命我作序，我方在病中，而且无事，却很欢喜的做这篇序。第一，因为文化落后的中国，到现在才讨论这个问题，（文化落后的俄国前此关于这问题也有过剧烈的讨论，现在他们的社会科学进了步，稍懂得一点社会科学门径的人，都不会有这种无常识的讨论了，和我们中国的知识阶级现在也不至于讨论什么天圆地方、天动地静、电线是不是蜘蛛精这等问题一样。）而却已开始讨论这个问题，进步虽说太缓，总算是有了进步；只可惜一班攻击张君劢、梁启超的人们，表面上好像是得了胜利，其实并未攻破敌人的大本营，不过打散了几个支队，有的还是表面上在那里开战，暗中却已投降了。（如范寿康先天的形式说，及任叔永人生观的科学是不可能说。）就是主将丁文江大攻击张君劢唯心的见解，其实他自己也是以五十步笑百步，这是因为有一种可以攻破敌人大本营的武器，他们素来不相信，因此不肯用。"科学何以不能支配人生观"，敌人方面却举出一些似是而非的证据出来；"科学何以能支配人生观"，这方面却

---

[1] 本文发表于《新青年》1923年第2期第31–36页，兹据录文。

一个证据也没举出来，我以为不但不曾得着胜利，而且几乎是卸甲丢盔的大败战，大家的文章写得虽多，大半是"下笔千言，离题万里"。令人看了好像是"科学概论讲义"，不容易看出他们和张君劢的争点究竟是什么。张君劢那边离开争点之枝叶更加倍之多，这乃一场辨论的最大遗憾！第二，因为适之最近对我说，"唯物史观至多只能解释大部分的问题"，经过这回辨论之后，适之必能百尺竿头更进一步！因为这两个缘故，我很欢喜的做这篇序。

数学、物理学、化学等科学，和人生观有什么关系，这问题本不用着讨论。可是后来科学的观察分类说明等方法应用到活动的生物，更应用到最活动的人类社会，于是便有人把科学略分为自然科学与社会科学二类。社会科学中最主要的是经济学、社会学、历史学、心理学、哲学（这里所指是实验主义的及唯物史观的人生哲学，不是指本体论、宇宙论的玄学，即所谓形而上的哲学）。这些社会科学，不用说和那些自然科学都还在幼稚时代。然即是幼稚，已经有许多不可否认的成绩，若因为还幼稚便不要他，我们不必这样蠢。自然科学已经说明了自然界许多现象，这是我们不能否认的；社会科学已经说明了人类社会许多现象，这也是我们不能否认的。自然界及社会都有他的实际现象，科学家说明得对，他原来是那样；科学家说明得不对，他仍旧是那样；玄学家无论如何胡想乱说，他仍旧是那样；他的实际现象是死板板的，不是随着你们唯物论、唯心论改变的。哥白尼以前，地球原来在那里绕日而行。孟轲以后，渐渐变成了无君的世界。科学的说明能和这死板板的实际一一符合，才是最后的成功；我们所以相信科学（无论自然科学或社会科学），也就是因为"科学家之最大目的，曰摈除人意之作用，而一切现象化之为客观的，因而可以推算，可以穷其因果之相生"（张君劢语）。必如此而后可以根据实际寻求实际，而后可以说明自然界及人类社会死板板的实际，和玄学家的胡想乱说不同。

人生观和（社会）科学的关系是很显明的，为什么大家还要讨论？哈哈！就是讨论这个问题之本身，也可以证明人生观和科学的关系之深了。孔德分人类社会为三时代，我们还在宗教迷信时代；你看全国最大多数的人，还是迷信巫鬼符咒算命卜卦等超物质以上的神秘；次多数像张君劢这样相信玄学的人，旧的士的阶级全体，新的士的阶级一大部分皆是。像丁在君这样相信科学的人，其数目几乎不能列入统计。现在由迷信时代进步到科学时代，自然要经过玄学先生的狂吠，这种社会的实际现象，想无人能够否认。倘不能否认，便不能不承认孔德三时代说是社会科学上一种定律。这个定律便可以说明许多时代、许多社会、许多个人的人生观之所以不同。譬如张君劢是个饱学秀才，他一日病了，他的未尝学问的家族要去求符咒仙方，张君劢立意要延医诊脉服药。他的朋友丁在君方从外国留学回来，说汉医靠不住，坚劝他去请西医。张君劢不但不相信，并说出许多西医不及汉医的证据。两人争持正烈的时候，张君劢的家族说，西医汉医都靠不住，还是符咒仙方好。他们如此不同的见解，也便是他们如此不同的人生观；他们如此不同的人生观，都是他们所遭客观的环境造成的，决不是天外飞来主观的意志造成的，这本是社会科学可以说明的，决不是形而上的玄学可以说明的。

张君劢举出九项人生观，说都是主观的，起于直觉的、综合的、自由意志的，起于人格之单一性的，而不为客观的、论理的、分析的、因果律的科学所支配。今就其九项人生观看起来：第一，大家族主义和小家族主义，纯粹是由农业经济宗法社会进化到工业经济军国社会之自然的现象。第二，男女尊卑及婚姻制度，也是由于农业宗法社会亲与夫都把子女及妻当作生产工具，当作一种财产，到了工业社会，家庭手工已不适用，有了雇工制度，也用不着拿家族当生产工具，于是女权运动自然会兴旺起来。第三，财产公有私有制度，在原始共产社会，人弱于兽，势必结群合作，原无财产私有之必要与可能；（假定有人格之单一性的张先生，生在那个社会，他的主观，他的直觉，他的自由意志，忽然要把财产私有起来，怎奈他所得的果物兽肉无地存储，并没有防腐的方法，又不能变卖金钱存在银行，结果恐怕只有放弃他私有财产的人生观）到了农业社会，有了一定的住所，有了仓库，谷物又比较的易于保存，独立生产的小农，只有土地占有的必要，没有通力合作的必要，私有财产观念是如此发生的。到了工业社会，家庭的手工的独立生产制已不能存立，成千成万的人组织在一个通力合作的机关之内，大家无工做便无饭吃，无工具便不能做工，大家都没有生产工具，生产工具已为少数资本家私有了，非将生产工具收归公有，大家只好卖力给资本家，公有财产观念是如此发生的。第四，守旧维新之争持，乃因为现社会有了经济的变化，而与此变化不适应的前社会之制度仍旧存在，束缚着这变化的发展，于是在经济上利害不同的阶级，自然会随着变化之激徐，或激或徐的冲突起来。第五，物质精神之异见，少数人因为有他的特殊环境，一般论起来，慢说工厂里体力工人了，就是商务印书馆月薪二三十元的编辑先生，日愁衣食不济，那有如许闲情像张君劢、梁启超高谈什么精神文明、东方文化。第六，社会主义之发生，和公有财产制是一事。第七，人性中本有为我利他两种本能，个人本能发挥的机会，乃由于所遭环境及所受历史的、社会的暗示之不同而异。第八，悲观乐观见解之不同，亦由于个人所遭环境及所受历史的、社会的暗示而异。试观各国自杀的统计，不但自杀的原因都是环境使然，而且和年龄、性别、职业、节季等都有关系。第九，宗教思想之变迁，更是要受时代及社会势力支配的：各民族原始的宗教，依据所传神话，大都是崇拜太阳、火、高山、巨石、毒蛇、猛兽等的自然教；后来到了农业经济宗法社会，族神、祖先、农神等多神教遂至流行；后来商业发达，随着国家的统一运动，一神教遂至[1]得势；后来工业发达，科学勃兴，无神非宗教之说随之而起。即在同一时代，各民族各社会产业进化之迟速不同，宗教思想亦随之而异。非洲、美洲、南洋蛮族，仍在自然宗教时代；中国、印度，乃信多神；商工业发达之欧美，多奉基督。使中国圣人之徒生于伦敦，他也要奉洋教，歌颂耶和华；使基督信徒生在中国穷乡僻壤，他也要崇拜祖宗与狐狸。以上九项种种不同的人生观，都为种种不同客观的因果所支配，而社会科学可一一加以分析的论理的说明，找不出那一种是没有客观的原因，而由于个人主观的直觉的自由意志凭空发生的。

梁启超究竟比张君劢高明些，他说："君劢列举'我对非我'之九项，他以为不能用科学方法解答者，依我看来，什有八九倒是要用科学方法解答。"梁启超取了骑墙态度，一面不赞成张君劢，一面也不赞成丁在君，他自己的意见是：

"人生问题，有大部分是可以——而且必要用科学方法来解决的。却有一小部分——或者还是最重要的部分是超科学的。"

他所谓大部分是指人生关涉理智方面的事项，他所谓一小部分是指关于情感方面的事项。他说："既涉到物界，自然为环境上——时间空间——种种法则所支配。"理智方面事项，固然不离物界，难道情感方面事项不涉到物界吗？感官如何受刺激，如何反应，情感如何而起，这都是极普通的心理学。关于情感超科学这种怪论，唐钺已经驳得很明白。但是唐钺驳梁启超说："我们论事实的时候，不能羼入价值问题。"而他自己论到田横事件，解释过于浅薄，并且说出"没有多大价值"的话，如此何能使梁启超心服！其实孝子割股疗亲，程婴、杵臼代人而死，田横、乃木自杀等主动，在社会科学家看起来，无所谓优不优，无所谓合理不合

---

[1] "教"字原在"至"下，据文意乙正。

理，无所谓有价值无价值，无所谓不可解，无所谓神秘，不过是农业的宗法社会封建时代所应有之人生观。这种人生观乃是农业的宗法社会封建时代之道德传说及一切社会的暗示所铸而成。试问在工业的资本主义社会，有没有这样举动，有没有这样情感，有没有这样的自由意志？

范寿康也是一个骑墙论者，他主张科学是指广义的科学，他主张科学决不能解决人生问题的全部。他说："人生观一部分是先天的，一部分是后天的。先天的形式是由主观的直觉而得，决不是科学所能干涉。后天的内容应由科学的方法探讨而定，决不是主观所应妄定。"他所谓先天的形式，即指良心命令人类做各人所自认为善的行为。

什么先天的形式，什么良心，什么直觉，什么自由意志，一概都是生活状况不同的各时代各民族之社会的暗示所铸而成。一个人生在印度婆罗门家，自然不愿意杀人，他若生在非洲酋长家，自然以多杀为无上荣誉；一个女子生在中国阀阅之家，自然以贞节为他的义务，他若生在意大利，会以多获面首夸示其群；西洋人见中国人赤膊对女子则骇然，中国人见西洋人用字纸揩粪则惊讶；匈奴可汗父死遂妻其母，满族初入中国不知汉人礼俗，皇太后再嫁其夫弟而不以为耻；中国人以厚葬其亲为孝，而蛮族有委亲尸于山野以被鸟兽所噬为荣幸者；欧美妇女每当稠人广众吻其所亲，而以为人妾为奇耻大辱；中国妇人每以得为贵人之妾为荣幸，而当众接吻虽娼妓亦羞为之。由此看来，世界上那里真有什么良心，什么直觉，什么自由意志！

丁在君不但未曾说明"科学何以能支配人生观"，并且他的思想之根底，仍和张君劢走的是一条道路。我现在举出两个证据：

第一，他自号存疑的唯心论，这是沿袭了赫胥黎、斯宾塞诸人的谬误。你既承认宇宙间有不可知的部分而存疑，科学家站开，且让玄学家来解疑。此所以张君劢说："既已存疑，则研究形而上界之玄学，不应有丑诋之词。"其实我们对于未发见的物质固然可以存疑，而对于超物质而独立存在并且可以支配物质的什么心（心即是物之一种表现），什么神灵与上帝，我们已无疑可存了。说我们武断也好，说我们专制也好，若无证据给我们看，我们断然不能抛弃我们的信仰。

第二，把欧洲文化破产的责任归到科学与物质文明，固然是十分糊涂，但丁在君把这个责任归到玄学家、教育家、政治家身上，却也离开事实太远了。欧洲大战分明是英德两大工业资本发展到不得不互争世界商场之战争，但看他们战争结果所定的和约便知道，如此大的变动，那里是玄学家、教育家、政治家能够制造得来的。如果离了物质的即经济的原因，排科学的玄学家、教育家、政治家能够造成这样空前的大战，那末，我们不得不承认张君劢所谓自由意志的人生观真有力量了。

  我们相信只有客观的物质原因可以变动社会，可以解释历史，可以支配人生观，这便是"唯物的历史观"。我们现在要请问丁在君先生和胡适之先生：相信"唯物的历史观"为完全真理呢，还是相信唯物以外像张君劢等类人所主张的唯心观也能够超科学而存在？

十二，十一，十三。

16 茅以升

工业与近世文明[1]
（1923）

（茅以升讲　龚徵桃记）

工业之名词，出世甚晚，昔时有工而无工业。由最初之技能手工而科学的工程，以至近世之工业组织，其间递嬗之迹，已足为文明进步之写真，工与文明之关系，在昔技能手工时代，即已昭著。征之文明最古国家，若埃及，若中国，若希腊、罗马，均可得而窥也。古史所载埃及文明，虽不克见，然五千年前之金字古塔，犹巍然存在。其结构之宏壮，建筑之美丽，实足使吾人征信当日文明之非虚，是古代之文明，得于技能手工见之，其一例也。我国古时，洪水为患；大禹治之，文化始兴，此又一例也。他若希腊、罗马之文明，亦皆得于技能手工见之。于此可知工之成绩，不仅可见于当时，且足垂传久远。

在未有历史记载之前，人类之进化，亦得由工推测之。其始也钻木取火，次造弓箭以自卫，再进而制陶制铁而有文字。此后工有一次之进步，斯人类文明即有一度之增高。

---

[1] 茅以升（1896—1989），江苏镇江人，土木工程学家，桥梁专家。在美国康乃尔大学和加里基理工大学分获硕士和博士学位，回国后主持修建了中国人自己设计并建造的第一座现代化大型桥梁钱塘江大桥，新中国建立后又参与设计了武汉长江大桥等。本文发表于《科学》1923年第6期第601-605页，兹据录文。

于此可见工为进步之物。工有进步，则人类文化亦因之而进步焉。

以上所说，皆论工与古代文明之关系。今日讲题为工业与近世文明。既论近世文明，必先明何谓近世。据 G.S.Morrison 说，以人类发明蒸汽机之时，为古代与近代之分界。后此者为近世，前者为古代，兹言近世文明从蒸汽机发明始。

研究工业，可分工程与组织之两方面，其影响于近世文明者，亦得由此两方面窥测之，即（一）工程之影响于物质文明及人类幸福，（二）工业组织之影响于社会国家。

（一）工程之影响于物质文明

（1）工程家能改变自然界之状况。举例如下：

（a）凿山。铁道所经凿山通道。

（b）跨海。美国著名工程师 Lidenthol 自诩能造一大桥，跨大西洋而连欧美大陆。所以不能实行者，则因经济关系，以工程家之能力言，实非虚语也。

（c）开河。昔之大陆今成巨川。苏彝士运河、巴拿马运河，皆工程家之伟大成绩也。

（d）变气候。气候冷者可使变热，热者可使变冷。即伦敦多雾，尝有人谓由于工厂发达之故。

夫山可凿，海可跨，河可开，气候可变，一切自然状况，工程家竭其能力，几无不能使之变化。是之谓工程对于物质文明之第一贡献。

（2）工程家利用自然界之物质及能力。举例如下：

（a）地面物质。木石铜铁，可以造屋，可以作器。煤炭石油，可供燃料。此利用之最简单者。

（b）水。水受热成汽，用以转动机轮，发生原动力。

（c）太阳。日之热力，使水汽化；月之引力，发生潮汐。工程家利用之为原动力，此利用之较奇异者。

（d）空气。空气被压，用于气压机（air compressor）。空气受热，用于热气机（hot air engine）。流动成风，可以转风车。波浪可以发电。此皆工程家之利用空气者。

（e）地心吸力。水受地心吸力，自高处流下，成为瀑布，工程家利用之为原动力。美国之尼加拉瀑布（Niagara Falls），其著名者也。有人预算亚州瀑布有马力二万万，果能尽为工程家所利用，其造福于人类，又安可计乎？

此外如橡树之胶，可制橡皮。诸如此类，不可备举。是为工程家对于物质文明之第二贡献。

（二）工程家对于人类幸福之贡献

（a）扫除自然界之障碍。曩时山川阻隔，行旅艰难，消息迟滞。自工程家有铁路、电车、电报、电话等之发明，此种障碍完全扫除。千里之遥，一日可达；万里之隔，消息立至，人类便之。此关于交通者也。曩者用水不洁，疾病死亡，其率甚高。自有给水及卫生之设备，而死亡之率大减，欧美各国有统计可稽也。他如取热、生光、通气等，均足增进人类之幸福，此关于营生者也。此外若防火之有消防工程，治水之有河海工程，能使人类幸福增进，此又关于安全者也。

（b）创造原动力。美国工程家Feeman尝计算大西洋中之大海轮，自美洲抵欧陆，所用之原动力，可当五千年前金字塔建造时所用之人。工骤闻之，若甚奇异，实则人类能力，可以计算。今如铁路用若干人，运若干货，行若干路。测量结果，每人之能力，因利用机械之故，可增长六百倍。

（c）增进人类之经济效率。曩时运货每吨每里需旅费二元者，今则仅费二分已足，低廉至于百倍。其他关于衣食住者，亦多减少。此关于经济者也。数目计算，耗费脑力，今则利用计算仪器，节省脑力。近且有统计仪器（calculating machine）之发明，所节省之脑力更多量矣。此关于于效率者也。

（d）促进文化。文化事业，必有赖于书报之流传。而书报之印刷，必藉机械之设备。其计划制造，又无一非工程家之成绩也。

（三）工业组织之影响于社会国家

（1）工业组织及于社会之影响。

（a）经济。自美人（Bessemer）发明制钢新法后，钢之成本减轻。曩时贫民所不能想望之生活，今且与豪富共之。有人称氏为"德谟克拉西"之功人,非无故也。

(b)效率。自美国大工程家（Fred. W. Taylor）研究科学的管理法,而效率主义遂普及于各种社会事业。

(c)社会组织。自十八世纪工厂制度代家庭手工制度而兴,工人与资本同时集中,发生两种现象:一为都市生活,大工厂所在之地,能自成一都市;一为同类觉悟,即各种社会主义与劳动问题等之所由起也。

(2)工业组织及于国家之影响。工业发达之国家,生产过多,无从销售,而贸易竞争以起。原料缺乏,无从购买,而侵略政策以兴。竞争侵略之不已,则发生国际战事。此欧洲大战之所由起也。战事既起,工程家又有杀人武器之发明。其破坏文明之势力,几与促进之功等,此又可见工业事业,未必尽文明;然文明国家,必赖工业,则可断言也。

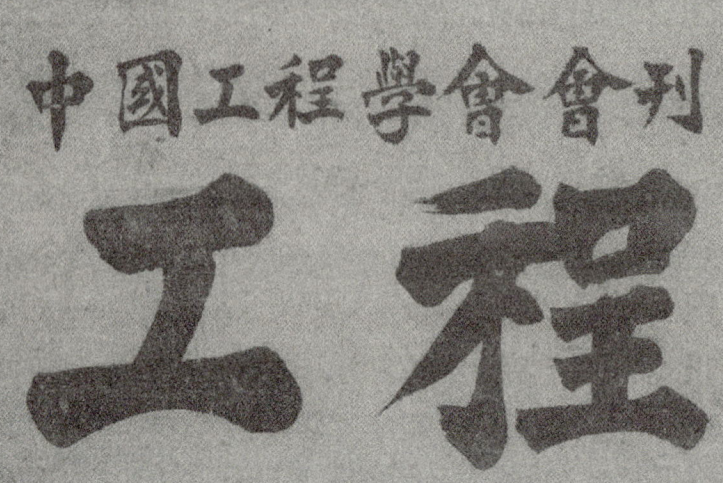

17

中国工程学会
《工程》发刊词[1]
（1925）

　　中国之工程学问，类皆自西洋贩买而来，提创垂三十年而工程学之无贡献也如昔，工程事业之难发达也亦如昔，虽间有名人如詹天佑先生辈，但其影响之所及，亦鲜而微。中国工程学问之幼稚，殆为不可掩之事实矣。

　　但各种学问之与人生最有直接影响，莫如工程。自各种工程学兴，而昔日之险阻，今如康庄；昔日之奇巧，今成常品。我人之所享受，较诸百年前之帝王犹或过之。此光明华丽之世界，谁为非我辈工程师所创造？

　　然则处此工业幼稚之中国，而各方面工业发展之需要又复急不可待，我人能不奋勉自励，以创造我中华独立之工程事业。此八年前我在美之同志所以发起组织中国工程学会，而今日者，我全体会员创刊此中国工程学会会刊者也。

　　我人在今日类皆初入社会之青年，不敢狂言于众，而许国人有莫大之创造。但若能创者则手创之，能发明者则发明之，能贩买者则贩买之，十年之后此志亦可集为大观。"行远自迩，登高自卑"，国人其许我否？

---

[1] 据《工程：中国工程学会会刊》1925年第1期第1页录文。

科学月刊社

科学月刊社缘起[1]
（1929）

人事的变迁尽管再奇谲，人类的历史尽管再有多少种不同的解释，人类社会中终于屹然矗立着有一种崇高的力量，任你多大的威权，也无法撼动他的尊严的分毫，这力量无疑的是科学。

科学并没有旁的什么神奇，只是一种方法，一种态度，万千现象的应付与解说，都委之于提炼纯粹了的理智：威吓利诱，对于他不生效力；艰难危险，对于他没有意义。任你多么坚强的信仰，倘使没有证据作基础，他敢于掉头不顾；任你多么热烈的感情，倘使不经过理性的评判，他可以漠不关心。他是这样的一种冷酷的东西！然而也只有从认识了科学的真价以来，人类无情的生活才始改变了面目，人类演进不息的痕迹，才始指出方向，人类在自然界的高超的地位，才始得着了确切的说明。

中国事事后人，尤其是在科学领域里的努力，分外的迟缓，使我们时时自惭不如。人家的科学贡献已经到了灿烂的时期，我们才刚从迷雾的摇篮里惊醒。从前，科学在发达的初期，初从先进的民族里传递到我们这里来同我们

---

[1] 据《科学月刊（上海）》1929年第1期第145–148页录文。

接触的时候，我们的民族还沉在迷样的神秘里，结果，只供给了一两个闲暇君主的赏玩，不曾发生多大影响。后来，科学给强者利用，挟着万钧的力量，威临着我们，更使他不幸在我们这里蒙着了多少的误解，曾经产生了"西学古微"之类乌烟瘴气的文章笼罩一时。拨开云雾，使科学的真面目临照着指示着我们这国度的，只是最近二十年来的事。治乱循环周而复治的哲学观念，也是直到最近才逐渐消失了支配的力量。

然而就这二十年来的成绩看去，仍不免令人生寂寞之感。且不说列名于世界学者之林的学问家杳无消息，这原来是不可强求的；就已有的科学事业试一窥探，内容仍是无限地薄弱与空虚。国人对于科学事业的忽视，政治情形的多变，固然都算是妨害它的发展的重要原因；但是从事科学运动的人自身也尽多缺陷，大家大抵避去了艰难的问题绝不过问，假借海外远方的名字，悻悻然藏匿在科学家的旗帜之下，便什么事都没有。先进的思想家及学者们昔日那么满腔勇猛的怀抱，反抗的精神，想借取科学的新鲜的血液，灌注到我们衰老民族的皮肤里，好使我们换得新的生命，适应新的时代的生存的，曾几何时，这怀抱，这精神，许多都变成了相反的方向。初时叫出的理想的尊严，却又自己搬起石头来压倒。科学神圣的口号喊起来反转没有从前那么精神，科学的出版物反转赶不上从前的兴旺。世界科学界的进步情形，少有人给我们介绍；国中的科学界——如其我们也有"科学界"的话——的消息少有人给我们报告。科学的理论方面，我们曾经有过什么样子研究？科学的应用方面，我们到了怎样的程度？还有科学教育的普及，科学精神的扩张，又都是怎般情况？这些也很少知道消息。到了最近，因了政治上兴奋过后的疲劳，我们的领袖们爽性捧出古老僵化的招牌来号召一切，什么事体都是我们旧有的最是神通，处处都是生活疲劳了的老年人恫吓制止进步的要求的声音。这种情形之下，科学运动的低落自是大家意中事了。

现在这个科学月刊社的发起，便是因了感到这一点空虚，想接济前人努力之穷，往填补这一块空虚的方向努力。只要同样感觉到国中科学界的这一点空虚，并具有同样填补这空虚的兴趣的人，大家都是同路者。社中从事的业务，以编辑和刊印一种《科学月刊》的定期刊物为中心。社员有整部长篇的系统的科学论著或译述时，亦将由社中刊印问世。

《科学月刊》自己划分的任务大约如下：

（一）理论科学扼要的论文；

（二）应用科学类别的讲解；

（三）世界科学进步状况的介绍；

（四）国中各种科学事业的调查、报告与批评；

（五）科学家生平及其轶事的记载与介绍。

总之，他的志愿是在于促进国中科学运动的进展。国中本也有的是认识科学的真价，热忱献身于科学事业的人，他愿尽他薄有的力量呐喊助威。其他不合于这种精神的，他也以他薄有的力量指摘出来，供给社会的评判。我们期望中国科学事业的发扬光大，却不希望假了科学神圣的名字，只在铺张场面上下工夫。我们尝听见说中国社会薄待科学家，不使他们有充分的发展，这意见我们并不愿否认。只我们以为在另一面讲，现在应该已经是考察考察一番，究竟中国社会曾经如何对待科学家，及中国科学家曾经如何酬报中国社会的时候了。

科学月刊社之能否如愿地完成他的任务，这一面固在于发起人的努力，同时更在于社会的督促与赞助。在这创始的时候直率地说出他的缘起来，至少在希求进步的这一点上应为明达的国人所共谅。

19
竺可桢
希望科学也能说中国话[1]
（1930）

今天是科学社第十五次年会，承诸位来宾的光临和指教，感激得很。科学社从民国三年成立到本年，已足足十六岁了。讲到成绩还是很少，但对于科学的推广和研究，自信还能尽力的去做。科学社的目的有两个，一是灌输科学智识，二是提倡科学研究。关于第一项，社中所办的事业，有《科学》杂志和各处的科学演讲。关于第二项的事业，有南京的生物研究所和上海的明复图书馆。从光绪戊戌到近来三十年间，从科学方面看起来，可以说中国是在翻译时代，从格致[2]书院、制造局时代以到如今，这也是科学进化必经的路程。近年来各大都会电气事业的发达和

---

[1] 竺可桢（1890—1974），浙江绍兴人，气象学家、地理学家，中国物候学的创立者。1918年在美国获哈佛大学博士学位，回国后曾任中央研究院气象研究所所长、浙江大学校长等。新中国成立后，任中国科学院副院长。本文是竺可桢在中国科学社第十五次年会以社长身份发表的致谢辞，最早刊载于《中国科学社第十五次年会记事录》（中国科学社，1930年10月，第19–20页）。《竺可桢全集》第2卷（上海科技教育出版社，2004年，第55页）以"希望科学也能说中国话"为题收录。今据《中国科学社第十五次年会记事录》录文，并据《竺可桢全集》拟题。

[2] 致，原作"知"，据《竺可桢全集》改。

浙江大学图书馆

工厂的增加，不能不归功于灌输科学智识的能效。但科学是国际的，不是欧美所专有的。十九世纪初叶的时候，德国的埃爱德说道："若要科学能在德国发达，科学必须说德国话。"到如今德国语差不多变成[1]了科学界公认的通用语了。所以我们要发达科学，单靠翻译，专从灌输科学智识着手，是不够的。中国若是要在科学上有所建白，必须从研究入手，这就是创设科学社的第二个目标。近几年来，研究机关如中央研究院、地质调查所、北平研究院和各大学、各工厂所设研究机关，一天多似一天，这是一个极好的现象，不久希望科学也能说中国话了。今年在青岛开会，蒙青岛大学、市政府、省政府的厚意的招待，鄙人敬代表科学社竭诚的感谢。

---

[1] 成，原脱，据《竺可桢全集》补。

20

孙学悟

中国化学基本工业与中国科学之前途[1]
（1930）

大凡科学事业最后目的，是为求人类的幸福。这幸福概不外乎两方面的——精神上的和物质上的。这两方面我们须同时并重，那科学智识才能以充分发展，科学教育才可以有一条出路。设若只偏重那一方面而不视查环境的需要，那便入了危险的路程上，越走越窄，走进牛角胡同里去了。我国内各大学理科虽设立了多年，但专攻科学的人数，仍觉太少。即有几位专门理科的，毕业后，除了设法教书谋生外，几乎别无正当活路可走。有时候有不得已的，只得"改行"，为生活问题，把所学便掷开了。结果，一班社会把科学，由好方面看，视为一种美术品，只有少数智识阶级可以享用的；由坏方面看，视为一种死把戏，与民生无什关系的玩意儿。这一类的实事和观念，在中国科学前途上，是何等可怕。

---

[1] 孙学悟（1888—1952），字颖川，山东文登人。化工专家，中国化工科技事业开拓者。1915年毕业于美国哈佛大学化学系，获化学博士学位。因成绩优异留校任教。1919年离美回国，筹建南开大学理学系，历任开滦煤矿总化学师、久大盐业公司化学室主任、黄海化学工业研究社社长、中国科学院工业化学研究所所长。本文是孙学悟在1929年中国科学社年会上的发言，发表于《科学》1930年第6期第821-823页，兹据录文。

且科学与工业在发展上，是互相为力的。试看世界上凡物质或工业发达国，科学事业总事日日加多，且有用于国中情形的。反过来说，凡科学先进的国里，工业莫不直接或间接受学术团体的援助。这种互相为力的现象，自欧战后，在欧美各国里，愈觉显明。由它们工业界每年为科学研究事业，或为科学教育改进，所捐助款项数目，我们便知道它们的工业和科学合作的程度了。大工厂里设立研究部，小工厂里亦有试验室。教育机关亦同工业界联络起来了，那向来"尔为尔，我为我"的态度亦都变改了。一方面，学校里造就科学人才；一方面，工业界能以尽量受用。比如一个大水轮一般，一面引水，一面便有吸水的，于是这轮子的工作"川流不息"的在那里转。我们的轮子的工作怎样？仍属于片面的。只管引水而没有收容水的准备。故所引的水，都直接挥发到空中去了。总而言之，科学虽是发展工业的基础，但工业确是宣传科学的先锋，亦是普及科学教育的一种特殊工具，在科学历史上看来更是发展科学事业一个阶级。

这阶级在发展我国科学的路程上，亦必须经过，别无途径可行。这是难以否认的。所以现在当我国尚无适当发展科学的环境，为中国科学前途计，我们势不得不加一特别注意于国中基本工业，尤其是化学基本工业。因为化学基本工业为一切化学工业起点，利用国内物产的一个要素。中国许多工业不能成立，原因固然复杂，但没有基本工业作一起点，实系一大原因。所以有了化学基本工业，一切实业才可以兴起来，那科学研究、科学教育，便自然容易向前进展了。现在中国发展科学历史上，似乎演进到了一个新时期，这个新时期便是怎样努力去创造那可以增进科学研究的环境，开辟一条改造科学教育的新路。设若我们不真切认识这时期，那国内科学教育仍难发达，科学研究仍难免带些浮薄性质。要预备这个环境，开辟这条新路，当以化学基本工业为发展中国科学历史上这第二时期的一个先锋。这个时期已经来到了！我们科学团体现在应当怎样向那方面努力，请大家在这年会里讨论。

21

中华科学文化社

中华科学文化社缘起[1]
（1931）

观物象之森罗，察人事之繁赜，浩乎无垠之时空，拟诸百年人寿，斗室身居，岂特梯米大仓，勺水汪洋而已？此古人所以发生有涯而知无涯之叹也！然而，就既往之陈迹，杳杳之人生终未为茫茫之自然所吓倒，而以有涯逐无涯，反为惯常之事实。所得结果，不特人生未殆，且绰绰然若有余裕者，此其何故耶？岂人类真不脱夸大狂与幻梦想，勉自骗而强自慰欤？曰：是不然。人类实有所恃，有所凭藉与依据，方敢与自然周旋，与自然挑战，为此永永不息之决斗。此所恃物之为何？是乃现时人士所不离诸口耳，难以名而强名之之科学。

人常称近代文明为科学文明，而不知凡人类文明皆科学文明也。何以言之？人类能屹然生活于宇宙之间，不为铁石无情之自然所吞噬，所碎灭者，皆藉科学之力。得科学之力，人类不特不受自然之损害，且可以渐渐驾御自然，操纵自然。历时至今，虽不敢谓人类有鞭笞奴役自然之力量，然而所差亦仅矣。则谓凡人类文明为科学一手所造成又何不可？近代文明乃其前所未有之最高表现耳。

---

[1]据《科学月刊（上海）》1931年第1期第1—4页录文。

此指广义之科学而言，即所谓科学精神、分析方法、批评态度是已，决不以由科学所得之区区结果自限自封也。科学所有之结果，人或可致不满，肆攻击，但科学所具之精神，则断断然人决无辞以易。何则？此精神实依于锻炼淬厉，金刚不坏，生活所托命之智慧故。

古近代文明之差异，殆即由于古人昧昧于科学精神之重要，而今人则洞悉其真价也。若有人偶然摸索于暗中，忽获珍奇，深自诧异，谓旷世之不一遇，不知此中实有条理之线索可寻，提灯而照，罗罗宝物皆呈吾前矣。此今之所以异昔，亦今之所以胜昔。近数百年科学之进步，人类生活之改观，皆由深深认识此精神之故。有如徒手之偶得利器，有如迷途之忽睹大道，持斯器而循斯道，对神秘之自然与飘忽之人事，若破竹之乘势，直一日而千里矣！

中国文明之古老拟过西洋，而至今日乃远落在西洋之后，此其故在西洋确认科学之真价，而中国则悠忽视之也。故一则绝尘而驰，一则逡巡不前。迨闭关自守之不可，海禁大开之必然，乃瞿然惊觉，知非急起直追而不能图存，于是提倡科学之声扬溢于耳鼓。及今亦将百年，吾人何敢奢求，但过去事实，实难以厌吾人之望。因其徒摭取科学之名，购买枪炮轮船为点缀，与根本之科学精神无涉，弃精华而取糟粕也。最近一二十年，国内人士有见于此，知仅运输科学产物，鲜有补于中国科学之发达，而欲中国文明比肩于西洋文明，固非直探科学之精神不可。于是发表文字矣，于是集会结社矣，所谓科学研究之精神遂得渐渐渗渍于年来中国之学术界，诚盛事也。中国提倡科学至此，可谓为既得曙光而立在坦荡荡之大道前。

但科学文化事业之艰巨，非一朝一夕、一手一烈所可成。前人有遗，后人踵武，一夫倡起，百夫并和，绵绵延延，方始有功。况现代学术之进步，全藉多数人之分工合作，而使民众熟习科学，又为中国提倡科学最要之图。故吾人以为今日中国科学界之急务，在发扬团体研究之精神，与使民众了解科学之效用。此则端赖于志同道合之组织矣。独力难成，而众擎易举，居今之世而言发扬学术，促进文化，固非有多数宏大之会社不可也。而试观国内之情形，科学团体乃寥寥可数，以中国之地广人稠，千百之学术会、研究所，尚不为多。今计其较有组织而较有成绩者乃不过三数，此其寂寞为何如耶？国人日期望中国科学能与西洋并驾，日期望中国有伟大科学家出现，能厕于世界科学家之林，悠哉邈矣！在此冷落之环境中，固绝无偶然之机会可侥幸也。

吾人有鉴于此，知科学先进各国皆以群策群力得有今日之良果，而中国科学进步之迟缓，则正因患涣散而少团结之病，所以年前吾人有科学月刊社之组织，秉此职志也。不意挠阻多方，荆棘随处，吾人之希望，不能实现其百一，感慨何如！差堪自慰者，则发行之月刊，能排万难而得继续出版耳。月刊仅有二年之历史，固难以言科学上之贡献，但于科学精神之阐扬，科学效用之解喻，为专门之论述，作普遍之宣传，在荒漠阒寂之中国科学出版界，吾人月刊之痕迹深深在也。然吾人实不敢以此自满，吾人日祈求有更完美宏大之组织，而堪与东西各国最新近之科学团体相拟者，此今日中华科学文化社之所由起也。

中华科学文化社虽渊源于科学月刊社，但其内容较复杂完备，是可谓为一种重新之组织，将科学月刊社扩大而包括之者也。所以科学月刊仍为中华科学文化社之喉舌，作为社中出版部之一种事业而继续发行。至此月刊之旨趣，与前无殊，凡理论科学，应用科学，科学新闻，或国内，或国外，或介绍，或批评，举有关于科学者，皆在所不遗。更有进者，过去二年之科学月刊，所载文字几尽关于自然科学者，此因能力有限使然，非吾人忘却社会科学也。今后之月刊，希望能弥缝此缺憾，将凡以科学精神态度、方法，对自然现象施以研究者，一并收罗，具见科学范围之广大。

总之，吾人不揣绵薄，结群力为此社，本科学之真精神，一方面为专门高深之研究，冀于科学界有所贡献；他方面作通俗科学之宣传，使民众晓然于科学之效用，归根则在于造成新中华之科学文化。立志不妨其远大，实行则要其切近。吾人希望之能否实现，固视乎吾人之努力，但社会之帮助与指导，关系重大，此又敢达区区微忱于邦人士而求鉴察者也。至于国内既有团体提携并进，与国外先进会社互通声气，为吾人分内事，因科学之不能私与科学之当互助，实为科学进步之必然法则也。

吾人顾思中华科学文化社之名义，知此事业之巨大，非一促可成，惟日益奋勉，冀名实有以相副。关于社内组织，则容纳一切合理之意见与批评，使日臻于完善。同时更希望有多数相类之科学团体出现，收切磋琢磨之效。中国之与科学相远，可于科学团体之寡鲜觇之；而正以科学团体之寡鲜，中国遂更与科学相远也。中国文化之不足言，中国科学之不发达也。中国科学之不发达，中国科学界之涣散，少团结，致力弱不能与西洋竞争是其大原因也，此实中国科学界之羞，此实中国科学界最要之图。若中国科学团体如风起潮生之迸发，霞蔚云蒸之焕然，于斯时也。中华科学文化之灿烂花朵，虽未光芒四射，亦含苞吐蕾而将放矣。此吾人组织斯社之微旨，而重敢为国人告者。

22 梅贻琦

就职演说：所谓大学者，有大师之谓也[1]
（1931）

本人离开清华，已有三年多的时期。今天在场的诸位，恐怕只有很少数的人认识我罢。我今天看出诸位里面，有许多女同学，这是从前我在清华的时候所没有的。我还记得我从前在清华负责的时候，就有许多同学向我请求，开放女禁，招收女生。我当时的回复说，招收女生这件事，在原则上我是赞成的，不过在事实上，我认为尚需有待。因为男女的性别不同，有许多方面，必须有特别的准备，所以必须经过相当的筹备，方能举办。现在在我出国的三年内，当然准备齐全，所以今天有许多女同学在内，这是本人所深以为慰的。

本人能够回到清华，当然是极高兴、极快慰的事。可是想到责任之重大，诚恐不能胜任，所以一再请辞，无奈政府方面，不能邀准，而且本人与清华已有十余年的关系，

---

[1] 梅贻琦（1889—1962），天津人，教育家。第一批庚款留美学生，1914年由美国伍斯特理工学院学成归国。1931年至1948年间任清华大学校长，抗战时期主持西南联大校务工作，1955年创办台湾新竹清华大学并担任校长。本文原刊于《国立清华大学校刊》第341号（1931年12月4日），原无标题，今据《现代大学校长文丛·梅贻琦卷》（安徽教育出版社，2015年，第25-27页）拟题及录文，个别文字据《国立清华大学校刊》校改。

又享受过清华留学的利益，则为清华服务，乃是应尽的义务，所以只得勉力去做，但求能够尽自己的心力，为清华谋相当的发展，将来可告无罪于清华足矣。

清华这些年来，在发展上可算已有了相当的规模。本人因为出国已逾三年，最近的情形不很熟悉，所以现在也没有什么具体的意见可说。现在姑且把我对于今后的清华，所抱的希望，略为说一说。

一、我先谈一谈清华的经济问题。清华的经济，在国内总算是特别的好，特别的幸运。如果拿外国大学的情形比起来，当然相差甚远，譬如哥伦比亚大学本年的预算，共有三千六百万美金，较之清华，相差不知多少。但比较国内的其他大学，清华的经济，总不能算少，而且比较稳定了。我们对于经济问题，有两个方针，就是基金的增加和保存。我们总希望清华的基金能够日渐增多，并且十分安全，不至动摇清华的前途。然而我们对于目前的必需，也不能因为求基金的增加而忽视，应当用的我们也还得要用，不过用的时候总要力图樽节与经济罢了。

二、我希望清华今后仍然保持它的特殊地位，不使堕落。我所谓特殊地位，并不是说清华要享受什么特殊的权利，我的意思是要清华在学术的研究上，应该

清华大学

有特殊的成就，我希望清华在学术研究方面应向高深专精的方面去做。办学校，特别是办大学，应有两种目的：一是研究学术；二是造就人材。清华的经济和环境，很可以实现这两种目的，所以我们要向这方面努力。有人往往拿量的发展，来估定教育费的经济与否，这是很有商量的余地的。因为学术的造诣，是不能以数量计较的。我们要向高深研究的方向去做，必须有两个必备的条件：其一是设备；其二是教授。设备这一层，比较容易办到，我们只要有钱，而且肯把钱用在这方面，就不难办到。可是教授就难了。一个大学之所以为大学，全在于有没有好教授。孟子说："所谓故国者，非谓有乔木之谓也，有世臣之谓也。"我现在可以仿照说："所谓大学者，非谓有大楼之谓也，有大师之谓也。"我们的智识，固有赖于教授的教导指点，就是我们的精神修养，亦全赖有教授的 inspiration。但是这样的好教授，决不是一朝一夕所可罗致的。我们只有随时随地留意延揽而已。同时对于在校的教授，我们应该尊敬，这也是招致的一法。

三、我们固然要造就人材，但是我们同时也要注意到利用人材。就拿清华说罢，清华的旧同学，其中有很多人材，而且还有不少杰出的人材，但是回国之后，很少能够适当利用的。多半是用非所学，甚且有学而不用的，这是多么浪费——人材浪费——的一件事。我们今后对于本校的毕业生，应该在这方面多加注意。

四、清华向来有一种俭朴好学的风气，这种良好的校风，我希望今后仍然保持着。清华从前在外间有一个贵族学校的名声，但是这是外界不明真象的结果，实际的清华，是非常俭朴的。从前清华的学生，只有少数的学生是富家子弟，而大多数的学生，却都是非常俭朴的。平日在校，多是布衣布服、棉布鞋，毫无纨绔习气。我希望清华今后仍然保持这种良好的校风。

五、最后我不能不谈一谈国事。中国现在的确是到了紧急关头，凡是国民一份子，不能不关心的。不过我们要知道救国的方法极多，救国又不是一天的事。我们只要看日本对于图谋中国的情形，就可以知道了。日本田中的奏策，诸位都看过了，你看他们那种处心积虑的处在，就该知道我们救国事业的困难了。我们现在，只要紧记住国家这种危急的情势，刻刻不忘了救国的重责，各人在自己的地位上，尽自己的力，则若干时期之后，自能达到救国的目的了。我们做教师做学生的，最好最切实的救国方法，就是致力学术，造成有用人材，将来为国家服务。

今天所说的，就只这几点，将来对于学校进行事项，日后再与诸君商榷。

轉載

中國古代工程的創造和近代工程師的表現　范旭東

人類天性是富於創造力的，在原始時代，就知道運用智慧去創造工具，所以獨能戰勝一切，綿延嗣族。石器時代的遺物，輪廓固然粗笨，原理並不矛盾。刀是一邊厚一邊薄的，鎗是一頭尖一頭鈍的，都很合實用，在當時確是偉大的創造。

石器時代的世界，民族所成就的大抵都不相上下。經過這個時代之後，顯然因天稟的厚薄，和所棲息的地區、氣候、風土不同，就大有差別了。就中國而論，在從現在二千年前後，到五千年之間，創造力異常之強，人類生活所必需的，應有盡有，就是文化，國防，乃至藝術，也都有特別創造。精密的如天文曆數，四千年以前，就定了三百有六旬有六日，以閏月定四時合成一年，至今還做曆數的標準。

偉大工程在二千年以前，就建築了萬里長城，絕世雄圖，現在全世界，沒有一個不驚異的。從藝術方面說，有人把四千年前彼夏商時代的銅器，用近代化學去分析，發見許多有興趣的結果。當時藝術家，知道鑄鐘鼎的合金，地質要堅硬，發聲才洪亮，並要受得敲，不容易似，所以僅僅純銅，是不合式的。因此，銅裏面，摻進百分之十四的錫。不僅當時他所要求的條件，全部滿足，設若今日有人要鑄鐘，適合金的成分，還是用得着的。還有妙的，就是造銅鏡的合金，這要愈明亮愈好，所以錫的成分要得多，合金才能克。但是錫太多了，做出來的銅鏡，很容易上銹，這是禹不可以的，

建設月刊

— 一 —

23
范旭东
中国古代工程的创造和近代工程师的表现[1]
（1932）

人类天性是富于创造力的，在原始时代，就知道运用智慧去创造工具，所以独能战胜一切，绵延嗣族。石器时代的遗物，轮廓固然粗笨，原理并不矛盾。刀是一边厚一边薄的，枪是一头尖一头钝的，都很合实用，在当时确是伟大的创造。

石器时代的世界，民族所成就的大抵都不相上下。经过这个时代之后，显然因天禀的厚薄，和所栖息的地区、气候、风土不同，就大有差别了。就中国而论，在从现在二千年前后，到五千年之间，创造力异常之强，人类生活所必需的，应有尽有，就是文化、国防，乃至艺术，也都有特别创造。精密的如天文历数，四千年以前，就定了三百有六旬有六日，以闰月定四时合成一年，至今还做历数的标准。

伟大工程在二千年以前，就建筑了万里长城，绝世雄

---

[1] 范旭东（1883—1945），湖南湘阴人，实业家，中国近代化学工业的奠基人。早年随其兄范源濂赴日本留学，京都帝国大学应用化学专业毕业。回国后投身实业，生产第一批国产精盐，并创办中国第一个制碱厂，以及私立化工研究所等。本文发表于《山东省建设月刊》1932年第8期第1-4页，兹据录文。

图,现在全世界没有一个不惊异的。从艺术方面说,有人把四千年前后夏商时代的铜器,用近代化学去分折,发见许多有兴趣的结果。当时艺术家知道铸钟鼎的合金地质要坚硬,发声才洪亮,并要受得敲,不容易破,所以仅仅纯铜是不合式的。因此,铜里面掺进百分之十四的锡。不仅当时他所要求的条件全部满足,设若今日有人要铸钟,这合金的成分还是用得着的。还有妙的,就是造铜镜的合金,这要愈明亮愈好,所以锡的成分要得多,合金才能亮。但是锡太多了,做出来的铜镜很容易上锈,这是万不可以的。所以当时书上的记录,虽然说是铜锡各半,他实际上仅掺和了百分之三十的锡,恰到好处。这是用化学分析的结果,才知道的。这类事例,指不胜屈。我想凡是含有中国人种血轮的种族,听见了这种创造精神,一定个个眉飞色舞,钦佩不置的。尤其我辈工程师,更当拍案叫绝,感觉到十分荣幸。

最近这二千年左右,中国人的智慧,将近全部都用在人事上去了。人伦道德上虽有不少的发明,物质生产的方法反为窄狭起来。全民族都靠农产过活,其余百业都听他萎缩,不再肯去理会。务农本是最平和最优美的行业,在近代所谓"工业化的农业",凡是农作最犯忌讳的水旱虫伤相当的程度,都可以用人力施行防御,从事农业的人,自然再畅意没有了。不过古代的农业,确不能和文人墨客歌

咏所形容的那一样幽闲宽裕确有把握。田地是搬不动的东西，天候又非人力所能调节，水旱偏灾，无代蔑有，一撞了凶年饥岁，那真是走途无路。良懦的当然就着最近的沟壑去填，凶暴的壮丁是决不肯坐以待毙的。还有那虎视眈眈的邻国，只要他本身没有问题，又岂肯放松这千载一时的机会。所谓因之以饥馑，加之以师旅，就成为最妙的战术。这样里外夹攻，民生痛苦，真是不堪言状，确是当时的智识阶级已经退化，再没有创造精神。打开这"生活苦"的局面，确是把一切责任都委之于天灾。反转过来，遇着了丰年，民康物阜，应该再没有问题。但是农业是季节的，饱暖思淫，闲居不善，就是圣人也不能免。游荡奸邪的病菌，十九由丰足的年头滋生，社会风气因此只见颓废，空空的叹息人心不古，想出些无形桎梏去苟且收束，于实际并无补救。

总而言之，到二千年前后的中国，智识阶级只剩了一张嘴和一枝笔。目光所注，不出人事范围；心思才力，都耗费在人事上面。最可耻的，就是崇尚虚伪。他们鄙弃百业，对于农耕却尽量阿谀。但是我们历史上，只有农夫做官的先例，却没有做过官的回转头去做农夫的。可以想见重农也是幌子，偷懒吃便宜，到是实在。古来如此，于今更甚！智识阶级沦落到如此田地，还有甚么创造精神可说？开拓中国的新生命，这个重大任务，我们不能希望只剩了一张嘴一枝笔的朋友们去负担。我们最希望具有专门智识，从事生产业的工程师去负担。因为工程师还有祖先传来的创造精神，他不为环境所囿，并且耐苦任重，不尚虚荣。更有最堪宝贵的，就是工程师的常识要比较一般文人政客充足些，不能实行的事，他不仅不肯动手，而且不肯轻易开口。如果一旦担当下来，他就生死都不顾，尽力干下去。这种精神，实在是人类所以成其伟大的要素，智识阶级都应该实践躬行的。可惜今日中国只有一部分从事工程的人，还能够表现出来。即如长兴煤矿技师朱世昀君，为尽自己的职责，不惜以生命和土匪死拼，终至殉难。九一八以后，东北津沪横遭日寇蹂躏，几多技术人员为执行任务，受尽磨折。尤其交通方面如电报、电话、铁路、邮航的维持和进展，一片的为国精忠，真是令人可歌可泣！

近年学术研究机关渐多，就有许多笃学之士，日夕不遑的在研究室苦攻。他们淡泊自甘，于世无多求，所以孜孜不倦的干，无非为中国开辟新生命。还有一部分青年技术家，冒险踏入烟瘴蛮荒充满了恐怖的内地去采集调查，除非中途殉职，个个都有满意的结果带回来。我认为这是中国民族创造精神复兴的曙光，中国新生命，必然要由这辈人手里才能够开拓出来。有人说，远水救不及近火，现在大敌当前，中国存亡，只是时间问题，任何创造还有甚么益处。我觉得这是自甘暴弃颓废民族的见解，我敢说只要能创造，任何强敌都能斥退。我这样主张，并不是随便吹吹大气，激动人心。可以举两个实例做证据：

民国四年四月二十二日那一天，是法国兵队永世不能忘的一个纪念日。那天德兵第一次用毒气炮攻击法军，当时有一个英文通信员，从战地发表他的报告，描写那惨状最为明显。他说：

"法军卒至惨败了，我们不相信法兵真会惨败！当那黄色的烟云卷地向法兵战线飞来，一瞬之间，天地变色，树木枯焦，法兵的眼睛，顷刻都瞎了！他们呼吸闭塞，咳嗽为难，口唇紧张，一个个脸上都起了紫斑，僵直的跌倒下去。战场成了鬼世界，法兵是这样惨败的。"

看了这段报告，全世界和法国表同情的，想必无有不替他担心的，觉得德国这样逞势的干，法国早无预备，临时万难敌当得过。在法国本身却不是这样看，他有坚强的自信，决不为暴力所屈服，转瞬之间，Turpn 氏竟能创造比德国更强的毒气出来，使德国受同样的惨败，不得再逞。替法国吐万丈气焰，这是何等壮烈啊！德国以一国对抗世界，他惟一比人家强的特质，就是德人富有创造力，他能够利用创造力应付层出不穷的致命伤。大战以前欧洲各国的军火，都靠智利硝石去补充，所以每年由南美智利输运欧洲的硝石，不下二百七十万吨。德国用的最多，他一国就占了百分二十七，总共有七十多万吨。不意战事勃发，各国把德国港口都封锁住了，不仅这大量的硝石输不进来，因为战线一天一天扩大，要的军火多，不知比平常要加多少硝石，来源断绝，真是德国生死存亡所关的一个绝大危机。军事当局恐慌到了极点，只想拼命前攻，得到相当结果，把战期缩短起来。不意事实上反为愈展愈宽，情形恶劣。据说这是德国军在欧战期中，绝无仅有的。民国四年九月，军部召集技术专家讨论此事，语气悲壮，令人兴感。那年耶稣圣诞节，Haber 氏的合成"安摩尼亚法"大告成功，不仅克胜国难，且为全人类辟无限的富源，这真极人世的快举。凡是血气男儿，谁不应该替祖国争这一口气！

末尾，我希望中国工程师同人，在这外寇凶横、同胞忍辱的当儿，大家澈底振作一番，发挥我中国祖先传来的创造精神，替祖国开拓未来的新生命！

24

自然学会

自然学会会刊发刊词[1]
（1932）

人类历史底演进，无疑义地是凭其当时的物质环境和经济关系为根据的。但当这物质关系与其时的人类底要求，胎孕了不协调的龃龉之时，便直接地振动到人底意识形态里去。在这时候，有因不能理解这动摇和冲突现象底因子底人，常踟躅徘徊，不知所从。为着要解除这种彷徨的态度，那么，注视的焦点，就是在如何地捉握着时代的意义，和怎样地跨步前进，——这便是我们所感着的迫切的要求和任务了。

人，如果他自愿狭义地定义了自己底人生态度，那么，饱食暖衣，行尸走肉，醉生梦死的亦如是以求其个人的满足，而葬送其新陈代谢的一生，说到人类底蟊贼的话，不惜摧残群众利益，以填充其利己的欲望之渊。前者似无识的牛羊，临到了它最后的瞬间，尚至死不悟其为何而被宰割；后者呢，特别是世所谓大人（？）学者（？）们所干的勾当！可是，在确能肯定生活态度，对于历史上提供实际意义者，——他们便应是推动社会进化的机关手。

且试回溯过去近十余年来中国的文化罢，五四运动以

---

[1]据《自然学会会刊》1932年第1期第1页录文。

后，算是在中国文化底一隅上有了启蒙的形态。胡适之、钱玄同辈之对以前的封建文化，以进攻的态度呼叫呐喊，算是他们在文化上一面的痕迹，然而也仅这点些微的遗痕！他们自己的科学方法之太贫乏，他们不能连续地擒着时代，所以他们却反被时代所屏弃了！

中国近代历史，自从经过了五四底文化运动之后，到现在已形成另一新的角度，——否定的否定底时代。我们不能忽视了这点特性，我们应当负起推进中国历史继续前进的责任。不，我们是要使中国的文化急流到时代的水平线上与世界文化起交流，以贯澈其文化自身底积极的意义！

一般拟态的、冒牌的、生长不均衡的从事于科学底研究者们，——正如许多尽量沉醉于物质享受的玄学者否认物质对于人生的关系一样，——他们以科学为对象而研究，但他们却不识科学本身底内容和本质底存在点，以及与各科学群底关联性，以造成他们自己智识领域的偏僻和狭隘！实际上又和色盲的人一样，因他自身生理构造底畸形，不能透澈地辨识色底整个观念，——要不然，便是他们意识地、顽固地、歪斜地狭义了——也可说是欺骗了科学！

所谓"科学"，是客观的，是证实，是经验的，反之便是非科学的。非科学的产物，——如宗教类之主观性的东西，似麻醉剂，它吞咽真理，就要克服这文化园地里荆棘底蔓延！

"工欲善其事，必先利其器"，我们自觉自己底智识也太浅陋，所以交换智识，互助砥砺，这就是初步的经程，——智识，不用说是指科学的，自然成长性的整个领域，非偏颇的而是综合的、理论的、分析的、实践的，进一步是要取批判的态度。

"自然学会"就在以上种种意义和条件之下降生，它广泛地号召着能理解这意义的人，与有同一意志的人握手，但它的力量确也太微弱，豫料在它处女的航海途中也许会触着暗礁，——但这又是锻炼其能有健全的成长！

25

中国科学化运动协会

中国科学化运动协会发起旨趣书[1]
（1933）

我们集合了许多研究自然科学和实用科学的人，想把科学知识送到民间去，使它成为一般人民的共同智慧。更希冀这种知识散播到民间之后，能够发生强烈的力量，来延续我们已经到了生死关头的民族寿命，复兴我们日渐衰败的中华文化。这样，才大胆地向社会宣告开始我们中国科学化运动的工作。

文化是民族生命的样式，各种民族，因为环境不同，问题各别，所以文化的演进就不期然而然的发生差等的阶段。西方现代文化的发端，远者可以溯源于三百年前哥白尼、赉文浩、牛顿、加利里奥、卡柏拉等创造的物理科学，近者可说是渊源于一百数十年前约翰卡之发明"飞梭"，瓦特之创造汽机所引起的"工业革命"。假使西方社会不经过十八世纪的急剧的转变，把整个社会的经济基础由农业的转向工业的，则他们的知识和物质文化，恐怕未必比我们中华民族有任何的超越！

有人相信社会转变的原动力是由于经济，我们却认定经济制度的变动，是基于科学和机械的发明与创造，但一

---

[1] 据《科学的中国》1933年第1期创刊号第1-3页录文。

切科学和机械发明的原动力却又在于生存欲望的努力。没有经济的转变,固然不会造就近代的文化,没有科学和机械的发明与创造,更何从肇端今日世界艳异的文明?然而今日世界的文明都是人类为生存而奋斗的直接与间接的结果。

从本国历史看来,我国人并非不懂得输入西方科学对于改变社会结构和历程的重要,不过已往输入的途径,每每邻于盲目的、片面的,既不能从小处下手大处着眼,又乏通盘筹算又有目的之整个计划为之指导,所以浅尝而辄止。三百年前徐光启、李之藻等之翻译天算农工诸书,本可以追踪欧洲当时新兴之物理科学,而却误于前清统治者之愚昧与高压。七八十年前曾国藩、李鸿章之设制造局、造船厂,本来对物质文化上不无贡献,乃一方又有许多食古不化的腐儒,认为奇技淫巧,诸多阻挠,实为现代中国科学不能发展的重要原因之一。"五四运动"非无人注意于所谓"赛恩斯"的探究,但又因主角诸君方集中精力于国语文的提倡,国故学的新诂,遂卒无余力以及于自然科学之阐扬和倡导。当然我们对于在过去十几年来中国科学社所领导的中国科学运动是十分同情和赞美的。

我们鉴于已往的陈迹,知道过去西方文化输入的途径太迂迴浪费,所以要另觅较敏捷的途径,决定较经济的路线。我们不要从远处的理想而发动,却要从眼前的问题而迈进,我们眼前的问题是社会的"贫""陋",与人民的"愚""拙"。换句话讲,我们的目的在解决中国的经济问题、政治问题、教育问题、文化问题,不但在我们进行中感到工具上的困难,我们的问题原来就在一般工具的缺乏与窳败,也原来就在科学知识的浅薄,在科学知识只有国内绝对少数的科学家所领有而未尝普遍化社会化,未尝在社会上发生过强烈的力量。我们假使今日还不敢提出我们的问题,坚忍勇猛地在死里求生,亡里求存,而想躲闪逃避,放任偷懒,从枝节上做功夫,从玄学里讨生活,纵有结果,其结果必至有若无,实若虚,迨病入膏肓,虽华、扁复生,亦将见而却步!

所以我们坚决地相信科学在今日文化上占着重要地位,尤其坚决地承认科学在今日中国社会的演变上占着无上重要的位置。知识就是能力,而科学是系统的知识,所以科学也就是有组织的能力,只有社会进于有组织的能力,而后精神与物质的力量,乃直接总操于社会,间接分操于社会各个分子,如是才可免除一切祸患,求得一切福利,亦唯有如是,然后"贫陋"可去,"愚拙"可袪。所以我们的目标,简直地说,只有十个大字,即"科学社会化,社会科学化"。

我们对于这种运动采取的方法,固然条理万端,而具体的说来:其一是注重宣传，印发各种刊物，引起民众的注意；其二是注重编译和整理的工作，把西方关于科学的材料，作有系统有计划的输入。并把中国固有的科学材料用科学方法整理起来，以达到中国科学化之目的。

我们再把我们的态度分三方面来说明：

（一）对过去的态度

以科学的方法，整理中国固有文化，使一般人于最短期间及普通知识范围内，得以窥见过去中国的一切科学材料，共起而光大之。

（二）对现在的态度

以科学方法解释一切生活状态及自然现象，使一般人的生活渐入于科学化，而迷信观念日渐消灭的。惟对于前人最合于科学的社会上遗传习惯，往往以神道设教出之，其本质应加以科学的解释，不应以其手段之不合时宜而并其目的亦弃置之。

（三）对将来的态度

引导国人趋于科学的研究，利用科学以求得全人类的福利，并否定以科学为杀人的利器，导世人向共存共进之前途，而冀有共登大同之域之一日。

我们现在集合起来，想对中国科学化运动作种种推进，并且感觉科学已不是各个独立的了。科学的研究和发明，有相互的关系，某种科学的进步，可以影响其他科学的变迁；其他科学的新方法之发见，亦可支配某种科学的前途。所以希望各门专家共同合作，尤愿把我们的同志范围日渐扩大，共同起来在各地分担这种科学化运动的重任。我们深切地相信，惟有把这种正其谊而不谋其利的互助精神，圆满地运用，方能使中国文化由衰败而复兴。

本会同人更誓竭至诚，唤起全国同胞注意，希望大家起来向着中国科学化运动努力猛进！

翁文灏
中国的科学工作[1]
（1933）

中国人近来喜欢骂自己，只见自己坏处，即使真有好处也不承认，这也不免矫枉过正。即如近二十年来中国科学工作确已认真开始，渐有进步，但大众似乎狠少能够认识。

有一次中国科学社在某省省城开年会，照例的请了许多军政大官吃饭。席终免不了有若干不诚意的（也是不科学的）恭维话。其中有一位教育厅长却冷冷的说道："虽然有中国科学社，可惜中国还没有科学。不过终希望有了科学社就会产生科学罢了。"我怪他当面讥笑得利害，却佩服他说话的诚实。

又有一次我们在日本东京出席太平洋科学会议，那时新组织太平科学理事会（Pacific Science Council），日本人不愿意中国加入，他们却不是说中国没有科学，乃是说中国还没有代表全国科学的机关。经过我们的说明，大会也

---

[1] 翁文灏（1889—1971），浙江鄞县人，中国早期地质学家和地理学家，中国地质科学事业创始人之一。早年留学比利时，获理学博士学位。归国后任北洋政府地质调查所长，代理清华大学校长，民国时期行政院院长等职。本文发表于《独立评论》1933年第34期第5-9页，兹据录文。

通过中国的加入了。会后有许多外国代表顺道到北平来，我们便狠想使他们看看中国的科学。那时北平政府的教育总长某君设宴欢迎，他的演说起首便说："中国那里有什么科学，请你们多留几天逛逛名胜古迹罢。"幸而人家听不懂他的话，我在旁边轻轻的叫做翻译的司长把他的话改变了，免得我们自己打嘴把出丑。其实这也代表许多人的心理，以为中国讲科学的也不过洋八股的一种，自己家里骗饭吃罢了，那里瞒得过外国专家。

幸而实际的情形并不尽是如此。中国科学界近年以来确是有点实在工作。这种工作外国学术界是狠能注意的。一九二四年英国有名的《自然》周刊（Nature）曾有一篇文章，题为《中国的科学复兴》（The Scientific Renaissance of China），狠称赞中国的文化及学术事业，不过因为政治混乱狠替我们担心，恐怕不克长久维持。在中国长久的外国人向来是容易看透我们的弱点的，但是像上海的沙惠倍先生近来著论，也承认中国有若干门科学确有显著的成绩了。这并非我们引外人之言以自重，不过借以说明中国科学界真有若干人曾经或正在切实的努力，而且他们的努力已有相当结果值得社会的认识。因此我们可以知过中国的科学事业并非都是洋八股，为做官赚钱的工具，他们确有若干真正的价值。

中国人似乎狠有科学的天才，所以在狠薄弱的基础上往往能有狠特出的成绩。我们初做地质工作的时候狠感觉没有古生物人材之苦，所以特请了美国葛利普教授到中国来，于是不到几年《中国古生物志》内便有了中国人的著作了，而且不久便有狠精到的著作。当李四光先生的纺锤虫研究及赵亚曾先生的长身介研究出版后，美国舒盖脱（Ch. Schuchert）教授曾经写信给我说："想不到你们中国古生物学一来便跳到最上乘了"。当然这种成绩在中国是很少有人知道的。葛利普先生常高兴的告我，赵亚曾的著作如何受西洋学者的称引，但在赵先生在滇北遇匪被害以前，中国学术界有几人知道他的名字呢。赵先生固然是特出的人才，但自他死后，他的工作已有人能够继续，而且比他还更进一步了，这又是如何愉快的事。

中国科学界中很有人富于抽像力，能够从简略快速的观察中得到正确的结论。譬如南京附近的地质，谢家荣先生在中央大学教书时，只草草的观察便已大概看清了。近来有外国学者做了一万分之一的精细详图，但据他自己说，所得的结论完全与谢先生所说的一般无二。因此他对我们其他工作也相信确实可靠了。这不过就我所知道的随便想到举一二个例，可见我们中国人对科学工作真是大有希望，不可妄自菲薄。

其他科学如生物学、气象学、生理学、药物学……都有狠好的成绩，其中一部分成绩还更在地质学之上。考古学也是狠有成绩，历史语言研究所安阳的发掘工作，法国科学院还自动的给了一个奖金。即如比较晚起的化学与物理学，近年以来也有了若干真正的贡献。就我所知的，即如清华大学一方面，一年之中便有十来篇专门论文在欧美有名的科学杂志上发表。须知欧美学者众多，科学论文非有相当程度是不容易得他们欢迎发表的，但近来中国学者的著作得世界科学出版界的登载及称引确已屡见不鲜了。我并非故意要替我们科学朋友在此吹牛皮，我觉得近来青年心理受黑幕小说类的文章的影响实在太深了，我们应该将好的乐观的方面也说一点给大家知道。我们也许不一定做"隐恶而扬善"的君子，但又何必一定隐善而扬恶呢。须知中国社会崩溃之中，却不是没有进步。黑漆一团糟之中时常看得见闪闪的光明。努力向进步方面走呢，还是跟着大家崩溃以同归于尽呢，这便在我们的选择了。

同时我们可以想见，中国社会对于事实的认识是如何迟钝！普通人且不必说，做教育总长、厅长的人也还有一概抹杀的哩。因此认识的迟钝，所以真正努力的人往往得不到社会的辅助，埋没了许多真正人材，耽搁了许多真正进步。如果社会的认识必须纯靠宣传来取得，那结果一定是假的坏的工作者得了便宜，真的好的反相形吃亏。但无论什么工作都非有社会上物质的或精神的帮助不能进行，如果社会认识过于迟钝，则这种帮助便不容易得了。

科学工作的进步于他方面亦有连带好处。第一是教育。近几年来的教育界固然不好的地方太多了，但大学教授标准自然的提高，似是不可否认的进步。别的方面我不知道，至少理科方面，现在已有几个大学非有相当研究能力与成绩的人断断乎勉强不来。试再举几个挂一漏万的例，譬如北京大学的地质学系及清华大学的物理学系，这样努力下去，跟外国大学比较也不一定差多少罢。而这样可举的例实在不只这两个。教授既好，学风自然也不容易坏。功课如果实在，学生的出路究竟也容易找。因此我感觉要改良中国大学教育，与其痛哭流涕的劝告，或朝三暮四的改革，还不如埋头从实际工作去领导。如果各科都有真实的工作、标准的人才，假名目混饭吃的游民自然不易立足。人选澄清了，一切事都容易商量。同时我们要提倡公平无私的舆论，拿实在成绩做唯一标准，不必怕得罪人，但也不要怕称赞人。只要辅助得好人上来，好的工作做得出，坏的份子自然减少，坏的现象也自然消灭了。这种看似迂曲的路，也许比满街空喊救国的倒多有一些实效。

本来西洋近代文明差不多全是建筑在科学基础之上。不但科学的知识，而且科学家的人格也往往足为青年的师表、社会的模范。中国向来更是全靠人格感化做社会重心的。例如明之王阳明、清之曾文正，都曾为一时士大夫鼓舞向上的源泉。但是从前所谓理学，所谓道统，当然是不合时宜了。如果中国有科学家，立身行己，处世接物，表现出真正科学精神，足以引起社会的景仰与效法，他的影响到是很大而很好的。这不是开倒车，这是走正轨。中国科学兴起甚晚，这样的人物当然还不容易产生。但是我们也不是没有很可佩服的人。不揣冒昧，再举一例以实吾言。例如秉志先生，不但是生物学著作等身，而且二十年来忠于所业，从未外骛。学校散了，没有薪水，他一样的努力工作。经费多了，待遇高了，他也是这样的努力工作。标本有所得，他便尽力研究。研究有所获，他便从速发表。他的工作只求一点一滴的进益，并不追求铺张扬厉的虚声。这都是真正科学家的态度。他对于后起的学者不但尽心指导，而且尽力的拿好的材料给他做，甚至分自己的薪水帮助他。因为有他这样的人格，所以养成中国许多动物学家，莫不仰为宗匠。固然，中国生物学工夫未必没有胜过秉先生的。后辈胜过前辈，本是当然，也正见中国科学界的进步。后起的学者原应该就自己的工作追过前人，不必以前辈的缺点限制自己，而且更应该想到各种工作开创作始的艰难。诚然，秉先生专对于中国生物学工作略有偏重，尚可改进，如汪敬熙先生近来在本刊所指出的，我也不是完全没有同感。不过我以为这并不是任何人的过失。现在像秉先生一类工作之特别发达，正可证明他的工作及人格的感化力之伟大。如果他方面或别的学科也有人能像他一样的一面努力工作，一面提挈[1]后进，当然也能够一样的发达了。

不过科学事业在中国的确不是没有很大的困难与危险。最大的危险，是像许多中国事情一样，在他的意义与价值未被认识时取不到必要的同情与帮助。等到大家认识以为好的了，便成为一时时髦，大家来凑热闹，挂羊头卖狗肉，弄得丧尽信用为止。"研究所是可以同衙署一样地变成一群无业游民噉饭之地的。"（汪敬熙先生语，见本刊第二十六号）。所以我们希望中国科学发展，我们却也并不希望科学机关发展太快。"有人之后才能设研究所，绝对不可以先挂出研究所的招牌，然后再点着灯笼去寻人。"（亦汪先生语）。

---

[1]挈，原作"絜"，据文意改。

汪先生所说提倡科学研究应注意的事（本刊第二十六号），以及他对于科学出版物的意见（见本刊第十九号），都是很有见地，希望国内提倡科学的人们格外注意，庶几萌芽之业克见光大。我尝想中国科学家除科学工作的本身责任之外，还有二种责任。第一是在世界科学界中取得应有的信用及地位，因为外国科学家对于中国科学工作究竟还免不了若干轻视的积习。一部分原因不过是先进怀疑后进，从前西洋人对日本人也是如此。我们必须拿真正的成绩，来证明我们中国人的能力。还有一部分原因也是我们工作的本身价值参差不一，尤其是发表的方法及形式，太不讲究，不足以引起人家的注意与重视。在这一点上汪敬熙先生所说的"以机关为主体的杂志太多"，真能说着现在的通病。日本自从设立学术研究会（National Research Council）之后，全国各机关用西文对外发表的重要论文都集中在几个 Journals 之上，便是这个意思。《中国地质学会会志》亦是这样的，汇集各机关或个人的贡献，而各自注明其来历，至今已满十一年了。第二是应该对国内证明科学工作的意义及价值。现在一般社会对于本国科学工作认识的缺乏，也要怪中国科学成绩的表现实在还太少。但近数年来中国所费的科学设备之钱实已不算甚少。有一家外国洋行的经理人曾对我说：中国各大学及研究机关购买科学仪器的设备费，有一时几乎超过全国工业的机器输入。所以有好几家洋行营业迫得舍彼就此。中国科学家如此加重社会的担负，试问所得的贡献是否足以相称？如果所费多而所得少，当然一般社会视为赘物，失其信用了。这就是说中国科学界必须极力避免重复的非必要的设备，而尽力利用已有的设备，认真的多做出工作来，如此方能值得社会的帮助。

我们不可妄自菲薄，我们却不妨求全责备。中国科学工作从许多方面看来，实在还是幼稚得很，有许多出版物的确可惜，他印的太早了，缺少必须的审查与修改。但这种毛病都是初期发展不可免的现象，可以留给科学家自己去讨论，不必在此地叫专家以外的大家多费心。

竺可桢
科学研究的精神[1]
（1934）

本文系民国廿二年十一月六日在南京中央大学大礼堂演讲稿

今天承罗校长要我来报告一些到欧洲和北美洲去的见闻，这一次到欧美共计四个月，但在路上已经费去五十六天，实际在欧美考察的时间不过二个月，到过加拿大、美国、英国、德国和诺威。所谓走马看花，所得极少。所见到的只是欧美各国经济衰落的现状，譬如德国汉堡从前是商船贸易络绎不绝的地方，现在几十万吨的船停在那里没有用，在英国有许多大工厂都关门，美国旧金山、支加哥失业工人在饭厅里等吃饭，这食物是政府所供给，可以见得各方面经济恐慌的现象。

科学研究机关自然也是感困难，美国标准局是很有名的研究工业、物理、化学的机关，本年度经费减少了百分之四十。华盛顿司密松社预算减少三分之一。学校经费的困难也是如此，如支加哥大学是素称富足的，近年基金的利息减少百分之二十五，至于省立学校如倭海倭等大学一年前就打折扣发薪水了。

不景气的现状所以造成功，原因很复杂，但其中最重要的一个是供过于求。这次在欧美考察的历程中有二个地

---

[1] 本文发表于《科学》1934年第1期第1-4页，兹据录文。

科學研究的精神

竺可楨

本文係民國廿二年十一月六日在南京中央大學大禮堂演講稿

今天承羅校長要我來報告一些到歐洲和北美洲去的見聞,這一次到歐美共計四個月,但在路上已經費去五十六天,實際在歐美考察的時間不過二個月,到過加拿大,美國,英國,德國和諾威,所謂走馬看花,所得極少,所見到的祇是歐美各國經濟衰落的現狀,譬如德國漢堡從前是商船貿易絡繹不絕的地方,現在幾十萬噸的船停在那裏沒有用,在英國有許多大工廠都關門,美國舊金山,支加哥失業工人在飯廳裏等吃飯,逼食物是政府所供給,可以見得各方面經濟恐慌的現象。

科學研究機關自然也是感困難,美國標準局是很有名的研究工業,物理,化學的機關,本年度經費減少了百分之四十,華盛頓司密松社預算減少三分之一,學校經費的困難也是如此,如支加哥大學是素稱富足的,近年基金的利息減少百分之二十五,至於省立學校如倭海倭等大學一年前就打折扣發薪水了。

不景氣的現狀所以造成功,原因很複雜,但其中最重要的一個是供過於求,這次在歐美考察的歷程中有二個地方可以見到過度的機械化,在加拿大落機山Trail地方參觀一煉鉛與鋅的工廠,這廠從一九零七年冶金學家Braylock發明了淨起法很能賺錢,到如今算是世界上頂大煉鉛和鋅的工廠,每日可以出鉛和鋅各三百五十噸,但廠中一切均用機械,全廠祇用六七個人而已,世界著名的尼亞格拉瀑布供給電力,在美國方面已經可發五十萬馬方可以见到过度的机械化。在加拿大落机山 Trail 地方参观一炼铅与锌的工厂，这厂从一九零七年冶金学家 Braylock 发明了净起法，很能赚钱。到如今算是世界上顶大炼铅和锌的工厂，每日可以出铅和锌各三百五十吨。但厂中一切均用机械，全厂只用六七个人而已。世界著名的尼亚格拉瀑布，供给电力，在美国方面已经可发五十万马力的电，在加拿大方面也是五十万匹马力，但美国方面发电厂只用二十个职员。所以到这种大工厂里只听见机声隆隆地响，看不见人们的只影，安能怪几千万人的失业呢？但最矛盾的现象是欧美各国失业人数众多，物价低落，而同时在斯丹林下的苏联，希特拉下的德意志，穆索里尼下的意大利，统在竭力提倡应用科学，来提高工厂效率、农业生产。这样不顾世界的需求，而只顾目前利益的生产，结果一定是经济衰落要变本加厉的。于是就有许多人把现在经济衰落的状态，归罪于科学的过于发达，这是错误的。因为科学可以为善，可以为恶，我们利用科学来祛除迷信，延长寿命，便利交通，减免灾荒，是于人类有益的。但军事家利用以制毒气枪炮杀人，就是作恶。一般商人政客不顾世界的需求，只图目前的利益，无限制的利用科学来生产，亦是有弊的。

我们中国近五十年来醉心西洋，就因为一般人震惊于西洋军事的利器，和商品的精巧。曾国藩就提倡制枪炮火轮，张之洞在《劝学篇》主张"中学为体，西学为用"。最近的摩托救国、飞机救国等等口号，也是提倡应用科学。我以为只讲科学的应用，而不管科学的研究是错误的，这样的错误，是应该矫正的。

譬如飞机救国，不是只买一千架两千架飞机就可以救国。美国三家飞机公司的经理，想和中国订合同，美国出资本在中国造飞机厂，但是所造的飞机的图样，一定要先得美国政府的允许。这样的飞机要想和别国抗衡是不能的，因为所造的飞机的式样，一定不是最新式，飞机的速度升高的极点等一定赶不上人家。而且自己要造飞机，就牵涉到原料问题。造飞机需要铝，若和别国开战的时候，我们不能向外国去购铝。要铝的原料，就需要地质学家；铝是不甚硬的金属，要他和钢一样硬，须变成合金，这又是要问冶金学家和化学家。改良飞机，需要风道（Wind Tunnel）作研究的实验，英、美、德各国不但政府研究机关有风道，甚至大学中亦有风道的设备。美国麻省理工专校、加省理工专校均有风道的设置。用这种工具可以来研究风对于飞机有什么影响。飞机的发明全靠几个科学家的研究，用两手持一张纸的两角从纸的上面一吹，则对方两角不但不下降而反升上，升上的力和吹的速度二次方成比例。这条定律发明以后，人才能飞。发明这定律的人是美国司密松社前任总干事蓝格莱,他是物理学家。到如今我们要改良飞机的构造,还要靠学物理的人,尤其是学大气力学(Aerodynamics)的人来研究。欧美所有最大的飞机场和气象台是有极密切的联络的,驾驶飞机的人在空中继续不绝的可以得到气象台的报告,知道要去的地方的天气。所以飞机造成以后,气象测候所完密的组织也是不可少的。照这样看来,我们要讲飞机救国,就得非从研究地质学、冶金学、物理学、化学和气象学着手不可。

但应用不是研究科学的最重要目的,科学的研究,一方面在求真理,一方面在求如何征服自然。开白儿(Kepler)仰观宇宙间众星的运行,觉得太阳绕地说不可靠,遂毅然附和哥白尼地球绕日之说,当时的人以为大逆不道。开白儿说,真理必能得最后的胜利,百年以后,吾道必有大白的一日。果然六十年之后,出了牛顿,阐明他的道理,演成科学上第一个大革命。现在电灯的应用,视为家常便饭,饮水思源是法拉第发现电磁感应现象。法拉第幼年是一装书学徒,他到 Royal Institution 听达孚的演讲,后来到达孚的实验室作事。一八三一年八月间法拉第表演电流感应的实验,成为电工业的发展的基本。达孚年老时,人家问他一生的发明中什么是最重要的,因为达孚也是一位发明家,如他发明平安灯一类。达孚说,他一生最大的发明,就是法拉第。法拉第的发明不但和应用方面有关,和相对论也有关系,因为法拉第力线磁场之说,才有麦克斯威磁电力场方程,到一九零八年明愨斯基(Minkowski)依据二人学说阐明空间与时间为二而一,此说一出,世人对于宇宙的眼光就与前不同了。

法拉第对于世界供献很大,但他本人终身安贫乐道,临卒时家徒四壁。他的门人丁台儿(Tyndall)说他很有机会可以坐拥巨万,但是为富不仁,为仁不富,富与仁二者不可得而兼,他情愿终身研究科学,贫亦不减其乐。

今天特别提出开白儿和法拉第二位,是想把两位来代表研究科学的人们应持的态度。不但他们研究的成绩值得我们钦仰,他们的人格更值得我们崇拜。现在中国正在内忧外患,天灾人祸连年侵袭的时候,我们固然应当提倡科学的应用方面,但更不能忘却科学研究的精神。他的精神就是孟子所谓"富贵不能淫,贫贱不能移,威武不能屈",而开白儿和法拉第就是这精神的榜样。

28

顾毓琇
科学研究与中国前途[1]
（1934）

绪　言

科学者，以一定之对象，为研究之范围，而于其间求统一确实之智识之谓也。广义而言：则凡智识之有系统，而能归纳于原理者属之；狭义而言：则凡散漫与变动，而必具一定体系者属之。是故科学精神，于吾人笼统、武断、虚伪、因袭、散失之思想，予以无限之纠正与改善也。近百年来，科学收获甚为丰富，而吾人不鸟而空，不鱼而水，不神仙而千里，不晤面而聚谈于一室，通讯于转瞬，此皆为科学之赐。所谓科学为物质文明之母，诚不诬也。

吾国吸收欧西文化，为时不暂，由吸收而消化，其必与欧西文明并驾齐驱，亦理有固然者。然而现在仍不免事事落人之后，对于科学之益，不见有相当之贡献者，果何

---

[1] 顾毓琇（1902—2002），江苏无锡人，科学家、教育家。美国麻省理工学院博士，回国后任清华大学工学院院长、中央大学校长等职，1934年发起成立中国电机工程师学会。后定居美国，任麻省理工学院、宾夕法尼亚大学教授。本文发表于《五中周刊》1934年第184期第8—13页，兹据录文。

所致而然乎？无他，亦吾人狃于科学无用之谬说，不知改变；而于科学研究之重要，缺乏深刻之认识也。夫科学之研究，关乎国家前途，甚为重要，而尤以风雨飘摇之中国为尤亟！盖中国坐受外人政治、经济、文化之压迫，而致国势衰败、萎靡不振者，科学之不发达实为其重要之因。若不急起直追，努力研究，则竞争之具固乏，而自强之道亦缺。欲其长存于此弱肉强食、优胜劣败之国际环境，势亦殆哉！是故科学研究尚矣！然科学研究与中国前途有何关系乎？曰有六端：即于民族、经济、教育、政治、国防、文化各方面也。兹列论之：

（一）科学研究与中华民族

我中华民族，昔有成吉思汗，威震欧亚，使白种人有黄祸之恐怖；今则以孱弱骯髒，扬臭宇内，博得劣等民族之恶名。凡我国民，曷胜羞愧！苟不急谋振刷，则人之优者愈优，而我之劣者愈劣，其灭亡可立而待矣！是故今日民族复兴之声浪轰动一时，大有"起死人而肉白骨"之概。然人种之遗传，影响于民族之优劣，民族之优劣，影响社会于国家之强弱，而对于改良人种问题之学科甚为需要。盖近百年内，人口增加之速度，在美为十倍，英日三倍，俄四倍，德国二倍半，法国四分之一，而吾国四万万之数有减无增，百年后势将受多数之征服，而趋于灭亡也！故必于儿童康健，遗传取缔，以及限制不良之生育等，尽科学之方法，以臻至善；社会卫生，疾病防止等，尽科学之方法，以冀实现。则我大中华之民族，始可恢复其优越之地位，而扬眉吐气于物竞天择之世也。然则科学研究之关乎吾中华民族之前途，亦重矣哉！此其一。

（二）科学研究与中国经济

溯自海禁大开，欧风东渐，帝国主义者，挟其资本之优越势力，予吾国以经济上之重大压迫。物品源源输入，以吾商场为销流之所；关税时时加胁，以吾国境为生产之地。国势因而日蹙，国库因而日虚，兴言及此，悲愤填膺！然种瓜得瓜，种豆得豆，有是因而后有是果，古有明言。彼帝国主义者之优越势力，不加诸彼而仅加诸我者，亦以我有可乘之机，且无若何力量足以遏其侵略之志，而息其觊觎之心也。苟吾国力雄厚，物品充斥，彼将苦原料之缺乏，皇皇虑侵之不暇，奚从逞其施压之手段哉！然果何道而可使国力厚，仓廪实乎？曰是在吾人努力研究科学，使实业发达，生产增加也。盖帝国主义者地位之造成，实由其国人之注意科学研究，使物质文明生产增益有以致之。倘吾科学发达，则实业可善，实业善，则生产突增，供给裕如，既无舶品之需要，自无外溢之漏卮，经济充裕，实力雄厚，亦英之视美，美之视英耳！压也何有？是故于农：则凡种子之选择，栽培及制肥料之方法，与夫农器之改良，以科学之方法，殚精以求，则濯濯之牛山，满布生财之具；榛榛之荒土，突成富国之源，农业发达，国库充实矣！于工商：则凡旧法之改良及科学化，出品质料之精进，适于人生之实用，成本之减低，新法制造之发明，废物之利用，新原料之发见及其应用等，无不以科学之研究而实现之。庶几运输有方，生产效率促进；而国货充斥，洋货自排，经济侵略当可一扫而空。不然人愈精，而吾愈劣，则人为努力之侵略，更足促吾国于灭亡也。然则科学研究对于中国经济之前途，不綦重要乎？此其二。

（三）科学研究与中国教育

教育之目的，在训练儿童，造就青年，使成为完全有用之人材，以促国家于强盛。故教育之效能，必力求其改进，而跻国家于强盛之列也。吾国改革教育，垂数十年，揆诸物与时长之理，自应日有良善之象，然其效能之增进，竟尔迟迟者。其因虽多，而缺乏科学之帮助，实为其重要者。盖科学研究对于教育之重要性有四，且分列而概述之：

（A）智慧上之训练——美国斯坦福大学校长乔逖有言："学校之所以设立科学课程，并非以科学能切于实用，或科学智识较文学智识为更有价值，其唯一目的，因科学之训练，最足以发展学生智慧上之能力"。良以当学生学各项科学之时，于教室实验室中，或分析化合物之成分，或试验物体之质力，或实验动植物之形态生理等，在在足以训练其观察、分析、比较、推测、判断等能力，使其经一番之经验，以去其散漫无系统之缺点也。

（B）知识上之效用——吾人处于物质文明之世，来往交通，时与科学昌明之产物接触，而生长于科学环境中者，于校中教师若将其日常所见所闻者，阐明其原理，实验其事物之功用，则学生之兴趣，必为引起而易理会，较之按图索骥之教材，自觉更加密切，而教育效能为之增进也。

（C）美术上之感触——自然界中足以引起美感之事物甚多，若岩石之层叠，花草之秀丽，鸟兽之飞跃，虫鸟之喈鸣，皆足以怡悦耳目而畅神情，慰吾人好美之天性。至云实验室中表演颜色之混合、结晶体之构造、微生物之形态与蠕动状况，更足引人入胜。故以天然美存在之科学以训练之，自足激发学生之情感，以推究其耳所闻目所见之奥妙，而增其好奇之心，使进而探奥窥微也。

（D）养成有规则之习惯——吾人为事，每因卤莽而难收效，是亦缺乏有规则进程之训练，若努力科学研究，则其劣根自拔。盖科学研究之进行，有步骤，有秩序，按步就班，莫之或逾，且对于实验室中药物之保管，更责有专司，而身当其事者，于有规则之陶冶中，不自觉而养成其有规则之习惯与责任心也。

上述四者，皆为科学研究与教育上之重要性，吾人倘能力行之，则教育之效能自增；教育效能既增，而中国前途自抱乐观矣。此其三。

（四）科学研究与中国政治

吾国政治之纷乱，其原因虽多，而科学研究之不发达，实为其重要之一。盖科学不发达，则对于社会纷乱现象之因果关系，毫无认识，而施救无从。一方面：行政管理亦以无科学之方法及经验，所有困难，不能解决；他方面：社会之秩序，人民之思想，又无不因科学智识之缺乏，而发生一种紊乱之现象。至于其他水旱饥馑之灾，亦无不因缺乏科学之智识而无法防止，使成为施政之妨碍！若科学研究发达，则有科学之思想及眼光，可以谋社会之安宁，促政治之清明。而吾国政治之欲谋急上轨道，使增进前途之幸福，则对于科学之努力研究，诚为当务之急也。此其四。

（五）科学研究与中国国防

吾国强邻偪处，虎视眈眈，封豕长蛇，时行荐食上国；边陲开衅，咸思问鼎中原。若不及时谋划，将有蚕食鲸吞、迫吾城下之盟之悲矣！固吾边圉，云胡可缓？然处此火器最发达之世，一切大炮、飞机、坦克车、机关枪、潜航艇、毒瓦斯……之新式军备之基源，皆为科学之产物。若吾科学不发达，则运筹帷幄无所施，决胜千里更难冀，何足与言战？其失败也，亦势有必至，理有固然者矣！

噫！值此第二次大战之紧迫，吾国前途，局势严重，对此足操胜算之科学，岂容再事漠视？必也努力研究，使吾战具毕备，边陲永固，始可操胜利之券也。是故科学研究直接与中国国防关系甚切，而间接与中国建设前途，有莫大之收获也。此其五。

（六）科学研究与中国文化

科学之范围甚广，门类至多，即就具体之科学而言，可分为物理科学、生物科学、心理科学、社会科学四者。而其中各科学之相互关联亦甚密切。故科学之研究，又能因其连续之系统，影响社会与个人，于文化方面固甚重要也。如十九世纪末叶，达尔文出版《物种由来》一书，以后哲学上之问题，为之大变。又如近代优生学，为一种讨论改良人种问题之科学，而人种遗传直接影响民族之优劣，间接影响社会国家之强弱，其于文化之贡献，诚非浅鲜也。是故科学研究，一方面：对于中国固有之文化，可借科学方法以求其真理，而从新估定其价值，以杜新旧文化之争端；且可善其善，恶其恶，而使固有之文化发扬光大。他方面：对于新文化，可以科学方法定其取舍，更从而创造高尚之文化。所以科学研究，可防止外人之文化侵略，而使吾国保存恢复其高尚文化之地位，关于中国前途，固甚重要也！此其六。

结　论

总而观之：科学之研究，关于吾国民族、经济、教育、政治、国防、文化各方面，均有莫大之关系；而此各方面之进化与否，又为中国前途幸福与否之象征。然则科学研究关乎中国前途，诚非等闲矣！凡我国民可不努力从事乎？

然言乎科学研究，则吾人对于研究进行中应持之精神，以及对于科学之态度应改变者各有二，且分述之：

（甲）应改变之态度

（一）视科学为粗鄙——吾国古语有"形而上者谓之道，形而下者谓之器"与夫"德成而上艺成而下"之谓，其对于科学之鄙视，可见一斑。此种态度实为科学前途之障碍，而为造成吾国科学思想落后之重因。盖一辈耳食之人，惑于此言，皆以为科学无论如何高深，总不外属于艺和器之部，因而鄙心生焉，怠意随焉。故吾人必先改变此种态度，始能勇于作研究之进行也。

（二）尚时髦之科学——尝观稍习科学而未深入之辈，每谓某种科学为重要，某种科为不重要，因一时风尚所趋，好为时髦。而不知各种科学均有相互之关系，而每种科学皆有其相当之价值，失去科学之连环性，使科学速度迟迟不进。故吾人当视其兴趣之相近者而肄习之，同时亦顾及其所学者在国内需要之缓急，不可稍存投机之心。如此，则科学前途之发展，可断言矣。

（乙）应坚持之精神

一、忍耐——科学之室，非当深邃，科学之理，亦极奥妙，尝有瘁一生精力，而仅有相当之贡献者，然其必底于成，可无疑义。故吾人当进行研究，苟遇不如意之时，当持忍耐之精神而应付之，慎毋因困难而止，因劳瘁而弃，则泰山之霤可以穿石，单汲之绠可以断干，胜利之神自微笑而待矣！

二、吃苦——处此经济破产、实业不振之时，彼研究科学之辈，环境佳者固多，而环境劣者自亦不少。故遇环境恶劣之从事研究者，当痛惩隳颓之习，而就所处环境，斟酌研究之问题，以吃苦之精神，作拼命之研究；一息尚存，此志不懈，必能使所学发挥光大，而为科学界之功臣也，环境又何能阻之哉！昔人之事迹昭昭，试一披史册，便可以了然矣。

今之学者果能若此，庶几乎科学发达，经济日充，民生既安，国基永固，中国前途抱无限之乐观，而四千年之华胄，亦将一跃而凌驾欧美矣！

一九三四，十一，三·于五中三楼宿舍

中国科学化运动协会

中国科学化运动协会第二期工作计划大纲[1]（1935）

昔人有言："天之生斯民也，使先知觉后知，使先觉觉后觉；予天民之先觉者也，予将以斯道觉斯民也"。同人不敏，窃愿共本斯旨，与国内人士戮力致之。吾人深信科学知识之先知先觉者所负之责任綦大，而国家民族对于现代化科学化之需要尤切：用特组织本会，冀以团体组织的力量，策动全国有志之士，以科学知识及方法，依国防生产之中心需要，对国家民族作义务工作之贡献。海内贤达，当所乐闻。本会成立以来，两年有余，现有分会九处，会员一千三百余人。兹为便于本运动之积极推进起见，谨将本会之工作对象、信仰方针与步骤，分别规定如下：

一 工作之对象

（一）科学化运动之对象，决非仅为求科学本身之推进，其要在利民族国家之建设，亦决非仅为少数人兴趣之满足，其要在求多数人生活之改进。故吾人工作之动机，乃为救民族，救国家，而接受吾人义务工作之主要份子，

---

[1] 本文发表于《科学的中国》1935年第5期第3—6页，兹据录文。

乃为我国无机会求科学知识之多数人民，而非一部分特殊阶级。此所应认识者一。

（二）中国数千年来文化之盛，有史足征，顾近代以还，戋戋自囿，致科学进展，逊于欧美，亦为不容讳言之事实。吾人良不必妄自尊大，亦不必妄自菲薄。故吾人工作之取资，一方面为中国固有之特殊文化，一方面为欧美新进之科学知识。此所应认识者二。

（三）过去者，现在之父母；将来者，现在之嗣续。无父母决无自身之生命，无嗣续亦无以光大久远之生命。就整个生命之历程言，过去现在将来，有同一可珍者在。故吾人工作之范畴，为包括过去、现在与将来之一切生存知识与资料；决非厌弃过去，忽视现在，与不管将来，而为检阅过去，把握现在，及准备将来。此所以应认识者三。

本此认识，敢显明地提出三大原则：

（一）对于过去之知识及资料，用分类、归纳、注释、阐明、发挥，种种方法，加以整理，使之合乎现代之用。

（二）对于现代之科学知识及方法，应充分利用，以解决目前之国防、生产、生活问题。同时用极浅近的譬喻与理解，灌输于一般民众；不特使科学知识及方法，成为多数人民所公有公享，且使全国人民得具有参加救国工作之有效工具。

（三）对于未来之科学进步，应谋其有益于人群，一般青年在幼年时代，应使得到科学常识及方法之熏陶，养成有系统之思想，有组织之能力，有正确之观念，有敏捷之行动，以期迎头赶上世界科学的文明，而光大中华民族之生命。

二　工作之信仰

根据上述三大原则，本会会员应有下列之各项信仰：

（一）对于过去的智识及资料，不采取厌弃的态度，而采取检阅、整理与更新之工作。务使凌乱者归于整齐，落伍者适应时代，零碎者趋于完整，繁复者变为单纯；适用者阐扬之，不适用者废弃之；优者存之，劣者汰之。无不根据国家民族目前之需要，以求增进民族国家自信自尊之心理。因之本会对于：

（甲）凡以科学方法整理中国固有之文化产物，使民族过去之光荣得益以发扬，民族自信得益以坚定者，必尽力提倡或赞助之。

（乙）凡以"不科学"三字抹煞或诋毁中国固有之文化产物，而以浅常之西方科学，自视为科学专家者，或不惜毁灭中国历史，以图鹜名取利者，必尽力开导或排除之。

（丙）古人不得已用神道设教而成之道德风俗习尚，如至今犹有益于人群，而合于科学之结论者，必尽力予以合理之说明，俾存倡导者之真意，而祛除迷信之流弊，以免以"迷信"二字抹煞一切者之藉口。

（二）对于现在的科学工作，不务高远，但求实际，以谋我国国防生产问题的解决；取积极的普遍的推进，以求多数人民生活的改进。务使目前民族国家的危机，得以逐渐解除；多数人民的生活，得与科学打成一片，而社会上科学知识的水平线，得以迅速提高。因之本会对于：

（甲）凡根据科学原理有所发明或创造，而切合于民族国家目前之需要者，必尽力拥护或赞扬之。

（乙）凡以科学知识及方法藉言语、文字、艺术、行为，或实事实物，教训人民以服务之精神，尽其先知先觉之责者，必尽力提倡或赞助之。

（丙）凡展览会，讲演会，辩论会之能增加人民之科学常识者，必尽力促成之。

（三）对于未来的科学贡献，应注重准备工作，并于知识之外，参加道德意识，以达智及仁守的理想。儿童及青年学生，应使早受科学的熏陶，养成创造的心理。因之本会对于：

（甲）凡能引起及增进儿童想象力创造力之读物，或科学玩具，必尽力提倡之。

（乙）凡关于国防生产生活之种种常识，必尽力以极浅近之科学说明灌输之。

（丙）凡青年学生对于自然科学、应用科学，成绩出众者，必尽力奖励之。

三　工作之方针

（一）年来教育机关团体，以及社会有志之士，鉴于科学知识有普遍社会之必要，亦群为各方面之致力，如民众教育馆、通俗讲演与文字宣传等；顾以缺乏组织，恒不能为大规模之推行，致其效不彰。本会愿以团体组织的力量，推广科学常识于民众。此其一。

（二）产业革命以还，欧美农工商业之方式，为之丕变，一切生产消费运输交易之管理，均充分运用科学方法，致事少而功则倍。返观吾国生产技术，固甚幼稚，而经营管理仍沿旧法，致人力财力陷于不经济之消耗者，数至可惊！实际从事者，未尝不愿为有效之改良，顾以缺乏科学知识与方法，即有此志愿，亦不审所施。本会愿以各种的专门人才，辅助生产事业之改进。此其二。

（三）科学昌明以来，飞机大炮、潜水艇、航空母舰等，遂成新式战争之利器。我国自强之道，惟有集中全国科学界的聪明才智，认定目标，共同努力。全国从事科学工作者救国之道，亦惟有利用科学的知识及方法，牺牲一切，实地苦干。本会为民族国家的前途计，愿与全国从事科学者共同努力于救亡图存的工作。此其三。

（四）民初以来，"探讨国故""整理国故"之呼声，即时震于耳鼓，守旧之士，以及投机之辈，嚣然和之。然试检视此二十年来之成绩，则除一鳞半爪之窃发旧藏以为发明，或东涂西抹的点注零篇，以为整理外，实未多觏。吾人深信我国数千年来文物之盛，虽未必均为现在之所宜，但亦必不致全不合宜于现在。本会愿与鸿儒硕彦，备考往昔之典章文物，乃至风俗习尚，更从而演明之，使社会一般人士，均谂于其真意义，而知所决择焉。此其四。

四　工作之步骤

（一）根据前述之第一方针，本会须采有组织的方法，实现下列各点：

（甲）凡加入本会为会员者，每人须向社会人士，作关于国防、生产、生活等科学常识之讲演，或在报纸刊物上，发表科学常识之文字，以尽会员之义务。本会须于最短期间，征求一万会员，并以五百万人受科学常识之直接宣传，为最低要求。

（乙）须指定若干会员，专从事编订科学小丛书、小画报等，以极廉价格，售之社会；并与各书局，切取联络，协助关于同样目的出版品之销售。

（丙）须尽量征求各级学校校长教职员为会员，俾利用现有之学校房屋及设备，作民众取得科学知能之工具；务使全国所有学校，不仅为青年之学府，而成为社会科学化之中心。

（丁）须造成社会人士，对于科学无神秘的观念，无"特殊阶级始能享受科学"的误解，而认科学与人生有不可分离的印象。用种种实验方法，使人民能亲聆目睹，模仿推行。

（二）根据前述之第二方针，本会各地分会之下，须有下列之组织：

（甲）工业生产研究改进会，研究工业生产技术及管理方法，以应各工业界之咨询，并自动为各工业设计改善方法。

（乙）农业生产研究改进会，如研究种子改良、机器耕锄收获、产物储藏等问题，以供各农场之咨询，并自动为各农场设计改善方法。

（丙）商业经营研究改进会，研究便利运输、发展交通、企业组织、店员训练等问题，以供各商业之咨询，并自动为各商业设计改善方法。

（三）根据前述之第三方针，本会须进行下列工作：

（甲）凡本会会员每人须至少认定一项有关于国防之问题，从事研究，并于必要时，参加实际工作。

（乙）凡本会会员须竭力劝导科学工作者，认清对于民族国家的责任，从事有关国防之研究及组织。

（丙）本会须努力宣传科学救国的意义，唤起社会对于国防之注意，依照政府预定之计划，集中专门人才，开发资源，以期达到各种国防设备之自给。

（四）为根据前述之第四方针，本会应策动社会中有研究兴趣者，组织各种会社，以整理我国固有文化产物，例如哲学、伦理、医药、音乐、戏剧、歌曲、绘画、雕刻、建筑等学之整理。

以上各项工作，应于本期从速分别促成之。我们的口号是：

（一）以科学的方法整理我国固有的文物。

（二）以科学的知识充实我国现在的社会。

（三）以科学的精神创造我国未来的生命。

科學的文化建設

盧于道

近來國內有十教授『中國本位的文化建設宣言』,不久引起各方討論,一時風動,與以前新文化運動頗呈先後輝映,此乃知識界之自覺,知我國文化之落後,與建設本國文化之責任,非但外人不能代謀,卽本國人欲一味抄襲歐美,亦等於張冠李戴,可爲崇拜西人,抹煞民族本色者之捧喝. 然吾所欲言者,爲該宣言之本身,旣未提出文化建設之具體方案,而響應及批評者亦少中肯之理論.或曰中國需要基督敎式的文化(劉湛恩氏),或曰中國須繼續淸末文化運動之餘緒(黃炎培氏),或曰中國需要資本主義之文化(李麥麥氏),或曰中國需要社會主義之文化,議論紛紜,莫衷一是,雖各有見地,而於文化之疇範及意義與如何建設"中國本位文化",則皆未有明白之指陳.

四十年來,吾國關於文化運動及文化建設之事甚多,最

30 卢于道
科学的文化建设[1]
（1935）

近来国内有十教授《中国本位的文化建设宣言》，不久引起各方讨论，一时风动，与以前新文化运动颇呈先后辉映。此乃知识界之自觉，知我国文化之落后，与建设本国文化之责任，非但外人不能代谋，即本国人欲一味抄袭欧美，亦等于张冠李戴，可为崇拜西人，抹煞民族本色者之捧喝。然吾所欲言者，为该宣言之本身既未提出文化建设之具体方案，而响应及批评者亦少中肯之理论。或曰中国需要基督教式的文化（刘湛恩氏），或曰中国须继续清末文化运动之余绪（黄炎培氏），或曰中国需要资本主义之文化（李麦麦氏），或曰中国需要社会主义之文化，议论纷纭，莫衷一是。虽各有见地，而于文化之畴范及意义，与如何建设"中国本位文化"，则皆未有明白之指陈。

四十年来，吾国关于文化运动及文化建设之事甚多。最初有张之洞之"中学为体西学为用"说，继有康、梁之

---

[1] 卢于道（1906—1985），浙江鄞县（今宁波鄞州区）人，神经解剖学家和社会活动家，1930年在美国芝加哥大学获博士学位，回国后长期从事神经解剖学、神经生理学的研究和教学工作，曾任复旦大学教授等，九三学社创始人之一。本文发表于《科学》1935年第5期第639—647页，兹据录文。

维新运动，入民国后乃有陈、胡之新文化运动，及梁漱溟氏之农村建设运动，要皆不失为谋中国文化建设之运动也。至于以前李鸿章之设置海军，兴办兵工，造船诸厂，敷设铁路诸要政，以及近年之修筑公路，建筑无线电台，复兴农村，禁止鸦片等等，亦莫非文化建设之表现。今徒以少数文人之呐喊、号召，曰文化建设，而无具体方案之制成，是与以前之各种文化运动何异？最后待笔战终了，文化建设运动亦将随之消沉。

然则文化建设，如之何而后可？曰惟科学为最要图耳！何则？科学者，准确之智识也。无论其为纯粹科学，为应用科学，真理惟一，白为白，黑为黑，古今中外，新旧皆然。一加一为二，二加二为四，是无待于中西之辩，新旧之争也。飞机飞行，江海航舟，有待于气象之报告；鱼产种类，繁殖时季，是为业渔者所不可不知，又胥赖乎生物学之调查。再推之于军事、交通、农业、工业，莫不各以现今之科学知识为基本，分工合作，各尽其能。中国之科学日益发达，文化之建设可期，科学界各致力于所学，政府复从而赞助之，是乃"迎头赶上"之上策。故与其谓提倡文化建设，不若曰提倡科学建设之更为直截了当。夫如是，方言之有物，行之有方，结果效验可期，而中国文化可得而建设也。

吾人且试举一二浅例，以明科学与文化建设之直接的与间接的关系。不久以前，浙江省昆虫局长张巨伯氏答记者之问，发表关于检查病虫之一段谈话，据云：

"……輓近界世各国，对于植物病虫害之防除工作，极为重视。一方面悉心研究歼除方法，切实指导农民，一方面厘订检验法规，执行进出口植物之检验，办理周到，成绩斐然，直接消遏病虫祸萌于无形，间接确立植物生产之保障，意义之重大，概可想见。顾我国固有之病虫，已成极端严重亟待解决之问题，每年所受损失，恒在四十万万元以上，几占中央政府岁入六倍左右。而国外输入之植物，仍复不加检验，自由运销，漫无限止，于是国外危险虫菌，乘机而入者不知凡几。例如红铃虫，棉产介壳虫，小麦黑穗病等，均系海外传入，近来流行颇广，几于无地无之，为害之大，有非一般人意想所能及者。至若其他有输入可能性之虫菌，亦在在堪虞，即以棉铃象鼻虫及甘蓝根肿病而论，在美国异常猖獗，农民损失不赀。如不幸传入我国，则今后棉作蔬菜事业，宁堪设想？抑有不能已于言者，即异地输入之病菌害虫，其为害之烈，每驾原产地而上之。盖各国之环境不同，气候各异，虫菌之在原产地者，往往受天敌与气候之制裁，或因当地寄生抵抗力之强大，而不能猖獗，一旦传至异域，顿失其天然平衡状态，每致酿成巨灾，如法国由美国传入之葡萄征病，美国由中国传入之舍来寿介壳虫，皆其明证也。"

此事由表面观之，似与文化建设风马牛不相及，然细加推敲，关系于国计民生者，至为重大，姑无论我国因病虫害每年所受损失达国库收入之六倍（四十万万元），其数已叫人惊绝，而人民所资赖以为生之食、衣、住、行等根本供给，病害虫害均能致其死命，此系何等严重且切肤之问题，是诚中国"本位"之本位也。最近十教授在《我们的总答覆》一文内，提出（1）充实人民的生活；（2）发展国民的生计；（3）争取民族的生存三点，（其实1、2两点颇嫌重覆）亦曾思及此等病虫问题为文化建设之要图否？然此舍科学不为功。

又戴天右氏（见《医学周刊》第九十期）统计我国儿童死亡率为24.2%，即每千小儿在一岁以内死亡者，有二百四十二人之多。而世界其他文明各国，只一百左右，我国超过各国一倍以上。儿童为新中国未来之主人翁，今死亡率如此之高，即一旦中国富强如英美，又岂能厕身于文明国之列而无愧？今之高谈文化建设，争取民族生存者，亦曾注意及此否？

不久以前，江北黑热病猖獗，一百七十二户中有一百十一户感染之，感染人数占当地人口29.64%（见《医学周刊》第八十一期全国经济委员会卫生实验处寄生虫学系报告），苟非急切以医药方法救济之，其为害当更烈于此。此又为建设中国本位文化者所当急切建设之"本位"也，然此舍科学又无济于事！

故吾辈习科学者，以为吾人首须确切了解者，为文化建设之对象，及其时代之背景，吾国今日所急切需要者，为科学建设，解除国难，复兴民族，皆惟科学是赖，其详细本刊已屡次剀切提论之矣。所谓文化原为适应民族生存之资源，为历史之积聚物，吾人殊不必斤斤于何者为中，何者为西，何者为新，何者为旧之辩。凡有裨益于我国家民族之强大繁盛者，皆可采用之。西洋各国并不以采用中国之指南针为中国化，吾国采用西洋之火车轮船亦并非西化。吾人更不必因求全盘西洋化，而放弃中国原有之指南针等之固有之发明。吾国今日所急需者，为图存保种之科学文化（Scientific Culture），既为吾国人所公认之，然则尽力作科学文化之建设可也。国人尽力于科学，凡食衣住行皆以科学知识充实之，则届时中国本位文化不建设而自建设矣。古人有言："好学不如力行"，甚望今之倡言文化建设者，不必徒托空言，作"中""西""新""旧"或"主义"之辩，但能实事求是，钻研实学，努力于建设可也。方今国内有若干科学家，皆在"埋头苦干"，期以所得救国家民族之亟,(如最近汽油代用品研究之成功,矿产、生物之调查,皆是其例。)将来为"本位"文化建设之功人,盖无疑也。

吾书至此,有不能已于言者,即吾科学家既以建设文化之责任自肩,下列数点,不可不深切注意,因并论之:

1. 诚意 凡科学家展其所学,以贡献于社会,即当以事业为重,俾所以造福人群,切不可藉此沽名钓誉,谋利贪奢。今之社会人士,对于留学生已啧有烦言,谓重视物质享受,而未见伟大成绩。汽车洋房,在西洋固极普通,在今日中国社会经济状况之下,则未免奢侈。若个人之目的只在于是,则未免忘却本国经济情形,一旦目的不遂,即丧志败行,未免影响于工作之进行。吾人固不欲唱高调,作虚伪,口口声声不求名,不为利,盖在合理范围之内,名利亦人之正当欲望。但若见利思迁,惟名是钻,或如俗语所谓"出风头主义",则非但最后一事无成,反有玷名誉。卖国贼之行为,即为贪利所致;趋炎附势竞尚时髦,亦为识者所不取。社会上因鉴于国家社会之福利所在,常勤俭刻苦以赴之,乐其所业,成败不计者,亦大有其人在。一般科学家,其所受之教育训练,皆由于国家社会之赐植。我国大学教育经费,占全国经费约四分之三。又况年费钜万,派遣留学,其目的即希望将来为国家社会服务。今训练成熟,一旦忘本,惟个人之名利是图,又何颜对社会?倘人人如此,则中国之文化更何从建设?

2. 知本 今若诚意作文化建设事业,而不明本国状况及环境需要,结果即枘凿不相容,于国家仍无所补。例如纽约百数十层大厦,是西洋之文明也。今欲在中国亦建筑如是高屋,而不顾社会需要与否,经济之能力如何,一味固执行之,势必失败。中国教育家之抄袭西洋学制而遭失败者,即其一例。他如西洋之民主政治、独裁政治、共产主义,甚至极端机械化之工业,欲行诸本国亦必须审度国情,切忌模行盲从。孟禄教授之所谓中国必须寻自己出路,亦即斯意。是故科学家之从事科学研究,亦不可不慎其方向。倘昧于国情,高谈阔论,不作根本工作,则国家又何贵有此科学家?例如生物学及地质学,考察本国之动植物与地质矿产,凡此等含有地方性之科学,本国科学家必须先从事研究。今若本国之少数生物学家及地质学家仍不肯先从事此等本位工作,一味作其世界最新最时髦之研究题目,博个人之名誉,固尽善焉,然于国家何补?吾人当时时刻念中国今日为非常时期,国难严重,文化落后,社会窳败,民生涂炭,应以热诚之心,用专攻之学,拯救祖国,各尽其责,中国本位之文化建设庶几有望。决不可以此自馁,更不可因此蔑视本国民族之特征，而盲目崇拜白人为超人。初回国之青年科学家，常易蹈斯弊，深望能注意及之。

3. 分工合作 国家须有组织，国家之建设事业当然亦以组织为首要。科学之文化建设工作亦不能例外。非惟全国之科学家当有完善之组织，俾收分工合作之效，即全国之科学研究机关亦应彼此取得联络。尤以今日国内人才缺乏经济拮据之时期为然。而最坏现象，则为党同伐异，重意气，争势力，或自犯之，或诬于人，皆足以使有用之精力与宝贵之光阴，消耗于无益之境。若科学家亦如军阀之争地盘，别门户，则国亡之痛不远。何则？科学家为国家最珍贵之人才与最高尚之国民，若不能以身作则，善自组织，分工合作，从事建设，则普通社会之紊乱，更不待言。科学研究机关之设立亦然。最好每年各机关之领袖，暨各项科学专家，有集会之机会，共策进行，则集思广益，收效必宏，而文化建设亦可待矣。且此种分工作，凡科学机关及科学家，可自动为之，不必专倚赖政府之提倡，既可免卷入政潮，亦所以助政府能力之所不足。如是一方面自己分工，一方面与政府社会合作，是乃建设文化之康庄大道，事半而功倍。非然者，文化之建设虽仍有之，或则互相攻评，或则工作重复，其损失何可计量。

4. 高深研究与普化科学 过去吾国之治科学者，于提倡高深研究，尚有其人，而主张普化科学，使之深入民众者，反被疏忽。吾国科学不能发达，此实一大原因。盖科学建设，需赖社会辅助之处正不亚于政府，苟一般社会人士不认识科学之重要，姑无论经费筹措，不易得社会之赞助，即进行工作，亦多掣肘。故发展国家科学事业，一方面在提倡高深科学之研究，一方面则为科学知识之普及，使民众获得科学常识，以改善其生活。本社年来有鉴于此，举办《科学画报》及举行通俗科学讲演，亦即所以为社会服务，并贯输科学知识于大众。以《科学画报》之畅销，及参听讲演者之踊跃观之，益证此种普化工作需要之亟切。所望国内教育文化机关，或纯粹科学研究团体，皆能出其一部分力量，注意此普化之工作，则所造于民众者至大，斯诚提倡本位文化建设者分内所应为之大事也。闻驻华之洛氏基金会（Rockefeller Foundation）近变更计划，除专办协和医学，从事高深科学之探讨外，同时以大宗经费，注重农村教育，贯输科学知识于农民，可谓烛见吾国之实情与需要。盖中国一般农民，仍在过中世纪之生活，淳厚古朴虽有余，而知识则异常缺乏。故纵令吾国都市发展，能追随纽约、伦敦，或多出得诺贝尔奖金之科学家，以中国全体论，其无补于大多数民众，仍然如故。而文化建设，倘离开大多数农工阶级之民众，其不切实际，而非"本位"，盖可断言。办党者，注重"下层工作"，不离开民众，颇有至理，吾以为办科学事业亦然。近年苏俄谋科学普化于农工商军各界，以图实现五年建设计划之成功，即其明证。斯真文化之建设，为我国所应效法者也。

反之，若只知普化工作，而不进行高深研究，亦不足以建设永久之文化。苏俄五年计划之成功，重工业之日益发展，盖除普化之外，后有伟大之科学研究院及多数研究之专家在。以前中国物理化学工程之研究未兴，各种独到之军事工程即未能进步，故"深研"与"普化"，乃科学一物所具之两方面，二者不可偏废，否则吾未见其是也。

以上所述诸端，皆科学家自励之辞，并示文化建设之路。今若根本昧于科学之重要，而只以提倡文化建设运动相号召，则虽再过五十年一百年，文化之建设仍不可得也。所谓文化建设非纸上谈兵，乃在社会民间之设施，而社会民间之事业，在在非科学不为功。现代文明，为科学之文明，已尽人皆知。谈文化建设运动者，若不以科学是尚，而徒逞言词之辩，是无异于缘木求鱼，结果不为海市蜃楼者几希！

31

顾毓琇
"中国科学化"的意义[1]
（1935）

在本刊第二卷第一期，我曾详细讨论过"科学研究与中国前途"的问题。从"科学救国"的出发点，我又把前文的结语推论到"科学救国"的总题目上[2]。为着便于达到"学术救国"的目的起见，我对于各大学同教育当局曾有切实建议的办法。[3] 同"学术救国"的呼声遥相应和的，我们听见十大教授的"中国本位的文化建设宣言"。[4] 过后不久，中国科学化运动协会为检阅过去的工作，决定未来的方针起见，又召集了各地的代表，讨论"中国科学化"的问题。[5]

在最近这些讨论中间，我们都在注意到学术、文化、科学、建设同中国的关系。这些讨论，不是以中国为本位，

---

[1] 本文发表于《中山文化教育馆季刊》1935年第2期第415–422页，兹据录文。
[2] 原注：拙著《学术与救国》，《独立评论》，第一三四号，二十四年一月六日。
[3] 原注：拙著《大学教育与中国前途》，《独立评论》第一三九号，二十四年二月二十四日。
[4] 原注：宣言见二十四年一月十日各报，另载《文化建设月刊》一卷四期。
[5] 原注：按是项会议，于二十四年一月二十四日在南京举行。

便是以救国为前提，实在是值得大家注意的。

本文讨论的题目，乃是"中国科学化的意义"。我们先分别研究"科学"与"中国"同"科学化"的关系，再进而讨论中国科学化本身的问题同中国科学化运动的使命。

一、科学与科学化

"什么是科学"？我们在本刊第二卷第一期已经详细讨论过。简单地说："科学是根据于自然现象而发见其关系法则的；科学是为知识的，求真理的；科学是圣洁的、忠实的、超然的、创造的，而不为我，不为人，不为一切功利观念的。所以我们不能要求科学来救国，就像不能要求任何学术一样。我们如要利用科学来救国，那是我们的自私，虽然科学的本身亦并不会反对。

总之，科学而受人利用，并非科学的本来意义。这种利用科学的举动，我们名之曰"科学化"。

"科学化"的定义，因此可以拟定如下：

"凡利用科学以使科学与文化、社会、人类相关连的，谓之科学化。"

换言之，"科学"如若离开了"文化""社会"同"人类"种种对象，便没有达到"科学化"的程度。"科学"本是研究自然现象的关系法则的，因此我们可以确切分辨清楚：

"科学的对象是自然，科学化的对象是文化、社会和人类。"

但是科学家工作的对象，乃可以由他自由选择的。对象若是自然，而且为着自然，那么科学研究的成绩，只在乎了解自然、认识自然。对象若是为国家，为人民，那么科学的方法、知识和精神，都将要为国为民而利用，结果是驾驶自然，克服自然。而自然的了解和认识，乃仅是过程中的一部分工作而已。

近世纪的最大发明，无疑地是发明了怎样发明的方法。这发明的方法，便是"有组织的研究"。[1] 这些研究的组织，普通便是"研究所"。在中国，我们只知道中央研究院、北平研究院同各大学校里的研究所，我们还没有注意到国家特种研究所同各制造工厂自办的研究所。各研究院同各大学的研究所，自然大半为着

---

[1] 原注：参看拙著《工程与现代文化》，《申报月刊》一卷五号。

纯粹的学术研究而设的。但是我们切不可因此而误会，以为一切"有组织的研究"都是为着纯粹的学术研究。

试考各国家研究所的设立，便可以明了许多国立研究所的动机。[1] 德国的国家研究院（Reichsanstalt）比较最早，成立在一八八七年。开办费一百万马克，系由电机工业家西门子所捐赠，第一任院长为汉姆候次。这个研究院的最大工作，便是求科学与工业的密切合作。欧战发生以后，各国方始感觉到"有组织的研究"的必要，而组织的动机，无疑地乃在应付欧战。试看英国的科学工业研究部（Department of Scientific and Industrial Research）、加拿大的科学工业研究咨议会（Advisory Council for Scientific and Industrial Research）、意大利的国立研究馆（Office of Invention and Research）皆在一九一六年成立，法国、澳洲、南非洲的研究机关皆在一九一七年成立，美国的国家研究咨议会（National Research Council）在一九一八年成立，日本的国立物理化学院在一九一九年成立，便可推想了。

我们再看美国奇异电机制造公司的研究所，物理方面有柯立芝博士（Dr. W. D. Coolidge），化学方面有郎穆尔博士（Dr. I. Langmuir），都是第一流的科学家。一个电机制造公司，每年化费了大量的研究费，动机和目的自然是为着求制造品的改良和发明。这种的研究所，我们在中国还不能梦想。但是，我们从这些制造公司的研究所，可以知道"有组织的研究"的目的，并不全为纯粹的学术研究。

反过来说，西门子捐助一百万马克，乃正是希望利用科学以发展工业。奇异亦是如此。各国国立科学工业研究院设立的动机，亦大半为着希望到用科学以富国强兵。这种的利用，我们只能称之曰"科学化"。根据上述显明的事实，我们更可以进一步说，"科学化"实可以促进有组织的科学研究的。

因此我们可得下面的结论：

"科学化"是利用"科学"的，而"科学"亦可以因"科学化"而格外发达。

二、中国与科学化

中国要不要科学化？这是讨论中国科学化的先决问题。中国可以要科学，亦可以不要科学。同样，中国可以要科学化，亦可以不要科学化。科学与科学化的

---

[1] 原注：徐宗涑《科学研究与中国》，《留美学生季报》第十一卷第三号，民国十五年。

关系，上文已经说过，所以，中国在理论上可以只要科学而不要科学化，或者只要科学化而不要科学，在事实上是既要科学而更要科学化。

有人说：中国有固有的精神文明，我们不应该盲从物质文明；科学是物质文明，我们可以不要。这种东西文化物质精神的论战，恐怕很难得到圆满的结果。关于科学是否为精神文明或是物质文明，我在《科学研究与中国前途》里已经说过：

"我们反对别人说科学是物质文明。我们认定科学是精神文明的最新一种。"

实在说，这个精神文明和物质文明的争执非最重要的。从中国的立场看，只有精神文明而没有物质文明，终究不能立国于现在的世界。只要科学可以供我们利用，以促进我国的物质建设，我们便应该欢迎了。又况科学还可带给我们精神文明的新精神呢！

从国防方面看，我们要利用科学，所以中国要科学化。

从民生方面看，无论救济农村，或是振兴工业，我们要利用科学，所以中国要科学化。

从人民生活方面看，我们要实行科学化的新生活，因为生活科学化了，自然而然便清洁整齐，守时间，有纪律，而容易达到军事化、生产化、艺术化的目标了。

从政府行政方面看，我们希望铲除积弊，增加效率。贪污的由来，虽然由于官吏的本身，但是倘若有了完备的制度，亦可以减少中饱舞弊。[1]行政效率的增加，亦应从改良制度同改良人事双方并进。[2]倘若行政科学化了，效率自然增加而贪污亦就绝迹了。

根据以上的讨论，中国要科学化，似乎毫无疑义。

近来有许多人常常提到中国现代化的问题。其实现代化的根本问题，便是科学化；而科学化所包括的范围，乃比现代化更为广大。

现代化很容易认为一切崇尚新式的意思。例如军备现代化，便是指新式的武器；交通现代化，便是指新式的轮船、火车和飞机；政治现代化，亦便是指新式的政治制度。新式的一切，很多是好的，那是不成问题。但是，有些最新式的未

---

[1]原注：参看《旁观》第七期《铲除贪污专号》，二十二年一月。
[2]原注：参看《行政效率》各期。

必便合于我国，有时候因为时机尚未成熟，有时候因为空间亦有限制。所以，我们与其说现代化，不如说科学化。用文学上的术语来说：现代化似乎是浪漫主义的，而科学化乃进于新古典主义的。现代化是无条件地接受新的变化，而科学化乃是有选择性有判断力的。

科学化的范围怎样会比现代化大呢？这个问题的答案很简单：现代化限于现代，而科学化的范围，乃包括过去的文化、现在的社会，同未来的人类。

以中国而论，我们固有的文化是否应该盲目的保存呢？还是武断地废弃呢？从科学化的立场而言，我们只有一个最公允的态度——应用科学方法以整理我国固有的文化。我们既不必盲从，亦不必抹煞。民族的伟大性是连续的，我们应该用科学的方法整理出伟大的贡献来。民族的自信心是必要的，我们从科学化的整理结果里，亦可以从新增加我们的信仰。

讲到民族自信心的恢复，我以为"把握现在"比"检讨过去"更为重要。倘若我们整理了几部古书，证明周公、孔子都是天才，我想还不如鼓励现在的人努力，证明我们现在的中国人，不但科学研究上有成绩，而且还可以从研究的结果，解决国防上民生上的实际问题。外国人向来推崇中国的精神文明的。中国从前出过不少哲学家，现在哲学家改了行，做科学家，亦可以很有成绩的。但是，当着我们国内还正在骂科学是物质文明的时候，外国人也许已在暗中笑我们又从"物质"而"精神"起来了。

所以，为恢复民族自信心起见，我们应该格外注意于利用科学而得实际的效果。换句话说，我们倘若能以切实证明我们可以科学化，民族自信心便自然而然恢复了。

总结起来说：

为了复兴民族，中国应该利用科学，应该科学化。

中国科学化，包括整理固有的文化，充实现在的国防、民生，和政治社会。

中国科学化的成功，可以恢复民族的自信，增加国家的力量，而我国前途的光明，亦就可以因此而得切实的保障。

三、社会科学化

中国既要科学化，那么我们便可以进一步讨论中国怎样可以科学化的问题。

这个问题可分两方面讨论：一方面是中国的社会应该尽量欢迎科学化；一方面是中国的科学工作应该迁就社会的需要，以便于社会的利用。简单说：我们要社会科学化，科学社会化。

社会科学化便是以科学的知识来充实现在的社会。在社会方面看，科学知识的利用，可以增进人类的幸福，所以除非社会是落伍的、守旧的、古老的、固执的，没有不欢迎科学化的。

有了电灯谁都愿意用，有了火车谁都愿意坐，这些都是社会愿意接受科学化的明证。但是，上文已经说过，科学化不一定便是盲目地喜欢新奇。电灯的为社会所乐用，不但因为光线好，并且因为价钱便宜。火车的为社会所乐用，亦不但因为速度快，并且因为时间经济。

以上仅仅提出了同"住"和"行"有关系的两个实例。我们倘从"衣食住行"推而至于一切生产问题，旧的应该改良，新的应该采取，自然毫无疑义。我在两年前曾经说过："中国最需要的生产方法，是适合于目前国情的最经济方法。"[1]这适合国情的最经济的方法，乃是科学化的方法。

于此我们要注意，"科学的"与"科学化的"乃有绝大的分别。"科学的"乃是以科学为观点，所以最新的发明，可以说最科学的。但是，"科学化的"乃是以社会为主体，所以最新奇的不一定最科学化的，而适合于国情的最经济的生产的方法，方是合于科学化的。

生产问题如此，国防问题亦如此。我们现在需要飞机，我们必要想法自己制造。倘若斤斤于批评各国现有飞机的不完善，而费尽心思想发明一种最新式的飞机，那便是不切实际，而结果仍是观望不前。还有好些人要做一件事，非做到十二分好不肯做。即以制造飞机而论，倘因某项材料不够好，某项设备不够好，便不肯尝试，那么等到一切完备，第二次世界大战或者已经过了。所以，从国防方面说，我们只希望国防科学化，逐渐改良，逐渐进步，不要好高务远，徒尚新奇，而贻误工作，错过时机。

从人民生活方面看，从国防生产方面看，社会都应该科学化。社会科学化的意义，便是利用科学以适应社会，充实社会，和改良社会。

为实行社会科学化起见，我们应该注意于大多数民众的科学化。上面所说国

---

[1]原注：拙著《我国需要的生产方法》，《时代公论》第四十号、四十一号合刊。

防科学化，虽是社会科学化的一部分，但是参加工作的人，乃是比较有科学知识科学训练的人。生产科学化的问题，便影响到大部分的民众。生产方法的改良，生产事业的改进，虽然需要一部分人去领导，但是实际工作是要大多数农民、大多数工人，以及其他的大多数人合作以后，才可以收效的。生活的科学化，那便是个个人的事。在现在的社会里，那使少数人生活科学化，而多数人仍不科学化，结果仍不能使社会科学化的。

因此，社会科学化的工作，必须以大多数民众为对象，方始可有成功的希望。大多数民众的生活科学化了，生产事业方可普遍地科学化。生产普遍地科学化了，国防科学化才有了广大而坚实的基础。

四、科学社会化

在未讨论"科学社会化"的本题以前，我们先谈谈科学上的人本主义。

国联教育考察团在《中国教育之改进》里讨论中国的中学科学教育说：[1]

"一切中学，无论为高中或初中，其课程与教育方法必须较前更与实际生活相关连，即将来预备升学之学生所习之课程，亦应如此。若以此种变迁仅为习农工商者所需要，甚至谓增加实际工作之时间，将妨害普通文化之获得，均系一种错误也。志在文科之学生，在学校中尤须有此种工作之机会，盖即因其具有特别之兴趣，将来必更完全无时间从事此种工作也。文学上有人本主义，科学上亦有人本主义。教育若只在记书本内容，而忽略此种人本主义，真不成其为教育矣。"

从此我们可以下一定义：[2]

"科学上的人本主义，乃是研究科学，而求其与人生实际生活相关连。"

这个定义同上面"科学化"的定义很相近。实在说：

"科学上的人本主义，便是科学社会化。"

因为科学社会化的意义，无疑地乃是使科学与社会相关连。

科学愿意不愿意社会化呢？我们普通总以为科学的本意，不愿意社会化的。

---

［1］原注：译文依照国立编译馆译本。
［2］原注：拙著《工程教育与中国清华周刊》三十九卷十期。

但是，仔细研究一下，科学对于社会化的问题，虽不必赞成，但亦决不反对的。反对科学社会化的，乃是高傲的科学家，而非科学本身。科学本身乃是谦逊的，和霭可亲的，不吝惜被人利用的。

但是，科学本身亦不能社会化，要使科学社会化，乃仍有赖于从事科学工作的人。一样是植物学，有人只肯研究某一种木材内的细胞，有人却肯研究中国木材的选择和应用问题。一样是心理学，有人只肯研究野兔和洋鼠，有人却愿应用心理学于工厂管理同军事训练。一样是化学，有人只愿研究原子的构造，有人却肯研究预防毒气的方法。一样是物理学，有人只愿研究相对论，有人却肯研究弹道学。只在科学家的"一念之差"，他们可以为科学而研究科学，亦可以为社会而研究科学；他们可以使科学限于自然，亦可以使科学推及社会。科学而推及社会，便是科学社会化。

科学社会化了，社会上才可以得到科学的好处。譬如电灯泡的发明，科学上的贡献或者不算大，但是在科学社会化的立场看，意义的重大实在无以复加了。

社会的需要科学，需要科学化，上文已经说过。要使社会便于接受科学的益处，而达到社会科学化的境域，科学社会化乃是先决的条件。

科学若肯迁就社会，而社会又愿接受科学，那么中国的科学化方可以达到目的。

我在本刊二卷一期曾经说过：

"科学怎样可以救中国的答案，不在科学本身，而在中国的科学家。"

我们的科学家假使愿意救中国呢？我们竭诚希望他们先负起"科学社会化"的责任来，然后再做"社会科学化"的工作。

五、科学化运动的使命

要使中国科学化，我们希望达到社会科学化同科学社会化的两重目标。为达到这些目标，我们有团结国内热心的同志，共同努力的必要。因此，中国科学化运动的意义和使命，乃是十分重大的。

从事科学研究的人，每每看不起这种科学化运动，以为离开了科学本身的运动，便毫无意义可言。其实科学化运动并不离开科学，乃是使科学与实际生活，以及社会人类相关连，而格外证实科学的有益。假使科学家以为科学不应该为人应用,那是他们的偏见,而不是科学本身的抗议。我们要郑重声明:科学家从事于纯粹科学的研究,我们亦不反对。但是我们更希望从事科学的人,能以牺牲他们一部分或甚至于全部分的时间和精力,来做科学社会化的工作。

我们希望更大部分的人共同认定目标,来使社会科学化。社会科学化,最注重的自然是现在的社会;但是固有的文化同未来的人类,亦应该顾到,我们要记得历史的连续性。我们应该以科学的方法,来整理中国固有的文化;我们应该以科学的精神,来光大中国未来的生命;我们更应该以科学的知识,来充实中国现在的社会。

在中国科学化运动里,我们对于大多数的民众要使其科学化,以达到现在的社会科学化;我们对于初入学的儿童要使其科学化,以达到未来的社会科学化。但是,这种运动如若过于注重于大多数的民众同初入学的儿童,而忽略了许多可以做实际科学工作的人,那么中国科学化的进展,只有量的增多,而无质的改善,亦就缺乏了中心的力量,便难以推动民族的复兴了。

所以,从事于科学化运动的人,除了宣传科学化于民众同儿童之外,应该努力劝导可以做科学工作的人实行科学社会化的工作,并且自己以身作则,利用科学的训练和智识,切实解决社会的实际问题。

总结起来说:

中国科学化的目的,乃是利用科学以救中国。

中国科学化的工作,包括社会科学化同科学社会化。

中国科学化运动的目的,非仅为谋科学自身的进展,乃为救民族,救中国;非仅为少数人求知兴趣的满足,乃为改善大多数民众的生活。

中国科学化运动的使命,乃是:[1]

  以科学的方法,整理中国固有的文化;

  以科学的知识,充实中国现在的社会;

  以科学的精神,光大中国未来的生命。

廿四年二月二十日

---

[1] 原注:参看中国科学化运动协会《第二期工作大纲》。

竺可桢

中国实验科学不发达的原因[1]
（1935）

（民国廿四年十月廿七日中国科学社成立二十周纪念中央广播电台演讲稿）

中国古代对于天文学、地理学、数学和生物学统有相当的贡献，但是近代的实验科学，中国是没有的。实验科学在欧美亦不过近三百年来的事。意大利的伽利略可称为近代科学的鼻祖，他是和徐光启同时候的人。在徐光启时代西洋的科学并没有比中国高明得多少，我们只要比较那时候中西天文学家计算月蚀时刻分度精密的程度，便可知道了。据徐光启说，[2]依中国旧法月蚀加时前后可差至三四刻，但依那时泰西新法亦要差到半刻左右，可见那时欧洲的天文学比中国旧有的天文学强得尚有限。到了十九世纪以后，欧洲的科学突飞猛晋，欧洲的物质文明也就远非中国可比了。

譬如以交通而论，从孔孟时代一直到拿坡仑时代二千多年，最快的交通工具始终是用马，用驿站。自从有了汽船、火车、汽车、飞机以后，交通的速度增加至数十倍，人们对于时间的观念和空间距离的观念完全改变了。

欧美近代的物质文明，是以实验科学为种子而培养

---

[1] 本文发表于《国风》1935年第4期第5—11页，兹据录文。
[2] 原注：《增订徐文定公集》卷四第七十页。

出来的，但是为什么中国不能产生实验科学呢？我今天讲的就是要想解答这个问题。

中国科学的不发达，有人以为是因为中国人观察力的薄弱，和数字的不精确。有人以为受了科举制度的流毒。但这两说统不能解释为什么中国不能产生实验科学的一个问题。中国人观察能力并不比欧美人粗浅薄弱，古代天文书如《甘石星经》《晋书·天文志》里所说各座星宿的位置，虽在当时并无仪器可言，但方位仍旧还正确。地理书像玄奘《大唐西域记》《徐霞客游记》对于山川的分布，道里的远近，也能言之凿凿。释迦牟尼诞生的地方，悟道的地方，当于今日何处，在印度典籍里没法可以追究，所以在《大唐西域记》未翻译成欧文以前，有许多人像牛津大学威尔逊教授，就不承认释迦牟尼实有其人。从一八五七年法国儒略（Stanislas Julien）把《西域记》翻译以后，英国的考古学家就根据此书，按图索骥的来追求佛国的遗迹，释迦的一生在地球上才算有了着落。到如今，《大唐西域记》这部书，凡到印度考古的人，尚奉为宝筏。[1] 这也可见中国人记述的忠诚和观察的精确了。

至于时文八股的束缚人的思想自由，消磨人的光阴，的确于中国科学的不能发达有相当影响。但从两宋到明清凡是有识见的人，从朱晦庵、文文山，到顾景范、袁子才，没有不痛恨科举，鄙弃时文的。有许多学者最初作时文为了要功名，等到有地位以后，就可钻研他们所喜欢的经史学问去了。所以清朝虽以八股取士，仍旧无碍于当时汉学的发扬，从此也就可以晓得科举制度，并非科学不发达的主要原因了。

据我个人的见解，近代科学即实验科学所以在中国不发达，是由于两种原因。一是不晓得利用科学工具，二是缺乏科学精神。实验科学最重要工具，是人们的两只手，不用手无论什么实验也难得做的。希腊的科学家对于几何学、天文学供献极大，但是希腊不能产生实验科学，也是因为希腊人鄙视劳动的缘故。[2] 希腊以后，罗马时代对于科学可说没有什么贡献，不久就到了中世纪黑暗时代。等到十六世纪中叶，才产了近代科学的开山祖师伽利略。当这时候，亚列士多德的学说和《圣经》是一样的被人看作金科玉律，不可指摘的，凡是敢批评亚列士

---

[1] 原注：Baron A. Von Stael-Holstein 著 Hsuan-Tsang and Modern Reserch，见《上海亚洲文会刊》第54卷16页至24页，民国14年出版。

[2] 原注：Bertrand Russell "The Scientific Outlook" 第20页，伦敦，1931年出版。

多德的就要被认为异端妖妄。据亚列士多德说，凡是物件下降的速度，和它的重量是成正比例的，一个重十斤的弹丸下降的速度要比重一斤的快十倍。这本是很武断的话，但自从亚列士多德到伽利略一千九百多年中竟无人敢发一疑问，惟有伽利略才敢大胆地用实验方法来证明这学说的错误。他的批萨斜塔的试验，是举世闻名的。他从一百八十一尺高的塔顶上把一磅重的球和十磅重的球，同时丢下来，结果差不多两球同时着地。当时虽则还有人认定这是他们眼睛视官的被欺骗，因为亚列士多德是决不会错误的，但因此就引起了大众对于经传中所说的话的怀疑心。

批萨塔的试验，奠定了近世科学的基础，它的意义很重大，但是所用的工具最简单也没有了。除了两个一小一大之球而外，就是一双手把他们搬到塔顶去。以后实验的范围，渐渐的推广，有需要才能产生发明（necessity is the mother of invention），测量的器具也得慢慢的加多加密。从量尺、天秤和伽利略自己制的天文镜起，直到现今量光波的长短，量原子的轻重，以及二百英寸直径的天文镜等仪器止，虽然巧妙不同，但是运用还是在手。

鄙视劳作是我国古代圣贤传统的一种观念。樊迟请学稼，请学为圃，孔子就给他碰钉子。孟子说"劳心者役人，劳力者役于人"。向来我国士大夫阶级统不喜用手，所以把指甲养得很长，表示手是只可用来握笔写字，拿筷吃饭，不作别用的。到了两宋，程朱诸子提倡致知格物，实验科学好像有一线的光明了，但他们的格物全是心中推想，纸上空谈，并不用手去试验的。所以今天早晨胡适之先生在纪念会中已经讲过王阳明批评朱晦庵的格物，说他曾经费七天的工夫，竭其心思来格亭前竹子的物，结果物没有格成，反而劳思成疾。实际要格竹子的物，就得像广东岭南大学麦克乐先生（McClure）的方法去格。他从民国九年起到民国廿二年已从各处地方移植到岭南植物园里有五百五十株各别的竹子。竹子开花是很难得见的，但在民国廿二年的夏天，岭南植物园里就有二十六种不同的竹子，同时开花。普通以为竹子开花后就要死的，但麦克乐先生就证明竹子开花后不一定死，要看那一种竹子而定。[1]当然植物分类学本身是很繁复的一种科学，不过竹子的移植和上述几个简单的观察，在朱晦庵、王阳明时代统可做到的，他们只要

---

[1] 原注：Prof. F. A. McClure "Bamboo A taxonomic problem and an Economic opportunity", The Monthly, September, 1935, 193 页至 204 页。

肯去动手去移植，用眼去观测就是了。

中世纪以前，世界三个重要的发明，罗盘针、纸和活字版，统是中国人的发现。有了罗盘，哥伦布才能达新大陆，有了纸和活字版，造成了欧洲文艺复兴。[1] 所以这三种发明在世界上的供献极大，但是发明这三种工具的人统不属于士大夫阶级。据沈括《梦溪笔谈》，发明活字版的毕昇是一个工人。发明纸的蔡伦是一个太监，据《后汉书》则蔡伦最初是为汉和帝造剑的工头。什么人发明罗盘针现在无从查考，大概也非门不出户的士大夫阶级。可知我国古代的发明家统是用手的人们，到了现在的机器时代，发明更非用手不可了。

近世科学的能得有今日，全靠了伽利略、刻卜勒、牛顿、达尔文等几个少数科学家的研究。他们研究的目的，一方面固然不是想制造飞机、炸弹来杀人，但同时也并不存心要拯人民于水火。他们的目的是在求真理，是要认识大自然的真面目，这是近代科学的精神。他们的方法，是假设一个原则，然后用种种实验来证明这原则是否合理。等到原则成立以后，再从这原则来推演到旁的事物上。所以近代科学用的是归纳法和演绎法。我国两宋程朱诸子研究事物也很合乎科学方法的，胡适之先生在他的《清代学者的治学法》里，已经指出来，说道朱子所谓"即物而穷其理"，就是归纳精神。朱子所谓"即凡天下之物，莫不因其已知之理而益穷之，以求至乎其极"，也和科学的目的相合。适之先生的批评，是朱子所希望的一旦豁然贯通，以为丢了具体的物理，去求那一旦豁然贯通的大澈大悟，决没有科学。关于大澈大悟的绝对智慧，朱子的许多门人曾未免有这种希望。但是朱子本人倒很反对的。我们只要看他的《吕氏大学解》，和他答门人姜叔权、宋深之等书里面就可以晓得。[2] 他驳吕东莱解致知格物一条里最说得透澈，说"学者之所以用功，则必有先后缓急之序，区别体验之方，然后积习贯通，训致其极，岂以为直存心于一草木器用之间，而与尧舜同者，无故忽然自识之哉？此又释氏闻声悟道、见色明心之说，殊非孔氏[3]遗经，程氏发明之本意也。"又道："致知格物，大学之端，始学之事也。一物格则一知至，其功有渐，积久贯

---

[1] 原注：《威尔司世界史纲》下卷第三十四章，上海商务印书馆出版。

[2] 原注：《吕氏大学解》见《朱子全书》卷七十二，《答姜叔权书》见五十三，《答宋深之书》见三十二。朱子在这几处所说的和他在卷六十七《尽心说》里所说的判然不同，《尽心说》或是朱子早年说写的。

[3] 原文"孔氏"下衍"代"字，据《朱熹集》卷七十三（四川教育出版社，1996年，第3792页）删。

通，然后胸中判然不疑所行，而意诚心正矣。"所以朱子的所谓豁然贯通，也可言作他从归纳方法发现了原则，好像刻卜勒从他老师泰哥白来许多杂乱无规则的天文观测中发现了三条行星运行的定例，牛顿又从刻卜勒的三条定例发现了万有引力一样。

我觉到朱子的错误在于认错了目的，他的致知格物并不是在求真理，并不是要想认识大自然，而要想正心诚意，因而修身齐家治国平天下。朱子虽然信从程伊川"大而天地之所以高厚，小而一物之所以然，学者皆当理会"这句话。但他所以要今日格一物，明日格一事，归根还是要正心诚意。所以他和门弟子所问答的和他自己所写的，统是讲人与人间的关系，和人与天间的关系。至于以大自然为研究的对象，如草木鸟兽潮汐云露这一类现象，在《朱子全书》中不过几条而已。朱子既信正心诚意可以治天下，所以也极信天命，他在《尽心说》里边讲："尽其心者，知其性也，知其性，则知天矣。"换言之，朱子以为正心诚意就可以知天意，就可治天下，这类观念本是儒家传统的观念，到朱子加上一重保障，以后更牢不可破了。这种观念与近代科学的观念是绝对相反的。

欧洲自从十七世纪到十九世纪，把日绕地球的谬说和上帝造人的谬说推翻以后，科学家认定大自然为研究对象，认识了大自然的本来面目，才晓得大自然不但无足畏惧，而且很可操纵、利用、改变和征服的。以南北极这样辽远奇凉，地理学家尚要去探险；以高空层这样寒冷，飞行家尚要去升腾；天然的丝和橡皮，化学家可以模仿；动物的雌雄，生物学家可以任意改变；瘟疫可以祛除，水旱灾荒可以避免，这统可表示近代科学家认识了大自然以后，有了人定胜天的观念，和我国天定胜人的观念是截然不同的。

到如今我们通都大邑，虽已经有无线电、飞机的联络，可谓饱受近代文明之赐，但是人们对于手的训练仍然加以鄙视，天定胜人的观念也没有多少改变。廿年以前有人比较在欧美的日本留学生和中国留学生的态度，就断定日本科学和实业的发达一定要比中国快得多。他说中国学生到欧美去，只问什么地方的机器价目最便宜，但是日本学生则专注意机器如何制造。可见中国学生是预备回国以后想法去购买的，日本学生是想依样葫芦来自己做的，这话批评得很中肯要。不同的地方，就是日本学生肯动手，而中国学生不肯动手。以国内的大学生而论，据三年前的统计，农学院学生最占少数，只百分之三，工学院不过占了百分之十强。

学生人数最多的，是在只要劳心而不用动手的文学院和法学院。[1]以中国农民之众多，农产的重要，而农学院的学生如此之少，这是极不应该的。现在既无孔圣人在那里反对学农学圃，而大家不肯学农，只是因为怕劳动，怕用手。再下一级到了中学，中学的学生凡是经济勉强可以进大学，无论知能的高低如何，志趣的好尚如何，若有大学可进，决不肯进职业学校的。所以今日学校里边的学生还是和从前士大夫阶级一样，仍是嫌恶用手，嫌恶劳动。希望教育当局能够在小学里边，就改移学生这种观念，这种态度，使个个小学生得到相当用手的训练。成人以后，以能自食其力为荣，不以劳动为可耻，则将来不但可以增进生产，减少消耗，而且可以发达科学。

讲到人定胜天的这种观念，国内除掉了少数受过科学训练的人外，是很少具有的。不但大多数人民还是一般的迷信，以求神拜佛来避免瘟疫，以祈雨禁屠来对付旱灾，就是各省的衮衮诸公，也有高筑墙垣以防鬼的，也有购买龙穴以发祥后代的。在这种神权时代的国家，要科学的发达是很难能的。中国要讲富强，要发达实业，要追上欧美的物质文明，必须要发达实验科学。要发达实验科学，决不是仅仅买几座无线电、几架飞机所能了事，必得人人肯用他们的手来做实验，来做工作，必得打倒迷信以及一切天定胜人的观念方行。

---

[1]原注：根据民国廿一年国际联盟出版"The Reorganization of Education in China"第150页。编者按：底本正文失标脚注位置，据文意添加。

秉 志
科学精神之影响[1]
（1935）

近世科学发达，凡文明之国度，无一事不需乎科学。其人民所享受之幸福，远非古昔人类所得而有者。不习科学者，或疑科学为神秘之术，其实此学无非将常识而条理之，俾有系统，更由有系统之常识，造其精深，成为专门之知识而已。科学之方法，习科学者能言之；科学之范围，习科学者类能知之。至于科学之精神，则人人皆所宜有。倘人人皆有科学之精神，其国家必日臻强盛，其民族必特被光荣焉。

科学之精神维何？一曰公。科学非私产也，其理乃人人所得而求，人人所得而知者也。研究科学之人，必须有公开之精神。倘自己从事研究，得有结果，严守秘密，不肯公之于世，则此人绝不能于科学上有所成就。倘科学家皆不肯大公无私，则科学永无发达之希望。今日世界所出版之科学书籍与杂志，其数目之多，不可胜计，凡研究所

---

[1] 秉志（1886—1965），原名翟秉志。生于河南开封，著名动物学家。1918年获美国康乃尔大学博士学位，回国后历任厦门大学、复旦大学教授等，参与创办中国科学社生物研究所和静生生物调查所，是中国动物学创始人之一。本文发表于《国风》1935年第4期第1—4页，兹据录文。

得之重要结果，无不公之于人也。

二曰忠。科学家对于自己所从事之工作，皆具最忠挚之态度。科学之真理，不以忠诚之精神，努力进求，绝不能自来相寻。研究科学者，稍存虚伪之心，必不免于失败。对于自己之本门，缺乏忠实之态度，势必至毫无所成。

三曰信。科学以求真理为唯一之目的，所研究之问题，几经困难，得有结果。是即是，非即非，不能稍有虚饰之词。对于各种学理，各种事实，反复推求，得是乃止，毫不容参加意气，尤不容作伪矫强，自欺欺人。古人所谓服从真理，又谓修辞立诚，又谓知之为知之，不知为不知者，皆是科学之精神。英国之大科学家奈端氏，终其身不作一谎语，其日记所载个人琐屑之事，有至奇诞者，然皆系事实，无一字之虚伪，盖其人系一最纯粹之科学家，可知者唯一信字而已。

四曰勤。科学之为物，乃最"忠实"者。所谓"忠实"者何？即研究此学之人，不肯勤苦努力，则此学之真诠，绝不能偶然侥幸而获之也。世界各国之著名科学家，未有不勤勉所学，朝于此，夕于此，穷年矻矻，而能产出惊人之贡献者。十九世纪生物学中之贡献，于人类之思想，有最大影响者，首推达尔文氏之著作。吾人试观达氏一生数十年中，孳孳勤苦，唯恐一日之工作有所荒废。其爱惜工作之时间，集中其工作之精力，有非人所能及者。近世发明家爱迪生氏，自言其终身成就，皆由一勤字之故。他人称颂爱氏有发明之天才，而彼乃自认为中等天资，惟喜努力于工作，故勤力既至，遂有成功。又如瞿礼夫人，对于化学上之发见，分析大批矿产，寻求镭质，其用力之勤，实有令人可惊者，所以能成伟绩也。

五曰久。科学专家从事研究，必终身不懈，方能有所成就。人有绝顶聪明，而其性颇不耐久者，以之研究科学，最不相宜。吾国习科学者，往往当留学外国之时，成绩甚佳，归国之后，未能继续努力，致将所学荒弃，而改入他途者，皆非有科学之精神也。真正之科学家，对于科学，无论处何等环境，遭如何困难，必锲而不舍，一息尚存，不容稍懈。古来荩臣谋国，鞠躬尽瘁，死而后已，科学家对于所学，亦具如是之精神。英国之沃来斯氏于青年之时，即与达尔文共受发见天择学说之盛名，而勤劬毕世，著作等身，年逾九十，犹攻苦不辍。其他科学大家，克享遐龄，从事研究，老而愈进者，为数亦众。凡事皆贵有恒，科学尤贵有持久之精神也。

科学之精神，大略如上五者。吾人试观吾国人民近来之性情，乃无一不与之相反。忧国者好言己之短，窃自比于此例，略言吾之弱点，可乎？吾国人之好自私，即与科学所需之"公"字相反。吾国人对于己之所长，最喜严守秘密，唯恐人知，所谓秘诀、秘方、秘传，皆一家一人之私产。在国家未尝保护专利之时，凡涉于实用之技术，与谋生牟利有关，诚难怪其有一技之长，不肯传人，与世相共。若夫纯粹之学术知识，与经商致富，毫不和[1]涉，亦秘不示人。其自私骄吝之态度，毋乃太甚乎、又吾国人最易自逞私见，凡作一事，皆不肯廓然大公。平日存心，既极偏私，遇一小事，以私心处之，已不免于误人偾事矣。甚至与国家安危攸关之事，亦以私心处之。其害岂可胜言乎。故今日之谋私利而害公家，任私见而灭公理者，皆缺乏科学精神之故。至于"忠"字，亦吾国人民所急宜补救者。今日国内各组织，无论其属于政府者，或属于社会者，其中每一分子，皆忠于所事乎？倘能忠心效力于其所属之团体，则吾国早已无事不上轨道，不至受人奇耻大辱，日濒于危殆也。吾国人对于"信"字亦难及格，文人之虚诞夸张无论已，学者著书立说，往往不求征信，社会欺诈相仍，亦时所不免，皆坐不信之故。对于"勤"字、"久"字，尤缺乏太甚，全国之内，皆呈衰落不振之象。知识阶级，不免有堕落之分子，乃不勤所致也。

然公忠信勤久五者，在吾国本系固有之物。先哲明训，以此提命于吾人者，古籍之中，几于无处不有，在先哲固未必特以此为科学之精神，欲教人人研究科学而然也。惟科学家应有之精神，与一切学者应有之精神，本极相同，与人人修身立品，处世奉公应有之精神，亦无不同也。吾谓科学之精神，人人皆须有之者，亦即此意。先哲曾谆谆以此教诲吾国人矣，而国人乃堕落不堪。近数十年来，尤溃藩决篱，无所不至，势必害及其国，灾逮其身，诚可惧者也。

吾人欲振起国人之萎敝，唯有诉诸科学之精神，对症施药而已。盖今日世界人类，未有不恃科学以图生存者。其有反科学者，皆不能存于天壤之间。缺乏科学之知识及技能，其害固大，而缺乏科学之精神，其国家必日见剥削，其种族必不免于沦亡。救国家者，必以提倡科学精神为先务。普法之战，法国兵败地削，几于不能立国。巴斯德氏愤其国家受人凌侮，奋力研究，彼一心唯知以科学之工作效力于国家。其结果也，研究所得，关于实用者甚广，法国人利用之，获利极丰。法国竟能于扶死救伤之余，充实国力，一跃复为世界之一等强国。此固属巴思德氏之研究所致，而其精神实贯注于法国之社会，法国人民受此等精神之感化，

---

[1] 和，据文意似当作"相"，形近讹字。

几于无老无幼，无男无女，皆奋发踔厉，以复兴国家为唯一之目的，其国家所以转危为安，转败为强也。科学精神之影响于国家者为何如乎？巴思德氏以研究科学，俾科学精神影响于法国人民，其功烈既如此，英之赫胥黎氏鼓吹科学之精神，使英国人民尽受其影响，其伟绩尤震烁古今。赫胥黎所处之时期，差隆于巴思德氏。盖十九世纪之末，英国已成郅治之国家，然赫氏尤不满意于当时之政府人民不脱中古时代之余习，彼既努力于高深之研究，有伟大之成绩矣，复肆力鼓吹科学之教育，传播科学之常识，俾下等社会均受科学之熏陶。英国之教育革新，社会改良，无事不着着进步，乃赫氏提倡科学之力之所致，亦当时英国无数科学家，努力齐心，相率猛进，俾科学精神弥漫于社会之结果也。科学精神影响于英法两国之人民，其国家乃蒸蒸日上，其国力足以左右全球。其余世界各强国，亦何当不唯科学是赖，以科学之精神为立国之根基，陶铸人民，使全国尽浸渍于上述五者之中而不自知。此故由政府之提倡，亦由其国内科学家之奋力，以身作则，率导人民，蔚成风气。今其国家无内忧外患，人民享自由之幸福，毫不受人凌侮者，岂非受科学精神之赐乎？

吾国今日处于何种局势乎？吾人民稍有知识者，苟思以后之世变，为身为家，倘犹不以国家为前提，能保其固有之权力乎？能为其后世策其安全乎？曷猛自觉悟，各本科学之精神，为国家奋斗乎！

胡刚复
科学研究与建设[1]
（1935）

张惠充　亢真化　梁上燕　笔记

兄弟今日在此演讲，所讲的题目是"科学研究与建设"。因为在事前没有准备，说话很简单，所要说的话都是我个人对于建设上发生的一种感想，和一点意见，请大家原谅。大家对于科学和建设都知道是重要，但是究竟科学是什么，建设是什么，我们对于科学是要怎样去运用，对于建设是要怎样去研究，怎样去实施，是比较重要的问题，把我个人的一点意见随便提出来和大家讨论。

科学的范围甚广，什么是科学，很难下一个精确的定义。但是我们要讲建设这个问题，我们是不得不讨论的，因为凡做一件建设的事业，有了目的，必要有相当的方法，有了方法，必要有相当的准备，始得将整个科学上的知识应用到建设上面去。科学的本身不外是格物致知，即是利用各种学问去了解自然，再进一步去运用自然。所谓学问即是一种有系统的经验，经过有系统的整理后，得到的一

---

[1] 胡刚复（1892—1966），江苏无锡人，物理学家、教育家。1909年考取庚款公费留学美国，入哈佛大学。1918年获博士学位后归国，为若干大学创建了物理系、理学院和第一个物理实验室，是我国发展科学教育的先驱者之一。本文发表于《科学》1935年第11期第1769-1773页，兹据录文。

种知识及法则，而后依照合理的方法应用之，如此则谓之为科学。

我们应用科学，一方面可求学问之进步，一方面求其种种之运用。有人说科学是偏于物质的，前清末年，士大夫承认了外国的坚甲利兵大炮为唯一的科学，故有"中学为体、西学为用"的话，科学好像就是富国强兵的法宝，一般人所谓现代的科学万能，或者就是这个意思。然而科学断不是仅限于物质的，因为各国之所以能富强，决不光靠枪炮，亦自有其立国的道理。我们要把国家弄好，要把政府弄好，物质方面固是要注意，于国民之政治基本训练，亦属不可歧视。这样说来，科学并不是偏于物质，凡任何基本的成一系统的学问，俱当在科学范围之内可无疑义。其次对于研究，其问题有大有小，有具体而容易的，有抽象而复杂的，有些是我们可以看得见的，有些是我们看不见而全属理论的，不过其基本之精神和方法都差不多的。其最简单的，固然是将各种事实经过调查后即可立下判断，得到一种结论，但是在复杂的问题中，往往很难得到其结论，近代的自然科学中，可举之例甚多。因为事实是个别的，要从许多完全不相同的事实认识他的异同来是很不容易的，若果真能把他最主要的公共观念抽象的提出来，这就是归纳法的成功。若能将这个公共观念再应用到各个个别的事实上去而求其应有之结论，此则谓之演绎法。没有中心观念，诸事就无从着手应用或比较，不过要得到一个中心观念，往往很费工夫和天才。而中心观念的对不对，只有事实可以证明或否认，因为有了中心观念，就可以作某一个假定，若事实与演绎的推论不符，则此假定为不可靠，反之若推论常常可靠，则此中心观念与假定就成了定理，所以科学上是归纳与演绎法不断的互相合用的。这种方法，就是科学方法。

我们对于一个问题，都是很想立刻得到解决，要求解决这个问题，必先持着科学的态度一步一步去做，经过种种的试验，而后得到其结论，否则往往欲速不达。物体的下坠，究竟是轻重各别的，抑是由于地心吸力的呢？加里利倭与牛顿之所以伟大，就是不急急乎求其所以然，而先求其如何之事实，这就是说我们要立定脚跟，先将事实的本身认识清楚，不止的照科学方法去干，则一切问题就可以解决。有些问题是可以立刻解决的，有些问题不是立刻可以解决的。但是我们总以科学的事实为根据，假使将来发觉是错误了，只是其原始假定的不对，事实决不会错的。科学的研究，有了假定的根据为起点，如证明原有的假定是错误，则可另立一条路线去进行。故在高深的科学中往往因假定的不容易，而另立几条路线，同时并是十年八年，或二三年，其问题亦有仍不能解决的，然而日积月累，逐渐接近真理，故终究有彻底澄清的一日。至于科学革命这句话，我们是常常听到有人说，爱斯坦推翻牛顿的学说等等。说这句话的人，对于科学是未有深切的了解。就普通来说，一个社会制度是好的，用不着去革命，社会制度变成坏了，才需要革命，所以革命是指本身不好，然后发生扫除全部向前直进的特殊手段。但就科学方面来说，科学的基础极其稳固，科学的定理，在相当的范围内，既不会错，则科学决没有所谓新的旧的，在他的应用上即使稍有错误，尚可以把他原来的假设收回来，另立路线再去探研，所以革命这两字在科学上是不适用的。

现在是讨论到建设的问题了。什么叫做建设，普通一般人以为建设就是一种工程，如开辟公路，修建房屋等，其实建设的范围，并不是这样的狭小。建设的事业，有许多是属于思想方面的，或者是属于习惯方面的，这种思想的习惯的建设，总称之为心理的建设，所以建设的范围很广，物质的建设、心理的建设，都包括在内。我们现在所讲的建设，就是以心理物质两方面建设一个新的环境，求国家的本身得到一种新的力量，使人民得到一种舒服安定的生活。换言之，我们建设是期望人类有进步，人民得到幸福。在军阀时代也或许有一二军阀未必存有此种观念，但是他们也懂得要负责保境安民，要减轻赋税，这种虽算不得为建设，但是总比其他不知保境安民的军阀好得多。一般小百姓原不知什么叫建设，他只知不要加重其负担的赋税，他就以为政府是好的，对于这点我们不能怪民众，因为他们的要求总是欲得一种较善的生活。由此我们可以明白建设的目标，是以人民利益为出发点。那么我们要建设，各方面都要顾及，不可看得见的工作就作为建设，或许看得见的建设多了，反而人民担负更重，这种建设，是否称得起建设呢？即就开筑公路言，公路开通了，人民交通利便，国防亦可利用，但若不审度情形，是否需要而徒耗巨量的金钱，结果也只是增加了人民的负担，或是使人民增加其消耗罢了，人民的利益，那里谈得到呢？在二十世纪，正是科学竞争的时代，机器是占了生产最重要的工具。当然机器是好的，但是人民没有机器，亦未尝不可生活。若因利用机器而省下来的时间，再行消耗于无谓的赌，则农夫的闲暇，未能利用，又有什么好呢？同样我们建设公路，须先体察其情形是否需要公路，开辟后是否会得到相当的价值，公路不兴，是否应该要筑铁路（因运货需要铁路故）。但若无天然产品出来，则铁路纯变为输入外货的最好工具，又有何好处呢？

由此我们晓得做建设的事业，非认清楚目标，分别缓急不可。现在中国人所犯的毛病，就是对于建设的事业没有认清楚题目，及没有相当的诚意。假如题目认清了，而且有了相当的建设诚意，步步去留心，利用科学的精神，想出种种方法去做，任何问题是总可以解决的。科学本是有理论与应用，但是光讲科学的应用，除非极有经验的人去做是不能的，否则有一诚心做事的人，虽无充分之经验，只须努力虚心去考察研究，将来总有成功之一日。故确切的目标、科学的知识，与忠诚的人才，皆为建设成功的重要条件。

既有清楚的目标，必再有相当的知识和准备。如水利建设一事，十分重要，事前非有详细的研究，定下精密的计划不可，因此科学研究实为当务之急。他如气候这个东西，于植物之生殖有很大的影响，对于某种植物适宜于某地，皆应知道或研究的，如此定下了目标，就可以应用科学的方法去进行。又譬方有些植物经不起一次重霜，故气象学上往往可以省了许多千万的损失，而气象的研究，即甚为要紧。

广西当局对于建设，已认清了目标，且很努力地去建设。在别的省份，对人民心理上的建设，我们从未看见，但在广西人民心理建设，已得到相当的成功。吾国人体格很不好，又无勇敢的态度，若要建设一个能自卫的国家，非从根本上去做心理建设不可。广西当局在此环境下，能够以身作则去从事心理建设，且已得到相当的成功，我们对此是万分的钦佩的。希望对于其他的建设，亦能以诚意从事，并认清目标，努力做去，则其余问题为此种科学知识与科学研究之应用，自可迎刃而解。科学方法与精神，实为做事不可少的最低条件，否则虽有知识或经验，仍无所用也，诸君亦以为然否？

ACADEMIA SINICA AND SCIENTIFIC RESEARCHES IN CHINA

By Tsai Yuan-pei

Strictly speaking, it has been only a matter of some 20 odd years since China definitely entered into a period of modern scientific research. Despite much handicap and sometimes almost unsurmountable difficulties, such as the lack of adequate facilities and equipment, considerable progress has been made. As it were, a solid foundation is being laid down upon which a magnificent edifice can be erected in due time.

Statistics compiled by the Ministry of Education clearly show that great strides are being made in the field of scientific research. While there was scarcely a single institution devoted to the advancement of science in this country when the republican regime was inaugurated in 1911, the number of such institutions has rapidly increased to 73 in January, 1935. Out of these 73, 34 undertake researches in natural science, including physics, chemistry, engineering, biology, agriculture, forestry, medicine and pharmacy, and the remaining 39 are mainly concerned with social sciences.

Limitation of space precludes a detailed account of the history and the scope of activity of each of these scientific bodies. Instead, I should only try first to select a few important ones and describe them briefly under the headings of (1) governmental institutions and (2) private organizations. Emphasis is to be laid upon the position of the Academia Sinica (National Central Academy) not only because it is, as ordained by its Organic Law, the highest institution for scientific research in China supported by, and under the direct control of, the Chinese National Government, but also because in my capacity as its executive head, I have the first-hand knowledge of its history and daily activities. Secondly I should like to give a brief account of the joint efforts made by different scientific organizations in this country toward close cooperation among each other. In all of these efforts, the Academia Sinica has played an important role.

IMPORTANT SCIENTIFIC INSTITUTIONS*

(1) Governmental Institutions:

A. Academia Sinica—The Academia Sinica owes its origin to the far-sightedness of the late Dr. Sun Yat-sen, who in his broad

---

*Important researches in different branches of science have been done by various universities. However, as not enough space is at my disposal, I deem it advisable to defer their description to some other opportunity.

35

蔡元培

中国的中央研究院与科学研究事业[1]
（1936）

严格说来，中国真正进行现代科学研究才二十余年。尽管障碍重重，有时甚至经受了条件差、设备缺乏等难以克服的困难，但仍然取得了显著的成效。可以说，正在奠定一个坚固的基础，一旦时机成熟，就能在上面建造起宏伟的大厦。

教育部的统计资料清楚地表明，中国在科学研究领域里进步迅速。一九一一年中华民国成立前，全国还没有一个专门从事科研的机构；而到一九三五年一月，这类科研机构的数目已增加到七十三个。其中有三十四个是研究自然科学的，包括物理、化学、工程、生物、农业、林业、医学和药学。其余的三十九个，主要从事社会科学的研究。

由于篇幅有限，不能对每个科研机构的历史及其活动范围一一作详细说明。在这里，我想先就（一）政府科研机构，（二）私人科研机构两种类型，对几个较为重要的

---

[1] 蔡元培文章《中国的中央研究院与科学研究事业》的英文版已近找到，建议将原稿的注释第一句改为"本文最初以"Academy Sinica and Scientific Researches in China"为题发表于英文杂志《中国季刊》（The China Quarterly）1936年第1卷第3期第3–13页。"

机构作一些简略的介绍。首先，我要着重谈一谈中央研究院，这不仅由于按照组织法是由国民政府直接管辖和提供经费的中国最高科学研究机构，而且，还由于我是它的行政首脑，最了解它的历史和日常活动情况。然后，再简述一下中国各科研机构为加强彼此之间的合作所作的共同努力，其中中央研究院所起的作用无疑是最重要的。

重要的科学研究机构[1]

（一）政府研究机构

（甲）中央研究院——中央研究院的创建，应归功于已故的孙逸仙博士的远见卓识，他以建设现代化中国的远大眼光，将创建中央研究院作为促进中国科研事业发展的一个准备，列入他的政治改革规划中。因此，当国民政府在南京成立时，孙博士所提的这一建议就很快付诸实施。起初，研究院是中华民国大学院的一个重要组成部门；一九二八年四月，该院分设为教育部[2]和中央研究院，从而中央研究院就成为直属国民政府的一个独立机构了。

根据中央研究院的组织法，它由三个部分组成，即总办事处，国家研究所和评议会。总办事处由院长和总干事领导，主办研究院的行政事务并兼办那些不属于各个研究所和评议会范围内的事务。

中央研究院具有以下两种职能：（一）进行有独创性的科学研究。（二）作为对全国科学研究活动起促进、指导和协调作用的一个机构。各研究所和评议会就是为了实现以上两种要求而建立的。

目前，研究所已有十个，研究范围包括物理、化学、工程学、地质学、天文学、气象学、心理学、历史语言学、动植物学和社会科学。附属于这些研究所的，有各种科学参考图书馆、实验室、气象台、仪表工厂和实验记录站。由于只有在现代化城市中才能获得利用设备的便利，同时为了把科研和本国的重要工业结合起来，所以在上海设置物理、化学和工程研究所，是比较理想而又必需的。其他

---

[1] 译者注：蔡元培在这里用＊号做了一个脚注，"已经由各大学完成的各种科学的重要研究工作，此处因篇幅有限，不如另行说明较为适宜。"

[2] 译者注：1928年4月间分设的是大学院和中央研究院。这年10月蔡元培辞掉了大学院院长以后，大学院始改为教育部。

七个国家研究所的总部都设在南京。南京还有工程研究所与中央大学工学院合办的陶瓷实验室,以及物理研究所建立的一个分支机构地磁研究站。气象研究所在全国有大批分站,设置在上海、泰山、郑州、苏州、包头、宁夏和拉萨的气象站已在工作;设置在贵阳、西康和定海的气象站不久也可望完工。天文研究所在北平建立了天文馆。

为了完成中央研究院第二个任务,即促进、指导、协调中国的科学研究活动,组设了中央研究院评议会。它作为协助中央研究院工作的一个工具,其任务之一,是保证中国科学界优秀人才之间、中国和外国的主要科学机构之间的充分合作。评议会的情况将在下面作进一步的介绍。

(乙)北平研究院——北平研究院是除中央研究院之外的唯一进行综合科学研究活动的政府机构,不过其成立时间要比中央研究院晚一年半。有时中央研究院和北平研究院所从事的科研项目,其性质相似,那就采取措施,避免不必要的重复。

北平研究院目前分两个部门:(一)在院长和副院长领导下的行政处,(二)研究物理、化学、药学、生理学、动物学、植物学和地质学的研究所。北平研究院还有几个辅助机构,即博物馆、美术馆、气象台、乡村自治实验区、历史研究会、水力学会和中国书法会。重要的科研项目,特别是在光谱学和中国药学方面的研究项目,正在进行。

除中央研究院和北平研究院外,国民政府的一些部和委员会,为满足其本部门的特殊需要,也有独立的科学研究所。当然,它们所建立的这些研究所并不致力于解决学术上所关心的问题,而是致力于解决本部门面临的实际问题。因此,它们的活动范围,通常只限于高度集中研究某些课题,下面的研究机构就属于这一类型。

(丙)国立地质调查所——这个调查所享有中国第一个名符其实的科研机构的盛誉。早在民国元年,它就作为实业部矿业司的一个辅助机构而建立起来了。虽然后来它发生了许多变化,甚至它的名称也改变了,但所幸的是,它的领导人大体上仍是原来的人。这个所有两位所长,他们是亲密的朋友,而且志同道合。由于地质调查所的前任所长、已故的丁文江博士(直到他前不久悲惨去世,他一直是中央研究院的总干事),和另一位地质学权威,现任所长翁文灏博士,以坚强的毅力,孜孜不倦地工作,使地质调查所在中国地质科学上作出了宝贵的贡献。

与此同时，我非常高兴地提起一件事情，那就是一九二八年那个短时期内，当地质调查所面临着严重的经费困难时，中央研究院就用自己的一部分经费，对它进行了支援。一九三〇年春，国立北平研究院认为，利用地质调查所当时拥有的条件和设备来开展研究工作更为有利，于是经双方协商，地质调查所并入了北平研究院。

一九一六年至一九二八年，地质调查所由三个科组成，即总务科、地质科和矿物科。一九二八年起，它的工作系统进行了改组，根据具体工作分成不同的部门，因而有了现在的图书馆、地质和矿物标本陈列室以及古生物学、燃料研究、土壤研究和地质研究部门。

（丁）中央农业实验所——与其他研究组织比较而言，这个实验所虽是一个新机构，但因它在收集中国农业及农村状况的资料方面，作了一系列的工作，它以中国的农业、畜牧业、农村经济、养蚕业等方面，实现持久有效的改革为目的而进行了广泛的研究，因而取得了显著的成绩。这个所的技术专家和助手在所长和副所长的领导下，从事分配给他们的日常研究工作。研究工作由三个室协力进行，即畜牧室、农作物栽培室和农业经济室。畜牧室下属两个组，第一组主管兽医和牲畜饲养；第二组主管养蚕。农作物栽培室下属四个小组，分别进行农业、害虫、林学和土壤肥料的科学研究。农业经济室暂时没有划分小组。

（戊）全国经济委员会——全国经济委员会于一九三一年建立，担负计画、指导中国经济建设和发展的任务。它下面设置了一些委员会，负责公路建设、灌溉、农村复兴、公共卫生、棉花管制及蚕丝改良诸问题。隶属各委员会的有一些研究室和实验站。每个研究室都规定有需要解决的具体课题，如西北畜牧业的改良，安徽祁门地区茶叶加工业的发展，棉花种植与养蚕的改革，以及纺织工业现代化等问题。

（二）私立研究组织

除了政府研究机构外，还有私人资助的科研团体。尽管这些组织中的多数经常面临着经费困难，但它们在科研上仍取得了显著的成绩。值得特别重视的，有下面一些机构：

（甲）中国科学社——令人感到奇怪的是，这个促进中国科学发展的最著名的私人学社，是二十余年前在外国成立的。几个在美国纽约州绮色佳的康乃尔大学读书的中国学生，由于认识到把现代科学引进自己祖国的必要性与重要性，在校园里创建了这个学社。一九一八年，它的总部迁回中国。这个学社从创建的那天起，就一直面临着严重的经费困难。它之所以能坚持下来，完全在于它的创建者对事业的坚定信心和高尚的献身精神。直到一九二六年，由于中华教育文化基金董事会富有远见地拨给它一笔捐款，以及一九二七年国民政府拨给它四十万元的国库券之后，中国科学社才有了比较稳固的基础。它利用这些财政援助，迅速地扩大了活动范围。现在它的事业包括：定期出版科学专题论文集和期刊，建立一所科学图书馆，创办一个生物研究所，从事科学教育的改革和科学名词的标准化，参加国际性的科学会议，以及经常主办各种科学专题的公开讲座。中国科学社的生物研究所特别值得一提，它没有辜负创办人的期望，作了许多极其令人满意的工作。在中国当代著名的生物学家中，十有九个以这样或那样的方式与这个研究所发生联系。

目前，这个研究所致力于收集标本和进行专门的研究。在收集标本方面，尽管采集小组活动的区域远至中国西部的西康和北部的山东，不过重点还是在长江流域。研究工作是以分类学、形态学、地貌学、遗传学、生态学和胚胎学为课题进行的。

（乙）静生生物调查所——这个调查所的创设，是中华教育文化基金董事会与尚志学会共同努力的结果。它于一九二八年成立于北平。其名称是为了纪念前教育总长、已故的范源廉[1]先生。它的研究工作，由下属两个室、即动物学室和植物学室进行。分类学也同样作为它的重点。它与江西省农业院合作，在庐山建立一个供试验用的植物园。

（丙）黄海工业化学研究社——它是久大精盐公司在一九一五年作为一个辅助机构在天津塘沽建立的。一九二二年经改组成为一个独立机构。就我所知，这个研究社由七个室组成：（一）专题研究室，（二）农业化学研究室，（三）分析化学研究室，（四）冶金研究室，（五）化学工程研究室，（六）化工厂计画与管理室，（七）出版室。该研究社在对碱、漆和中国草药的配制工作方面，是很闻名的。

（丁）中国西部科学院——这个科学院位于四川重庆，由研究生物、物理、化学、农业、林业、地质等四个部门组成。它侧重于研究四川省和四川邻近地区的问题。

---

[1]译者注：范源廉，字静生。中国科学社董事，生前提倡科学事业甚力。

（戊）莱斯德医学研究所——该所是一九二九年根据上海已故的亨利·莱斯德的遗愿创办的。它由三个研究所组成，即临床学研究部、生理学部和病理学部。临床学研究部设有预防医学室。生理学部包括三个室——生物化学室、药物学室和实验生理学室。病理学部则划分为四个室，即细菌学室、医用化学与微生物病理学室、血清学室和免疫学室。

各个科研组织的合作

以上对中国重要科学研究机构的历史及活动的介绍，虽未必详尽，但可以帮助读者对其中每个机构获得大致的印象。这些机构绝不是孤立的，也不是彼此之间很少联系或毫无联系，相反，它们之间保持着密切的联系。关于它们所进行的合作，我可以举出大量的例子。尤其是中央研究院，始终意识到它是全国最高的科研机构，担负着将其他研究机构联系到一起的中央协调机关的责任。为了承担这一重任，它建立了有真正代表性的中央研究院评议会，负责起草合作计划并指引此项计划的实施。

中央研究院评议会——根据国民政府一九三五年颁布的法令，评议会的评议员由下列人员组成：（一）三十个全国第一流的科学家。他们是由中央研究院院长和全国各国立大学校长共同选出，然后由国民政府正式任命为聘任评议员；（二）中央研究院院长和各研究所所长，他们是评议会的当然评议员。参加选举聘任评议员的人员于去年七月在南京开会，顺利地选出了聘任评议员。国民政府于会后不久就作了正式聘任。目前中央研究院承担研究十四个科目，即物理、化学、工程学、地质学、天文学、气象学、历史学、语言学、人类学、考古学、心理学、社会科学、动物学和植物学。在这十四个科目中，每一项至少有一名评议员在评议会里充任代表。值得注意的是，那三十个聘任评议员，他们除了都是全国杰出的科学家外，还在各个科研机构、各大学、政府部门和企业中，担任着重要职务。

中央研究院评议会第一次全体会议于一九三五年九月七日至八日在南京召开。已故的中央研究院总干事丁文江博士，被一致推举为评议会的秘书。在所通过的若干决议中，有一项是丁博士为促进科学研究合作而提出的，其基本要点如下：

（一）对日常工作和多少具有固定性的工作，如报时、气象观测、材料与仪器的检验和标准化、地质和地球物理的测量等，科研机构之间应努力合作，不应发生重复研究的现象。（二）地方产品和原材的研究工作，虽可有重复，但应尽力避免。（三）科学理论的研究工作，应允许有最大限度的自由。

作为一个预备性的措施，丁博士建议成立若干分组委员会，每个分组委员会负责对科学研究的特殊部门的现状进行调查。中央研究院评议会收到分组委员会提供的情报，只要在自己的权限内，就应该要求从事性质相同的科学分支研究工作的各科研机构，为了共同的目的而进行紧密的合作。

分组委员会还被委以一项任务，即准备一份中国学者科研成果的完整目录。这对于学习自然科学的大学生是极有参考价值的。

在表现合作精神方面，我认为中央研究院评议会是非常突出的。这不仅因为它自身是本着促进科学研究合作的精神创建的，而且它还负责促进全国科研机构之间的合作。现在我引用几个具体的例子来说明。

海洋学方面的合作——根据最近由太平洋地区和邻接太平洋的主要国家所组织的太平洋科学会议的一项决议，大会的每个与会国都要组织一个研究海洋学的分组委员会。在中国，这项重任，由中央研究院总干事、这个会议的当然成员，同时也是这个大会的中国委员会主席的丁文江博士来承担。在丁博士的努力下，分组委员会及时地组织起来了。它由五个组组成：（一）水产技术组，（二）水产组，（三）珊瑚礁组，（四）海洋物修和化学组，（五）海洋生物组。在这个分组委员会里有代表或是以不同方式予以协助的，有下面这些单位：中央研究院，北平研究院，中国科学社，静生生物调查所，全国经济委员会，国家资源委员会，实业部，海军部海事调查局，海军第三中队，中国动物学会，中国水产学会，青岛市政府，青岛观象台，胶济铁路管理局，威海卫管理公署，福建省政府，山东大学，厦门大学，天津、吴淞和福建的水产学校，以及江苏、浙江水产实验站。这个分组委员会确实是一个集科学研究机构与行政部门为一体的重要组合，是中国过去历史上从未有过的。

去年四月，在南京中央研究院总办事处举行的分组委员会开幕式上，正式通过了一些重要决议，分别在厦门、定海，青岛和烟台建立四个海洋生物站。定海站的工作受中央研究院指导，厦门站的工作由厦门大学指导；青岛站由青岛观象台和山东大学联合照管，把原先由北平研究院在烟台建立的海洋动物研究站更名为渤海海洋生物站，其地位与其他三个站相同。

气象科学方面的合作——鉴于建立一个由自己掌握、并能从中自由地获取观测材料的天气预报组织的迫切需要，中央研究院在全国各地建立了气象预报站网。中央研究院气象研究所对那些有远见而意识到建立自己管辖的气象预报站的深远意义的省政府提供援助。此外，气象研究所还与欧亚航空公司协力在郑州、包头、宁夏建立了三个气象站。在贵阳与中国航空公司协同建立的气象站也将竣工。

气象研究所还与全国各气象组织保持密切联系。这些组织的大多数报告都刊登在气象研究所发布的月报上。在中央研究院主持下，一九三〇年四月，召开了有二十七个气象组织参加的全国气象会议。这个会议对一些行政管理问题，诸如定时观测、气象电码、风暴信号，均进行了讨论，并作出了决议。由中央研究院召开的第二次气象会议于去年四月举行。会议参加者，有青岛观象台，军政部航空署，海军部，交通部，中国航空公司，欧亚航空公司，全国经济委员会水利工程处等等。会议通过的决议，有下列七项：（一）采用新的五字电码系统，（二）提高无线电气象通讯的发射和接收效率，（三）气象仪器的成批生产，（四）气象和气象图专有名词的标准化，（五）气象观察时间的标准化，（六）提高气象机构工作人员的生活待遇，（七）增加气象站的数目。这些决议中，有些已付诸实施，如第二项，全国现划分为五个气象预报区域，广播电台每天广播各区域的气象预报，根据收听到的气象情报，气象研究所就能每日重播两次全国天气动态。其他气象站只要动过收听气象研究所的广播，就能顺利地获得全国每日气象记录。

生物学方面的合作——中央研究院动植物研究所与中国科学社生物研究所保持着密切的联系，不仅经常交换书籍和标本，而且还常常一起组织调查和收集小分队，共同努力进行研究工作。静生生物调查所还广泛地与中国科学社合作。这三个机构同北平研究院一起，一直侧重于分类学的研究（因为它们一致确信：必须首先完成对有机体和形态学方面的系统分类工作）。这些研究工作并不重复。一般说来，中央研究院动植物研究所集中力量对沿海生物进行分类；中国科学社则侧重于长江流域；而静生生物调查所与北平研究院的重点是华北生物的分类。已经起草了一个计画来具体规定静生生物调查所和北平研究院在这方面的分工。

地质学方面的合作——在中央研究院地质研究所、国立地质调查所、广东、广西、河南、湖南省地质调查所之间，同样进行着合作。近几年中，是在既能合作又不浪费人力财力的方式下，给这几个地质研究机构分配科研工作的。一九三四年，广东、广西省地质调查所联合组织一个考察团到广西进行考察。当国立地质调查所缺少工作人员时，中央研究院主动支援，调去两个有相当能力的工作人员。而当中央研究院派出一个研究员去调查云南矿物资源时，国立地质调查所就派出一名助手协助。当湖南地质调查所面临经费困难时，国立地质调查所除慷慨地每年拨给八千元津贴外，还派出工作人员到该所支援。

还可以举出许多例子来说明目前中国的科研机构所发扬的互助合作精神。如果一旦把中央研究院评议会所提供的便利条件充分利用起来，还可望在上面提到的各方面合作中，取得更大的成就。

最后，我可以这样说：中国的科学研究事业，已建立在一个坚实的基础上，它朝气蓬勃。中国科学家前途光明，前程远大。

（徐正文译，赵传家校）

怎樣進行自然科學的研究

徐特立

一、科學的任務

首先要提出的就是研究的任務問題，就總的方面來說，我們的科學應該替抗戰建國服務。無論是一般的研究，專門的研究，理論的研究和技術的研究，共總的任務只有一個：即在物質上加強和擴大我們的抗戰建國力量。我們不是為科學而研究科學，不是企圖在科學上爭取新的地位造成特殊的科學家，因為目前還是處在全面戰爭的時期，還是處在後方區域狹小和文化經濟落後的地區，還是技術遠落後於敵人的時期，還是遇到十分趕不上抗戰需要的時期。我們的國力和敵人的對比，財力，人力，一切經濟力量超過不上抗戰軍事的需要。我們的軍事技術較七七事變開始時技術超過幾倍的提高，但生產運動雖已大大的注意，但達到應有的自給程度還很遠，因此我們對於自然科學的研究，無論在高深的學理方面或粗淺的技術方面，總的任務是為解決抗戰的物質問題。

一切科學都是建築在產業發展的基礎上，科學替生產服務同時生產又幫助了科學正常的發展，技術直接的和生產方式的一部份，才會使科學家的眼光放大，才會成為生產方法和生產方式的一部份，才會使科學家的眼光放大，能照顧全局。科學替抗戰建國服務並不是縮小科學的範圍也不是降低研究的程度，相反的，而是加強理論和技術在生產上與大眾聯系起來，在研究自然科學時同時研究生產方法和方式，技術社會化的過程，自然科學與社會科學聯系起來，以目前推行科學教育的必然的媒介物，是唯一的媒介。馬克思在「共產黨宣言」上提出的經濟是必然的媒介，其一是一切兒童實施以免費的實施教育，另一是教育與生產聯系起來。可見生產是教育的內容，同時也就是科學教育的內容，可見一切實施以免費的實施教育的內容，如果科學離開了這一內容，那末物理學就會成為馬哈主義，成為經驗批判論的神紹，而數

學的空間也就會成為康德的先驗論。科學神祕化的源泉就是理論不從產業出發，不從現實的宇宙出發，只憑理念來研究超現實的大宇宙和小宇宙，科學神祕化在產業不發達的國家更是它發展的物質條件：另一方面離開了產業，科學必然會庸俗化，只瓷清談，既無益於理論，有某些關於應用科學常識和科學概論一類的著作，就是常有這毛病的。概論在理論上在應用上均缺乏具體性，常識常常破壞科學的規律性，把整個的片段化，把聯系也片段化。在生產上每一部門也有它的孤立性，但從整個經濟論上均聯系上的孤立性。總括起來說，科學從生產出發，一方面加強了我們的國力，則孤立性消滅了。一方面又幫助了科學自身的發展。

二、研究科學的方式

目前我們剛才有計劃的進行科學教育，並不是說過去還沒有這裡教育，過去曾經過農業學校、通訊學校等等。但都帶臨時性，軍事性，沒有成為一種制度，沒有系統的銜接。問時人力，物力，財力較之現在更形困難。目前的物質條件還是驚人的缺乏，科學儀器只有最少的零件，且極端不集中，也沒有按部門分配，且有許多在私人手中，又沒有總目，無從查考其所在地。至於科學幹部絕對數難不多，如果有計劃的來一個總的分配也顯有足夠的狀況，因為科學幹部本身有教育科的組織，各學校本身有以目前推行科學教育的工作，科學幹部逐是分配了非科學的工作，所以目前實施全體發動來說還是手工業的方式，例如圖書的組織，誰都不能互相精融，倒加密科大學的研究室的組織，但就全體來說還是手工業的方式，例如圖書的組織，誰都不能互相精融，倒加密科大學的中學圖書同預科用的本是普通程度，陝公可聞醫師可用自然科學臨時的附設中學也可用，因為各自為政都重複的各製一套，各有新發明不能相通，各有缺

36
徐特立
怎样进行自然科学的研究[1]
（1940）

一、科学的任务

首先要提出的就是研究的任务问题，就总的方面来说，我们的科学应该替抗战建国服务。无论是一般的研究、专门的研究、理论的研究和技术的研究，其总的任务只一个：即在物质上加强和扩大我们的抗战建国力量。我们不是为科学而研究科学，不是企图在科学上争取地位造成特殊的科学家，因为目前还是处在全面战争的时期，还是技术远落后于敌人的时期，还是处在后方区域狭小和文化经济落后的地区，财力、人力、一切经济力量还十分赶不上抗战建国的需要。我们的国力和敌人的对比，敌人是技术超过精神，我们是精神超过技术，我们的军事技术较七七事变开始时虽已大大的提高，而生产运动虽已大大的注意，但

---

[1] 徐特立（1877—1968），湖南善化（今属长沙）人，中国革命家和教育家。1930年任中华苏维埃共和国临时中央政府教育部部长，1940年任延安自然科学院院长。新中国成立后，曾任中央人民政府委员会委员。本文发表于《中国文化》1940年第4期第5-7页，兹据录文。

达到应有的自给程度还很远,因此我们对于自然科学的研究,无论在高深的学理方面或粗浅的技术方面,总的任务是为着生产,为着解决抗战的物质问题。

一切科学都是建筑在产业发展的基础上,科学替生产服务同时生产又帮助了科学正常的发展,技术直接的和生产联系起来,技术才会有社会内容,才会成为生产方法和生产方式的一部份,才会使科学家的眼光放大,能照顾全局。科学替抗战建国服务并不是缩小科学的范围,也不是降低研究的程度,相反的,而是加强理论的物质基础和加强技术的理论指导,同时把理论和技术在生产上与大众联系起来,在研究自然科学时同时研究生产方法和方式,技术社会化的过程,自然科学与社会科学联系的过程,经济是必然的媒介物,是唯一的桥梁。马克思在《共产党宣言》上提出的教育政策,其一是一切儿童施以免费的普通教育,另一是教育与生产联系起来。可见生产是教育的内容,同时也就是科学的内容,如果科学离开了这一内容,那么物理学就会成为马哈主义,成为经验批判论的神秘,而数学的空间也就会成为康德的先验论。科学神秘化的源泉就是理论不从产业出发,不从现实的宇宙出发,只凭理念来研究超现实的大宇宙和小宇宙。科学神秘化在产业不发展的国家更是它发展的物质条件;另一方面离开了产业,科学必然会庸俗化,只资清谈,既无益于实际又无益于理论,有某些关于科学常识和科学概论一类的著作,就是常有这毛病的。概论在理论上在应用上均缺乏具体性,常识常常破坏科学的规律性,把整个的片断化,把联系的孤立化。在生产上每一部门也有它的孤立性,但从整个经济出发,则孤立性消灭了。总括起来说,科学从生产出发,一方面加强了我们的国力,另一方面又帮助了科学自身的发展。

二、研究科学的方式

目前我们刚才有计划的进行科学教育,并不是说过去没有这种教育,过去曾办过农业学校、通讯学校等等,但都带临时性、军事性,没有成为一种制度,没有系统的衔接。同时人力、物力、财力较之现在更形困难。目前的物质条件还是惊人的缺乏,科学仪器只有最少的零件,全体集合起来也难配合成整一组,图书以全边区计算不过千数百册,且极端不集中,也没有按部门分配,且有许多在私人手中,又没有总目,无从查考其所在地。至于科学干部数量虽不多,如果有计划的来一个总的分配也颇有足够的状况,因为科学教育刚才开始,科学干部还是分配了非科学的工作。所以目前进行科学教育，只中央宣传部本身有教育科的组织，各学校本身有研究室的组织，但就全体来说还是手工业的方式，例如图书的分散，谁都不能完成自己的工作；工作的分散，谁都不能互相帮助，例如医科大学的图表属预科用的本是普通程度，陕公可用边师可用自然科学院的附设中学也可用，因为各自为政都重复的各制一套，各有新发明不能相通，各有缺点不能纠正，费力大而收效小，这是研究方式极应改变的，我提出以下的意见以供参考：

1. 政府或党应该有科学编审的行政组织而不仅是自己直接的编审，是从编审的行政领导推动教育机关和个人工作，及有计划的分配物力、人力，尤其是图书，有计划进行工作。

2. 统计全边区公私的科学书籍编成目录，并附简单说明以便搜集材料，分途借用，分工抄录。

3. 编辑科学史和基本内容目录，以备选材和编书之用。

因为各种图书其著者都有各自的心得和缺点，内容的详略和说明的方式和方法受着科学家派别所支配，尤其是无派别的杂家的著述常是非骡非马的混杂物。因此科学派别的分类和内容的分类极为重要，其利益有下列几点：

A. 有了间架则东鳞西爪的知识和意见可以有归缩。

B. 有了整个系统，容易找中心的一环，可以看到全面，不致顾此失彼。

C. 有了系统随时增减，仍能保持科学固有性。

D. 内容一览表的编制仿照课程标准，而不同课程标准分年级只是把科学内容分程度，较之课程标准更有伸缩力，基本的是按科学固有的内容分类分程度，分为基本的知识，第二级的知识和高级的理论。

三、科学研究的方法

科学的方法应该与科学的任务一致，实际上就是理论与实践的一致。苏联的农事试验场负有指导地方农业的任务，不仅是技术的指导而且是经济的指导，不仅负有科学上的责任而且负有生产上的责任。因此他们的农业科学就成为广大群众的要求，经过千百万人的手和脑加以证明、加以发展，在实际行动中较正了过去的理论和方法并发展之，在理论的技术的经济的结合下，消灭了一切狭隘的经验和成见，一切生产的行动都成为合理化。一九二九年我在苏联学习时，我们的政治经济学教员有一天请假到生产部门去考察，据他说："斯大林同志指出他们的理论落后于行动"。斯大林同志说："理论应该在行动前面指导，不是跟着行动而做尾巴，政治经济学不能指导社会主义建设，就失掉了自己存在的意义。"这里可以看出科学本身的存在是在它的作用，那末科学方法的对象是科学的作用，不然的话，方法就没有真实内容。我在江西曾经办过农业试验场，因为没有农场，只有试验场，就成为无社会任务的试验，把试验范围缩小在教科书的证明，结果试验场的农产物远落后于群众的农产物，因此即刻把试验场附属于农场，替农场服务，吸收老农参加试验，以整个生产责任给予之，农业科学就较前更实际化、深化和扩大化了。

目前我们的科学教育，有系统的进行，要推医科大学，因为他们的科学直接关于他们的医疗，病人就是他们科学的较正者。他们无法吹牛，神秘的东西可以资谈助，概论也可以作为清谈材料，但不能治病，在事实上他们一定成为自然唯物论者。

我们的学习还存在着所学非所用所用非所学的现象，学习不从自己的工作出发，而且因要求学习而放弃自己的工作。用与学的分离，是工作和学习双方的失败。恩格斯自己直接经营过工商业，马克思是无产阶级的理论家，同时是革命的领导者，他了解工艺学（在《资本论》第一卷十三章可以看出），了解商品学，他不只研究生产关系，而且研究生产方式和方法，抽去了社会形式的劳动过程，也充分的加以研究，因为经济学一方面是技术和自然，另一方面是社会科学，不是孤立的东西。站在自己的工作岗位上定有自己需要的科学，随时随地都可学习。只有为科学而学习科学那就非脱离工作环境不可。

我们的农事试验场必须设立在有经济意义的农场中。化学实验室应该试验春毛褪油以帮助纺织，进行有目的的实验、有生产关系的实验，这就是理论与实践合一的最高原则和基本的方法。

研究科学不是凭空创造，所以需要实验和学习，同时要吸收过去人类历史的科学遗产。另一方面需要发展我们的创造力，不把科学看为教条。我们要反对经院学派式的博学鸿才，成为述而不作无批判的客观主义，对科学的批判是学科学的基本方法之一；同时要反对不读书，不细心研究，无知妄作，专发空论。用什么做尺度来检查这些空论，就靠生产的实践和唯物辩证法的提高。研究恩格斯的自然辩证法是必要的。

中国是一个民族工业发展不够的国家，以致关于力学、物理学、化学、数学等科的研究，远赶不上生物学和地质学，因为生物学不是依靠工业的发展作直接的基础，却和资产阶级的社会科学直接联系起来，地质学一方面关系采矿，另一方面关系考古，因此在中国的发展占着相当的地位，我们不放弃这些科学的研究，但科学中心还是力学、物理学、数学和化学。依照科学历史的发展是由力学（即机械学）、物理学、化学，而进到生理学的发展，在事实上也只有先解决工业问题才能解决其他问题，任何工厂都需要机械，需要建筑，任何产业都需要交通工具，所以机械学或力学、数学是工业的基本，我们以有限的物力、财力、人力，只有抓住科学的中心，才有正常发展的前途。因此研究的科目应该有所选择，先后次序应该相当的顾到。

我们提出科学化的口号，并不是说中国没有自然科学或缺少某种自然科学而提倡学习科学，而是要把教条化的、神秘化的、庸俗化的科学转化为辩证唯物论的科学。科学化的口号是学习的方法和路线，不是教我们无原则无目的而生吞活剥去学科学，而是教我们用辩证唯物论的方法去学科学。在数学方面，要反对康德的先验主义，从实际的欧氏几何进到非欧几何；在物理方面，牛顿的力学并非全部成为过去，而近代物理学也包含着马哈主义。我们从生产中用辩证唯物论的方法细心研究来解决这些矛盾。

科学每一日都在发展中，科学的研究方法同样不是固定的，现在提出的只是开步走的问题，前面的行程还是需要随时找向导。这一篇文章只是序幕，今后需要分科、分目、分问题提出研究的意见和成绩报告，同时希望热心研究哲学诸同志给以批评和指示。

37 蔡元培
自写年谱（节选）[1]
（1940）

（民国四年）我在留德、法时期，尝抽空编书。

【略】

《哲学概论》，以几本德国哲学家的门径书为蓝本，而据《韩非子》解老子"道"与"理"之界说，说哲学在吾国本应名为道学。又说明古代只有宗教，凡后来哲学、科学之任务，皆包于其中。其后哲学独立，科学尚包于哲学之中，而宗教之范围特别减缩。及科学次第独立，而哲学的范围亦渐渐减缩。又说哲学有科学的与超科学的之别。每一种科学的，如数理哲学之类是；有包括自然科学的，如自然哲学是；有包含自然科学与社会科学的，如斯宾塞尔综合哲学原理、孔德实证哲学是。至于超科学的哲学，则所谓形而上学者是。又关于美学一方面，特别注意，亦受德国学派的影响。

民国五年，帝政取消，袁世凯死，范君静生任教育部〈总〉长，电促我回国，任北京大学校长，我遂偕眷属于冬间回国。到上海后，有多数友人劝不可就职，说北大太

---

[1] 据《蔡元培全集》（浙江教育出版社，1998年）第十七卷《自写年谱》第475—478页录文。

腐败，恐整顿不了，反把自己的名誉毁掉了。也有少数劝驾的，说腐败的总要有人整顿，不妨试一试。我从少数友人的劝，往北京。

北京大学，在清季本名京师大学堂，分设仕学、师范等馆，所收的学生，都是京官。后来虽逐渐演变，而官僚的习气不能洗尽。学生对于专任的教员不甚欢迎，较为认真的，且被反对。独于行政司法界官吏兼任的，特别欢迎，虽时时请假，年年发旧讲义，亦不讨厌，因有此师生关系，毕业后可为奥援。所以学生于讲堂上领受讲义及当学期、学年考试时要求题目范围特别预备外，对于学术并没有何等兴会。讲堂以外，又没有高尚的娱乐与自动的组织，遂不得不于学校以外，竟为不正当的消遣，这就是腐败的总因。我于第一次对学生演说时，即揭破"大学学生当以研究学术为天责，不当以大学为升官发财之阶梯"云云。于是广延积学与热心的教员，认真教授，以提起学生研求学问的兴会；提倡进德会，以挽奔竞及游荡的旧习；助成体育会、音乐会、画法研究会、书法研究会，以供正当的消遣；助成消费公社、学生银行、校役夜班、平民学校、平民讲演团与《新潮》等杂志，以发扬学生自动的精神，养成服务社会的能力。

我到北大时，北大设文、理、工、法四科及预科。设备都不完全，而又无增加经费的希望，于是提议，并工科于北洋大学之工科，而以所省经费供其他各科增加设备之需要，为教育部及北洋大学所赞同而实行之。

教学上的整顿，自文科始。旧教员中，如沈尹默、沈兼士、钱玄同诸君，本已启革新的端绪。自陈独秀君来任学长，胡适之、刘半农、周豫才、周岂明诸君来任教员，而文学革命、思想自由的风气遂大流行。理科自李仲揆、丁巽甫、王抚五、颜任光、李润章诸君来任教授后，内容始以渐充实。北大旧日的法科本最离奇，因本国尚无成文之公、私法，乃讲外国法，分为三组：一曰德日法，习德文、日文的听讲；二曰英国法，习英文的听讲；三曰法国法，习法文的听讲。我深不以为然，主张授比较法。而那时教员中，能授比较法的，只有王亮畴、罗钧任二君，二君均服务司法部，只能任讲师，不能任教授，所以通盘改革，甚为不易。直到王雪艇、周鲠生诸君来任教授后，始组成正式的法科，而学生亦渐去猎官的陋见，引起求学的兴会。

我对于各家学说，依各国大学通例，循思想自由原则，兼容并包，无论何种学派，苟其言之成理，持之有故，尚未达自然淘汰之命运，即使彼此相反，也听他们自由发展。例如陈君介石、陈君汉章一派的文史，与沈君尹默一派不同；黄君季刚一派的文学，又与胡君适之的一派不同，那时候各行其是，并不相妨。对于外国语，也力矫偏重英语的旧习，增设法、德、俄诸国文学系，即世界语，亦列为选科。

38

翁文灏
科学与人类进步[1]
（1941）

科学是人类进步的最大原因，人类的进步，亦几乎全靠科学。人类心理的演变，是逐期推进的。在初人时代，迷信最深，大家以人类自身作一切现象的准则，用此想象，推广适用于各种力量，更饰以神话化的色彩。例如震于雷电的威力，因而想像是雷公电母的作为，并且有赏善罚恶的意义。又如航海的人，震于波涛凶险，与救护的需要，因而想像出龙神的声威，及天后的慈惠。在这样迷信时代，人类思想偏于盲从，不求证据，往往用卜筮定自身的行动，充份是粗陋而不求理解的状况。此类现象，继续甚久，渐有资性灵明的人，感觉事实与想像并不常相符合，遂用心观察自然界的真实现象，据实记录，不受从前盲从的想象所能害。观察既多，更进而觉察自然界的现象，虽似纷纭庞杂，但实具有恒常的定律可以执简御繁，因而取得系统的知识。此种进程，实为科学的根源。自从科学的精神开始发展以来，正如由黑暗而入光明，由蒙昧而得文化。人类的能力，便为之大见进步。

---

[1] 本文发表于《祖国月刊》1942年第50-51期第36-38页，兹据录文。

科学的精神，最重对于真理的探寻与信仰，虽受艰苦，冒危险而决不畏缩规避。此种精神，在科学初发展的地方，与初发展的时代，尤为需要。西历纪元前希腊哲学家苏格拉底提倡学术，勉人为善，对于青年尤谆谆善诱，信仰之人为数甚众。但不幸雅典当局，认为邪说惑众，违背国教，拘押下狱，仰药而死。苏氏当时据理陈述，其供词有言，"如果余必须停止探求真理，而后方准释放，则余将宣告，余以求哲理为天职，但使余尚有生命与精力，余决不放弃余之任务。凡余所遇见之人，余必将询问，汝不求智慧而只热心于富贵，汝不自知愧否。余不知死为何状，但余并不畏死，且余确信放弃任务为恶事，余宁愿做善事，而不做余所自认为恶之事"。因为有此种精神，所以其人虽不幸而死，但其所传学说，深入人心，历长久时间犹为多人所崇仰。欧洲真实的科学工作，在十六世纪开始发生。哥白尼观察天文，觉当时通行的地居中心，太阳绕地旋转之说，按之实际情形，以及历来天文纪录，相差甚多，不能贯通，如果修改此说，作为太阳居中，地球绕日旋转，则与事实适相符合。凡所以证明此新说之工作者，他皆辛苦经营，至一五三〇年（明嘉靖九年）而大致告成。但因当时旧教势力极盛，此新说与旧教所传者，外表不能符合，故哥白尼以口说传授于衷心格，师之后之学者。此辈中有博庐诺者，致力甚勤，并公开演讲与发行著作，以哥白尼学说为人类智识之明证，并说明所谓天体，实为无穷大之空间，包涵发光及射光之星球。但此人竟于一六〇〇年（明万历二十八年）因此说而被罚，致在罗马焚死。但其他学者，并不因此气馁。嘉利略，磨镜观天，发奋研究，对于力学，亦有发明。彼由此认明月球绕地之规则，木星亦有四卫星环绕而行，如月之绕地，天河实为许多发光星体所集成，太阳系之行星并不发光，但反射日光。……彼自言诚意信仰上帝，但上帝所造之自然现象，实远较旧说所传，更为伟大与美丽，并自信凡所阐发者，皆根据毫无疑义之事实，应为人类所共认。为传播此说起见，嘉利略自行详确观察之后，制成望远镜多架，送赠有地位的人物，请他们用镜观察天象，并又作公开讲演，以期互相证明。不幸此种实测所行之学说，与教廷旧说及当时共仰之亚里士多德所传地为中心之学说，均相冲突，故一六一六年（明万历四十四年）嘉氏著作即被禁止，并令其停止研究。嘉氏虽严受威胁，但实际上仍继续工作，并亲至教廷竭诚陈说，且另写著作，详确阐明。但彼之著作，虽为有识人士所重视，而更为教廷所嫉忌，卒至拘捕下狱，双目失明，至一六四二年（明崇祯十五年）衰病而死。此一生忠诚恳笃专求真理之学人，为科学之宗师，百世所追崇者，其所遭际乃坎坷困顿如此。但同时奋起者，仍正有人在。刻卜勒初研光学，继测天文，因而发明天文三律：一、行星之轨道为椭圆，日居其中心；二、日与行星之联系线在同时间内行经同面积；三、各行星旋转率乘方之相比，等于行星距日平均距离之立方。此种规则，经牛顿推广发扬，即成为万有引力，为近代科学之最大基石。但十六七世纪间刻卜[1]已远窥天象而测论及此，刻氏因当时德国已有路德新教，其所传授，未受剧烈压迫，但其生活仍极穷困。且在著作序文中，彼曾自述，"余写此书为今日读者抑为后世所用，余并不注重，即使俟百年以后之知者，亦无不可。上帝之教，且俟六千年而后有人传释也。"由此，可见其直前钻研之勇，全赖其间心自信之清。刻氏尝言，"余常久观察研究，不为成见所拘，纯用理智为导，以求宇宙间经纬万象之真正规律。"此固为科学工作之基本精神，为后起学者所竭成[2]信守。

以上诸例，分充[3]表示第一时代之科学家，精诚研几，真有"贫贱不能移，威武不能屈"的气概，所以能在艰苦环境中，造成灿烂光明之成绩。其实旧说之暂时有力，并不足怪，在真正科学尚未造成与公认以前，寻常人物，无暇研究，墨守成说，目在意中。人类自石器铜器时代以至历史初期，本在迷信传说之中，必经出类拔萃的人士，忍苦发明，然后人类智识方能渐有轨道，渐见光明。而且究竟人类性灵极富向上进步的能力，所以一经有了轨道与光明，即有少许人反对，终能在很短期间，取得多数人的信仰。因而科学工作，亦由艰苦而进入顺利，科学成绩，亦由惊骇而得受欢迎。不但一般社会如此，即以上述之教廷，现在对于星体运行的天文学说，以及种属演化的生物学说，亦均可以接受，并不以为违背教旨。故短时期之艰难，转瞬即过，长时期之发展，正继续无穷。

而且前人辛苦栽成的基本智识，不久便由后人发挥光大而为举世钦敬，例如英国的牛顿，根据嘉利略、刻卜勒诸氏之成绩，更加融会贯通，看明质与力的分别，发明物质互引以及动力与反动相等的公律，其所著《自然智识之数学原理》一书（一六八六年即清康熙二十四年），不但奠定物质科学之基本柱石，亦实为一切工程之重大根据，此种伟大勋绩，当时人人钦仰。故彼青年时即为剑桥大学教授，共任二十六年（一六六九至一六九五年），彼并当选为皇家科学会会长，

---

[1]卜，或当作"氏"。

[2]成，当作"诚"。

[3]分充，当作"充分"。

连任二十四年（一七〇三至一七二七年），其任期之久，为从古所未有。彼于一六九六年（清康熙卅六年）又因冶金能力，受任为造币厂厂长。综观牛顿一生，信望崇高，朝野共仰，与以前之哥白尼、嘉利略、刻卜勒诸氏，艰苦于生者绝不相同。但牛顿始终孜孜为学，并不以生活顺适而懈于用心，亦不以举世崇敬而骄于立身，卓然为古今学人之模范。

　　对于实用试验，成效较著的人，可以瓦特为例。十八世纪后期，瓦特在苏格兰及英格兰初用蒸汽动力机，以抽水采矿及其他工业用途，为人类创成宏大的力量，全国欣然使用，极有助于英国的工业革新，死后纪念碑中称之为"人类的恩人"。直至现在，谈工业历史者，犹举为机械动力之先进。另一个对于理论与实用均有最大贡献的人，是法拉第。他出身穷苦，受教育不多，年轻时做订书工人。因为热心科学工作，时至当时英国国立科学院院长达卫公开讲学会听讲，写成笔记，寄送达卫，请求允许入院工作。初加入时，因缺乏学术资格，仅为一洗药水瓶之助手。但彼实认真用功，在短期内，即为达卫所重视，迅速发展其研究与试验，达卫死后，法拉第即继任院长，继续在科学上充份努力。法拉第终生在科学院工作，自一八一三（清嘉庆十八年）至一八五八（清咸丰八年）年，凡历四十五年，其工作实绩十分伟大，他的发明最出名而最有益于工业的，是他在一八三一年（清道光十一年），试验证明的电磁感应。以前试验室中，只能发生细小电力，法格第首先用磁力感应的方法，发生宏大的电力，为以前梦想所不及。用此电磁学为基础，近代工业上大规模的动力设备，都由此而成，推本溯源，都应归功于法拉第的科学工作。人类物质力量的增加，第一步靠蒸汽机，第二步靠电力，此二种力量发生的方法，都由科学家试验研究而来。而且一切近代文明，莫不根由于近代技术；而近代技术，莫不根由于近代科学，所以我们可以深信科学家的工作实为人类进步的源泉。

　　法拉第专心治学，绝对不愿分心于科学工作以外之任何任务。英国政府曾钦佩他的成绩，欲封赠爵位，他坚决辞谢不受，英政府乃赠以住宅一所，以后法拉第年老退职后，即在此宅休养。英国王家科学会曾推举他做会长，他亦不愿充任。但同时他并非忘情世事，他极喜作公开讲演，他将试验效果，用浅显字句公开介绍于社会。他曾作有名的"腊烛的化学史"，就一枝腊烛说明了许多化学道理，这正可与著名的生物学家赫胥黎就讲堂应用的白粉说明了许多生物演化的哲学，同可留传千古，为专门学者谆谆善诱诲人不倦的范型。

法拉第探求真理的志愿极高，但生活则极为简单朴实。他会[1]说明，"他理想中的科学家是应谈热心，谨慎，由试验以证明事物异同，不为成见所束缚，视事实重于理想，不作匆遽判断，且尤在对自身的意见，用思想及观察，逐步测验，以期达到真理"。此诚为一切科学人士应守之格言。他待人极忠诚，他曾说"朋友为人所应忠诚相待仅次于上帝之人"。

由以上诸例看来，在科学的明效大相已经昭著的时候，科学家都极受朝野重视，不复如初创时代之困苦。但真正科学人才，并不因优待而懈怠，却仍尽热心努力，始终如一，这又阐明了他们都有"富贵不能淫"的魄力。这种魄力，实为必要，因为有此魄力，方能积长久的经验作继续的工夫，而达到高深的成绩。否则势不免浅尝辄止，半途而废，虽有卓越天才，但轻年出名，即便竞逐于酒食，消耗于酬应，甚且慕于尘世浮荣，改途易辙，不复能在自身岗位上长久用力。

中国现方在建国途中，建国的意义是要就近代文明迎头赶上，把国家从速进入近代进步之中。我们考究人类进步全由科学，近代文化，亦全出于科学。故我们要造成富强康乐的国家，不能不认明必须经由的途径。这种途径是什么呢？兹特介绍以前努力研究的科学的典型，用"贫贱不移，威武不屈，富贵不淫"的精神，矻矻孜孜，以探求真实，增加绩效，由卑而愈积愈高，由近而愈行愈远，此种忠诚践履的行为，便是我们必须经由的途径。

---

[1] 会，据文意当作"曾"。

中央研究院
发展应用科学十年计划（草案）[1]
（1946）

我国必须工业化乃一定论。发展工业，我国必需大量专门人材。此等专门人材可为二种：一为应用研究人材[2]，例如各种工程师、育种专家、植物病理专家、医师等；一为学理研究人材[3]，例如发明新工业之物理学家与化学家，发明育种新法之生物学家，发明医疗新法与新药之生理学家、生理化学家与药理学家等。

应用研究人材之养成，端赖各大学工医农各学院。现时我国已有之工医农学院，如能充分利用，每年可造成土木工程师1 160名，机械工程师600名，电机工程师680名，化学工程师390名，航空工程师240名，造船工程师60名，水利工程师90名，纺织工程师90名，矿冶工程师270名，建筑师120名，农学院毕业生3 200名，医师1 040名，此数目决不敷实际之需要。

---

[1] 原件藏于中国第二历史档案馆（全宗号393，案卷号1318），另有提交教育部抄件一份，亦藏于中国第二历史档案馆（全宗号5，案卷号1950）。付邦红《民国时期的科学计划与计划科学》附录三（中国科学技术出版社，2015年，第233—236页）据抄件收录，并据原件校注。兹据录文，并据注文酌情出校记。

[2] 应用研究人材才，原件作"普通人材"。

[3] 学理研究人材，原件作"基本人材"。

惟现在实不宜再事扩充大学，其根本之原因为教师缺乏。抗战期内，以有志青年纷来内地，为适应需要起见，曾增设大学而工医农学院学生数额亦骤形增加，其结果则学生程度较前低落，盖学校与学生数目虽加而教师则不特不能增加反有减少之倾向也。

故欲求多多造成应用研究人材，须从养成师资入手。而师资之养成则为培植学理研究人材之一结果。

更有进者，我国如不从事学理研究人材之培植，将来我国之工业至多但能勉强追随欧美国家之后，利用欧美国家已弃去之方法而不能自有新发明也。欲与此等先进国家在工业上立于平等地位，则势有难能者矣。

再者，我国现在科学尚未发达，势不能不派遣大量青年至欧美国家受科学之训练，将来若能渐渐将此派遣留学生之大量款项，移为辅植我国科学之用在发展我国科学工作上，其效力较送学生至外国受训练为大，而求逐渐减少留学生之数目，亦必须提倡培植学理研究人材。

基于上述原因，本计划以培植科学学理研究人材为根本方针。

培植学理研究人材之道，在于搜求我国对于科学工作具有才能之青年先与以训练，使其能独立做研究工作，再充分供给以研究之机会，俾其能充分发展其才能。

往者我国派送学生至外国求学，往往不甚注重选择才能，而学成归国人员或未能获得适当之工作，故在无意中毁坏在外国学成回国之科学家者甚多。今日如不能使科学家在国内获得适当之工作，则不但现在国内之科学家将放弃工作转而改业，即在外国有优良成绩之我国青年科学家，或且不愿返国。而现有可为发展应用科学用之极多数学理研究人材，其势亦将失去，其情形实甚严重也。

今日计（一）对于我国现有成绩昭著之科学家，应尽量供给其研究机会，使得安心工作，充分发展其材能，同时训练青年之有科学才能者，使成完材。（二）努力搜求有科学才能之青年，使其以科学研究为毕生之工作，以增加我国之学理研究人材。

为完成此计划，必须（一）筹有专款与（二）设有适当之机构。

专款应分二部份，一部用于科学设备之购置及与外国交换教授等事，一部用于安定科学工作者之生活，使得安心工作。

适当机构之设立至关重要。已往提倡科学之各种基金，其成绩所以不甚显著者，大多由于从事科学工作之人员不得参与款项之分配，且亦毫无贡献意见之机会。今后应一反以前之惯习，促进科学之机构应交与实际工作之科学家，因非实际工作之科学家，不知国际与国内之科学现状与科学工作之实际情形也。

在科学家中尤须选择成绩优异之青年科学家参加促进应用科学之机构。科学与文学哲学不同，必须注重青年。考之历史，大科学家之成就，几乎全在于其青年时代之工作，盖因青年富有进取之精神也。再者，我国已往之各种科学机构，多在中年以上人员之手，亦有加入新进人才之必要。

适当之机构须能负专责，无重复机关与之掣肘。否则不仅办事困难，且彼此易于诿卸责任，虽有机构，形同虚设。

机构设立之后，即应与以在其职责之内得放手做去之权力；并应使其能比较恒久存在，不在证明失败之后，不与以废止。

此机构之设立为本计划之中心要点。机构之名称拟定为"应用科学促进委员会"。

委员会不自设研究机关，以免与各研究院大学争取我国所有之少数专门人才，并可避免委员会自身成为一与中央研究院重复之机构。

委员会之根本职务为专门主持养成科学之学理研究人材。

养成此项人材，其方法为补助国内各研究机关与大学之研究部门。补助之对象为从事科学工作之人员，而不为某种专门之科目。补助可分为下列四种：（一）充分供给在国内或国外从事科学工作已确有成绩之人员以研究之机会（包括设备、图书、技术人员之雇用，与至国外考察等项），俾能尽量发展自己之才能与训练研究生。（二）设立研究学侣若干名，给与有希望之青年科学工作人员，俾得安心工作。（三）设立研究生若干名，给与大学理医工农各学院毕业生中之有科学才能者，俾得有受训练之机会。（四）设立奖学金若干额，给与大学理医工农各学院在学学生中学绩优异者，以为国家选择科学人才之初步。

委员会之组织，由国民政府主席聘任科学家五人至七人组成之。其后即由此委员会自行选举其继承人，每年改选一人，请主席聘任。退职委员在一年内不能再被选为委员，但逾一年后仍得再被选。中央研究院总干事为当然委员，且负执行秘书之责。

委员会下设四组，即（一）自然科学组（二）医学组（三）工学组与（四）农学组，每组由科学家三人至五人组成之。组委员第一次由委员会聘任，其后每年退职一人，由组委员自行选举，请委员会聘任。退职之组委员在一年内不得再被选，但逾一年后得再被选。委员会之执行秘书得列席各组会议。

委员会决定每年之大体计划，各组本此计划决定本组内之事务，再送委员会为最后之决定。

委员会之经费，按照现时我国经济情形，应定为美金一千万元，为购置设备等项之用，及国币一百五十亿元，为设置研究学侣等名额之用。美金一千万元，内以六百万元为购置设备之用，三百五十万元为购置图书之用，五十万元为出国考察与外国研究机关交换人员之用。国币一百五十亿中，设置研究学侣、研究生与奖励金各用五十亿元。

第二年以后之预算，每年由委员会制定，向国民政府申请。国民政府确定至少每年以全国总预算[1]百分之一为委员会之经费。

委员会之经费由教育部经理保管，依照委员会之通知支用。

此计划如被采纳实行，五年之后，我国即可有四五个完善之大学及一二个完善之研究院，而我国应用科学之基础亦可从而奠定。十年之后，我国应用科学亦可走上独立发展之途径。美国之振兴科学，日本与苏联之输入科学，均系由此进行。美国由约翰霍伯京、哈佛、克拉克、芝加哥诸大学之竭力提倡研究工作而树立美国科学发达之基础。日本由充实东京、京都、东北诸帝国大学，得到发展科学之根底。苏联亦由充分发达苏联科学院与列宁格勒、莫斯哥、基也夫、哈可夫四大学，得到工业建设之人材也。

---

[1] 全国总预算，原件作"国民总收入"。

三十六年十二月號 　　　　　　　　　　　　　　　　　工　程　界

靠了分析及理論的幫助,工程科學在飛速的發展！

怎樣研究工程科學和研究些什麼？

錢　學　森

> 錢學森先生在美國麻省理工學院執教多年,是該校航空系著名教授之一。今夏返國,本篇是八月間在上海交大航空系的演講記錄。　　　陳國祥記錄

大家知道這十幾年以來科學和工程有著飛速的進展;譬如。飛機在十幾年以前,可說只是一種玩具,速度每小時不過一百哩,航程也只有幾百哩,但到今天,飛機速度最快可飛到每小時六百廿一哩,馬上就要超出音速,而航程可以達一萬哩了。這種成績在當時能預料嗎? 還有,原子能的基本原理不過 $E=\frac{1}{2}mv^2$,本來是人所熟知的牛頓第三定律,可是原子能的利用卻還不過是剛剛的事情,爲什麼這幾年來工程上有如此輝煌的成就呢?難道其中有什麼奧妙不成?——不錯,在從前工程上的進展常要靠經驗或實驗而來,用理論分析的地方比較少。當然,經驗的累積是長時期的,所以進展就慢得多。現在工程的發展,卻完全是分析及論理的幫助,所以進步是飛速的。還有從前以爲工程師只要有經驗就行,理論科學沒有用處;實際上,這是一個錯誤的觀念。經驗和理論應該是不可分的,這一點,祗要舉兩個例子便可明瞭：例如牛頓是一位大科學家,普通總以爲他不懂工程,可是在英國牛津城有一座橋,卻就是他設計的。尤勒(Euler)也是科學家,可是他的柱體計算公式竟解決了土木工程上最重要的柱體問題。這種例子舉不勝舉,意思就是說,在從前科學和工程實際上並沒有分家;只是因爲在以後兩方面都發展得很快,範圍愈來愈廣博,學識也愈來愈高深,一人的能力有限,不能兼顧。所以實用的工程和理論的科學就分了家。有的人注重工程或製造的細節,而不注重一般的理論;而另外一些人則注重科學或基本的原理,忽略了實際的問題。這樣互相猜忌的結果,使兩派不能合作,例如流體力學中,有兩個基本的假定:一是水不能被壓縮;二是水無黏着性,有了這兩個假定流體的性質才能研究,可是工程家覺得並不切合實用,因爲水其實可以有少許壓縮性,而黏着性實在是有的。因此工程家便根據實驗的結果,這樣就有了水力學這一門實用的科學,所以水力學嚴格講起來,不過是一種經驗式和係數的集合,其中許多係數和改正值在理論家看來是不值一文的,這種地方,就是二派不能合作的原因;這種不合作,一直到廿世紀的開始,才慢慢的改觀;科學的理論也漸漸的應用到工程上去了。而這裏德國哥庭根大學的數學教授斐力克倫(Felix Klein)實在是一位功臣。他有一次參觀紐約博覽會以後,覺得美國是物產豐富的國家,如再加以人力,則歐洲一定無法與之競爭,惟有科學技術,才能占優勝的地位。回國後,便提倡將基本科學應用到實用科學上面,並創立一新學科,名叫應用力學(Applied Mechanics)因爲那時的工程問題,都屬機械性質的,所以先將這一門工程理論化。他的努力在學理上很有成就。那時聽講的學生,都成爲現代的專家,其中包括 Prandte, Von Karman, Timoshenko, Busemann, Ackeret 等,都是研究流體力學,空氣動力學,材料力學和超音速學的當代大師。雖然他的政治希望沒有成功(以上幾位專家現在大牛在美國),可是已奠定了實用科學的基礎。以下講的就是實用科學所研究的一些主要內容：

工程科學的研究方向

這裏有兩大類問題要從事研究：第一種是科學或工程的單純問題。第二是某種現象的普遍研究。前者的例是火箭的設計;後者例如亂流(tur-

— 3 —

40

钱学森

怎样研究工程科学和研究些什么？[1]
（1947）

（靠了分析及理论的帮助，工程科学在飞速的发展！）

> 钱学森先生在美国麻省理工学院执教多年，是该校航空系著名教授之一。今夏返国，本篇是八月间在上海交大航空系的演讲记录。
>
> ——陈国祥记录

大家知道这十几年以来科学和工程有着飞速的进展。譬如，飞机在十几年以前，可说只是一种玩具，速度每小时不过一百哩，航程也只有几百哩，但到今天，飞机速度最快可飞到每小时六百廿一哩，马上就要超出音速，而航程可以达一万哩了。这种成绩在当时能预料吗？还有，原子能的基本原理不过 $E=1/2\ mv^2$，本来是人所熟知的牛顿第三定律，可是原子能的利用却还不过是刚刚的事情。为什么这几年来工程上有如此辉煌的成就呢？难道其中有什么奥妙不成？——不错，在从前工程上的进展常要靠经验或实验而来，用理论分析的地方比较少。当然，经验的累积

---

[1] 钱学森（1911—2009），浙江杭州人，空气动力学家，中国航天事业的奠基人。1939年获美国加州理工学院博士学位，后任麻省理工学院教授、加州理工学院教授。1955年回国后长期担任火箭导弹和航天器研制的技术领导职务，获两弹一星功勋奖章。本文发表于《工程界》1947年第12期第3-5页，兹据录文。

是长时期的，所以进展就慢得多。现在工程的发展，却完全是分析及论理的帮助，所以进步是飞速的。还有从前以为工程师只要有经验就行，理论科学没有用处；实际上，这是一个错误的观念。经验和理论应该是不可分的，这一点，只要举两个例子便可明了：例如牛顿是一位大科学家，普通总以为他不懂工程，可是在英国牛津城有一座桥，却就是他设计的。尤勒（Euler）也是科学家，可是他的柱体计算公式竟解决了土木工程上最重要的柱体问题。这种例子举不胜举，意思就是说，在从前科学和工程实际上并没有分家；只是因为在以后两方面都发展得很快，范围愈来愈广博，学识也愈来愈高深；一人的能力有限，不能兼顾。所以实用的工程和理论的科学就分了家。有的人注重工程或制造的细节，而不注重一般的理论；而另外一些人则注重科学或基本的原理，忽略了实际的问题。这样互相猜忌的结果，使两派不能合作，例如流体力学中，有两个基本的假定：一是水不能被压缩；二是水无黏着性，有了这两个假定流体的性质才能研究，可是工程家觉得并不切合实用，因为水其实可以有少许压缩性，而黏着性实在是有的。因此工程家便根据实验的结果，这样就有了水力学这一门实用的科学，所以水力学严格讲起来，不过是一种经验式和系数的集合，其中许多系数和改正值在理论家看来是不值一文的，这种地方，就是二派不能合作的原因；这种不合作，一直到廿世纪的开始，才慢慢的改观；科学的理论也渐渐的应用到工程上去了。而这里德国哥庭根大学的数学教授斐力克斯·克伦（Felix Klein）实在是一位功臣。他有一次参观纽约博览会以后，觉得美国是物产丰富的国家，如再加以人力，则欧洲一定无法与之竞争，惟有科学技术，才能占优胜的地位。回国后，便提倡将基本科学应用到实用科学上面，并创立一新学科，名叫应用力学（Applied Mechanics）因为那时的工程问题，都属机械性质的，所以先将这一门工程理论化。他的努力在学理上很有成就。那时听讲的学生，都成为现代的专家，其中包括Prandte，Von Karman，Timoshenko，Busemann，Ackeret等，都是研究流体力学、空气动力学、材料力学和超音速学的当代大师。虽然他的政治希望没有成功（以上几位专家现在大半在美国），可是已奠定了实用科学的基础。以下讲的就是实用科学所研究的一些主要内容：

工程科学的研究方向

这里有两大类问题要从事研究：第一种是科学或工程的单纯问题。第二是某种现象的普遍研究。前者的例是火箭的设计；后者例如乱流（turbulence）的问题，因为乱流问题如解决了，不单只对于水力学有意义，而且对于空气动力学、气象学、引擎燃烧室的设计等都有直接的帮助。现在将这两大类问题分开来讨论：

第一，工程发展的研究，这一个问题内需要做的工作有下面几点：

首先，在研究一种新的意见时，要看是否合理。例如有人设计了一座桥幅一千呎的吊桥，如果先去问某大造桥公司，问他是否能做。在这种场合，总经理一定去问公司中经验丰富的总工程师，可是他不能立即回答这问题，因为他对于新的计划，如果没有做过，就缺少成功的把握，所以得让研究部门去考虑这一个设计，是否合理？有没有成功希望？要投多少资？可赚多少钱？等等。而且这种设计原理往往是比较新奇的东西，简直就无先例可援，非要用基本科学原理去分析不可。即使理论通过了，能不能制造还成问题；没有工厂经验，这一点就不能决定。

其次，初步的研究，就是把最可行的各种进行方法找出来，可达到同一目的的方法可能有十几种，要从这十几种方法内挑出两三种最可能或最容易走的途径来。当然不能把一种一种的方法来试验，一定要靠经验和眼光来估计和比较，例如前面所说火箭可用的燃料，化学家可以开出一大批名字出来。用那一种最合式，就要靠理解了。

还有，要分析一种设计中可能有的弱点或困难之处，因为，任何设计如果忽略了某种因素而失败的情形，是非常多的，即使在美国，前些时也有一座吊桥竟会被风吹断，这简直可以说是一个大笑话，推究责任，却原来是设计时，工程师忘了摇摆影响强度很大的这一点最基本学识。这种问题如能预先估算，解决是并不困难的。

第二，在基本科学上的研究，主要有下面二点：

（甲）某种基本现象的理解。这种研究的结果不仅是一项工程受益而已，例如前面讲过的乱流问题到现在仍没有完全解决。

（乙）研究某种科学的新部门以符合工程上的新发展。今日航空工程的发展并不是偶然的，飞得高，飞得快，超过一个限度所引起的一种现象，就不是普通空气动力学或流体力学所能解释的，须要科学家另辟新道路来研究。例如在一九三六年美国富兰克林学院的柴姆（Zalm）教授就新倡一种学问叫做超等空气动力学（Super Aerodynamics），就是在高空中的空气动力学。因为普通飞机在低空中飞行，都应用流体力学的理论。空气在低空中因为分子的平均活动距离（Mean

Free Path）相当小，约为 10^{-6} cm，所以还可称为流体。可是在一百里的低气压中，空气中的分子平均活动距离达 1 cm，所以种种现象不能再用普通的空气动力学去解释了。还有超音速和远超音速（Supersonic and Hyper Aerodynamics）——比音速大的速度叫做超音速，可是大得太多了就叫远超音速，其理论各有不同——的问题，因为飞机增加速度的需要，所以布斯满（Busemann）和阿克拉（Ackeret），对于这方面特别努力；并且已经稍有成绩，可是离成功还远。这种学问对于飞机和各种新武器的设计关系很大，所以要做准备工作。

现在把各种工程科学（Engineering Science）所应该研究的方向都讲过了，可是用什么方法以及受那种训练才可以从事这种研究呢？

研究的方法

（一）要将问题简单化　有许多问题如果不加假定，简直无法下手。例如以前提到的流体力学中两种基本假定，就是不能压缩及无粘着性两点，虽然不合实际，不能跟经验完全符合，可是没有这种假设，简直就无法进行，有了假定才可以做出局部的结果。所以在研究问题时须先做一番整理工作，什么需要考虑？什么不需要加以考虑？这就要观察整个的问题加以理解，而同时要参考实验的结果；因为理论和实验要互相呼应，才能收效而帮助工程的发展。

（二）实验家同理论家要密切合作　做实验如果仅仅空泛的乱试，往往不得要领。如果问题复杂，则更不易得到肯定的结果。无论做实验或做题目，都必须完全认识全面问题，为推测一种可能的结果。做实验的目的不过是校对以前的测定对不对。所以这"工作假定"（Working Hypothesis）非常要紧。"工作假定"如何成立，并没有一定的方法；完全要靠经验和直觉，学识充足经验丰富，就容易分辨，所以做问题的动机和种种假定并无科学的分析或根据在内，末了一步才用科学方法来证明这动机和假定准确不准确或者对不对。

什么是工程科学的基本学识

上面讲的是研究工程科学的方法，以下讲的是研究所需用的基本学识。这里有两种基本的研究工具。一，实际经验，二，基本科学，前者指制造技术和实际工作的经验，而后者指近代的物理化学和数学的学识根基。例如从前因为解释物质的性质而发现了分子原子和分子运动说。而原子炸弹的成功不过是更进一步证明以上学说的准确性。从前得到的结论就是现在研究的根据。这就是要读理化的原因。数学也是研究工具之一，所谓数学，就是一种合理的推论（Logic Thinking）而已。除了工程学校所学到的几种基本数学以外，还有几种要学会的就是：一，分析（Analysis）；二，局部微分（Partial Differentiation）和积分方程式（Integral Equation）；三，计算机（Computing machine）。前两种数学，有很多工程问题中就要用到，而现代的计算机也不仅是加减乘除，还可以解答复杂的微分方程式，可以计算出弹道和射程来，所以也必须懂得。

这样讲起来，一位研究工程科学的人就要学很多东西了；在工程学校毕业的要补读高等理化和数学，从理学院出来的补修工程知识和工厂经验。虽然学习的时间是跟着时代而愈来愈长了；可是学好了以后，任何方面的问题都可以迎刃而解，成为一个标准的"博士"，对于工程的进步可以有直接的贡献。最近工程科学的发达，原子弹、雷达、火箭、及可塑体的发明，全是这班人的功劳。以下所讲，就是研究工程科学时有那些部门可以着手，可以分成多少类？

研究些什么？

一、流体力学　这里面有许多悬题还待解决。例如乱流（Turbulence）、穿音速（Transsonic Flow）、超音速（Supersonic）、远超音速（Hypersonic），及所谓

上海交通大学

边缘层（Boundary layer）、冲击波（Shock Wave），以及种种超空气动力学（Super Aerodynamics）的问题都还没有澈底了解。这些问题如能解决，火箭、飞机当又可进步不少。

二、弹性学　有许多学说还不大准确；所谓"热力冲击"（Thermo Shocks）也莫明所以。这类问题的研究将有助于热力机，尤其是气体涡轮中涡轮翼（Turbine Blade）的强度问题等。

三、塑料学（Plasticity）　这种物体不受杨氏定理（Young's Formula）管束可是还没有条理的结果出现，因为基本的试验还没有完成。

四、热力学（Thermodynamics）　种种物质与能的关系问题。

以上四种都属于德人克伦教授所著"实用力学"的内容，可是因时代的进展又有下列几种新的学问须要研究：

五、燃烧问题　如何决定燃烧速（Combustion Rate）？如何设计燃烧室？从前所靠的全是试验和经验，还没有基本的理论。这种学问包括化学运动学（Chemical Kinetics）、气体动力学（Gas Dynamics）和热力学（Thermodynamics）。

六、电子学　这里研究的是电子的运动，和距离与电量（Space-Charg）的种种问题。雷达，这次大战中联合国的功臣，就是这门研究的产物。

七、材料学　工程材料学现在所靠的全是试验的结果，没有一种理论方法能解决材料的强度，所以进展很慢。这种学问包括物理和经验。

八、原子核的研究　这种学问包括现代的物理和化学，研究的中心就是物质与能力的变换及利用原子能的问题。

现代的科学可以算是网罗万物，自然界的现象都可以解释了；所以科学家剩下的问题全是实用不实用的问题，并不是可能或不可能的问题。原子能几年以前大家以为是不可能的，可是美国化了三十亿元美金，原子能就能利用了。工程科学的责任就是去解决任何有关科学进展的问题。

最后，美国著名的原子学家佑瑞（Urey）说过几句话，对于从事工程科学是一个良好的座右铭，他说：

"我们的责任就是要除去不安适、不满足和贫苦，我们要贡献给人类的就是安适、闲暇及优美。"

"We purpose to eliminate discomfort, want, and misery from our society, and give comfort, leisure and the beauty to humanity"

41 陈省身[*]
最近五年来数学研究的若干进展
（1948）

英国数学家 L. J. Mordell 在最近一篇关于数论的文章中[1]说："本世纪与前世纪数论家的工作间似乎有一显著的差异。虽然我无意低估前人贡献的创见与重要性，我却认为在那时候没有这许多深刻与广大的研究，需要长串的推论如最近的工作的。……本世纪中数论家在建立重要而美丽的结果时所显示的力量与认识，其方法上所用的观念，虽然不难了解，但似乎需要过人的力量才能发现；这整个现象实令人惊诧。"

这些话所描写的情状，实在是当今数学界的一般现象。草此文时，我们不能不对本世纪数学上的伟大成就，表示无限的赞美和景仰。

---

[*] 陈省身（1911—2004），美籍华人，出生于浙江嘉兴。世界著名几何学家。美国国家科学院院士，沃尔夫奖获得者。1930年毕业于南开大学，后获清华大学硕士学位和德国汉堡大学博士学位。曾任西南联大教授，美国普林斯顿高等研究院研究员，美国芝加哥大学、加州大学伯克利分校教授，美国国家数学科学研究所首任所长。晚年致力于推动中国数学学科发展，任南开数学研究所所长。本文发表于《科学世界（南京）》1948年第17卷第1期第3-5页，兹据录文。

我们第一想到 David Hilbert 于 1900 年在国际数学会议上所提出的二十三个问题。[2] 这些问题所涉及的范围与境界达到大部份数学。在这四十余年中，Hilbert 所提的问题大多数得到解决或部份的解决。其中最为人称道的可举以下几个：1. Gelfond、Schneider 的超越数定理；2. Gödel 关于 Continuum hypothesis 的贡献；3. 高木贞治（Takagi）的 Class field theory；4. Lefschetz、Van der Waerden、Zariski 整理代数几何的工作。

我们也想到 Hilbert 所未曾提及而同样有重要影响的工作。姑且举以下几个较重要的：1. Alexander、Alexandroff、Hopf、Lefschetz、Pontrjagin、Veblen 等等建立代数拓扑学的工作；2. Artin、Hasse、Noether 等等建立抽象代数的工作；3. Vinogradov 对于 Goldbach 假设的贡献；4. Douglas、Rado 之解决 Plateau 问题；5. Lusternik、Schnirelmann、Mores 的大型变分学。（Calculus of Variations in the Large）

这个表自然还可以继续的写下去。以下设法列举近五年来一部份比较重要的工作。因受篇幅与笔者知识的限制，所举自然很不完全。求符题目，所列的工作至少有一部份论文是发表在 1943—1947 间的。

一、α 与 β 假设

这个问题的对象，是所谓 Additive number theory；其中最有名的问题是所谓 Goldbach 假设：任何偶数是两个质数的和。

虽然有了 Vinogradov 的不磨的贡献，Goldbach 假设至今未全证明。在这方面一个富饶兴趣的结果是以下的 Schnirelmann 定理：[3] 任意整数 $x > 1$ 可以写为小于 C 个质数的和，其中 C 为常数。

Schnirelmann 定理中一个重要的工具，是所谓自然数集的密度（Density）。设一任意自然数集，命 $N(x)$ 表示集中 $\leq x$ 的数的个数，则 $N(x)/x$（$x>0$）的最小限（Greatest lower bound）称为此数集的密度。今取二自然数集 A 与 B，命 C 表一切自然数所成的集，可以写为 A 集一数与 B 集一数之和者。（我们并假设 A、B 中均含零，故 C 包含 A 与 B。）所谓 α 与 β 假设指下面的定理：设 α，β，γ 依序为 A，B，C 的密度，则 $\gamma > \alpha + \beta$ 或 $= 1$。

这个重要的定理经过 Landau、Schur、Khintchine、Besicovitch、A. Brauer 等

数学家的工作，终不能完全证明。1942 年一个当时不知名的数学家 Henry Mann，[4]因听 Brauer 的演讲，对此问题感觉兴趣，竟于短期间予以证明。Mann 的论文仅五页，自然所用的方法与传统上完全不同。十余年悬而不决为研究中心的问题，竟告完全解决了。

二、Siegel 关于数论的贡献

近数年来在数论上作最多而最重要的贡献的，当推 Siegel。氏之工作可分三方面述之：

第一是不定二次方式的理论（Theory of indefinite quadratic forms）。问题为研究整系数的二次方式在整系数单模一次变换群（Group of unimodular linear transformations）[5] 下的不变式。十七、十八、十九三世纪中的有名的数学家，都做过这个问题。Siegel 最近对于二次方式的解析理论，有许多重要的贡献。

第二是代数数域的 Waring 问题。[6] 此问题在自然数情形即谓任一正整数 x 可以写成 N 个整数的 r 次方的和，其 N 为一常数，与 x 无关。代数数域中的相类问题，最近经 Siegel 证明。氏自言 1922 年时曾思索此问题，未能解决；直至最近，方将困难克服。

第三方面为不连续群论（Discontinuous group）与 Simple algebra 中的单元所成的群。[7]

三、几何数论

Minkowski 应用其关于卵体（Convex body）之理论于数论上，得到许多不等方程式极小值问题的解答。但若不等方程式所对应者为空间之非卵体（Non-Convex body），Minkowski 的理论便不够用了。对于这类问题的研究，其显著之进展为 1938 年 Davenport 所得关于三个变数之三个一次方式之积之极小值的定理。[8] Mordell 由之获得启示，于 1942 年应用 Non-Convex region 的理论，解决一般二元三次齐次式极小值的问题[9]。此问题早在数十年前就为 Eisenstein、Hermite、Arndt 等人所注意过了。兹举其结果如下：

设 $f(x, y) = ax^3 + bx^2y + cxy^2 + dy^3$ 之系数皆为实数；其判别式为：$D =$

$18abcd - 27a^2d^2 + b^2c^2 - 4ac^3 - 4db^3$。则存在不全为零之整数 x、y，使 $|f(x, y)|$ $\leq 4\sqrt{|D|/\lambda}$。

于此，$\lambda = 49$ 当 $D > 0$；$\lambda = 23$ 当 $D < 0$。

Mordell 推广其理论于更一般之区域如：

$|x|^p + |y|^p \leq 1$（$0 < p \leq 1$）；$|x^n + y^n| \leq 1$（n 为二奇数之商），亦得若干有趣之结果。

此外 Mahler 关于较 Convex body 更广之 Star body 有详尽而有系统的理论，[10] 亦颇重要。惟其理论之发展尚在初期；所导出之 Critical lattices problem 一般均感难于解决，其易解决者对应之数论上的问题又非数论家所最感兴趣者，故此方面的工作尚待努力。

四、群的表示问题

去年（1946）Princeton 大学的二百周年纪念，有百余数学家共同讨论当前数学上的问题。其代数组的记载中[11]说："讨论中有二主流，其一为已知结果的推广，其一则为传统方向的继续，后者以 Brauer 的伟大贡献为代表"。

R. Brauer 的工作，如果称为传统的，应当说是传统的抽象代数。他们代表代数学上近数年来最重要的进展，大概是公认的了。他所用的主要工具，叫做 Theory of modular characters。论文甚多，用此方法所解决的重要问题，可举以下两个：

1. 命 G 表示一有尽群，其级为 g。如 Ω 为包含 1 的 g 次根的域，则 G 的任意不可分的表示（Irreducible representation），必相似于对于域 Ω 的一表示。这定理从 W. Burnside 到现在，已悬了四十余年未决。Brauer 首次给一完全的证明。[12]

2. 关于 Class field theory 在 Non-Abelian 情形的重要进展，以及 Artin、Siegel 等假设的证明。[13]

五、同调群与同伦群的关系

近二十年来的拓扑学研究中，比较有系统的是代数拓扑学（Algebraic topology）。代数拓扑学中的两个主要潮流是同调论（Homology theory）与同伦论（Homotopy theory），前者根据圆形的疆界（Boundary）观念，后者根据于变动

（Deformation）观念。

同调论较为简单，发展较速。至 1935 年 Hurewicz 发表其关于同伦群（Homotopy group）的著作，同伦论中始得到一种主要的工具。1942 年 H. Hopf 发表论文，[14] 证明第二同调群的某个支群，可由第一同伦群决定，为此方面开路的著作。这定理表示拓扑学中两个主要观念间的一种深刻的关系。

此后对于这问题，即有大批论文发表，主要的工作者，除 Hopf 本人外，有 Eilenberg、Freudenthal、Maclane[15] 等。这个方法与观念，并经用于群论、李氏代数（Lie algebra）与结合代数（Linear associative algebra）等。前途发展，似尚未衰。

六、代数几何学的整理工作与三度代数形的异点的解除

代数几何学所研究的图形，是使若干多项式为零所得到的轨迹，问题是几何，工具需要代数，而结果牵涉到分析，因此吸引了许多重要的数学家的兴趣。

代数几何学方面做最广泛的贡献的，自然要推意大利学派，但他们所用方法根据直觉，虽然有很多便利，用到复杂的问题，渐觉其不可靠。抽象代数的发展，自然帮助了代数几何方面的观念的澄清。Van der Waerden、F. K. Schmidt、Krull 等首先做了许多开路的工作（Van der Waerden 在纯粹数学的主要工作是代数几何，有人因他写了一部有名的抽象代数教科书，遂称他为代数学家，实不甚正确。）

近来这种整理工作，得到重大的进展，其代表人物为 Zariski。André Weil 所著 *Foundations of Algebraic Geometry* 一书，亦代表此方面重要的成就。就态度上说，Zariski 以代数方法治代数几何，Weil 则对代数几何上的主要方法，给予代数的基础，证明意大利人积累年经验所得的结果，可以解释为正确的。

利用这些新进展，Zariski 解决了一个重要的问题[16]，即证明三度代数形的异点，可用双命分变换（Birational transformations）变为简单的形状，这是代数几何上的基本问题。在一度与二度情形，为各该方面的基本定理。三度情形，困难远非一二度所可比拟，故其解决，为代数几何上具体而重要的贡献。

七、Gauss-Bonnet 公式的推广

微分几何学研究图形在一点附近的性质，但图形的最有兴趣的性质，自须涉

及整个。两者间的关系，为数学上饶有趣味的问题。

这类关系中最熟知的一个，是所谓 Gauss-Bonnet 公式，那公式表示有限的二度黎曼簇的尤拉特征数（Euler characteristic）是施于全簇的全曲率的积分的 $\frac{1}{2\pi}$ 倍，这是黎曼簇的曲率性质与拓扑性质间的一种关系，由此可得许多结论，其中最简单的一个是：球面上不能定一种黎曼几何，其全曲率处处为零。

如何将此定理推广至高度的黎曼簇，为微分几何学上一个重要的问题。1925年 H. Hopf 做了一个特例[17]，即当 n 度黎曼簇为 $n+1$ 度欧氏空间的封闭超曲面（Hypersurface）的情形，1940 年 Allendoerfer 与 Fenchel[18] 将此定理推广至 $n+N$ 度欧氏空间内之 n 度黎曼簇，但任意之黎曼簇可否放于（Imbed）高度欧氏空间内，使其度量同于由欧氏空间所推得者，为迄今未决之问题。故 Allendoerfer、Fenchel 两氏所得结果的普遍性，仍成问题。至 1943 年 Allendoerfer 与 Weil 发表在普遍情形下的证明[19]，问题始告解决。基于 Characteristic classes 的研究，Pontrjagin[20] 得到更多 Gauss-Bonnet 式的关系。这类问题牵涉到微分几何，拓扑学，与多元积分论，为拓扑学同他的应用间的桥梁，其前途发展，颇值注视。

八、调和积分（Harmonic Integrals）

因多值分析函数的研究，而需要用黎曼曲面做几何基础，黎曼曲面的拓扑性质，影响到函数的性质，这个认识是复变函数论的主要结晶，也就是近世代数拓扑学的出发点。

黎曼曲面的一个主要的性质，是在每个邻域中有局部坐标（Local coordinate）Z。局部坐标间的关系为分析的函数关系，将坐标个数推广至 n 个，即得所谓复变数分析簇（Complex analytic manifold）。多元复变函数论，代数几何学，李氏群论（Lie's groups）所应用的图形，均属此类。这类簇的局部性质的研究，需要分析与代数，他们的几何性质的描写，则需要拓扑学，因此这科目是很多种不同的数学训练的聚点。

调和积分是研究这种簇的主要工具，可认为熟知的 Cauchy-Riemann 偏微分方程式的推广。他的研究始于英国数学家 Hodge[21]。 氏利用之解决代数几何学上一个主要的问题，关于代数曲面上 Abelian integrals of the first kind 的存在者。

调和积分中基本定理可述为：有限的黎曼簇上对于每个同调组（Homology

class），恰有一个调和积分与之对应，对于这个定理，Hodge 所给原来的证明，有一严重的错误，第一个予以正确的证明的，是 H. Weyl[22]。

九、黎曼 ζ 函数研究的最近近展

黎曼 ζ 函数为由以下函数素 (Function element)

$$\zeta(s) = 1 + \frac{1}{2^s} + \frac{1}{3^s} + \cdots + \frac{1}{n^s} + \cdots$$

推广而得的分析函数。命 $s = \sigma + it$，则区域 $0 < \sigma < 1$ 称为主要带（Critical strip），所谓黎曼假设，谓 $\zeta(s)$ 在主要带中的零点，均在直线 $\sigma = \frac{1}{2}$ 之上。

这假设在数论与分析上有极端重要的含义，但经数学家将近百年的努力，至今未能决定其是否真确。Hardy 与 Littlewood 证明，大多数的零点，均在直线 $\sigma = \frac{1}{2}$ 附近，但此结果并不表示在直线 $\sigma = \frac{1}{2}$ 上者究有多少？

最近挪威新进数学家 A. Selberg 的工作[23]，对此问题有显著的贡献。Selberg 的结果，大致说来，谓在直线 $\sigma = \frac{1}{2}$ 上的零点，至少占主要带中零点的一个固定的成分。由于氏之新观念与新方法，ζ 函数的研究，近复蓬勃。最令人诧异的，是 Selberg 虽然获得此项重要结果，却对黎曼假设本身，表示怀疑。

参考文献

[1] L. J. Mordell, *Thoughts on number theory*, Journal of London Mathematical Society, vol. 21, p.61(1946). 以后此杂志简称 JLMS。

[2] D. Hilbert, *Mathematische Probleme*, Göttinger Nachrichten, 1900, pp.253-297.

[3] 参阅 E. Landau, *Über einige neuere Fortschritte der additiven Zahlentheorie*, Cambridge University Press, p.58.

[4] H. Mann, *A proof of the fundamental theorem on the density of sums of sets of positive integers*, Annals of Mathematics, vol. 43, pp.523-527(1942). 以后此杂志简称 AM。

[5] C. L. Siegel, *On the theory of indefinite quadratic forms*, AM, vol. 45, pp.577-622(1944).

[6] C. L. Siegel, *Generalization of Waring's problem to algebraic number fields*, American Journal of Mathematics, vol. 66, pp.122-136(1944). 以后此杂志简称 AJM。

[7] C. L. Siegel, *Discontinuous groups*, AM, vol. 44, pp.674-689(1943).

[8] H. Davenport, *On the product of three homogeneous linear forms*, Proceedings of London Mathematical Society, vol. 44, pp.412−431(1938). 以后此杂志简称 PLMS.

[9] L. J. Mordell, *On numbers represented by binary cubic forms*, PLMS, vol. 48, pp.198−228(1943).

[10] K. Mahler, *Lattice points in two-dimensional star domains* Ⅰ, Ⅱ, Ⅲ, PLMS, vol. 49, pp.128−183(1945).

[11] *Problems of Mathematics*, Princeton 1946, P.4.

[12] R. Brauer, On the representation of a group of order g in the field of the gth roots of unity, AJM, vol. 67, pp.461−471(1945).

[13] R. Brauer, *On Artin's L-series with general group characters*, AM, vol. 48, pp.502−514(1947).

[14] H. Hopf, *Fundamentalgruppe und zweite Bettische gruppe*, Commentarii Mathematici Helvettci, vol. 14, pp.257−307(1942).

[15] S. Eilenberg and S. Maclane, *Relations between homology and homotopy groups of spaces*, AM, vol. 46, pp.480−509(1945).

[16] O. Zariski, *Reduction of the singularities of algebraic three-dimensional varieties*, AM, vol. 45, pp.472−542(1944).

[17] H. Hopf, *Über die curvatura integra gesch=lossener Hyperflächen*, Mathematische Annalen, vol. 95, pp.340−367(1925).

[18] C. B. Allendoerfer, *The Euler number of a Riemann manifold*, AJM, vol. 62, pp.243−248(1940); W. Fenchel, *On total curvatures of Riemannian manifolds*, JLMS, vol 15, pp.15−22(1940).

[19] C. B. Allendoerfer and A. Weil, *The Gauss-Bonnet theorem for Riemannian polyhedra*, Transactions of American Mathematical Society, vol. 53, pp.101−129(1943).

[20] L. Pontrjagin, *On some topologic invariants of Riemannian manifolds*, Comptes Rendus (Doklady) de l'Académie des Sciences, USSR, N. S. vol. 43, pp.91−94(1944).

[21] W. V. D. Hodge, *The Theory and Applications of Harmonic Integrals*, Cambridge University Press, 1941.

[22] H. Weyl, *On Hodge's theory of harmonic integrals*, AM, vol. 44, pp.1−6(1943).

[23] A. Selberg, *On the zeros of Riemann's zeta function*, Skr. Norske Vid. Akad. Oslo I, no. 10, 59 pages(1942).

编后记

2021年初以来，中国科学院科学传播局先后将中国近代科学思想研究计划列为"中国近现代科学思想研究专项"和"'人与自然主题系列'科普图书专项"，资助中国科学院自然科学史研究所整理和研究晚清及民国时期重要科学家、人文学者和官员关于科学的内涵、方法、精神和社会功能的论述，包括他们关于发展科学技术的政策主张。2023年6月，自然科学史研究所与山东科学技术出版社签订《中国近代科学先声》的出版合同。到2024年5月，张柏春、高峰和陈晓珊合作完成了近百篇文章的辑录、校注等工作，撰写了导言性质的文稿——《走向近代科学》。

《中国近代科学先声》的选编和出版得益于领导和朋友们的慷慨相助。在文献整理和研究过程中，中国科学院科学传播局周德进局长始终鼎力支持课题组，中国科学技术大学付邦红老师提供了她搜集和研究的《发展应用科学十年计划（草案）》，自然科学史研究所、南京地理与湖泊研究所、南开大学等单位也给予了帮助。在插图搜集过程中，中国科学院文献情报中心、上海图书馆、清华大学图书馆提供了帮助。山东科学技术出版社赵猛社长热心关注课题的策划和实施，并且决定支持《中国近代科学先声》的出版。自然科学史研究所黄海雁先生题写了书名。在此，谨向各位领导和朋友们致以最诚挚的感谢！

张柏春
中国科学院自然科学史研究所
2024年9月3日